Sara Warneke
Die europäische Wirtschaftsintegration
aus der Perspektive Wilhelm Röpkes

*Marktwirtschaftliche*
# Reformpolitik

Schriftenreihe der Aktionsgemeinschaft
Soziale Marktwirtschaft N. F.

Herausgegeben von

Rolf Hasse und Joachim Starbatty


Band 13:
Die europäische Wirtschafts-
integration aus der Perspektive
Wilhelm Röpkes

# Die europäische Wirtschaftsintegration aus der Perspektive Wilhelm Röpkes

von Sara Warneke

 Lucius & Lucius · Stuttgart

Autorin:
Dr. Sara Warneke
sara.warneke@citus.de

Bibliographische Information der Deutschen Nationalbibliothek

Die Deutsche Nationalbibliothek verzeichnet diese Publikation in der Deutschen Nationalbibliographie; detaillierte bibliographische Daten sind im Internet über http://dnb.ddb.de abrufbar

ISBN 978-3-8282-0555-0

© Lucius & Lucius Verlagsgesellschaft mbH · Stuttgart · 2013
Gerokstraße 51 · D-70184 Stuttgart · www.luciusverlag.com

Das Werk einschließlich aller seiner Teile ist urheberrechtlich geschützt. Jede Verwertung außerhalb der engen Grenzen des Urheberrechtsgesetzes ist ohne Zustimmung des Verlags unzulässig und strafbar. Das gilt insbesondere für Vervielfältigungen, Übersetzungen, Mikroverfilmungen und die Einspeicherung und Verarbeitung in elektronischen Systemen.

Umschlagentwurf: Isabelle Devaux, Stuttgart
Druck und Einband: Beltz Bad Langensalza GmbH, Bad Langensalza
Printed in Germany

# Vorwort

Diese Arbeit lag der Wirtschafts- und Sozialwissenschatlichen Fakultät der Eberhard Karls Universität Tübingen im Wintersemester 2010/11 als Dissertation vor.

Ich danke Prof. Dr. Heinz G. Preuße für die Aufnahme als Promotionsstudentin an seinem Lehrstuhl und für die Erstellung des Erstgutachtens. Für die fachliche Betreuung meiner Arbeit bedanke ich mich bei meinem Doktorvater Prof. Dr. Dr. h.c. Joachim Starbatty, der stets ein offenes Ohr hatte, wichtige Hinweise gab, mir aber auch die wissenschaftliche Freiheit ließ, das Thema nach eigenen Vorstellungen zu bearbeiten. Ich danke ihm auch dafür, dass er mit der Aktionsgemeinschaft Soziale Marktwirtschaft die Drucklegung großzügig finanziell unterstützt hat. Besonders erwähnen möchte ich Prof. Dr. Manfred Stadler, der mir für die Zeit der Erstellung meiner Arbeit freundlicherweise ein Büro an seinem Lehrstuhl zur Verfügung stellte, wo ich in Ruhe schreiben konnte. Dieses Privileg hat einen großen Beitrag zur erfolgreichen Fertigstellung dieser Studie geleistet, wofür ich sehr dankbar bin.

Ich danke meiner Familie, die in vielfältiger Weise zur erfolgreichen Durchführung dieses Projekts beigetragen hat. Meinen Eltern Renate und Karl Kress, die mich bei all meinen Vorhaben während meiner gesamten Ausbildung immer gefördert und in jeder Hinsicht unterstützt haben, bin ich in tiefer Dankbarkeit verbunden. Mein Großvater Karl Kress hat mein Studium finanziell ermöglicht und mich bestärkt, diese Arbeit zu schreiben. Meine Geschwister Daniel, Rebecca und Rahel Kress haben stets an mich geglaubt und mir moralisch den Rücken gestärkt. Meinen Schwiegereltern Margot und Perygrin Warneke danke ich für die Durchsicht meiner Arbeit.

Die Studien- und Promotionszeit in Tübingen werde ich immer in wunderbarer Erinnerung halten. Dazu haben viele Freunde beigetragen, mit denen ich dort schöne Jahre verbringen konnte: Kathrin Wörz, Nadja Schuppli-Herter, Ann-Christin Werner, Mauricio Vargas, Heike Schwarzl, Eva-Maria Rezbach, Karin Vetter und Sandra Seiz. Darüber hinaus verdanke ich wertvolle Hilfe bei der Korrektur der Arbeit meinen Freunden Ann-Kathrin und Tom Bilda, Sylvia Bytow-Weißheimer, Grit Plocher und Rona Schurig.

Die Arbeit widme ich den beiden Personen, deren Vorbild und Rückhalt wesentlich zum erfolgreichen Abschluss beigetragen haben. Meine Mutter hat mich immer gelehrt und mir am eigenen Beispiel vorgelebt, dass Projekte, die man beginnt, auch zum Abschluss gebracht werden. Mein Mann Nikolai hat mir während des gesamten Promotionsvorhabens zur Seite gestanden und es mitgetragen. Er riet mir dazu, diese Arbeit zu schreiben und ermöglichte mir im letzten Jahr, mich ausschließlich darauf zu konzentrieren. Ich bin zutiefst dankbar für seine liebevolle, beständige und ermutigende Unterstüzung.

Frankfurt, Juli 2012 $\hspace{6cm}$ Sara Warneke

# Inhaltsverzeichnis

Inhaltsverzeichnis . . . . . . . . . . . . . . . . . . . . . . . . . VII
1. Einleitung . . . . . . . . . . . . . . . . . . . . . . . . . . . . 1
2. Wilhelm Röpkes Vorstellungen einer integrierten Weltwirtschaft . . . . . . . . . . . . . . . . . . . . . . . . . 5
   2.1. Wilhelm Röpkes Erfahrungshintergrund: Ein liberaler Pazifist schwimmt gegen den Strom . . . . . . . . . . . . . . . . . . 5
   2.2. Röpkes theoretische Konzeption einer international integrierten Ordnung . . . . . . . . . . . . . . . . . . . . . . 15
      2.2.1. Nationale Wirtschaftsordnung und -prozesse . . . . . . . 16
         2.2.1.1. »Geordnete Anarchie« als optimale Wirtschaftsverfassung . . . . . . . . . . . . . . . . . . . 18
         2.2.1.2. Charakteristika der marktwirtschaftlichen Ordnung . . . . . . . . . . . . . . . . . . . . 22
         2.2.1.3. Handlungsbedarf des Staates in der geordneten Anarchie: Der dritte Weg . . . . . . . . . 30
      2.2.2. Voraussetzungen für internationale Wirtschaftsintegration 35
         2.2.2.1. Ein *ordre public international* als Lösung des Problems der internationalen Ordnung . . . . 36
         2.2.2.2. »Wahrer« und »falscher« Internationalismus . 44
         2.2.2.3. Charakteristika eines liberalen internationalen Wirtschaftssystems . . . . . . . . . . . . . . 47
         2.2.2.4. Der Goldstandard als Weltwährung . . . . . . 50
            2.2.2.4.1. Röpkes Plädoyer für den Goldstandard als Weltwährung . . . . . . . . 50
            2.2.2.4.2. Die Wiedereinführung des Goldstandards aus heutiger Sicht . . . . . . . 58
      2.2.3. Kriterien zur Beurteilung einer regionalen (europäischen) Integration . . . . . . . . . . . . . . . . . . . . . . . 60
         2.2.3.1. Die kulturgeschichtliche Bedeutung Europas . 61
         2.2.3.2. Europäische Integration nach föderativem Muster . . . . . . . . . . . . . . . . . . . . 64
         2.2.3.3. Wirtschaftliche Integration in Europa nach dem Prinzip des Freihandels . . . . . . . . . . . . 65

## 3. Röpkes Sicht des Europäischen Integrationsprozesses ........................... 75
3.1. Die Anfänge der europäischen Integration ........... 75
    3.1.1. Historischer Überblick .................. 75
    3.1.2. Frühe integrationstheoretische Ansätze .......... 87
3.2. Die Europäische Zahlungsunion als Übergangslösung zur Konvertibilität ............................ 91
    3.2.1. Konstruktion und Ziele der EZU ............. 91
    3.2.2. Röpkes Kritik an der Wirkungsweise der EZU ...... 94
    3.2.3. Zweifel an der Durchführbarkeit von Röpkes Konzeption 101
3.3. Die Europäische Gemeinschaft für Kohle und Stahl ....... 102
    3.3.1. Annäherung Europas durch wirtschaftliche Teilintegration 102
        3.3.1.1. Die Gründung der EGKS ........... 102
        3.3.1.2. Der institutionelle Rahmen und die Ziele der EGKS ...................... 105
    3.3.2. Die Montanunion aus Röpkes Perspektive: Teilintegration nach planwirtschaftlichem Muster .......... 107
        3.3.2.1. Röpkes Empfehlungen für den Aufbau der Montanunion .................. 109
        3.3.2.2. Röpkes Kritik an der Montanunion ...... 112
            3.3.2.2.1. Ökonomokratie und Bürokratie .... 112
            3.3.2.2.2. Investitionslenkung durch die Hohe Behörde ................ 114
    3.3.3. Fazit ........................... 117
3.4. Die Europäische Wirtschaftsgemeinschaft ............ 119
    3.4.1. Weitere Annäherungsversuche durch wirtschaftliche Gesamtintegration ..................... 119
        3.4.1.1. Die Gründung der EWG und der EFTA .... 119
        3.4.1.2. Der institutionelle Rahmen und Ziele der EWG 121
        3.4.1.3. Funktionelle oder institutionelle Integration? . 124
    3.4.2. Die EWG aus Röpkes Perspektive: Erweiterung der Montanunion .......................... 126
        3.4.2.1. Die Innen- und Außenwirkung wirtschaftlicher Integration als Orientierungsmaßstab für die Konzeption der EWG ............. 126
        3.4.2.2. Röpkes Kritik an der Konzeption der EWG .. 132
        3.4.2.3. Röpkes Vorschläge zur »Schadensbegrenzung« nach Inkrafttreten der Römischen Verträge .. 135
        3.4.2.4. Integrationsperspektiven für den Industrie- und Agrarsektor .................. 138
    3.4.3. Fazit ........................... 140
3.5. Röpkes Haltung zu Europa (de Gaulle) im Verhältnis zu den USA (Kennedy) .......................... 141

|  |  |  |
|---|---|---|
| 3.5.1. | Die EWG im Schatten de Gaulles 1959-1966 | 142 |
| 3.5.2. | Kennedy und das Scheitern des »Grand Design« | 150 |
| 3.5.3. | Röpkes Schulterschluss mit Frankreich | 155 |

## 4. Röpkes Europaentwurf im Vergleich mit ausgewählten Ökonomen seiner Zeit ... 167

4.1. Ludwig Erhard: Ein Freihändler wehrt sich gegen Widerstände aus dem eigenen politischen Lager ... 168

4.2. Alfred Müller-Armack: Ein Theoretiker widmet sich der praktischen Durchführung der europäischen Integration ... 180

4.3. Friedrich August von Hayek: Der Entwurf einer europäischen Föderation ... 191

    4.3.1. Unterschiedliche Vorstellungen von Neoliberalismus ... 191

    4.3.2. Von Hayeks Vision eines von oben nach unten organisierten Bundesstaates ... 197

    4.3.3. Röpkes Gegenentwurf eines europäischen dezentralistischen Staatenbundes nach Maßgabe des Subsidiaritätsprinzips ... 200

## 5. Europa aus heutiger Perspektive: Wo hat Röpke Recht behalten, wo hat er sich geirrt? ... 203

5.1. Die Stahlpolitik in der Montanunion 1952 bis 2002 ... 207

    5.1.1. Die erste Phase 1952 bis 1974: Geringe Interventionen . 211

        5.1.1.1. Die Wiederaufbauphase in Zeiten des Booms 1952 bis 1964 ... 211

        5.1.1.2. Der Aufbau von Überkapazitäten bei stagnierender Nachfrage 1964 bis 1974 ... 212

    5.1.2. Die zweite Phase 1975 bis 2002: Zunehmende Interventionen ... 216

    5.1.3. Fazit ... 224

5.2. Der wirtschaftliche Integrationsstand der EU fünf Dekaden nach Gründung der EWG ... 225

    5.2.1. Die Verwirklichung der »vier Grundfreiheiten« im EU-Binnenmarkt ... 227

        5.2.1.1. »Negative Integration« durch die Rechtsprechung des EuGH ... 228

        5.2.1.2. »Positive Integration« durch Abkommen und Verträge ... 231

        5.2.1.3. Fazit ... 233

    5.2.2. Die Außenhandelspolitik der EU: Festung Europa oder multilateraler Freihandel? ... 237

        5.2.2.1. Die gemeinsame Handelspolitik der EU ... 238

|  |  |  |
|---|---|---|
| | 5.2.2.1.1. Formelle Kriterien und Instrumente der gemeinsamen Handelspolitik . . . | 238 |
| | 5.2.2.1.2. Aktuelle Entwicklungen in der praktischen Ausgestaltung der gemeinsamen Handelspolitik . . . . . . . . . . | 244 |
| | 5.2.2.1.3. Fazit . . . . . . . . . . . . . . . . . | 249 |
| 5.2.2.2. | Die gemeinsame Agrarpolitik der EU . . . . . | 250 |
| | 5.2.2.2.1. Ziele, Prinzipien und Instrumente der gemeinsamen Agrarpolitik . . . . . . | 251 |
| | 5.2.2.2.2. Auswirkungen der gemeinsamen Agrarpolitik . . . . . . . . . . . . . . . . . | 256 |
| | 5.2.2.2.3. Fazit . . . . . . . . . . . . . . . . . | 263 |

5.3. Das Urteil des Bundesverfassungsgerichts zum Vertrag von Lissabon im Lichte Röpkes . . . . . . . . . . . . . . . . . . . . . 265
    5.3.1. Wahrung einzelstaatlicher Souveränitätsrechte . . . . . . 267
    5.3.2. Anforderungen des Grundgesetzes an den Integrationsprozess . . . . . . . . . . . . . . . . . . . . . . . . . . . 269
    5.3.3. Ein geeintes Europa nach föderalem Prinzip . . . . . . . 271

**Literaturverzeichnis** . . . . . . . . . . . . . . . . . . . . . . . . . 277

# 1. Einleitung

Wilhelm Röpke und sein Werk sind heute vor allem bei der jungen Generation der Ökonomen weitgehend in Vergessenheit geraten. Gelegentlich wird er noch als einer der Gründerväter der Sozialen Marktwirtschaft erkannt, der als Berater Ludwig Erhards und als wissenschaftlicher Publizist den marktwirtschaftlichen Wiederaufbau Deutschlands mitgetragen hat. Ansonsten ist man an den deutschen Universitäten jedoch dazu übergegangen, die Nationalökonomie vorwiegend aus einer mathematisch-theoretischen Perspektive zu lehren, eine Methode die Röpke stets als zu eng gefasst und deshalb als unzureichend begreift. Er selbst sieht sich als Sozialwissenschaftler, für den es nicht genügt, ein Wirtschaftssystem auf dem Reissbrett zu konstruieren, sondern der es für unerlässlich erachtet, nichtquantifizierbare politische, soziologische und kulturelle Faktoren in volkswirtschaftliche Überlegungen miteinzubeziehen.

Sein außerordentlich umfang- und facettenreiches Werk hat in der Wissenschaft durch Untersuchungen in verschiedenen Disziplinen breite Anerkennung erfahren. Arbeiten in den Fachbereichen Pädagogik, Rechtswissenschaften, Soziologie und eine umfassende Durchleuchtung seines sozialökonomischen Werkes zählen dazu.[1] Der Historiker und Politologe Hans Jörg Hennecke hat zudem mit einer Biographie Röpkes, in der er ein sehr genaues Bild von Röpkes Leben und Werk zeichnet und es in den zeitgeschichtlichen Kontext einordnet, einen bereichernden Beitrag geleistet.[2]

Aus wirtschaftswissenschaftlicher Sicht ist besonders von Interesse, dass Röpke sich schon in frühen Jahren mit dem Problem einer internationalen (Wirtschafts-)Ordnung befasst. Er widmet dem Thema ein gleichnamiges Buch, das in insgesamt drei Auflagen erscheint. Doch was die Zukunft des europäischen

---

[1] Heinrich Gerken, Die Sozial- und Wirtschaftslehre Wilhelm Röpkes in ihrer Bedeutung für die Pädagogik, Mühlheim (Ruhr): Setzkorn-Schleifhacken, 1958 (zugl. Diss., Rheinische Friedrich-Wilhelms-Universität Bonn, 1957); Gerhard Strubl, Die Staatsauffassung des Neoliberalismus: dargestellt am Staatsdenken von Walter Eucken, Wilhelm Röpke und Alexander Rüstow, [Maschinenschr.], 1954 (zugl. Diss., Eberhard Karls Universität Tübingen, 1954); Sylvia Skwiercz, Der Dritte Weg im Denken Wilhelm Röpkes, Würzburg: Creator, 1988 (zugl. Diss., Julius-Maximilian-Universität Würzburg, 1987); Helge Peukert, Das sozialökonomische Werk Wilhelm Röpkes, Frankfurt am Main: Lang, Europäische Hochschulschriften, 1992 (zugl. Diss., Johann Wolfgang Goethe-Universität Frankfurt am Main, 1992).

[2] Hans Jörg Hennecke, Wilhelm Röpke. Ein Leben in der Brandung, Stuttgart: Schäffer Poeschel Verlag, 2005.

Kontinents angeht, so beschränkt er seine Ausführungen auf einige längere Aufsätze und eine Vielzahl kürzerer Zeitungsartikel. In seinen Veröffentlichungen zur europäischen Integration nimmt Röpke eine Position ein, die auch von ihm sonst inhaltlich sehr nahe stehenden Ökonomen nicht immer restlos geteilt wird. Röpke verfasst kein zusammenhängendes Gesamtwerk, das seine Überlegungen hinsichtlich der europäischen Integration ganzheitlich abhandelt. Eine umfassende Untersuchung seiner wirtschaftspolitischen und -theoretischen Überlegungen bezüglich der europäischen Integration, die Röpke nach dem Zweiten Weltkrieg ständig beschäftigt – was die große Fülle seiner Publikationen zu diesem Thema belegt – gibt es bislang ebenfalls nicht. Daher ist es Ziel dieser Arbeit eine systematische Analyse der Position Röpkes im Hinblick auf die europäische Integration durchzuführen.

Die Untersuchung gliedert sich in zwei größere Teile. Zu Beginn des zweiten Kapitels wird zunächst Röpkes Erfahrungshintergrund kurz dargestellt, da auch den Wissenschaftler seine Erlebnisse in der äußerst unruhigen Zeit der ersten Hälfte des 20. Jahrhunderts spürbar prägen. Dem schließt sich im zweiten Abschnitt des zweiten Kapitels eine Analyse von Röpkes theoretischer Konzeption des europäischen Integrationsprozesses als Spezialfall einer weltumspannenden Ordnung an. Da Röpke die regionale Integration aus der internationalen Ordnung und diese wiederum aus der nationalen Ordnung ableitet, werden auch die von ihm vorausgesetzten Kriterien – die Schaffung einer funktionsfähigen, marktwirtschaftlichen nach außen geöffneten Ordnung mit einer konvertiblen Währung – in diesem Kapitel dargelegt.

Das dritte Kapitel beschreibt Röpkes Vorschläge und Reaktionen auf den zu seinen Lebzeiten eingeschlagenen Integrationsweg in Europa. Der Fokus liegt auf den Institutionen der Europäischen Zahlungsunion, der Europäischen Gemeinschaft für Kohle und Stahl und der Europäischen Wirtschaftsgemeinschaft. Da Röpke zusätzlich die Beziehungen Europas und vor allem Frankreichs zu den USA in seinen Publikationen häufig analysiert, beschäftigt sich ein eigener Abschnitt mit Röpkes Auffassung zu diesem Thema.

Das vierte Kapitel ist einem Vergleich Röpkes mit drei ausgewählten Ökonomen seiner Zeit – Ludwig Erhard, Alfred Müller-Armack und Friedrich August von Hayek – vorbehalten. Obwohl alle vier Ökonomen dem Ordoliberalismus der Freiburger Schule nahe stehen, lassen sich an der Frage wie der europäische Integrationsfahrplan gestaltet werden solle, deutliche Unterschiede zwischen Röpke und den anderen drei Ökonomen feststellen.

Die im zweiten Teil der Arbeit folgende Analyse der Gegenwartsrelevanz der Perspektiven Röpkes ist zweigeteilt. Im fünften Kapitel wird eine Bilanz über den Fortschritt des bisherigen europäischen Integrationsprozesses gezogen. Dies wird an der Entwicklung der EGKS im Stahlsektor und an der wirtschaftlichen Entwicklung der EWG illustriert. Die Analyse wird zeigen, welche der Prognosen, die Röpke in den Fünfziger- und Sechzigerjahren im Hinblick auf die wirtschaftliche Entwicklung der europäischen Gemeinschaften erstellt hat, sich bewahrheitet haben und an welchen Stellen sie nicht eingetreten sind.

Der Schluss des fünften Kapitels setzt sich mit der Entscheidung des Bundesverfassungsgerichts zum Vertrag von Lissabon und der deutschen Begleitgesetzgebung vom 30. Juni 2009 aus der Perspektive Röpkes auseinander. An diesem aktuellen und konkreten Fall wird gezeigt, dass Röpkes integrationstheoretische Ansätze für den europäischen Kontinent auch mehr als vierzig Jahre nach seinem Tod noch relevant sind und das Bundesverfassungsgericht zu einem Ergebnis kommt, das Röpke geteilt hätte.

## 2. Wilhelm Röpkes Vorstellungen einer integrierten Weltwirtschaft

### 2.1. Wilhelm Röpkes Erfahrungshintergrund: Ein liberaler Pazifist schwimmt gegen den Strom

Am 10. Oktober 1899 wird Theodor Wilhelm Röpke in Schwarmstedt, einem Dorf am Südrand der Lüneburger Heide, geboren. Sein Vater, der als Landarzt sein Geld verdient, und seine Mutter, eine Pastorentochter, sind schon zu der damaligen Zeit an ein akademisches Umfeld gewöhnt. Daher legen Röpkes Eltern großen Wert darauf, ihren Kindern eine gute Ausbildung angedeihen zu lassen, die ein Studium ermöglicht. Dies ist auf dem bäuerlich geprägten Dorfe nicht ausreichend möglich, weshalb Wilhelm Röpke ab 1913 zum Besuch des Gymnasiums nach Stade geschickt wird. Röpke empfindet seine behütete Kindheit in Schwarmstedt und seine Jugend in Stade als unbeschwert, voll von glücklichen Erlebnissen, was er stets als großes Privileg gegenüber denen, die in Städten aufwachsen, begreift.[1] Einen großen Vorzug des ländlichen Lebens sieht Röpke in der Formung kleiner, »echter« Gemeinschaften, die in enger Verbundenheit, aber doch in einer Buntheit und Fülle eigenständige Charaktere fördere,[2] womit sich sein später ausgeprägter Widerwille gegen jegliche »Verklumpung« und »Vermassung« der Gesellschaft erklären lässt.[3] Röpkes soziales Umfeld festigt sein durch den christlichen Glauben bestimmtes Menschen- und Weltbild, das in seinen Arbeiten immer wieder aufgegriffen wird.[4] Er begreift vor allem im Rückblick auf die beiden Weltkriege seine glückliche Kindheit als »das letzte Abendrot eines langen Sonnentages, in den wir hineingeboren sind. Aber früher wussten wir eben nicht, wie selten solche Sonnentage noch in der Geschichte sind.«[5]

---

[1] Wilhelm Röpke, Jugendjahre auf dem Dorfe, in: Werner Pries (Hrsg.), Der Cicero auf dem Dorfe: Wunderliche Geschichten zwischen Stade, Schwarmstedt und dem Genfer See, Horb am Neckar: Geiger-Verlag, 2002, S. 25.

[2] Ders., S. 28 f.

[3] Joachim Starbatty, Röpkes Beitrag zur Sozialen Marktwirtschaft, Wirtschaftswissenschaftliche Fakultät Tübingen, 2002, S. 2.

[4] Alfred Schüller, Wilhelm Röpke - Werk und Wirken in Marburg: Lehren für Gegenwart und Zukunft, in: Hans Otto Lenel et al. (Hrsg.), Ordo - Jahrbuch für die Ordnung von Wirtschaft und Gesellschaft, Band 54, Stuttgart: Lucius & Lucius, 2003, S. 23.

[5] Wilhelm Röpke an Anna Eylmann, 11. März 1947, in: Nachlass Röpke.

Nachdem Röpke Anfang 1917 sein Abitur absolviert hat, beginnt er ein Studium der Rechts- und Staatswissenschaften in Göttingen, wird aber im Herbst 1917 als knapp 18-Jähriger zum Kriegsdienst eingezogen. Er kämpft an der Westfront in Frankreich, wobei seine durch Kriegspropaganda hervorgerufene euphorische Stimmung sehr schnell in Verzweiflung und Verlorenheit umschlägt. Die Kriegserlebnisse und eine Kriegsverletzung prägen Röpke Zeit seines Lebens und er begreift von nun an den Krieg als die Verführung seiner Generation und als Urkatastrophe des 20. Jahrhunderts, was ihn zum überzeugten Pazifisten werden lässt.[6] Den übermächtigen Staat – ein Leviathan, dem keine Schranken gesetzt werden – betrachtet er als Ursache für jeden Krieg und er gelobt, sich der Aufgabe zu widmen, die Wiederkehr einer solchen Katastrophe verhindern zu helfen.[7]

Zurück an der Universität wechselt Röpke nach einigen Semestern von den Rechts- und Staatswissenschaften zur Nationalökonomie und Soziologie. Er erwartet, dass die Sozialwissenschaften ihm Anhaltspunkte für die Ursachen und Wege zur Überwindung der Gesellschaftskrise bieten können, die in den Krieg gemündet hatte. Sein Studium führt ihn von Göttingen über Tübingen nach Marburg. Dort wird er im Jahre 1921 zum Dr. rer. pol. promoviert. Seine Habilitationsschrift schließt er im darauf folgenden Jahr ab und erwirbt bereits Ende Oktober 1922, im Alter von gerade einmal 23 Jahren, den Titel eines Privatdozenten.

Als zum damaligen Zeitpunkt jüngster deutscher Professor erhält er seine erste Berufung nach Jena, wo er von 1924 bis 1928 eine außerordentliche Professur für Nationalökonomie inne hat. Röpke ist schon als junger Forscher ungemein produktiv, eine Fähigkeit, die sich sein gesamtes Leben hindurch fortsetzen wird. Sein veröffentlichtes Werk umfasst etwa 3000 Einzelbelege und setzt sich neben Büchern und Sammelbänden aus vielzähligen Zeitschriftenbeiträgen und Zeitungsartikeln zusammen.[8] Seine Leser weiß er mit seinem erfrischenden Schreibstil zu fesseln. Alfred Müller-Armack schreibt dazu: »Auch seine Kritiker konnten sich dem Reiz seiner schriftstellerischen Diktion nicht entziehen. Er war ein Ecrivain im besten Stile der Schriftsteller des 18. Jahrhunderts. Es gibt nicht eigentlich einen Röpkeschen Stil, wohl aber eine Wachheit und Lebendigkeit, eine Feinnervigkeit des Ausdrucks, die den Leser immer aufs neue überraschen.«[9]

---

[6] Hennecke, Ein Leben in der Brandung, S. 20.
[7] Vgl. Hans-Günter Krüsselberg, Wilhelm Röpkes Lehre von der Politischen Ökonomie, in: Hans Otto Lenel et al. (Hrsg.), Ordo - Jahrbuch für die Ordnung von Wirtschaft und Gesellschaft, Band 50, Stuttgart: Lucius & Lucius, 1999, S. 5 f.; Wilhelm Röpke, Internationale Ordnung - heute, Erlenbach-Zürich, Stuttgart: Eugen Rentsch Verlag, 1954, S. 13-19, 42.
[8] Peukert, Das sozialökonomische Werk Wilhelm Röpkes, S. 4.
[9] Alfred Müller-Armack, Wilhelm Röpke in memoriam, KYKLOS, International Review for Social Sciences Band 19, 5. Juni 1966, Nr. 3, S. 384.

Ferner genießt er als akademischer Lehrer einen exzellenten Ruf: »Er verdankt seine Lehrerfolge der Lebhaftigkeit und Klarheit, womit er vorträgt. [...] Auch die gewinnende menschliche Persönlichkeit und die unbedingte Zuverlässigkeit, die ihm nachgesagt wird, nehmen für ihn ein.«[10]

Röpke hält es mit von Hayek, der einmal sagt: »Ein Ökonom, der nur Ökonom ist, kann kein guter Ökonom sein«.[11] Zu einem außergewöhnlichen Nationalökonomen macht Röpke die Gabe, interdisplinär zu denken und Erkenntnisse aus soziologischen, politischen, historischen, philosophischen und wirtschaftlichen Zusammenhängen zu gewinnen (und dabei aus insgesamt sieben Sprachen zu zitieren), um eine umfassende Gesellschaftsanalyse und -synthese zu formulieren.[12] Sein Werk verdient aufgrund dieser umfassenden Anschauungsweise und des Verzichts auf den engen Rahmen einer Spezialisierung besondere Aufmerksamkeit. Röpkes Ziel ist es als »Clerc« und Teil einer »Gemeinwohl-Elite«[13] einer möglichst breiten Masse Zugang zu gesellschaftspolitischen Themen zu bieten. Seine Reden und Schriften zeichnen sich jedoch nicht nur durch wissenschaftliche Brillanz, sondern auch durch ungewöhnlichen Mut aus. Er scheut sich nicht davor, unpopuläre Meinungen zu vertreten und zu provozieren, wo immer er es für angemessen hält. Er befindet sich, wie er selbst einmal konstatiert, in einem ständigen Kampf »gegen die Brandung«.[14]

Röpke fühlt sich stets verpflichtet, ihm auffallende Mängel in der (Wirtschafts-) Politik öffentlich zu benennen. Zu seiner Rolle als Nationalökonom schreibt er: »[Er] scheint mir vor allem die wenig ruhmvolle, aber desto nützlichere Aufgabe zu haben, inmitten der Leidenschaften und Interessen der Politik die Logik der Dinge sprechen zu lassen, die unbequemen Tatsachen und Zusammenhänge ans Licht zu ziehen, alles mit abwägender Gerechtigkeit an seinen Platz zu stellen, Seifenblasen anzustechen, Illusionen und Konfusionen zu entlarven und dem politischen Enthusiasmus mitsamt seinen möglichen Irrwegen die wirtschaftliche Vernunft entgegenzustellen, ohne daß wir [...] die Motive derjenigen, die von diesem Enthusiasmus erfüllt sind, im geringsten mißachten wollen.«[15]

---

[10] Zitat nach: Hennecke, Ein Leben in der Brandung, S. 49.
[11] Friedrich August von Hayek, Glückwunschadressen zu Wilhelm Röpkes 60. Geburtstag, in: Gegen die Brandung, Erlenbach-Zürich, Stuttgart: Eugen Rentsch Verlag, 1959, S. 26.
[12] Starbatty, Röpkes Beitrag zur Sozialen Marktwirtschaft, S. 3; Vgl. auch Ludwig Erhard, Glückwunschadressen zu Wilhelm Röpkes 60. Geburtstag, in: Gegen die Brandung, Erlenbach-Zürich, Stuttgart: Eugen Rentsch Verlag, 1959, S. 13; Michael Zöller, Zur Erinnerung an Wilhelm Röpke, in: Hans Otto Lenel et al. (Hrsg.), Ordo - Jahrbuch für die Ordnung von Wirtschaft und Gesellschaft, Band 50, Stuttgart: Lucius & Lucius, 1999, S. 34.
[13] Peukert, Das sozialökonomische Werk Wilhelm Röpkes, S. 1295.
[14] Wilhelm Röpke, EWG im Zwielicht: Wirtschaftsorganisatorische Konstruktionen führen noch nicht zur politischen Einigung Europas, Rheinischer Merkur 6./7. Februar 1964, S. 4.
[15] Wilhelm Röpke, Europa als wirtschaftliche Aufgabe, in: Albert Hunold (Hrsg.), Europa - Besinnung und Hoffnung, Erlenbach-Zürich, Stuttgart: Eugen Rentsch Verlag, 1957,

Dass Röpke seine Pflicht als Ökonom sehr ernst nimmt, wird schon in der Zeit der Weimarer Republik offenkundig. Der junge Ökonom sieht sich veranlasst, der Öffentlichkeit seine Beunruhigung über die nationalsozialistischen Tendenzen, die seit dem Hitlerputsch in München 1923 immer stärker werden, mitzuteilen. In einem Flugblatt, das unter dem Titel »Nationalsozialisten als Feinde der Bauern« wenige Tage vor der Reichstagswahl vom 14. September 1930 erscheint, mahnt er beschwörend: »Niemand, der am 14. September nationalsozialistisch wählt, soll später sagen können, er habe nicht gewusst, was daraus entstehen könnte. Er soll wissen, dass er Chaos statt Ordnung, Zerstörung statt Aufbau wählt. Er soll wissen, dass er für den Krieg nach innen und außen, für sinnlose Zerstörung stimmt. [...] Mitschuldig werden Sie, wenn Sie nationalsozialistisch oder auch eine Partei wählen, die keine Bedenken hat, mit den Nationalsozialisten eine Regierung zu bilden.« Diese Ansicht Röpkes basiert auf der Erkenntnis, dass die Staatsformen des Nationalismus, des Sozialismus sowie des Nationalsozialismus nur mithilfe einer Übermacht des Staates funktionsfähig seien.[16] Eine solch mächtige »überwuchernde Staatlichkeit« und die gleichzeitig »losgelassene Kollektivität« seien jedoch die Voraussetzungen für den Krieg.[17] In seiner Ablehnung des Krieges und der Staatsgewalt als Leviathan und seiner Überzeugung, dass Frieden und eng verknüpfte internationale Beziehungen Freiheit und Wohlstand fördern, folgert Röpke, dass nur eine demokratische Staatsform mit liberalem Wirtschaftssystem seinen Forderungen genügt.[18]

Röpkes Haltung zum Nationalsozialismus gefährdet schon bald seine wissenschaftliche Laufbahn in Deutschland. So bekommt er im Jahre 1928, als er sich von Jena nach Graz und Marburg bewirbt, zwei unterschiedliche Zeugnisse ausgestellt. Während dasjenige für Graz sehr günstig formuliert ist, fällt das nach Marburg versendete Gutachten äußerst negativ aus. Die Universität Jena möchte ihn dauerhaft von der deutschen wissenschaftlichen Szene fernhalten und versucht deshalb, ihn ins Ausland zu komplimentieren.[19] Dieses Vorhaben misslingt jedoch und Röpke wird nach einem Semester in Graz zurück nach Marburg berufen, wo er bis 1933 lehrt. In diesem Zeitraum etabliert er sich durch seine Abwendung von der historischen Schule als moderner Theoretiker der Volkswirtschaftslehre.

Trotz der Gefährdung seiner Position als Wissenschaftler setzt sich Röpke publizistisch für eine marktwirtschaftliche Wirtschaftspolitik ein und warnt vor den

---

S. 161 f.
[16] Röpke, Internationale Ordnung, S. 18.
[17] Ders., S. 19.
[18] Ders., S. 19 ff.
[19] Franz Böhm/Eva Röpke, Wilhelm Röpke (1899-1966)/ Nationalökonom. Lebensgang, in: Ingeborg Schnack (Hrsg.), Marburger Gelehrte in der ersten Hälfte des 20. Jahrhunderts, Marburg: N. G. Elwert Verlag (Kommissionsverlag), 1977, S. 419.

Gefahren eines übermächtigen Staates. Als einige Gegner der liberalen Wirtschaftspolitik sich zu einer Gruppe zusammenschließen und in der Zeitschrift »Die Tat« das Ende des Kapitalismus und der Weimarer Republik prophezeihen, stattdessen für eine autarke Wirtschaft in Deutschland plädieren und sich über die Brauns-Kommission, in der Röpke federführend ist, lustig machen, sieht Röpke sich zu einer Gegendarstellung herausgefordert.[20] Er übt unter dem Pseudonym »Ulrich Unfried« in mehreren Zeitungsartikeln in der Frankfurter Zeitung scharfe Kritik an dem von den Nationalsozialisten des »Tat«-Kreises gewünschten »totalen Staat«, den er als Gegner des kapitalistischen Abendlandes und den damit verbundenen Freiheiten, wie bspw. des Privateigentums an Produktionsmitteln und der Arbeitsteilung sieht, weshalb es ihn zu bekämpfen gelte.[21] Und noch im Februar 1933 hält er am Grab seines Lehrers Walter Troeltsch eine Rede, deren Kern die These ist, dass der Nationalsozialismus dabei sei, die abendländische Kultur »in den alten Urwald« zurückzuverwandeln.[22]

So kommt es nicht überraschend, dass er 1933 von den Nationalsozialisten aus »politischen Gründen« zunächst beurlaubt und wenig später im Alter von knapp 34 Jahren zwangsweise in den Ruhestand versetzt wird.[23] Wie einige andere deutsche Wissenschaftler verschiedener Fachrichtungen folgt er einem Ruf Kemal Atatürks an die Universität Istanbul. Dort wirkt er als Begründer und Direktor des sozialwissenschaftlichen Instituts am Aufbau des türkischen Hochschulwesens mit. In der Türkei verfasst er sein erfolgreichstes Werk »Die Lehre von der Wirtschaft« (Wien 1937), das in vierzehn Sprachen übersetzt wird.

Im Herbst 1937 erhält Röpke einen Ruf nach Genf. Da er sich in der Türkei nie ganz heimisch fühlt, was vor allem daran liegt, dass ihm das Klima gesundheitlich

---

[20] Hennecke, Ein Leben in der Brandung, S. 79.
[21] Wilhelm Röpke, Die Intellektuellen und der "Kapitalismus", in: Gegen die Brandung, Erlenbach-Zürich, Stuttgart: Eugen Rentsch Verlag, 1959, S. 87 ff.
[22] Wilhelm Röpke, Marburger Dozenten- und Professorenjahre, Alma mater Philippina WS 1965/1966, S. 21.
[23] Der 'Gaubundesdozentenführer' der 'Gauleitung Kurhessen' der NSDAP begründet dies wie folgt: »Röpke war ein intimer Freund des Juden Hermann Jacobsohn, [der am 27.4.1933 aufgrund seines Ausschlusses aus dem Staatsdienst Selbstmord begeht. Anm. d. Verf.] der in Marburg in der Kampfzeit eine üble Rolle gespielt hat und einer der schärfsten Gegner des Nationalsozialismus war. Jacobsohn war auch der Vertrauensmann der Frankfurter Zeitung, für die Röpke auch unter Decknamen schrieb. Röpke hat sich durchaus politisch unerwünscht betätigt, sonst wäre seine Entfernung aus dem Amt aus Marburg nicht erfolgt. Die [...] Rede Röpkes am Grab Professor Troeltsch war ein scharfer Angriff gegen den Nationalsozialismus.« Quelle: Erich Hoppmann, Ansprache des Dekans, in: In Memoriam Wilhelm Röpke: Reden gehalten anläßlich der akademischen Gedenkfeier der Rechts- und Staatswissenschaftlichen Fakultät der Philipps-Universität Marburg zu Ehren ihres Mitglieds am 3. Juli 1967, Marburg: N.G. Elwert Verlag, 1968, S. 6 Vgl. hierzu auch Anne Christine Nagel; Anne Christine Nagel (Hrsg.), Die Philipps-Universität Marburg im Nationalsozialismus: Dokumente zu ihrer Geschichte, Stuttgart: Steiner, 2000, S. 120 f.

zusetzt und ihm das Erlernen der türkischen Sprache äußerst schwer fällt,[24] kommt er diesem sofort nach. In Genf lehrt er von 1937/38 bis zu seinem Tode im Februar 1966 am »Institut Universitaire de Hautes Études Internationales« (HEI) als Professor für internationale Wirtschaftsfragen.

Obwohl Wilhelm Röpke sich von jeher mit einer labilen Gesundheit zu arrangieren hat und seinem Körper viel abverlangen muss, ist sein Leben von einer außerordentlichen Vitalität und Schaffenskraft gekennzeichnet. Eva Röpke schreibt über ihren Mann: »Wer würde bei dem glänzenden Redner, der er war, auf die Vermutung kommen, dass er in seiner Jugend arg gestottert hatte; wer, dass er in dem letzten Jahrzehnt seines Lebens nach einer mißlungenen Ohrenoperation an ständigem Schwindelgefühl litt; wer, dass sein Herz durch zwei Infarkte geschwächt war?«[25] Das »Schwimmen gegen den Strom« der Widerstände und zuweilen auch gegen die eigenen Zweifel kostet ihn, wie er selbst gesteht, viel Kraft.[26] In den letzten Jahren seines Lebens erhält er von seinen Ärzten die strenge Auflage, sich keine körperlichen Anstrengungen und seelischen Belastungen zuzumuten. Daher beschränkt er vor allem in den letzten Monaten seines Lebens seine von ihm äußerst geschätzte Reisetätigkeit auf das Notwendige.[27] In der Nacht vom 12. auf den 13. Februar 1966 erliegt Wilhelm Röpke in seinem Haus am Genfer See im Schlaf einem dritten Herzinfarkt. Ludwig Erhard schreibt in seinem Beileidstelegramm: »Mit Wilhelm Röpke ist nicht nur ein bedeutender Mann unserer Wissenschaft, sondern der stärkste und mutigste Kämpfer für eine freiheitliche Gesellschaftsordnung, der kühne Streiter für Recht und Würde des Menschen dahingegangen. Ich selbst trauere an seiner Bahre um einen treuen und bewährten Freund, der mir seit der finstersten deutschen Notzeit immer wieder Trost und Kraft gab.«[28] Auch Alfred Müller-Armack schreibt über seinen Kollegen: »Wilhelm Röpke war es gegeben, als einzelner eine Kraft im geistigen Leben Europas zu sein und eine Stellung einzunehmen, die er einzig aus der Stärke seines Herzens, seines Geistes, seines Mutes und seines nie versagenden Fleißes [...] errang.«[29]

Wilhelm Röpke gilt als einer der Vertreter eines neuen Liberalismus, des sogenannten »Ordoliberalismus«,[30] der neben einer vorwiegend marktwirtschaft-

---

[24] Hennecke, Ein Leben in der Brandung, S. 112 f.
[25] Böhm/Röpke, Marburger Gelehrte, S. 430.
[26] Wilhelm Röpke, Eine Ansprache in Rom, in: Gegen die Brandung, Erlenbach-Zürich, Stuttgart: Eugen Rentsch Verlag, 1959, S. 381.
[27] Wilhelm Röpke, Briefe 1934-1966, in: Eva Röpke (Hrsg.), Der innere Kompaß, Erlenbach-Zürich, Stuttgart: Eugen Rentsch Verlag, 1976, S. 196.
[28] zitiert nach: Hennecke, Ein Leben in der Brandung, S. 246.
[29] Müller-Armack, In memoriam, KYKLOS, 1966, S. 379.
[30] 1938 findet in Paris das sogenannte »Colloque Walter Lippmann« – als Vorläufer der zehn Jahre später gegründeten Mont Pèlerin Society – statt. Dabei wird der Begriff »Neoliberalismus« von Alexander Rüstow eingebracht. Der Ausdruck Neoliberalismus soll zur

lichen Wirtschaftsordnung mit den entsprechenden Gestaltungsmerkmalen privates Eigentum, freie Preisbildung, Vertragsfreiheit und Gewerbefreiheit dem Staat wichtige Aufgaben zuteilt.

Seine Erfahrungen während der beiden Weltkriege und der Weimarer Republik, die von staatlichen Übergriffen gekennzeichnet sind – was er als Freiheitsberaubung versteht – bieten ihm die Grundlage für seine anti-totalitäre und antimilitaristische Einstellung.[31] Röpkes Meinung nach ist die Entstehung des Totalitarismus als Zerfalls- und Degenerationserscheinung zu verstehen. Er glaubt, dass dieser sich durch die »geistig-moralisch kompasslos gewordene Industrie- und Massengesellschaft« etablieren konnte, jedoch den abendländischen Wer-

---

Abgrenzung neuer liberaler Konzepte gegenüber dem von Richard Cobden vertretenen Manchester- oder *laissez-faire*-Liberalismus des 19. Jahrhunderts dienen. Die Gründe für dessen Niedergang werden bei der Tagung diskutiert und es wird stellvertretend ein neues Konzept erstellt. Röpkes Anliegen ist dabei vor allem die wirksame Bekämpfung des »Kollektivismus« und die Überwindung des klassischen Liberalismus, »dessen naturalistisches Marktverständnis, harmonisches Gleichgewichtsdenken und dualistische Konzeption von Markt und Staat im Gefolge der Großen Depression nach dem Börsenkrach von 1929 als gescheitert angesehen werden mussten.« Dieter Plehwe, WZB Mitteilungen Nr. 110: Quellen des Neoliberalismus, ⟨URL: http://www.wzb.eu/publikation/pdf/wm110/25.pdf⟩; aufgerufen am 25.8.2007.

Bereits bei diesem Zusammentreffen werden jedoch auch konträre Positionen klar. Die elementaren Grundlagen einer neoliberalen Gesellschaftsordnung nach Maßgabe marktwirtschaftlicher Prinzipien sind unter den Teilnehmern unstrittig, die Rolle des Staates wird jedoch kontrovers diskutiert. Von Mises und sein Schüler von Hayek wollen die Staatstätigkeit darauf beschränkt sehen, Sicherheit nach innen und außen zu bieten und einen verlässlichen Rechtsrahmen für die Wirtschaft zu gewährleisten, vgl. Wolfgang Köhler, Die Mission des Liberalismus, Die Zeit 7. August 2008, Nr. 33

Andere Teilnehmer wie Rüstow, aber auch Röpke messen hingegen dem Staat eine wichtige Rolle auch in anderen Bereichen zu.

Im deutschsprachigen Raum nimmt der Begriff nach dem Zweiten Weltkrieg bis Anfang der 1960er Jahre eine herausragende Rolle bei der Diskussion der konzeptionellen Grundlagen der Sozialen Marktwirtschaft ein. Heute wird Neoliberalismus oft als polemisches Schlagwort in der politischen Auseinandersetzung benutzt. Dabei erhält der Begriff jedoch nicht die ihm ursprünglich zugedachte Bedeutung, vgl. Georg Paul Heftye, "Neoliberalismus" Das Wort als Waffe, ⟨URL: http://www.faz.net/s/Rub7FC5BF30C45B402F96E964EF8CE790E1/Doc~E2E0C044E0F844833907133D578DE4905~ATpl~Ecommon~Sspezial.html⟩; aufgerufen am 25.8.2007.

Auch Röpke selbst hält den Ausdruck Neoliberalismus für unglücklich gewählt und empfindet darüber Unbehagen. Wilhelm Röpke, Jenseits von Angebot und Nachfrage, Erlenbach-Zürich, Stuttgart: Eugen Rentsch Verlag, 1958, S. 132

Der 1937 von der Freiburger Schule geprägte Begriff Ordoliberalismus bezeichnet die Deutsche Strömung des gedanklichen Gerüsts des Neoliberalismus der damaligen Zeit und unterscheidet sich in einigen Merkmalen, gerade auch was die Rolle des Staates angeht, von der angelsächsischen Variante, unter deren prominenten Vertretern Ludwig von Mises, August Friedrich von Hayek und Milton Friedman zu nennen sind. In dieser Arbeit soll der Begriff Ordoliberalismus verwendet werden. Dies hat zweierlei Vorzüge. Zum einen wird der Begriff im deutschen Sprachgebrauch nicht missverständlich genutzt. Zum anderen umfasst er die auch von Röpke mitgeprägte und vertretene deutsche Strömung präziser.

[31] Röpke, Internationale Ordnung, S. 18.

ten des Gesellschafts-, Wirtschafts-, Staats- und Moralsystems widerspricht.[32] Gleichwohl verschreibt er sich nicht bedingungslos einem ungezügelten und damit für Fehlentwicklungen anfälligen Liberalismus, da er ihn als mitverantwortlich für die Gesellschaftskrise des 20. Jahrhunderts hält.[33] Den daraus erwachsenden *Kapitalismus* oder *Vulgärliberalismus* entlarvt er als ein System, das sich ausschließlich an Gewinnmaximierung orientiere und dabei die Unterdrückung, Entwürdigung und Ausbeutung des Menschen zulasse.[34] Daher widmet sich Röpke im Exil der Aufgabe, »seinem inneren Kompaß folgend, für eine menschenwürdige Ordnung von Wirtschaft und Gesellschaft zu wirken.«[35] Ein »Dritter Weg« oder »Wirtschaftshumanismus« mit einer »Civitas Humana« müsse implementiert werden, um die Fehlentwicklungen, die zu zwei Weltkriegen geführt hätten, zu beseitigen.[36] Es gelte, »den Menschen wieder zum Maß und zum Mittelpunkt wirtschaftlichen Denkens zu machen«, um daraus die von Röpke postulierte Einheit von Staat, Wirtschaft und Gesellschaft zu realisieren und die Gesellschaftskrise des zwanzigsten Jahrhunderts[37] damit zu überwinden.[38] Der Liberalismus gebe nicht auf alle Fragen des Wirtschafts-, Sozial- und Gesellschaftslebens eine befriedigende Antwort. Einige Probleme seien nicht mithilfe des Prinzips freier Preise zu lösen. Stattdessen lägen sie jenseits von Angebot und Nachfrage und bedürften der Regelung durch einen an klare Regeln gebundenen Staat.[39] Diese beinhalten die Monopol- und Kartellkontrolle beim Versagen des Marktmechanismus, sozialen Ausgleich, Chancengleichheit, Bereitstellung öffentlicher Güter und Internalisierung externer Effekte. Die Ideen des Ordoliberalismus dienen der von Alfred Müller-Armack nach dem Zweiten Weltkrieg geprägten Wortschöpfung der »Sozialen Marktwirtschaft« als Grundlage,[40] weshalb Röpke auch als einer der geistigen Gründerväter der Sozialen Marktwirtschaft gilt.

---

[32] Böhm/Röpke, Marburger Gelehrte, S. 434 f.
[33] Wilhelm Röpke, Die Gesellschaftskrisis der Gegenwart, 1. Auflage. Erlenbach-Zürich: Eugen Rentsch Verlag, 1942, S. 179.
[34] Wilhelm Röpke, Civitas Humana: Grundfragen der Gesellschafts- und Wirtschaftsreform, Erlenbach-Zürich: Eugen Rentsch Verlag, 1944, S. 44 f.; Röpke, Internationale Ordnung, S. 20 f.
[35] Eva Röpke, Briefe 1934-1966, in: Eva Röpke (Hrsg.), Der innere Kompaß, Erlenbach-Zürich, Stuttgart: Eugen Rentsch Verlag, 1976, S. 8.
[36] Röpke, Internationale Ordnung, S. 16-21.
[37] Der vom Menschen losgelöste Liberalismus und der Kollektivismus, in denen Vermassung der Gesellschaft, die nicht mehr auf einem pyramidalen oder hierarchischen Aufbau beruhe, sondern eine Verklumpung der Individuen in chaotischer Beziehunglosigkeit sich selbst überlasse, sind laut Röpke die Hauptverantwortlichen für die Krise des 20. Jahrhunderts. Der Analyse, Kritik und Behebung dieser Problematik widmet er seine Trilogie »Gesellschaftskrisis der Gegenwart«, »Civitas Humana« und »Internationale Ordnung«.
[38] Röpke, Ansprache Rom, S. 380.
[39] Wilhelm Röpke, Der wirtschaftliche Wiederaufbau Europas, Wissenschaft und Weltbild. Zeitschrift für Grundfragen der Forschung 1959, Nr. 3, S. 491.
[40] Müller-Armack gibt in seinem Buch Wirtschaftslenkung und Marktwirtschaft dem zweiten Kapitel die Überschrift »Soziale Marktwirtschaft«. Alfred Müller-Armack, Wirtschaftslenkung und Marktwirtschaft, Hamburg: Verlag für Wirtschaft und Sozialpolitik, 1947.

Im Zusammenhang mit staatlichen Interventionen sind unterschiedliche Erscheinungs- und Bekämpfungsformen der Inflation ein weiteres Thema, das Röpke über viele Jahre hinweg beschäftigt. Da er während der Weimarer Republik selbst miterlebt, welche Ausmaße die Inflation annehmen kann, warnt er in späteren Jahren häufig vor dieser Gefahr. Empfehlungen für konjunkturpolitisches Handeln in Krisenzeiten verbindet er stets mit der Warnung vor Inflation, sollte das Krisenmanagement zur Stimulierung eines dauerhaften Booms mißbraucht werden.[41] In Verbindung damit lehnt er die von John Meynard Keynes proklamierte »Vollbeschäftigung um jeden Preis« ab.[42] Vollbeschäftigung ist Röpkes Ansicht nach eine trügerische Losung, die das wirtschaftspolitische Denken bestimmt und dabei alles andere beherrscht. Daher schreibt er 1950 in einem Artikel für die »Zeitschrift für das gesamte Kreditwesen«: »Wahrscheinlich ist dies [das Streben nach Vollbeschäftigung] der Hauptgrund dafür, dass alle Bemühungen um die Wiederaufrichtung einer wirtschaftlichen Ordnung in der Welt nach diesem Zweiten Weltkriege bisher im Sumpf der Unklarheit, der Widersprüche und der Illusionen steckengeblieben ist.«[43]

Gerade aber die Erschaffung einer nachhaltigen, friedens- und wohlfahrtsfördernden wirtschaftlichen Ordnung auch über Landesgrenzen hinaus – sowohl weltweit als auch für Europa im Speziellen – ist Röpkes über Dekaden hinweg formulierter nicht nachlassender Wunsch. Bereits ab den Zwanziger Jahren beschäftigt er sich mit Währungsfragen und Außenhandel[44] und 1945 erscheint sein Buch »Internationale Ordnung«, in dem er für die internationale Wirtschaftspolitik einen ordnungspolitischen Rahmen absteckt. Europa ist Röpke, der seinen Heimatkontinent nie für längere Zeit verlässt, ein besonderes Anliegen und er bezeichnet sich selbst als europäischen Patrioten.[45] Er ist der Auffassung, Europa müsse als »Leitidee« und »lebendige Kraft« empfunden und weiterentwickelt werden.[46] Nach dem Ende des Zweiten Weltkriegs publiziert er mit großem Elan

---

[41] Philip Plickert, Wandlungen des Neoliberalismus. Eine Studie zu Entwicklung und Ausstrahlung der "Mont Pèlerin Society", Stuttgart: Lucius & Lucius, 2008 (zugl. Diss., Eberhard Karls Universität Tübingen, 2007), S. 69.

[42] Böhm/Röpke, Marburger Gelehrte, S. 427.

[43] Wilhelm Röpke, »Vollbeschäftigung«, eine trügerische Losung, Zeitschrift für das gesamte Kreditwesen Band 3, 1950, Nr. 6, S. 7.

[44] 1925 erscheint sein Lehrbuch »Geld und Außenhandel«, worin Röpke geld-, konjunktur- und finanzpolitische Fragen der internationalen Wirtschaftsbeziehungen analysiert. Bereits dieses frühe Werk ist »ebenso sehr eine Anklage gegen den Protektionsimus wie eine Apologie für den Freihandel.« Wilhelm Röpke, Geld und Außenhandel, Jena: Verlag von Gustav Fischer, 1925, S. 82; In die gleiche Richtung zielt ein weiteres Lehrbuch, in dem Röpke ebenfalls den internationalen Wirtschaftsbeziehungen auf den Grund geht, vgl. Wilhelm Röpke, Weltwirtschaft und Außenhandel, Berlin und Wien: Industrieverlag Spaeth & Linde, 1931.

[45] Wilhelm Röpke, Worum es in Wahrheit geht, Freiheitskämpfer (Nemzetör) April 1963, S. 3; Wilhelm Röpke, Worum es in Wahrheit geht, Rheinischer Merkur 22. März 1963, S. 2.

[46] Röpke, Internationale Ordnung, S. 72 f.

eine enorme Fülle an Artikeln zum Thema Europa, die in zahlreiche Sprachen übersetzt in ganz Europa, vor allem aber in Deutschland und seiner Wahlheimat, der Schweiz, eine große Leserschaft anzieht.

Für die Integration der Weltwirtschaft dient ihm der Liberalismus der Klassiker Adam Smith und David Hume als Vorbild, deren Konzeptionen das britische Wirtschaftssystem im 18. und 19. Jahrhundert geprägt haben und in der internationalen Ordnung eine wegweisende Stellung einnahmen. Nach diesem Vorbild sei auch die internationale Ordnung der Nachkriegszeit wieder herzustellen, die durch die beiden Weltkriege zerstört worden sei.[47] Die Kriege hätten das gegenseitige Vertrauen der Nationalstaaten, das die Basis für einen *ordre public international* bilde, nachhaltig beschädigt und auch die internationalen wirtschaftlichen Beziehungen, die sich nur in einem friedlichen Umfeld voll entwickeln könnten.[48] Röpke zufolge muss daher nach 1945 ein neues, nach liberalen Grundsätzen ausgerichtetes Konzept einer alle (freien) Staaten umfassenden internationalen Ordnung in Form einer Föderation erstellt werden, die dauerhaft den Frieden sichert und die Prosperität der sich darin befindenden Staaten fördert.[49] Regionale Abkommen hält er dagegen im Allgemeinen eher für hinderlich, da er befürchtet, dass sich die Bündnispartner nach außen abschotten und ein weltweit offenes System eher verhindern als fördern. Allerdings ist ihm bewusst, dass eine internationale Föderation wegen des Mangels an geistig-moralischer Integration ein überambitioniertes Projekt wäre, wenn nicht vorher auf geographisch begrenztem Raum bereits regionale Föderationen realisiert würden.[50]

Als konkretes Beispiel greift Röpke, dem sein Heimatkontinent ein besonderes Anliegen ist, die regionale Integration Europas heraus.[51] Er ist überzeugt, dass um der Erhaltung des Friedens und des Widerstands gegen den kommunistischen Block willen ein Zusammenwachsen der freien Staaten Europas erforderlich ist.[52] Daher postuliert er eine nach funktionellen Kriterien ausgerichtete europäische Integration. Seine Vorstellungen für die Zukunft Europas beruhen auf einem föderal aufgebauten Staatenbund.[53] Die anfallenden Aufgaben sollen nach dem Subsidiaritätsprinzip gelöst werden.[54] Nach außen soll diese Gemeinschaft so of-

---

[47] Röpke, Internationale Ordnung, S. 122.
[48] Ders., S. 108, 122.
[49] Ders., S. 69 f.
[50] Ders., S. 70.
[51] Wilhelm Röpke, Europa in der Welt von heute, in: Martin Hoch (Hrsg.), Wort und Wirkung: Reden aus den Jahren 1947-1964, Ludwigsburg: Martin Hoch, 1964, S. 300; Röpke, Internationale Ordnung, S. 70.
[52] Ders., S. 77; Wilhelm Röpke, Die wirtschaftliche Integration Europas, Wissenschaft und Weltbild. Zeitschrift für Grundfragen der Forschung 1960, Nr. 13, S. 93.
[53] Wilhelm Röpke, Europa - Einheit in der Vielheit, Die politische Meinung. Monatsschrift zu Fragen der Zeit Januar 1959, Nr. 32, S. 16 ff.
[54] Röpke, Civitas Humana, S. 179.

fen wie möglich konzipiert sein, um Diskriminierung zu vermeiden.⁵⁵ Der 1953 gegründeten EGKS und der später mit den Römischen Verträgen geschaffenen Europäischen Wirtschaftsgemeinschaft (EWG) steht er von Beginn an skeptisch gegenüber. Röpke schreckt nicht davor zurück, seine unpopuläre Meinung öffentlich zu vertreten, wobei ihm Zeitungen oft als Sprachrohr dienen; seine Ansichten stoßen zuweilen selbst im eigenen Lager nicht auf Verständnis.⁵⁶ Röpke bekommt gerade in dieser Thematik aufgrund seiner kritischen und mahnenden Worte oft zu spüren, dass die Aufgabe als Nationalökonom »ein guter Europäer zu sein und zugleich den Ruf eines solchen zu haben«,⁵⁷ der Quadratur des Kreises nahe kommt.

## 2.2. Röpkes theoretische Konzeption einer international integrierten Ordnung

Röpkes Erfahrungen aus seiner Jugend, seiner Ausbildung und sein Lebensweg bis zum Ende des Zweiten Weltkriegs sind die Grundlage für sein liberalen Grundsätzen folgendes theoretisches Konzept einer internationalen Ordnung.

Röpke geht in seinen Überlegungen zu einer integrierten Weltwirtschaft immer davon aus, »dass die internationale Ordnung in erster Linie aus der nationalen verstanden und von hierher verwirklicht werden müsse, dass der internationale Frieden, soll er nicht von jedem stärkeren Wind entwurzelt werden, tief und fest in einer Gesellschaft gegründet sein muß, die die Merkmale der geistigen, moralischen, wirtschaftlichen und sozialen Gesundheit, Festigkeit, Natürlichkeit, Gerechtigkeit und Humanität aufweist.«⁵⁸ Dementsprechend ist seine Trilogie aufgebaut. In »Die Gesellschaftskrisis der Gegenwart« anaylsiert Röpke die Ursachen einer Krise, die von der nationalstaatlichen Ebene ausgehend auf die internationale übergeschwappt sei, und konzipiert in »Civitas Humana« eine neue Gesellschaftsordnung, die die Fehler der Vergangenheit beseitigt. Von dieser Basis aus entwickelt er die Voraussetzungen für eine »Internationale Ordnung – heute«. Dieser Systematik folgend müssen also zuerst nationale Rahmenbedingungen geschaffen werden, die sodann auf die internationale Ordnung zu übertragen sind. Röpke hebt hervor, dass jeweils die Form der nationalen und internationalen Wirtschaftsverfassung einander entsprechen.⁵⁹ Daher ist es

---

⁵⁵ Röpke, Internationale Ordnung, S. 308 ff.
⁵⁶ Hier ist bspw. der offen ausgetragene Disput zwischen Röpke und Rüstow in der FAZ gemeint, der am 12./25./27. Februar und am 7. März 1963 abgedruckt wird. Es handelt sich dabei um elementare Meinungsverschiedenheiten über das Veto von Präsident de Gaulle zu Großbritanniens Beitrittsgesuch zur EWG ebenso wie unterschiedliche Ansichten zur Sicherheitspolitik Europas und der USA.
⁵⁷ Röpke, Europa – Besinnung und Hoffnung, S. 162.
⁵⁸ Röpke, Internationale Ordnung, S. 101.
⁵⁹ Röpke, Civitas Humana, S. 387.

vonnöten, das Gesamtsystem 'Weltwirtschaft' von unten herauf bzw. von innen heraus aufzubauen und danach zu den übergeordneten Teilen des Systems überzugehen.[60] Im Folgenden soll das Kapitel gemäß Röpkes Ansatz gegliedert werden.

Im ersten Abschnitt werden die Grundlagen für eine nationale Ordnung nach Röpkes Vorstellungen skizziert, die wiederum den Gestaltungsraum des internationalen Systems maßgeblich bestimmen. Im Mittelpunkt stehen in diesen Abschnitten die wirtschaftlichen Rahmenbedingungen, obgleich Röpke den gesellschaftlichen und kulturellen Hintergrund nicht vernachlässigt oder gar als Grundlage für jedes Wirtschaftssystem hervorhebt. Röpke trifft zunächst eine Entscheidung über die Wirtschaftsverfassung, von denen er zwei sich diametral unterscheidende Verfassungen – Kommandowirtschaft (Kollektivismus) und Marktwirtschaft – einander gegenüberstellt. Röpkes Argumente für seine Wahl eines marktwirtschaftlichen Systems und die Zuweisung der Rollen der jeweiligen Akteure schließen sich dem an. Die sich von den nationalen Gegebenheiten ableitenden Bedingungen für die internationale Wirtschaftsverfassung einschließlich der Voraussetzungen für Integration im wirtschaftlichen Bereich folgen im nächsten Abschnitt. Röpke ist fest davon überzeugt, dass sowohl eine einzelne Volkswirtschaft als auch die internationale Integration sich nur dann erfolgreich entwickeln können, wenn ihre Wirtschaftsverfassung auf den Ordnungsprinzipien der Marktwirtschaft fußen.[61] Der Spezialfall einer regionalen Integration, an deren Verwirklichung Röpke besondere Bedingungen knüpft, bildet den Abschluss des Kapitels.

### 2.2.1. Nationale Wirtschaftsordnung und -prozesse

Die Form der nationalen Ordnung bedingt, in Röpkes Augen, maßgeblich die internationale Integration. Daher muss vorerst geklärt werden, welchen Stellenwert Nation und Nationalstaat sowohl auf emotionaler Ebene als auch im Bereich der politischen Organisation einnehmen. Röpke schlägt vor, ganz unvoreingenommen das Konstrukt des Nationalstaats, das innerhalb eines relativ kurzen Zeitraums seit Mitte des 19. Jahrhunderts an enormer Bedeutung gewonnen habe, zu überdenken und einerseits die Möglichkeit in Betracht zu ziehen, dass der Nationalstaat kein zukunftsträchtiges Konzept sei.[62] Möglicherweise müsse stattdessen neuen Kräften der Gestaltung Spielraum gewährt werden.[63]

---

[60] Razeen Sally, Wilhelm Röpke and International Economic Order: 'Liberalism from below', in: Hans Otto Lenel et al. (Hrsg.), Ordo - Jahrbuch für die Ordnung von Wirtschaft und Gesellschaft, Band 50, Stuttgart: Lucius & Lucius, 1999, S. 48.
[61] Wilhelm Röpke, Die Lehre von der Wirtschaft, 11. Auflage. Erlenbach-Zürich, Stuttgart: Eugen Rentsch Verlag, 1968, S. 309 ff.; Röpke, Civitas Humana, S. 390 f.
[62] Röpke, Internationale Ordnung, S. 67.
[63] Ebd.

Andererseits verkörpere der Nationalstaat eine Einheit in Form einer »aus [einer] Schicksalsgemeinschaft erwachsenden Charaktergemeinschaft«, die auf gemeinsamen Sitten, Gebräuchen, Sprache, Abstammung und Gesetzen beruhe.[64] Der Nationalstaat sei eine historisch gewachsene Identität, der den geeigneten Rahmen bilde, das Eigenleben einer Nation zu bewahren und zu fördern.[65] Die Achtung des Mannigfaltigen, des Eigenständigen und der Buntheit auf dezentraler Ebene, sind für ihn von entscheidender Bedeutung, um einer gesellschaftlichen Verklumpung und Vermassung zu entgehen.[66] Eine Auflösung der Nationalstaaten mit dem Ziel einer homogenen Großraumnation, eines »melting-pot« nach amerikanischem Vorbild[67] kommt für Röpke daher nicht infrage. Sie würde die Degradierung der einzelnen Nationen zu reinen Verwaltungsbezirken bedeuten.[68] Aus diesen Gründen spricht sich Röpke dafür aus, dass die Konzeption des Nationalstaates bewahrt werden müsse.

Röpke fügt dem hinzu, dass die Nation gar als wichtiges Bindeglied zwischen Heimat und Welt fungiere. Hierbei legt er einen Aufsatz Max von Rümelins[69] »Der Begriff des Volkes« zugrunde, der als herrschendes Motiv für Gruppierungen der mittelalterlichen Welt zum einen die engsten lokalen Beziehungen und zum anderen Kultur und Religion als allgemeinste Verklammerung gesehen hatte. Außerhalb oder zwischen diesen beiden Bereichen habe »nichts« gelegen. Röpke hält diese Sichtweise für etwas verkürzt, da er vermutet, bereits im Mittelalter habe etwas der Nation Ähnliches zwischen den beiden Polen der Heimat und der Kulturwelt gelegen. Inzwischen sei jedoch die Nation als Bindemittel zwischen diesen beiden Polen klar hervorgetreten und es gelte, dieses Dreigespann zu wahren und nicht eines zugunsten der anderen beiden zu vernachlässigen oder gar aufzugeben, wie dies bspw. durch den Nationalismus geschehen sei.[70] Die Nation sieht er als bisher höchste Form einer unbedingten politischen Gemeinschaft an, weshalb gerade für den internationalen Bereich von ihr ausgegangen werden müsse.[71] Denn die Organisation der Nation als politisches, wirtschaftliches, soziales und kulturelles Gebilde definiere von der kleinsten Einheiten innerhalb der Gemeinschaften bis zu den Beziehungen des gesamten Nationalstaates zu anderen

---

[64] Röpke, Geld und Außenhandel, S. 28.
[65] Röpke, Internationale Ordnung, S. 67.
[66] Wilhelm Röpke, Grundfragen der europäischen Wirtschaftsunion, Schweizer Monatshefte: Zeitschrift für Politik, Wirtschaft, Kultur Band 28, August 1948, S. 283; Röpke, Einheit in der Vielheit, Die politische Meinung, 1959, S. 16.
[67] Ders., S. 23.
[68] Röpke, Internationale Ordnung, S. 67.
[69] Rümelin ist zwischen 1908 und 1931 Kanzler der Universität Tübingen.
[70] Wilhelm Röpke, Heimat - Nation - Welt, Rheinischer Merkur 25. Februar 1966, Nr. 9, S. 4.
[71] Wilhelm Röpke, Der jähe Sturz in die europäische Wirklichkeit. Zur Überwindung der EWG-Krise: Revision oder Neu-Interpretation der Verträge, Rheinischer Merkur 22. Oktober 1965, Nr. 43, S. 4.

Ländern den Aktionsradius der jeweiligen Einheit.[72] Der Aufbau des Nationalstaats spielt insofern auch für die internationale oder regionale Integration eine entscheidende Rolle, da er Möglichkeiten und Begrenzungen für internationale Beziehungen vorgibt.

In den folgenden Abschnitten werden daher die von Röpke als essentiell erachteten nationalen Voraussetzungen umrissen, die eine Integration auf europäischer Ebene in seinem Sinne überhaupt erst ermöglichen.

### 2.2.1.1. »Geordnete Anarchie« als optimale Wirtschaftsverfassung

Das Fundament, auf dem ein Staat und eine Gesellschaft aufbauen, sind nach Röpkes Auffassung zuerst »[...] allgemeine und elementare Wertvorstellungen und Gefühle, die sie jenseits aller Klassen- und Interessenscheidungen vereinen [...]«[73]. Er zählt dazu – für den abendländischen Kulturkreis – den Sinn nach Gerechtigkeit, den Wunsch nach Frieden, Ordnung und Zusammenhalt, die Heimatliebe und Verbundenheit mit der nationalen Kultur- und Geschichtstradition, Opfersinn und Hilfsbereitschaft, Ritterlichkeit und Fairness.[74] Diese Wertvorstellungen wurzeln nach Röpke in der griechischen und römischen Antike, dem Christentum, der Renaissance, dem Barock bis hin zur Weimarer Republik; sie werden später von der Zeit des Nationalsozialismus überschattet.[75] Nur durch die Rückbesinnung auf den geistig-moralischen Rahmen sei es möglich, eine »gesunde« Gesellschaft mit fester Struktur zu erschaffen.[76] Als charakteristisch bezeichnet er ihren hierarchischen Aufbau, der bei dem einzelnen Individuum beginnt, das in seiner Würde und Bedeutung zu schützen ist und über zu immer größeren Einheiten zusammengefassten Gemeinschaften bis hin zur größtmöglichen Einheit der Nation reicht.[77] Die Einordnung der europäischen Staaten in den abendländischen Kulturkreis ist für Röpke deshalb wichtig, weil somit auch die einzelnen nationalen europäischen Gesellschaftsordnungen ein gemeinsames Fundament über Ländergrenzen hinaus besitzen, was er für den europäischen Integrationsprozess für unerlässlich hält.[78]

Der geistig-moralischen Komponente, die Röpke als Fundament jeder Gesellschaftsordnung begreift, stellt er eine politisch-sozial-ökonomische (soziologische) zur Seite, um die Gesellschaft in ihrer Gänze zu durchdringen. Er hebt dabei hervor, dass das geistig-moralische das soziale Gefüge bedinge und beide

---

[72] Röpke, Internationale Ordnung, S. 67 ff.
[73] Röpke, Die Gesellschaftskrisis, S. 14.
[74] Ders., S. 14 f.
[75] Ders., S. 11-18.
[76] Ebd.
[77] Ders., S. 23; Röpke, Civitas Humana, S. 33.
[78] Röpke, Europa in der Welt von heute, S. 300 f.

sich gegenseitig beeinflussten und daher aufeinander abgestimmt werden müssten. Er kommt daher zu der zwingenden Lösung, »that it is social integration on which economic integration depends, and not the other way round. The latter supposes the former as a largely independent condition, and the reversal of causation due to Spencerism seems, to-day, no more than a very significant symptom of an age which was in the habit of overstressing the domination and determining rôle of the economic side of society.«[79] Die soziale Komponente der Gesellschaft, die das Wirtschaftssystem beinhaltet, auf das sich Röpke als Ökonom besonders konzentriert, müsse also in Einklang mit der Rahmenordnung – einem adäquaten Menschenbild, einem Kulturideal und den Formen moderner Wirtschaft angemessen – stehen.

Die geistig-moralischen Rahmenbedingungen der abendländischen Kultur sind somit in seinem Buch »Die Lehre von der Wirtschaft« der Ausgangspunkt Röpkes auf der Suche nach einer nachhaltigen Wirtschaftsordnung sowohl auf nationaler als auch auf internationaler Ebene. Er stellt die »geordnete Anarchie« jenseits von Zwang und Zufall, also eine »spontane Ordnung« und die »kommandierte Ordnung« in einer differenzierten Ordnung zur Disposition[80] und begründet sogleich seine Entscheidung für erstere.[81] Äußerst differenzierte und komplizierte, ineinander greifende Wirtschaftsprozesse würden in dieser Ordnung durch eine ihr innewohnende Logik stabilisiert. Die große Überlegenheit des Systems der geordneten Anarchie gegenüber der kommandierten Ordnung sei das reibungslose Ineinandergreifen der Wirtschaftsprozesse ohne autoritäre Lenkung. Überraschend sei, dass im Laufe der Zeit dabei kein Chaos, sondern vielmehr ein Kosmos entstehe.

Im Anschluss an diesen Vorgriff, in dem Röpke bereits das Ergebnis seiner Analyse preisgibt, liefert er das Fundament für seine Argumentation. Röpke geht es darum, eine Erklärung zu finden, die nicht nur einzelne Aspekte, sondern den Gesamtmechanismus der wirtschaftlichen Entscheidungen umfasst.[82] In den Mittelpunkt der gesamtwirtschaftlichen Untersuchung stellt er die Einzelentscheidung des Individuums. Dies sei zweckmäßig, da aus der Vielzahl von subjektiven Erwägungen und Entscheidungen der einzelnen Individuen ein Prozess entstehe, der sich durch die Einflussgrößen Geld, Preis, Zins und Konjunktur

---

[79] Wilhelm Röpke, International Economic Disintegration, London: William Hodge and Company, 1942, S. 71.
[80] Als dritte Form der Wirtschaftsordnung identifiziert Röpke die »Eigenwirtschaft«, die in keine gesellschaftliche Arbeitsteilung aufgegliedert ist. Da eine solche undifferenzierte Wirtschaft jedoch im 20. Jahrhundert in Europa eine verschwindend geringe Rolle spielt, soll sie hier nur der Vollständigkeit halber erwähnt werden. Röpke, Civitas Humana, S. 36 ff.
[81] Röpke, Die Lehre von der Wirtschaft, S. 19 u. 22.
[82] Ders., S. 18 f.

objektivieren und als Wirtschaft zunächst im nationalen Zusammenhang, aber auch darüber hinaus für das Wirtschaften über Grenzen hinweg zusammenfassen lasse.[83] Peukert schreibt hierzu: »Ohne dass Röpke darauf eingeht, ließe sich eine Art 'Konsistenzpostulat' zwischen humaner Vision und Wirtschaftstheorie aufstellen: steht die Würde des persönlichen Individuums im Liberalismus an erster Stelle, so läßt sich diese Vorrangstellung auch für die ökonomische Theorieausrichtung einfordern.«[84]

Zunächst muss geklärt werden, worum sich diese seelischen Vorgänge drehen, die das wirtschaftliche Handeln des Menschen bestimmen. Röpke tut dies mithilfe der Grenznutzentheorie. Als Ziel menschlicher Entscheidungen identifiziert er die individuell nutzenmaximierende Lösung des Konflikts zwischen unbegrenzten Bedürfnissen und begrenzten Mitteln.[85] Die Knappheit wirtschaftlicher Güter definiert Röpke, anders als die Klassiker, nicht als objektive Seltenheit, sondern als Missverhältnis zwischen der vorhandenen Menge und der subjektiv gewünschten. Wo genau auf einer Werteskala das Individuum ein Gut plaziere, hänge damit von subjektiven Wünschen ab. Denn der Nutzen, den das Gut stifte, sei nicht nach objektiven Kriterien quantifizierbar, sondern der spezifische, konkrete Nutzen einer bestimmten Gütermenge für das Individuum. Dieser Nutzen bestimme sich nach der letzten nachgefragten Einheit, dem Grenznutzen. Die Fallgeschwindigkeit des Grenznutzens gibt hierbei über die Elastizität des Bedarfs Auskunft, d.h. Elastizität und Dringlichkeit des Bedarfs verhalten sich umgekehrt zueinander.[86]

Das Bestehen der Nachfrage nach einem bestimmten Gut ist zwar eine notwendige, aber nicht hinreichende Bedingung für die Wirtschaft. Hierfür ist zusätzlich die Angebotsseite erforderlich, die von Röpke als Vorrat bereits vorausgesetzt wird. Ein festgelegter Abstimmungsmechanismus ist erforderlich, um Produzenten und Konsumenten in Interaktion treten zu lassen. Für private Güter favorisiert Röpke das Preissystem als Abstimmungsmechanismus.[87] Den Vorzug dieses Abstimmungsmechanismus sieht er in der reibungslosen und effizienten Allokation der Ressourcen einer Volkswirtschaft, ohne eine übergeordnete Planungsstelle einzuschalten.[88] Einschränkend gibt Röpke zu Bedenken, dass dieser Mechanismus lediglich der bestmögliche in bezug auf die bestehende (ungleich-

---

[83] Röpke, Die Lehre von der Wirtschaft, S. 23.
[84] Peukert, Das sozialökonomische Werk Wilhelm Röpkes, S. 59.
[85] Röpke, Die Lehre von der Wirtschaft, S. 24.
[86] Ders., S. 26.
[87] Ders., S. 50-60; Röpke nennt für private Güter als Abstimmungsmechanismus neben dem Preissystem das Queuesystem, das nach dem Motto »first come first serve« gestaltet ist, das Rationierungssystem, wonach die Güter nach Planvorgaben verteilt werden und ein Mischsystem, das Elemente des Queue- und des Rationierungssystems beinhaltet.
[88] Ders., S. 56 ff.

mäßige) Einkommensverteilung sei. Nach Abwägung der Kriterien kommt Röpke zu dem Schluss, »daß das Preissystem ungeachtet aller Unvollkommenheiten und ungeachtet des Bereiches, in dem es nicht anwendbar ist, doch die natürlichste und mit Elementargewalt sich immer wieder durchsetzende Lösung des Abstimmungsproblems bietet.«[89] Die »geordnete Anarchie« oder Marktwirtschaft sei somit dominante Strategie und werde sich zwangsläufig gegenüber der kommandierten Ordnung – ganz gleich, ob diese auf kommunistischen oder nationalsozialistischen Fundamenten ruhe – durchzusetzen vermögen.

Kollektivistische Systeme lehnt Röpke nicht ausschließlich wegen ihres Unvermögens, Ressourcen effizient zu allozieren, ab. Er prangert auch an, dass die Planwirtschaft sich nicht an den Wünschen der in ihr agierenden Individuen orientiere. Das System sei zu schwerfällig, um auf das Unsicherheitselement wirtschaftlicher Entscheidungen angemessen zu reagieren, die Vernetzung politischer und wirtschaftlicher Macht führe zu einer undemokratisch-totalitären Machtkonzentration und die Kopplung von Risiko und Haftung entfalle.[90] Röpke ordnet in seiner Kritik die kommandowirtschaftliche Planwirtschaft »[...] einer illiberalen, antidemokratischen, kollektivistischen, die Freiheitsrechte des Individuums verachtenden und die 'Kollektivität' zum Endzweck proklamierenden, wenn auch in Wirklichkeit die beherrschende Minderheit über alles setzenden Gesellschaftsstruktur« zu.[91] Für die Entstehung des Kollektivismus und des Vulgärliberalismus, aus denen die Gesellschaftskrise des 20. Jahrhunderts entstanden sei, macht er die Tendenz der Wissenschaft im 19. und 20. Jahrhundert verantwortlich. Deren Orientierung an quantitativ-mathematisch-naturwissenschaftlich nachweisbaren Argumentationssträngen lehnt Röpke als »rationalistische Verranntheit« ab.[92] Diese Betrachtungsweise gehe am Menschen als geistig-moralischem Wesen ahnungslos vorüber, da sie sich nicht mit gesellschaftlichen Werten und Problemen auseinandersetze. Diese würden wegen der Unmöglichkeit der Quantifizierbarkeit und des Mangels an historisch-literarisch-philosophischer Bildung des Betrachters schlicht ausgeblendet.[93] Der aus diesem Exaktheitsanspruch entstandene Saint-Simonismus ist Röpke ein besonderer Dorn im Auge. Dieser fordere eine Verschmelzung der individuellen Wünsche zu einem Gesamtwillen, was durch Erziehung und Indoktrination erreicht werde.[94] Der Staat bestimmt über den gesamten Produktionsapparat, während die Gesellschaft als »Werk-

---

[89] Röpke, Die Lehre von der Wirtschaft, S. 58.
[90] Röpke, Civitas Humana, S. 54-63.
[91] Ders., S. 38.
[92] Ders., S. 114.
[93] Ders., S. 121.
[94] Alfred Schüller, Saint-Simonismus als Integrationstheorie: Idee und Wirklichkeit - Lehren für die EU, in: Hans Otto Lenel et al. (Hrsg.), Ordo - Jahrbuch für die Ordnung von Wirtschaft und Gesellschaft, Band 57, Stuttgart: Lucius & Lucius, 2006, S. 288.

statt« bzw. in Röpkes Analyse als »Maschine«[95] aufgefasst wird. Röpkes Kritik an den Saint-Simonisten fällt vernichtend aus. Er beschuldigt sie einer aus naturwissenschaftlicher Hybris und Ingenieursmentalität gemischten quantitativ-mechanischen Geistesauffassung, infolge derer sie »mit dem Kult des Kolossalen den ihren eigenen Geltungstrieb befriedigenden Drang verbinden, Wirtschaft, Staat und Gesellschaft nach vermeintlich wissenschaftlichen Gesetzen mit Zirkel und Lineal zu konstruieren und zu organisieren, und dabei im Geiste die führenden Schreibtische sich selbst reservieren.«[96] Später greift Röpke das Thema saint-simonistischer Tendenzen vor allem im Zusammenhang mit der wirtschaftlichen Ausgestaltung der europäischen Institutionen wieder auf und kritisiert dies aufs Schärfste.[97]

Mit der Ablehnung einer kommandierten Ordnung widmet sich Röpke der Ausgestaltung eines Ordnungsrahmens für ein marktwirtschaftliches System.

### 2.2.1.2. Charakteristika der marktwirtschaftlichen Ordnung

Als wichtige Charakteristika der Marktwirtschaft, die auch auf die internationale Ebene übertragbar sind und an welchen sich auch die Ausgestaltung supranationaler Institutionen im europäischen Einigungsprozess orientieren müsse, benennt Röpke Privateigentum, freie Preisbildung, freien Wettbewerb, Arbeitsteilung, ein einheitliches Geldsystem und die Koppelung von Verantwortlichkeit und Risiko.

Wichtigste Voraussetzung für eine funktionierende Marktwirtschaft ist für Röpke das Privateigentum gerade an Produktionsmitteln, da durch dessen Wegfall die Verfügungsfreiheit, die essentieller Bestandteil des Marktes ist, eingeschränkt werde.[98] Röpke schreibt hierzu: »Der Vorschlag [Privateigentum abzuschaffen] erscheint uns ebenso geistreich wie der zu sein, mit sich selbst Bridge zu spielen.«[99] Röpkes Ansicht nach ist es Aufgabe des Rechtsstaates, die Unantastbarkeit des Privateigentums anhand der Rechtsordnung zu garantieren.[100] Das Privateigentum habe zwei Funktionen: zum einen die Abgrenzung der individuellen Sphäre der Entscheidungen und Verantwortung gegen diejenige der ande-

---

[95] Röpke, Civitas Humana, S. 137.
[96] Ders., S. 136.
[97] Wilhelm Röpke, Die Problematik von der Schweiz aus gesehen, in: Die Schweiz und die Integration des Westens,, S. 22; Vgl. dazu auch Seite 112.
[98] Die Regel der Achtung des Privateigentums erstrecke sich dabei auch über Ländergrenzen und müsse auch im Kriegsfall unberührt bleiben. Nur wenn dies gewährleistet sei, also ein gewisser Konsens über elementare rechtlich-moralische Rahmenbedingungen auch im internationalen Bereich herrsche, sei es möglich, die Weltwirtschaft zu integrieren, Röpke, Die Intellektuellen und der "Kapitalismus", S. 286 ff.
[99] Röpke, Die Gesellschaftskrisis, S. 276.
[100] Ders., S. 246; Röpke, Die Lehre von der Wirtschaft, S. 106.

ren Individuen und zum anderen der Schutz der individuellen Sphäre gegenüber der politischen Gewalt.[101] Nur durch das Privateigentum sei effizientes Wirtschaften aufgrund der Selbständigkeit von Betrieben, die ein großes Interesse an kostengünstigster Produktion hätten, und Wettbewerb zwischen Unternehmen möglich.[102] Röpke verweist bei der Definition des Begriffs u.a. auf Eucken, der sich auf den bereits im römischen Recht verankerten Begriff des Privateigentums stützt.[103] Anders als Platon, der persönliches Eigentum der beiden herrschenden Stände als für den Staat schädlich erachtete und persönliche Bereicherung unterbinden wollte,[104] sah das *Corpus Iuris* vor, dass jedem freien römischen Bürger ein Recht auf Privateigentum zustehe, während es das Eigentum einer Gesamtheit nicht kannte. Das Recht auf Privateigentum wiederum beinhaltete im antiken Rom genau spezifizierte Verfügungsrechte, die nun ein Teilgebiet der Neuen Institutionenökonomik ausmachen.[105] Röpke hätte in diesem Punkt Hegels Vorstellung von Eigentum als Realisation einer Person (und nicht einer Gesamtheit oder eines Volkes in Form von Staatseigentum) zugestimmt. Wie Hegel ist Röpke der Meinung, dass Eigentum formell sein müsse und nie lediglich als versittlicht aufgefasst werden dürfe, so wie das christliche, mittelalterliche Recht es praktiziert habe.[106]

Ein weiterer Aspekt des Privateigentums ist der Unternehmergewinn. Röpke betrachtet den Unternehmergewinn als ein Element des Preisbildungsprozesses, da er durch die Preise des Endproduktes und der Produktionsfaktoren bestimmt wird. Der Unternehmergewinn (oder Differentialgewinn) kann dabei durch unterschiedliche Ursachen entstehen. Röpke nennt: Monopol-, Spekulations- und Konjunkturgewinne, Gewinne aus technischen und organisatorischen Pionierleistungen, Lohndruck, Risikoprämien und Gewinne aus Störungen des Wirtschaftsprozesses.[107] Er sieht je nach Ursache die Möglichkeit, den Unternehmergewinn entweder als funktionellen Leistungsgewinn (und damit positiv) oder als funktionslosen Bereicherungsgewinn (und damit als negativ) zu beurteilen. Dabei gibt Röpke zu bedenken, dass es von großer Bedeutung für eine funk-

---

[101] Röpke, Jenseits von Angebot und Nachfrage, S. 135.
[102] Ders., S. 137.
[103] Walter Eucken, Die Grundlagen der Nationalökonomie, 4. Auflage. Jena: Gustav Fischer, 1944, S. 66 f.
[104] Joachim Starbatty, Zum Zusammenhang von Politik, Ethik und Ökonomik bei Aristoteles, in: Hans Otto Lenel et al. (Hrsg.), Ordo - Jahrbuch für die Ordnung von Wirtschaft und Gesellschaft, Band 57, Stuttgart: Lucius & Lucius, 2006, S. 24.
[105] Diese sind: 1. *usus*: Das Recht die Sache zu benutzen, 2. *usus fructus*: Das Recht, die Erträge, die durch die Bewirtschaftung der Sache entstehen, zu behalten, 3. *abusus*: Das Recht die Sache zu verändern (in Form und Aussehen) und 4. *ius abutendi*: Das Recht die Sache zu veräußern (gesamt oder in Teilen).
[106] Eduard Gans, in: Johann Braun (Hrsg.), Naturrecht und Universalrechtsgeschichte: Vorlesungen nach G.W.F. Hegel, Band 14, Tübingen: Mohr Siebeck, 2005, S. 86; Röpke, Jenseits von Angebot und Nachfrage, S. 135.
[107] Röpke, Die Lehre von der Wirtschaft, S. 257.

tionierende Marktwirtschaft sei, Verantwortlichkeit und Risiko zu koppeln. Das bedeutet nach dem Prinzip des Privateigentums, dass der Unternehmergewinn (bzw. -verlust) gänzlich dem Unternehmer zugesprochen wird. Diejenigen, die den Produktionsprozess leiten, erhalten also, wenn sie positive Leistungen erbringen, eine Entlohnung in Form der Gewinne, allerdings haften sie auch in vollem Umfang für Fehlentscheidungen, die möglicherweise zu Verlusten führen, was in besonders schweren Fällen zur Aufgabe des Unternehmens führen kann.[108] Diese Verantwortlichkeit ist deshalb von großer Wichtigkeit, weil ein Unternehmer wegen der Aussicht auf Gewinne einerseits dazu bereit ist Risiken einzugehen, andererseits kein unverhältnismäßiges Risiko eingeht, da ihm bewusst ist, dass er im Falle des Misserfolges dessen gesamte Schwere persönlich zu tragen hat.[109] Ist diese Kopplung nicht gegeben und würde der Unternehmer nur die Verluste zu verantworten haben, weil bspw. durch Besteuerung oder Lohnerhöhung der Gewinn wegfiele, so würde ein Unternehmer schließlich nicht mehr investieren, weil er sich immer schlechter stellen würde. Andererseits würde, wenn der Unternehmer nur an den Gewinnen beteiligt wäre, seine Risikobereitschaft stark ansteigen und das Problem des *moral hazard* entstehen, da der Unternehmer Verluste nicht zu tragen hätte und bei den risikoreichsten Geschäften den höchsten Gewinn erwarten würde, diese aber nur mit geringer Wahrscheinlichkeit erfolgreich wären.[110]

Für Röpkes Konzept der Marktwirtschaft ist die freie Preisbildung für das reibungslose Funktionieren des Marktes von fundamentaler Wichtigkeit ist, »[...] da er das Ganze lenkt und reguliert und zu dem alle nationalökonomischen Fragen immer wieder zurückführen.«[111] Röpke schließt sich in seinen Überlegungen der von Alfred Marshall eingeführten Partialanalyse der Preisbildung an.[112] Die freie Preisbildung funktioniert solchermaßen, »dass Angebot, Nachfrage und Preis zueinander in einer Beziehung der Wechselwirkung stehen. Der darauf beruhende Mechanismus der Preisbildung arbeitet in seiner einfachsten Form folgendermaßen: Bei einem Missverhältnis zwischen Angebot und Nachfrage steigt oder fällt der Preis solange, bis Angebot und Nachfrage durch Rückwirkung des Preises

---

[108] Röpke, Die Gesellschaftskrisis, S. 165.
[109] Röpke, Die Lehre von der Wirtschaft, S. 257.
[110] Die Moral-hazard-Diskussion ist auch jüngst wieder in den Fokus der Diskussion über die Entstehungsgründe der Finanzkrise 2007/08 gerückt. Die Ausgestaltung des Bonussystems der Investmentbanken und die Provisionspraktik bei der Vergabe von Immobilienkrediten in den USA werden als Mitverursacher der Krise benannt, und es zeigt sich, dass die Frage nach Risiko und korrespondierender Verantwortung aktueller denn je ist.
[111] Ders., S. 194.
[112] Marshall stellt die Hauptaussage der neoklassischen Preistheorie in seinem Scherenbeispiel vor. Es gilt für das Marktgleichgewichtsdenken in der Partialanalyse, dass das Marktgleichgewicht bei demjenigen Preis erreicht wird, der die subjektive Nachfrageseite (subjektiv, da sie vom Nutzen und Bedürfnissen der nachfragenden Individuen abhängt) und die objektive Angebotsseite in Übereinstimmung bringt, vgl. Alfred Marshall, Principles of Economics, 8. Auflage. London: MacMillan and Co., Ltd., 1949, S. 281 ff.

auf sie miteinander zur Deckung gebracht sind. Der sich dann ergebende Preis ist der Gleichgewichtspreis. [...]*Der Gleichgewichtspreis ist derjenige Preis, der den Markt räumt.*«[113] Die Elastizität von Angebot und Nachfrage sind dabei normalerweise ausschlaggebend für die Preisbildung.[114]

Auf nationaler Ebene kann das Marktgleichgewicht durch staatliche Eingriffe sowohl durch Höchst- als auch Niedrigstpreiswirtschaft (dem gemischten Abstimmungssystem) gestört werden. Höchstpreise werden vor allem in Zeiten des wirtschaftlichen Mangels festgelegt. Wenn von qualitativ hochwertigen, homogenen Gütern ausgegangen wird, steigt möglicherweise die Konsumentenrente, wenn sie den Mengenrückgang überkompensieren kann. Allerdings werden in diesem Fall Produzenten versuchen, ihre Kosten zu senken, indem sie bspw. qualitativ weniger hochwertige Produkte herstellen oder aber um Gewinne zu erhöhen, auf den Schwarzmarkt ausweichen. Auch die Festlegung von Niedrigstpreisen hat eine verzerrende Wirkung, da sie den Preisverfall künstlich verhindert. I.d.R. tritt in diesem Fall der Staat als Nachfrager auf, um Preise künstlich auf einem höheren Niveau zu halten, als dies ohne Staatsnachfrage der Fall wäre.[115] Preisfestlegungen sowohl am oberen als auch am unteren Rand lehnt Röpke mit der Begründung ab, dass diese zwangsläufig zu einer sozialistischen Planwirtschaft führen würden, was wiederum mit einem Effizienzverlust einhergehe. Gerade für die Agrarwirtschaft empfindet er die Gefahr als besonders groß, dass durch Eingriffe des Staates in die freie Preisbildung eine immer umfassendere in Planwirtschaft mündende Produktionskontrolle vonnöten sei.[116] Die Leidtragenden bei einer Kollektivierung der Landwirtschaft seien hierbei jedoch die begünstigten Bauern selbst, da Röpke um den Erhalt ihrer immateriellen Struktur besorgt ist. Darüber hinaus gibt er auch zu bedenken, dass ein kollektivistisch geführtes Agrarregime die Ordnungsprinzipien einer gesamten marktwirtschaftlich geführten Volkswirtschaft aushebeln und kollektivistisch umformen könnte.[117]

Als Ausnahme des Einpendelns des Gleichgewichtspreises durch Angebot und Nachfrage ohne staatliche Eingriffe stellt Röpke das natürliche Monopol vor.[118] Da der Monopolist der einzige Anbieter eines bestimmten Gutes auf dem Markt

---

[113] Röpke, Die Lehre von der Wirtschaft, S. 195. Dieser von Röpke geprägte kursiv gedruckte Satz wird von ihm als elementarste Formel der Nationalökonomie angesehen.
[114] Ausnahmen von dieser Regel sind Preiskuriositäten wie bspw. die inverse Elastizität. Ders., S. 203.
[115] Die sogenannten Butterberge, Milchseen und Fleischhalden sind aktuelle Belege im EU-Raum für dieses Phänomen. Georg Büchner, Aus für Subventionsbiotop - Die EU korrigiert teure Fehlentwicklungen, ⟨URL: http://www.bundestag.de/dasparlament/2007/12/thema/14327241.html⟩ aufgerufen am 08.5.2008.
[116] Röpke, Die Lehre von der Wirtschaft, S. 198 f.
[117] Röpke, Civitas Humana, S. 317.
[118] In Civitas Humana stellt er das Monopol auch als entartete Form der Marktwirtschaft der Wettbewerbsordnung gegenüber. Ders., S. 39.

ist, kann er die angebotene Menge selbst festlegen. In diesem Fall liegt nicht, wie beim volkommenen Wettbewerb, die Marktmacht bei den Konsumenten, sondern beim Produzenten, weshalb der Monopolist den Marktpreis nach eigenem Ermessen setzen kann. Dies wird er solchermaßen tun, dass der Preis multipliziert mit der abgesetzten Menge das Gewinnmaximum darstellt.[119] Röpke hebt in diesem Zusammenhang hervor, dass sowohl der vollkommene Wettbewerb als auch das vollkommene Monopol in der Realität nur selten anzutreffen seien. Er beharrt jedoch darauf, dass diese beiden »Idealtypen« weiterhin Ihre Berechtigung besäßen, obgleich auf den Märkten meist nur noch Mischformen aufträten. Er begründet seine Forderung damit, dass »[e]ine solche Grenzvermischung [...] nicht nur den Monopolinteressen, sondern auch den Kollektivisten [dient], denen es nur unbequem wäre, wenn man eine echte Wettbewerbswirtschaft verwirklichen könnte, weil sie die Monopole zum Beweise dafür brauchen, dass nur noch die Verstaatlichung, d.h. das Staatsmonopol als Lösung des Problems übrig bliebe.«[120] Daher hofft er, dass durch eine klare Ausarbeitung der gegensätzlichen Termini eine aktive Politik zugunsten des freien Wettbewerbs möglich gemacht werden könne,[121] den er gegenüber dem Monopol für sozial gerechter und leistungsfähiger einstuft.[122]

Mit Monopolpolitik verbindet Röpke eine gesetzliche Regelung für den Umgang mit Kartellen. Er hebt im Zusammenhang mit der Ausarbeitung einer geeigneten Gesetzgebung hervor, dass besondere Aufmerksamkeit den Industrien gezollt werden müsse, die aufgrund ihrer strukturellen Beschaffenheit zur Kartellbindung neigten wie bspw. die Schwerindustrie.[123] Röpke versteht diese staatlichen Maßnahmen als notwendig, um soziale Gerechtigkeit zu gewährleisten und Tendenzen des schädlichen Vulgärliberalismus zu bekämpfen.[124] Die Politik habe darüber hinaus dafür zu sorgen, dass die maximale Freiheit des internationalen Handels erhalten werde, da sie das wirksamste Korrektiv monopolistischer Bestrebungen sei.[125] Darüber hinaus hält er auch internationale Institutionen wie die EGKS oder EWG dafür geeignet und sieht es gar als eine ihrer Hauptaufgaben an, eine wirksame Kartellgesetzgebung zu erlassen und durchzusetzen.[126]

---

[119] Röpke löst somit die Monopolfrage klassisch nach Antoine-Augustin Cournot.
[120] Röpke, Die Lehre von der Wirtschaft, S. 214.
[121] Ders., S. 223 f.
[122] Ders., S. 221.
[123] Ders., S. 223 f.
[124] Ders., S. 221.
[125] Ders., S. 222.
[126] Wilhelm Röpke, Die Wirtschaftslogik der Europäischen Integration II, Neue Zürcher Zeitung 14. Juli 1950, Nr. 191, S. 6; Wilhelm Röpke, Europäische Investitionsplanung: Das Beispiel der Montanunion, in: Franz Böhm/Friedrich A. Lutz/Fritz W. Meyer (Hrsg.), Ordo - Jahrbuch für die Ordnung von Wirtschaft und Gesellschaft, Band VII, Düsseldorf und München: Helmut Küpper, 1955.

Die freie Konkurrenz der Anbieter auf allen Märkten ist für Röpke eine weitere Grundvoraussetzung für das Funktionieren einer Marktwirtschaft. Freie Konkurrenz auf den Märkten gewährleistet Konsumentensouveränität (die Nachfrage der Konsumenten bestimmt, was, wie und wieviel von einem bestimmten Gut produziert wird) und effiziente, kostengünstige Produktion, die sich wiederum in den Preisen niederschlägt. Röpke nennt dies ein »plébiscite de tous les jours«, also ein immerwährendes Volksbegehren, bei dem den Konsumenten Geld als Stimmzettel diene. »Wir erhalten damit eine Marktdemokratie, die an geräuschloser Exaktheit die vollkommenste politische Demokratie übertrifft.«[127]

Röpke vergleicht somit die wirtschaftliche Demokratie der Konkurrenzwirtschaft mit der politischen Demokratie. Er betont, beide stellten fragile Idealtypen dar, die in der Realität nicht vollkommen durchführbar seien.[128] Röpke sieht die Ähnlichkeit der beiden Systeme darin, dass sie »[...] dauernder Pflege und Überwachung bedürfen und nur unter bestimmten Bedingungen möglich sind; dass sie in chemisch reinem Zustande ungenießbar sind, und wahrscheinlich auch darin, dass sie keine Übertreibung und Überbeanspruchung vertragen und bei zu großer räumlicher Ausdehnung leicht eine gefährliche Mechanisierung zur Folge haben.«[129] Gerade für Überlegungen der internationalen Integration sind Röpkes Ansichten hinsichtlich der geographischen Erweiterung des Systems von großer Relevanz. Denn obwohl Röpke keine konkrete Aussage über die Ausdehnbarkeit des marktwirtschaftlichen Systems macht, so wird doch deutlich, dass er gerade im internationalen Bereich vermutet, die Marktdemokratie könne an ihre Grenzen stoßen.

Röpke geht zudem davon aus, dass wirtschaftliche Autonomie, die durch Konkurrenzwirtschaft (oder Selbstversorgung der Einzelwirtschaft) gewährleistet wird und politische Demokratie sich gegenseitig bedingen.[130] Dies bedeutet für einen demokratisch geordneten Staat, dass Voraussetzungen für aktive und

---

[127] Röpke, Die Gesellschaftskrisis, S. 162.
[128] Was politische Demokratie betrifft, werden Röpkes Annahmen untermauert mit von Robert Dahl angestellten, heute in den Politikwissenschaften weitestgehend etablierten Überlegungen zu dem Begriff der Demokratie. Er bezeichnet sie ebenfalls als einen unerreichbaren Idealzustand, bei dem zwei von ihm eingeführte Dimensionen der Demokratisierung den höchstmöglichen Grad erreichen. Die erste der beiden Dimensionen ist der Grad der öffentlichen Anfechtbarkeit bzw. Opposition eines Systems (*public contestation*), womit auch Wettbewerb verbunden ist und die zweite ist der Anteil der Individuen der zu einer Partizipation zugelassen ist (*right to participate in elections and office*), Robert A. Dahl, Polyarchy: Participation and Opposition, New Haven: Yale University Press, 1971, S. 4 ff. Vgl. auch Larry Diamond/Juan Linz/Martin Seymour Lipset, Politics in Developing Countries, in: Larry Diamond/Juan Linz/Martin Seymour Lipset (Hrsg.), Politics in Developing Countries: Comparing Experiences with Democracy, 2. Auflage. Boulder Colorado: Lynne Rienner Publishers, Inc., 1995, S. XVI.
[129] Röpke, Die Gesellschaftskrisis, S. 163.
[130] Ders., S. 164.

wirksame Konkurrenz geschaffen und aktiv durch den Staat erhalten werden müssen, um wiederum das demokratische System nicht zu gefährden. Außerdem begrenzt Röpke konkurrenzwirtschaftliches Handeln auf demokratische Staaten, was ebenso Implikationen für den internationalen Rahmen beinhaltet. Denn Röpke beschränkt somit marktwirtschaftliche Integration über Landesgrenzen hinaus auf demokratisch regierte Staaten.

Wichtigste Aufgabe der Konkurrenz ist für Röpke die Steuerung der effizienten, arbeitsteiligen Produktion in einer Volkswirtschaft. Die Produktionssteuerung durch Wettbewerb wird in einem liberalen System auch nicht an den Landesgrenzen aufgehalten, sondern sorgt ebenso mithilfe von Handel im internationalen Gefüge für Effizienz, da komparative Kostenvorteile erzielt werden können.[131] Die Arbeitsteilung als wesentlicher Bestandteil einer modernen Volkswirtschaft und auch darüber hinaus eines liberalen Weltwirtschaftssystems bedeutet, dass der Großteil der arbeitenden Bevölkerung sein Geld damit verdient, Güter und Dienstleistungen zu produzieren, die entweder im Inland an andere weiterverkauft oder ins Ausland exportiert und dort verkauft werden und nicht der eigenen Bedürfnisbefriedigung dienen. Einzige Ausnahme ist der Teil der landwirtschaftlichen Betriebe, der ausschließlich für den eigenen Bedarf erzeugt (Subsistenzwirtschaft).[132] Die Entstehung der Arbeitsteilung sieht Röpke in kulturellen, soziologischen und wirtschaftshistorischen Faktoren begründet, wobei ihn vornehmlich der wirtschaftliche Aspekt, nämlich, dass Arbeitsteilung die darin involvierten Volkswirtschaften produktivitätssteigernd wirkt, interessiert. Röpke nennt dafür fünf allgemein anerkannte Gründe:[133]

1. Möglichkeit der Spezialisierung auf Tätigkeiten, die sich am Talent orientieren;

2. Produktion der Güter am jeweils optimalen Standort;

3. Spezialisierung ermöglicht volle Entfaltung der Geschicklichkeit, Ansammlung von Erfahrung und Wissen, das weitergegeben werden kann;

4. Möglicher Zeitverlust durch Übergang von einem Arbeitsschritt zum nächsten kann eingespart werden;

5. Anwendung von Hilfsmitteln (Werkzeuge, Apparate und Maschinen), deren Anschaffung besonderen Aufwands bedarf, rentiert sich aufgrund des Konzepts der *Economies of Scale*;

---

[131] Röpke entlehnt seine Überlegungen in diesem Zusammenhang denen des Klassikers David Ricardo, vgl. Röpke, Die Lehre von der Wirtschaft, S. 230.
[132] Jedoch ist diese Form des Wirtschaftens schon zu Röpkes Zeiten in industrialisierten Ländern relativ bedeutungslos geworden und wird hier nur der Vollständigkeit halber erwähnt, vgl. Ders., S. 66.
[133] Ebd.

Röpke teilt den Produktionsprozess in drei Stufen, wobei die unterste die Gewinnung der Rohstoffe, die mittlere die Herstellung von Produktionsgütern und die oberste die Produktion von Konsumgütern darstellt. Die Produktion kann dabei in horizontale und vertikale Arbeitsteilung unterteilt werden. Deren Koordinierung kann wiederum in betriebliche und gesellschaftliche (also mikro- und makroökonomische) Arbeitsteilung aufgespalten werden. Geld übernimmt in diesem System die Rolle des Vermittlers in einer intensiven Tauschwirtschaft und bildet dabei die Grundlage einer modernen arbeitsteiligen Gesellschaft.[134]

Das Wesen des Geldes lasse sich dabei an seinen Funktionen messen.[135] Je mehr unterschiedliche Einheiten innerhalb einer Volkswirtschaft kursieren, desto komplizierter werde das Umrechnen von einer Einheit in die andere. Daher sei es wichtig, diese zusammenzufassen und auf so wenige wie möglich zu konzentrieren. Um ein einheitliches Geldsystem zu schaffen, müssten die verbleibenden Einheiten jeweils zu einem unverrückbaren Verhältnis gegeneinander eingetauscht werden können.[136] Eine nationale Zahlungsgemeinschaft, die hieraus entsteht, mit einer einheitlichen, frei verwendbaren Währung ist Röpke zufolge wiederum Voraussetzung für ein funktionierendes Wirtschaftssystem. Im Gegensatz zu der Markt- und Preisgemeinschaft reiche es bei der Zahlungsgemeinschaft nicht aus, sie in mehr oder weniger vollkommenem Ausmaß umzusetzen. Es gebe nur ein ganz oder gar nicht.[137] Dabei sei zu beachten, dass eine Preis- und Marktgemeinschaft nur dann umgesetzt werden könne, wenn eine Zahlungsgemeinschaft die Basis biete. Diese enorme Wichtigkeit des Zahlungssystems innerhalb einer Volkswirtschaft überträgt Röpke auch auf den internationalen Bereich, indem die Konvertierbarkeit, also der freie Austausch unterschiedlicher Währungen das Pendant zur nationalen Zahlungsgemeinschaft bildet.

Röpke sieht die Arbeitsteilung durch das sie einbettende Währungs-, Rechts- und Moralsystem begrenzt, woraus er Folgerungen für die Intensität der wirtschaftlichen Beziehungen einer Volkswirtschaft innerhalb ihrer Ländergrenzen und der gesamten Weltwirtschaft zieht. Für den nationalen Rahmen glaubt er auch für längere Zeiträume, die Voraussetzungen als gegeben, jedoch auf internationaler Ebene stoße die Arbeitsteilung aufgrund einer fehlenden internationalen Währungs- und Rechtsgemeinschaft an ihre Grenzen.[138] Eine weitere Grenze der

---

[134] Röpke, Die Lehre von der Wirtschaft, S. 68 ff.
[135] Ders., S. 118. Die Funktionen des Geldes sind dreierlei: es gilt als allgemeines Tausch- und Zahlungsmittel, es bietet einen allgemeinen Wertmaßstab und eine Recheneinheit und kann drittens als Wertaufbewahrungsmittel eingesetzt werden.
[136] Ders., S. 121 f.
[137] Wilhelm Röpke, Integration und Desintegration der internationalen Wirtschaft, in: Erwin von Beckerath (Hrsg.), Wirtschaftsfragen der freien Welt: Zum 60. Geburtstag von Bundeswirtschaftsminister Ludwig Erhard, Frankfurt am Main: Knapp, 1957, S. 496, Fn. 2.
[138] Röpke, Die Lehre von der Wirtschaft, S. 76 ff.

Arbeitsteilung sieht Röpke in einem in immer mehr Bereiche eingreifenden Übermaß an Ausdifferenzierung. Das Ergebnis sei Mechanisierung, Schablonisierung und Zentralisierung. Der einzelne Mensch betätige sich in immer weniger Bereichen und konsumiere stattdessen, was andere in Fließbandarbeit herstellen. Die Monotonie der Aufgaben könne dazu führen, dass der Mensch die Freude an seiner Arbeit und seinem Beruf verliere.[139] Ein weiteres Problem der Arbeitsteilung sei, dass je stärker die Ausdifferenzierung der Arbeitsteilung ausfalle, umso komplizierter würde die Koordinierung der Prozesse und umso anfälliger für Gleichgewichtsstörungen das Wirtschaftssystem.[140] Eine gewisse Labilität des marktwirtschaftlichen Systems müsse jedoch in Kauf genommen werden, wolle man das Rad der Geschichte nicht zurückdrehen und zur Eigenwirtschaft der mittelalterlichen Bauernfamilie übergehen oder auf einer unbewohnten Insel, ähnlich wie Robinson Crusoe, in Autarkie leben.

Röpke erkennt auch über den Bereich der Arbeitsteilung hinaus im marktwirtschaftlichen System Grenzen, die durch Selbstregulierung nicht aufgelöst werden können. In Konsequenz muss es eine übergeordnete Instanz geben, die regulierend auf Imperfektionen des Marktes einwirkt.

### 2.2.1.3. Handlungsbedarf des Staates in der geordneten Anarchie: Der dritte Weg

Der ständige Kampf der Individuen gegen den Mangel, der jedem Gesellschaftssystem innewohnt, rechtfertigt Röpke zufolge das Agieren des Staates. Die von ihm als *soziale*[141] *Form des Kampfes gegen den Mangel* bezeichnete Möglichkeit des Wirtschaftens kann in drei Arten von Beziehungen aufgespalten werden.

1. *ethisch negative Beziehung*: Bereicherung und Mittelbeschaffung durch Gewalt und List auf Kosten anderer;

2. *ethisch positive Beziehung*: Mittel werden ohne Gegenleistung zugewendet;

3. *ethisch neutrale Beziehung*: mithilfe einer vertraglichen Grundlage wird die eigene Wohlfahrt gesteigert, wobei gleichzeitig die Wohlfahrtssteigerung anderer herbeigeführt wird;

---

[139] Röpke, Die Lehre von der Wirtschaft, S. 94 f.
[140] Ders., S. 96.
[141] Ders., S. 41; Röpke zählt neben der sozialen Form die individuelle Form auf, die er als isolierte, tauschlose Wirtschaftsform definiert, wie es Robinson Crusoe auf seiner Insel praktiziert hat. Auf diese Form geht er jedoch wegen ihrer geringen Relevanz für eine Volkswirtschaft nicht weiter ein.

Die ersten beiden Methoden stehen in Konkurrenz miteinander, können also nicht verknüpft werden. Dies gilt jedoch nicht für die zweite und dritte Methode, denn es gebe, laut Röpke, 'Geschäfte', deren Motivation Hingabe und Dienen seien. Als Beispiele führt er Ärzte, Künstler und Gelehrte auf, die an einer gewissen sittlichen Haltung und ihrem Berufsethos festhalten.[142] Auch die erste und die dritte Beziehung könnten ineinander übergehen.[143] Das bedeute, dass der Mensch, wann immer ihm sich die Option biete, sich der ersten Methode zu bedienen (hierbei muss nicht immer Gewalt angewendet werden, auch Monopole und Privilegien rechnet Röpke in diese Kategorie), diese auch nutze. Ein historisch gewachsener Moralkodex halte jedoch die Individuen davon ab, sich in der täglichen Interaktion hauptsächlich der ersten Metohde zu bedienen. Der Moralkodex sei jedoch durch »Verweltlichung des christlichen und Wiederbelebung des antiken Moralfonds« im Laufe der Zeit verdrängt worden.[144] Es sei unter Anwendung eines Kommerzialisierungsprozesses durch das Geschäftsprinzip ersetzt worden, das ebenfalls frei von Gewalt und Ausbeutung agiere. Die Gesellschaft habe sich somit vornehmlich der dritten Methode zugewandt.

Nichtsdestotrotz ist Röpke der Ansicht, dass aufgrund der Vermischungsgefahr der drei Beziehungen untereinander das Leistungsprinzip, das die ethisch neutrale Beziehung ausmacht, ein »empfindliches und gebrechliches Kunstprodukt der Zivilisation« sei, das sich nur bei einer bestimmten Konstellation von Voraussetzungen wirklich durchsetzen könne. Diese Konstellation wiederum ist nur durch bestimmte sittliche Normen realisierbar. Dazu zählen für ihn: allgemeine geschäftliche Anständigkeit und Loyalität, faire Einhaltung der Spielregeln, Werkehre und ein bestimmer Standesstolz, der es für erniedrigend hält zu betrügen, zu bestechen und die Staatsgewalt für die eigenen egoistischen Zwecke zu benutzen.[145]

Jenseits des eine Gesellschaft umgebenden Moralkodexes erkennt Röpke in diesem Zusammenhang staatlichen Handlungsbedarf. Der Staat habe mit einer geeigneten Wirtschaftspolitik dafür Sorge zu tragen, dass das Leistungsprinzip und damit die freie Entfaltung der Persönlichkeit geschützt werde, wobei allerdings auch Rücksicht auf die individuelle Leistungsfähigkeit genommen werden müsse.[146] Da dies weder der Kollektivismus noch der »Vulgärliberalismus« des

---

[142] Röpke, Die Lehre von der Wirtschaft, S. 42 f.
[143] Röpke spricht sich jedoch dafür aus, die drei Beziehungen gegeneinander abzugrenzen, damit keine Verwirrung darüber entsteht, von welcher Kategorie die Rede ist. Ansonsten sieht er die Gefahr der »[...] Perversion der echten Rang- und Wertstufen«. Ders., S. 46.
[144] Ders., S. 44.
[145] Ders., S. 46.
[146] Röpke, Die Gesellschaftskrisis, S. 41.

19. Jahrhunderts leisten könnten, sei ein »dritter Weg« vonnöten.[147] Der Kollektivismus habe den Mangel, das Individuum zugunsten der Massen vollkommen in den Hintergrund zu drängen, um das dirigistische Uhrwerk reibungslos funktionieren zu lassen. Der *laissez-faire*-Liberalismus hingegen, dessen Ziel das ausschließliche Streben nach Profit sei, nehme keine Rücksicht mehr auf die Leistungsfähigkeit und Persönlichkeit des Einzelnen. Beide Wirtschaftsformen trügen Verantwortung für die Vermassung[148] und damit Wurzellosigkeit der Gesellschaft, die er als Grundübel seiner Zeit betrachtet. Aus diesem Dilemma müsse ein Ausweg gefunden werden – der dritte Weg als »Überwindung der unfruchtbaren Alternative zwischen Laissez-faire und Kollektivismus«.[149]

Der Ansatz Röpkes orientiert sich an der klassischen Theorie Adam Smiths, weicht jedoch im Ergebnis von Smiths Auffassung ab. Dieser geht mit seiner These der 'invisible hand' davon aus, dass der Mensch in seinem Streben nach seinem eigenen Vorteil ganz 'natürlich' – ohne dies im Blick zu haben – die günstigste Entscheidung für die gesamte Gesellschaft treffe.[150] Röpke hingegen ist vielmehr der Auffassung, dass der *homo oeconomicus* der Klassiker in Rea-

---

[147] Eine ausführliche soziologische Auseinandersetzung mit Röpkes Definition des dritten Weges bietet Skwiercz, Der Dritte Weg.

[148] Den Begriff »Vermassung« übernimmt Röpke in ausdrücklicher Anlehnung an Ortega y Gasset, vgl. Röpke, Die Gesellschaftskrisis, S. 23.

[149] Ders., S. 43; Röpke selbst verweist darauf, dass die Theorie des dritten Weges sich bereits in den Theorien des Schweizer Ökonomen Jean-Charles-Léonard Simonde de Sismondi, des französischen Ökonomen Pierre-Joseph Proudhon und anderen Denkern des 19. Jahrhunderts in Ansätzen wiederfindet. Im 20. Jahrhundert ist es Franz Oppenheimer, der die Idee bereits 1933 wieder in die Diskussion einbringt. Oppenheimer versteht den Begriff als Synthese zwischen Liberalismus und Sozialismus im Sinne Hegels, in der Gegensätze aufgehoben werden. ders., S. 308; Vgl. auch Wolfgang Röd, Philosophie als Gesellschafts- und Religionskritik, in: Wolfgang Röd/Stefano Poggi (Hrsg.), Geschichte der Philosophie - Die Philosophie der Neuzeit: Positivismus, Sozialismus und Spiritualismus im 19. Jahrhundert, Band X, München: C.H. Beck Verlag, 2002, S. 176; Egon Edgar Nawroth, Die Sozial- und Wirtschaftsphilosophie des Neoliberalismus, Heidelberg: Kerle, 1962, S. 3; Peter Kalmbach, Oppenheimer und der »dritte Weg« zwischen Kapitalismus und Kommunismus, in: Volker Caspari/Bertram Schefold (Hrsg.), Franz Oppenheimer und Adolph Lowe: Zwei Wirtschaftswissenschaftler der Frankfurter Universität, Erlenbach-Zürich, Stuttgart: Eugen Rentsch Verlag, 1976, S. 122. Schon damals bietet die Metapher ein breites Spektrum an Interpretationsmöglichkeiten. Zu den unterschiedlichen politischen Ansätzen, die sich auf den Begriff stützen, und der jeweiligen Interpretation vgl. Alexander Gallus/Eckhard Jesse, Was sind Dritte Wege? Eine vergleichende Bestandsaufnahme, Aus Politik und Zeitgeschichte - Beilage zur Wochenzeitung Das Parlament 2001, Nr. 16-17.

[150] Adam Smith, in: John Ramsey McCulloch (Hrsg.), An Inquiry into the Nature and Causes of the Wealth of Nations, Edinburgh: Adam and Charles Black, 1861 Book IV, Chapter II, S. 198 f. Im Original: »Every individual is continually exerting himself to find out the most advantageous employment for whatever capital he can command. It is his own advantage, indeed, and not that of society, which he has in view. But the study of his own advantage naturally, or rather necessarily, leads him to prefer that employment which is most advantageous to the society. [...] he intends only his own gain, and he is in this, as in many other cases, led by an invisible hand to promote an end which was no part of his intention. Nor is it always the worse for the society that it was no part of it.«

lität der englische Gentleman des 18. und 19. Jahrhunderts gewesen sei, dessen moralischer Kodex sich an Kirche und Tradition orientierte. Dies stelle keinesfalls eine Orientierung am *ordre naturel* dar[151], also einem Wertesystem, das ohne menschliches Zutun das Handeln der Individuen bestimmt. Vielmehr sei ein moralisch-ethisches Fundament, das von der Gesellschaft entwickelt wird, auch treibende Kraft einer jeden Gesellschaft, die unausweichlich in die Handlungen der Menschen in jedem Lebensbereich einfließe.[152] Röpkes These ist die mehr oder weniger bewusste Einbettung in ein dem Menschen grundlegend zufriedenstellendes Umfeld und der Integration der Wirtschaftsordnung in eine stabile und ausbalancierte Umgebung, welche auf sozialen Empfindungen und Institutionen beruht.[153] Denn die Marktwirtschaft sei nicht als ein in sich selbst ruhender automatisch ablaufender Prozess zu verstehen, sondern bedürfe eines anthropologisch-soziologischen Rahmens, der das marktwirtschaftliche System vor der Zerstörung bewahre.[154] Röpke fordert in diesem Zusammenhang, dass »[d]em Individualprinzip im marktwirtschaftlichen Kern [:..] das Sozial- und Humanitätsprinzip im Rahmen die Waage halten [muss], wenn beide in unserer modernen Gesellschaft bestehen und zugleich die tödlichen Gefahren der Vermassung und Proletarisierung gebannt werden sollen.«[155] Belege für seine Überlegungen findet er bei einigen Vertretern der Soziologie der ersten Hälfte des 20. Jahrhunderts, u.a. Max Scheler, Friedrich Julius Stahl und C.G. Jung.[156]

Röpke fordert mit Verweis auf die von Rüstow eingebrachte Definition der »liberalen Intervention« eine konforme Wirtschaftspolitik, die aufgrund ihrer Konzeption im Einklang mit den Marktkräften wirke.[157] Diese solle nicht aus punktuellen Interventionen bestehen, sondern klare Regeln für staatliche Eingriffe vorgeben, um dem Problem der sozialen Ungleichheit, der Monopolbildung und der Konjunkturschwankungen zu begegnen. Dabei dürfe man nicht dem Fehler un-

---

[151] Röpke, Disintegration, S. 68 f.
[152] Röpke, Jenseits von Angebot und Nachfrage, S. 169.
[153] Röpkes Theorie deckt sich in diesem Punkt mit der von Talcott Parsons entwickelten Lösung des Problems der doppelten Kontingenz. Parsons stellt ein System bestehend aus mindestens zwei Akteuren, 'alter' und 'ego' zur Disposition. Wenn diese beiden Akteure zusammentreffen, komme es zwangsläufig zu sozialem Handeln. Allerdings enstehe bei den Akteuren gegenseitig Unsicherheit über die Erwartungen des Anderen. In der Spieltheorie wird ein Spezialfall dieser Konstellation auch oft als Gefangenendilemma bezeichnet. Parsons Lösung des Problems ist ein sozial und kulturell stabilisiertes System, das eine normative Orientierung vorgibt und dadurch die Handlungsunsicherheit der beiden Akteure vermindert oder gar gänzlich aufhebt. Doppelte Kontingenz könne sich daher mithilfe eines gemeinsamen kulturellen Hintergrunds aber auch durch Institutionalisierung von Rollen auflösen lassen, Talcott Parsons, A General Statement, in: Talcott Parsons/Edward Shils (Hrsg.), Toward a General Theory of Action, Cambridge, Massachussets: Harvard University Press, 1951, S. 15 ff.
[154] Krüsselberg, Wilhelm Röpkes Lehre von der Politischen Ökonomie, S. 14.
[155] Röpke, Civitas Humana, S. 83.
[156] Vgl. Röpke, Disintegration, S. 69 f.
[157] Röpke, Civitas Humana, S. 77 ff.

terliegen zu glauben, die Wirtschaftspolitik folge einer linearen Logik. Das würde bedeuten, dass man die Nicht-Intervention des Laissez-faire-Liberalismus an einem Ende ansiedle und die Total-Intervention des Kollektivismus am anderen. In Konsequenz würde dies bedeuten, dass jegliche Intervention als Annäherung an Kollektivismus verstanden werden müsse, was Röpke ablehnt. Interventionen dürften nicht an ihrer Quantität, sondern an ihrer Qualität gemessen werden. Röpke verwendet hierzu die Begriffe »konforme« und »nicht-konforme« Intervention.[158] Als konform bewertet Röpke Maßnahmen, »die die Preismechanik und die dadurch bewirkte Selbststeuerung des Marktes nicht aufheben, sondern sich ihr als neue 'Daten' einordnen und von ihr assimiliert werden [...]«.[159] Durch nicht-konforme Intervention würde hingegen eine Kettenreaktion ausgelöst, die in ein immer umfassenderes Eingreifen des Staates in den Marktmechanismus bis hin zum Kollektivismus münde.[160] Als Beispiele für konforme Interventionsmaßnahmen nennt Röpke Währungsabwertung, Schutzzollpolitik,[161] Grenznormen der Reklame oder Ladenschlussvorschriften,[162] bei deren Umsetzung die Frage der Dosierung nicht vernachlässigt werden darf. Nichtkonforme Maßnahmen hingegen seien Devisenzwangswirtschaft, Kontingents- und Clearingpolitik[163], Mietpreisbindung und andere Formen der Höchstpreisbindung.[164] Röpke unterscheidet zudem zwischen »lebenswichtigen Nervenzentren«, in denen nicht-konforme Interventionen um jeden Preis zu vermeiden sind (Außenhandel, Devisenmarkt und Kapitalmarkt), und »peripheren Bereichen«, in denen ein Eingriff in den Marktprozess nicht unmittelbar die Kollektivierung aller Bereiche nach sich zieht.[165] Sein Postulat einer konformen Wirtschaftspolitik greift Röpke gerade auch im Zusammenhang mit den Fragen der europäischen Integration immer wieder auf, wobei er sich vor allem an Institutionen wie die EZU, EGKS und EWG richtet.[166]

---

[158] Röpke führt die Begriffe 1936 in seinem Buch "Crises and Cycles" ein, wobei er Bezug auf Haberlers "Liberale und planwirtschaftliche Handelspolitik" nimmt, vgl. Wilhelm Röpke, Crises and Cycles, William Hodge & Company, Ltd.: London, 1936, S. 195.
[159] Röpke, Die Gesellschaftskrisis, S. 253; vgl. auch Wilhelm Röpke, Ist die deutsche Wirtschaftspolitik richtig? Analyse und Kritik, Stuttgart: Kohlhammer, 1950, S. 22.
[160] Röpke, Die Gesellschaftskrisis, S. 25 f. Mit dieser Theorie steht Röpke auch im Einklang mit den Ökonomen Eucken und von Mises, vgl. Walter Eucken, Grundsätze der Wirtschaftspolitik, 4. Auflage. Tübingen: Mohr Siebeck, 1968, S. 154; Ludwig von Mises, Interventionismus, Archiv für Sozialwissenschaften und Sozialpolitik Band 56, 1926, S. 621 ff.
[161] Röpke, Civitas Humana, S. 253 f.
[162] Wilhelm Röpke, Maß und Mitte, Erlenbach-Zürich: Eugen Rentsch Verlag, 1950, S. 216.
[163] Clearing ist ein von einer übergeordneten meist staatlichen oder supranationalen Stelle durchgeführtes Verfahren zur regulierten Verrechnung von gegenseitigen Forderungen, Verbindlichkeiten und Lieferverpflichtungen. Im Zusammenhang mit der europäischen Integration wurde Clearing bspw. von der Bank für internationale Ausgleichszahlungen im Auftrag der EZU durchgeführt.
[164] Röpke, Die Gesellschaftskrisis, S. 254.
[165] Röpke, Ist die deutsche Wirtschaftspolitik richtig?, S. 23.
[166] Vgl. bspw. Wilhelm Röpke, Für und wider den Schuman-Plan, Rheinischer Merkur 22. Juli 1950, Nr. 29, S. 11; Wilhelm Röpke, Wirtschaftssystem und internationale Ordnung, in: Franz Böhm/Friedrich A. Lutz/Fritz W. Meyer (Hrsg.), Ordo - Jahrbuch für die Ordnung von Wirtschaft und Gesellschaft, Band IV, Düsseldorf und München: Helmut Küpper,

Auf Grundlage der von ihm vorgeschlagenen ordoliberalen Wirtschaftspolitik solle somit eine Abkehr vom Kollektivismus ermöglicht werden, um eine dezentralisierte, kleinräumige Mittelstandsgesellschaft zu schaffen, in der die Menschen sich – geschützt durch die private Sphäre der Familie, der gewohnten Umgebung und Nachbarschaft – individuell entfalten können, frei von Vermassung, Proletarisierung und »Exzessen eines Kolossalkapitalismus«.[167]

Andererseits würde die Umsetzung des dritten Weges die Schwächen und Fehler des kapitalistischen Systems beheben und damit eine echte Alternative zum Sozialismus bieten. Röpke zielt also nicht wie Oppenheimer auf eine Synthese der Gesellschaftsordnungen ab. Vielmehr lehnt er den Sozialismus rundheraus ab und versucht durch eine »radikale« Änderung der Wirtschaftspolitik die Irrwege der liberalen Philosophie und Praxis kenntlich zu machen, um damit ihre Beschreitung in Zukunft zu vermeiden.

### 2.2.2. Voraussetzungen für internationale Wirtschaftsintegration

Im folgenden Abschnitt werden Röpkes Anforderungen an eine internationale Ordnung dargelegt und das geschichtliche Vorbild, das dieser Ordnung seiner Meinung nach gerecht wird, kritisch beleuchtet. Die politischen und wirtschaft-

---

[167] 1951, S. 289 f.; Wilhelm Röpke, Gemeinsamer Markt: ja - aber ohne Dirigismus, Die Zeit 12. Dezember 1957; Wilhelm Röpke, Wege zur Konvertibilität, in: Albert Hunold (Hrsg.), Die Konvertibilität der europäischen Währungen, Erlenbach-Zürich: Eugen Rentsch Verlag, 1954, S. 90; Wilhelm Röpke, Unorthodoxe Gedanken über die EWG, Neue Zürcher Zeitung 8. April 1962, Nr. 96, S. 7 f.
Röpke, Civitas Humana, S. 268-286. Die Sichtweise Röpkes kann sicherlich auch mit seinem eigenen Aufwachsen in der behüteten Umwelt einer Kleinstadt in Zusammenhang gebracht werden. Allerdings hat diese bereits Mitte des 20. Jahrhunderts bereits etwas verklärt und altmodisch anmutende Perspektive bis heute keineswegs an Aktualität verloren. Der einflussreiche Politikwissenschaftler Benjamin Barber stellt in seinem Buch »Jihad versus McWorld« die These auf, dass die Gesellschaft des 21. Jahrhunderts zwei diametral auseinander klaffenden Konzepten ausgesetzt sei, die gegeneinander konkurrieren. Auf der einen Seite kämpfe die Globalisierungsströmung – von Barber plakativ *McWorld* genannt – um ein Kapitalismuskonzept zu verbreiten, das intellektuell entleert und sozial verantwortungslos ausschließlich nach Profitmaximierung strebe. Zum anderen breite sich eine neue Art von Nationalismus aus – Barber benützt den Begriff Dschihad stellvertretend für alle Strömungen fundamentalistischer Art – die auf Grundlage von Traditionen und Werten extreme Formen des Nationalismus, der religiösen Orthodoxie und der Theokratie umzusetzen versucht. Die Anwendung von Gewalt sei dabei ein legitimes Mittel. Die Kapitalismuskritik Barbers deckt sich mit der Röpkes. Ebenso warnt Röpke vor nationalistischen, nach außen abschottenden Tendenzen, obgleich sein Hauptaugenmerk auf dem damals präsenteren und für seine ökonomischen Überlegungen relevanten Konzept des Sozialismus liegt. Interessanterweise ziehen Röpke und Barber die gleiche Konsequenz aus diesen schädlichen Strömungen. Barber schlägt eine Stärkung der Zivilgesellschaft vor. Er postuliert eine Rückbesinnung auf die kleinen Einheiten der Gesellschaft, wie Nachbarschaft, Familie, Schule und Vereine, also eine Dezentralisierung der Gesellschaft, die auch Röpke vorschwebt, vgl. Benjamin R. Barber, Jihad vs. McWorld, New York: Times Books, 1995.

lichen Kriterien für internationale Integration, die Röpke auf Basis der von ihm vorgeschlagenen internationalen Ordnung aufstellt, werden in den darauffolgenden Abschnitten dargelegt. Röpke stellt Anforderung an die Konstruktion des politischen, des wirtschaftlichen und des Währungssystems. Dementsprechend gliedern sich die Abschnitte.

### 2.2.2.1. Ein *ordre public international* als Lösung des Problems der internationalen Ordnung

Um wirtschaftliche Integration auf internationaler Ebene zu realisieren, stellt Röpke einige Anforderungen an ein internationales System. Denn mit zunehmender geographischer Ausdehnung, die über Staats- und damit auch Währungsgrenzen hinausreicht, Intensivierung der Arbeitsteilung und damit wachsender wechselseitiger Abhängigkeit der Individuen, nehme ebenfalls die Unsicherheit über Entscheidungen Anderer zu. Allerdings könne mit zunehmender Interdependenz ein umso effizienteres, multilaterales, nach allen Seiten geöffnetes Sytem geschaffen werden. Um das reibungslose Funktionieren des Systems zu gewährleisten, müsse dafür Sorge getragen werden, dass die entstehenden Unsicherheiten in Grenzen gehalten würden. Dies setze voraus, dass sich die beteiligten Akteure »in einem ihre Tauschbeziehungen und ihre daraus fließenden Ansprüche formell und materiell schützenden Rahmen moralisch-rechtlich-institutioneller Art geborgen fühlen, und zwar so weit, daß sie die mit diesem wohlfahrtssteigernden Verkehr verbundenen Risiken fortgesetzt auf sich nehmen können.«[168] Daher müsse auf internationaler Ebene ein moralisch-ethischer Grundkonsens gefunden werden, der die Regeln für ein friedvolles Zusammenleben aufstellt und durchsetzt, das jeden Staat unabhängig von Größe, Entwicklungsstand und Reichtum mit einschließt. Um die wirtschaftlichen Vorteile einer internationalen Integration auszuschöpfen entwickelt Röpke daher Voraussetzungen für internationale Arbeitsteilung, deren Pendant Röpkes Vorstellungen einer »sozialen Integration« auf nationaler Ebene sind:[169]

1. Das System muss auf einer unverbrüchlichen Rechtsordnung mit einem allgemein anerkannten Kodex an Normen, Prinzipien, Verhaltensregeln und Wertevorstellungen beruhen, um für die arbeitsteilige Gesellschaft Handlungssicherheit und Kontinuität zu gewährleisten.

2. Es muss ein allgemeines Tauschgut in Form einer allgemein gängigen, überall verwendbaren und stabilen Währung geben, um Ansprüche zu sichern, die aus dem Wirtschaftsverkehr fließen. Denn nur wenn die internationale

---
[168] Röpke, Internationale Ordnung, S. 105.
[169] Ders., S. 105 f.; Röpke, Die Lehre von der Wirtschaft, S. 75 f.

Zirkulation des Geldes[170] nicht restringiert werde und und die Währungen frei konvertibel seien, könne sich multilateraler Tauschverkehr ungehindert entfalten und die Arbeitsteilung effizient ablaufen.[171]

Internationale Integration ist also laut Röpke nur möglich, soweit diese beiden Voraussetzungen erfüllt sind. Die wirtschaftliche Integration baut daher auf der sozialen Integration auf und wird durch sie bedingt. Hierbei wird, wie Röpke hervorhebt, auch ein Unterschied zwischen dem nationalen und dem internationalen Wirtschaftsverkehr deutlich. Selbstverständlich sei im nationalen Bereich ein »rechtlich-moralisch-institutioneller Rahmen« viel eher durchsetzbar, als im internationalen System, da in ersterem ein festes staatliches Gefüge existiere, letzterem aber kein Weltstaat zugrunde liege.[172]

Röpke zieht damit für den internationalen Rahmen und die internationale Integration gewisse Begrenzungen. Denn der Anspruch eines moralisch-ethischen Grundkonsenses im internationalen Gefüge, der Handlungsfähigkeit gewährleisten soll, beschränkt die internationale Ordnung in zweierlei Hinsicht. Zum einen sei die Tiefe der Integration von der Konsensfähigkeit abhängig, d.h. je höher die Übereinstimmung im politisch-geistigen Bereich, desto staatsähnlicher werde das gesamte Gebilde und desto weitgreifender könne die wirtschaftliche Integration auch über Ländergrenzen hinaus implementiert werden. Eine Zollunion oder gar Währungsunion wäre nur unter solchen Umständen denkbar, da alle Teilnehmerstaaten sich über wirtschafts-, währungs-, finanz- und geldpolitische Fragen einigen müssten, um einen einheitlichen, nachhaltigen, wohlfahrtsfördernden Kurs zu halten.[173] Je geringer die Abstimmungsnotwendigkeit desto (reibungs-)loser könne die Integration verlaufen. Dies sei durch einseitige Liberalisierungsmaßnahmen nach außen bspw. durch eine universell gewährte Senkung von Zollschranken möglich.[174] Diese lockere Integrationsmetheode habe den großen Vorteil keiner übergeordneten Koordinationsstellen zu bedürfen, da die Staaten sich aus eigenem Antrieb für eine universell liberale Lösung entschieden, die in letzter Konsequenz in globalen Freihandel münde.[175] Zum anderen sei die Weite der Integration von der Fähigkeit der Nationen einen geistig-politischen Konsens zu erarbeiten betroffen, woraus nun zwei Szenarien möglich sind[176]:

---

[170] Der Funktion des Geldes und Währungssystems im internationalen Wirtschaftsverkehr wird in einem eigenen Abschnitt behandelt.
[171] Röpke, Die Lehre von der Wirtschaft, S. 73.
[172] Röpke, Internationale Ordnung, S. 106 f.
[173] Wilhelm Röpke, Die Widersprüche der EWG, Neue Zürcher Zeitung 11. April 1964, S. 4.
[174] Ebd.
[175] Wilhelm Röpke, Europäische Wirtschaftsgemeinschaft, Der Monat Band 4, Juni 1952, Nr. 45, S. 234.
[176] Röpke, Internationale Ordnung, S. 60 ff.

1. Trotz unterschiedlicher kultureller, religiöser, ideologischer und historischer Hintergründe ist der Wille zu einem internationalen *One World*-Konsens, der alle Völker umschließt so groß, dass man sich auf einen gemeinsamen Nenner einigen kann, der jeden berücksichtigt und keinen benachteiligt.

2. Staaten mit ähnlichen soziologischen Hintergründen verbünden sich auf Grundlage ihrer gemeinsamen Basis; dies würde allerdings, wenn sich mehrere Gruppierungen von Staaten, die jeweils einen Grundkonsens finden, der sich jedoch nicht mit dem der anderen Gruppierungen überschneidet, zwangsläufig zu einer mehr oder weniger rigiden Blockbildung führen. Wie stark die Blöcke sich gegeneinander abgrenzen, hängt dabei von der Unterschiedlichkeit der Ideologien ab, die die Systeme stützen.

Obgleich die erste Variante einen Idealzustand schildert, der in jedem Fall wünschenswert ist, so erscheint lediglich die zweite Variante als die durchführbare. Bei der ersten Variante würden unverhältnismäßig hohe Zugeständnisse an die anderen Verhandlungspartner gemacht werden, die alle Bereiche des Lebens einer Gesellschaft beträfen und politisch gegenüber dem eigenen Volk kaum durchsetzbar wären.

Dieser Ansicht ist auch Röpke, der in seiner Betrachtung die westliche Welt und die Wirtschaft in den Mittelpunkt stellt. Er erachtet nur die zweite Alternative mit einem freien Markt, der durch internationale moralische Normen geprägt sei und durch multilaterale Allianzen der westlichen Staaten garantiert werde, als realistische Möglichkeit; eine Weltregierung, die Annäherung an kommunistische Staaten und eine in sich geschlossene Blockbildung lehnt er gleichzeitig ab.[177] Dies ist für Röpke insoweit kein Widerspruch, als dass er diese Lösung für eine Welt vorschlägt, in der es wenige industrialisierte Länder in der westlichen Hemisphäre gibt, die vor allem Handel untereinander betreiben und insofern schon eine Internationale Ordnung bilden. Der Handel mit den sogenannten unentwickelten Ländern, die diesen Grundkonsens nicht teilen, beschränkt sich auf Rohstoffe und Agrargüter, was Ungleichgewichte in den Handelspartnerschaften impliziert. Er hält es dabei nicht für sinnvoll, diesen Ländern das westliche Modell der Industrialisierung überzustülpen, sondern befürwortet eine Effizienzsteigerung ihrer Urproduktion. Röpke führt zwei Argumente an, um diese These zu untermauern: Erstens implizierten die weltweite Bevölkerungsvermehrung, das steigende durchschnittliche Einkommen der Industrieländer, die verstärkte Differenzierung des Bedarfs, die Ausdehnung der Industrie und die beginnende Erschöpfung der Naturreserven ein Missverhältnis zwischen breitem industriellen Oberbau und schmalem Unterbau der Nahrungsmittel- und Rohstoffproduktion.

---

[177] John Zmirak, Wilhelm Röpke: Swiss Localist, Global Economist, Wilmington, Delaware: ISI Books, 2001, S. 187.

Zweitens lasse das soziale, wirtschaftliche und politische Fundament der unentwickelten Länder keinen unmittelbaren Übergang in eine industriell-städtisch geprägte Gesellschaft zu, ohne dabei die Verelendung großer Teile der Bevölkerung in Kauf nehmen zu müssen.[178] Röpke hält also eine Konstellation, in der Industriestaaten Industriegüter herstellen und unentwickelte Staaten Rohstoffe produzieren und Agrarwirtschaft betreiben, für ein stabiles System, von dem beide Seiten profitieren. Eine internationale Wirtschaftsintegration mit Volkswirtschaften, die selbst noch keine innere Integration durchlaufen hätten, hält er für ausgeschlossen.[179]

Die Abgrenzung der, wie er sie selbst nennt, freien westlichen Welt gegenüber dem kommunistisch-russischen Großraum ist für Röpke unerlässlich. Ein »One World«-System sei wegen der grundlegend unterschiedlichen Überzeugungen und Ideologien der westlichen und der östlichen Systeme undurchführbar. Den Sinn der Vereinten Nationen sieht Röpke allein darin, eine Plattform für den Dialog zwischen den unterschiedlichen Gruppierungen zu bieten, indem »sie wenigstens den Kontakt zwischen beiden Lagern aufrecht erhält und alles in der Schwebe läßt, während die nicht vorauszusehenden Eventualitäten der geschichtlichen Entwicklung offen bleiben, eingeschlossen die eine, daß im kommunistischen Block fundamentale Änderungen eintreten, die den heute unversöhnlichen Widerstreit der Welten aufheben.«[180] Röpke macht dabei deutlich, dass es für den Westen nicht ausreiche, eine bloße »Containment«-Politik gegenüber den kommunistischen Staaten zu betreiben, sondern dass der Westen Mittel und Wege finden müsse, um die Lage zu seinen Gunsten zu verschieben. Hierfür sei jedoch keine militärische Lösung notwendig oder gar hinreichend, vielmehr müsste es ein Umdenken im Inneren jener kommunistisch geführten Länder geben. Die Bürger dieser Staaten müssten selbst erkennen, welche Schwächen ein solches System gegenüber einem demokratischen habe. Die Aufgabe des Westens sei nun, »auf die innere geistige und politische Entwicklung des so tibetanisch nach außen abgedichteten Sowjetreiches Einfluß zu gewinnen und den inneren Gärungsprozeß sowohl dieser Ländermasse wie der sie beherrschenden Ideologie zu beschleunigen und zu lenken [...].«[181] Die Position zu diesem Thema verdeutlicht aufs Neue Röpkes ablehnende Haltung bezüglich jeder Art der kriegerischen Auseinandersetzung, die er für die Beteiligten nie als beste Strategie der Konflitösung bewertet. Genauso ausgeprägt ist sein Widerwillen gegenüber einer totalitären Staatsform, wie sie der Kommunismus darstelle. Weder auf politischer noch auf wirtschaftlicher Ebene könne ein kollektivistisch gestaltetes System Erfolg versprechen.

---

[178] Röpke, Internationale Ordnung, S. 322 ff.
[179] Röpke, Integration und Desintegration, S. 494.
[180] Röpke, Internationale Ordnung, S. 85.
[181] Ders., S. 93.

Die Lösung dieses Problems der Internationalen Ordnung ist laut Röpke in der Geschichte zu suchen, denn er ist der festen Überzeugung, dass eine integrierte Weltwirtschaft auch ohne besagten Weltstaat auskomme und sich lediglich an einem bestimmten historischen *universalistisch-liberalen* Modell orientieren müsse.[182]

Den universalistischen Aspekt sieht Röpke in einer »offenen Gesellschaft«[183] des 19. Jahrhunderts begründet, die sich an der *Res Publica Chrisitiana* und der *Pax Britannica* orientiert habe und durch Säkularisierung zu einem ungeschriebenen *ordre public international* entwickelt habe.[184] Sichtbar sei der Respekt vor dieser Ordnung und »[...] die damit möglich gewordene Geltung des Völkerrechts als eines echten, dem nationalstaatlichen durchaus ebenbürtigen, wenn nicht sogar übergeordneten Rechts, die Vereinigung der Welt durch ein Netz langfristiger und damit die internationalen Beziehungen stabilisierender Verträge, der fortgesetzte Ausgleich der Spannungen zwischen den großen und kleinen Ländern – die zu Unrecht suspekte *balance of power* – und ein hohes Maß an Übereinstimmung in der Rechtsauffassung und in den nationalen Rechtsnormen.«[185] Diese rechtlich-moralische Verklammerung habe das internationale Äquivalent eines Nationalstaates, also einen Quasi-Weltstaat geschaffen, ohne dabei auf tatsächliche Organisationen oder Institutionen zurückzugreifen, sondern stattdessen auf einen ungeschriebenen *ordre public international*.[186]

Die internationale »offene Gesellschaft« des 19. Jahrhunderts wurzele im Liberalismus des David Hume und Adam Smith, weshalb die beiden Begriffe auch eng mit einander verknüpft zu sehen seien.[187] Die Trennung der politischen von der wirtschaftlichen Sphäre als liberale Theorie stehe dabei im Mittelpunkt, also eine Verlagerung der Wirtschaftsprozesse vom Staat auf die Gesellschaft.[188] Damit sei ein Nebeneinander souveräner Staaten trotz unterschiedlicher Rechtsnormen, die Bewahrung der Grenzen und Staatsbürgerrechte und die Selbständigkeit der Verwaltungen möglich gewesen, da ihre wirtschaftliche Bedeutung auf ein Minimum herabgesetzt worden sei. Diese Trennung habe den großen

---

[182] Röpke, Internationale Ordnung, S. 108.
[183] Den Begriff der »offenen Gesellschaft« versteht Röpke ausdrücklich im Sinne Henri Bergsons, der ihn 1932 in seinem Buch »Die beiden Quellen der Moral und der Religion« prägt. Eine der beiden Quellen, so Bergson, ist auf die eigene Gruppe bezogen und führt zu einer geschlossenen Gesellschaft, sie beruht auf sozialen Verpflichtungen und Instinkten und schließt sich nach außen ab. Die zweite Quelle ist universell und führt zu einer von Menschenrechten geleiteten offenen Gesellschaft, die die Freiheit des Individuums schützt und fördert, Henri Bergson, Die beiden Quellen der Moral, Jena: Diedrichs, 1933, S. 27 ff.
[184] Röpke, Wirtschaftssystem, S. 271 f
[185] Röpke, Internationale Ordnung, S. 109.
[186] Ders., S. 108 u. 113.
[187] Ders., S. 108 f.
[188] Ders., S. 110.

Vorteil gehabt, dass die Traglast des Ordnungsgefüges auf internationaler Ebene soweit reduziert worden sei, dass sie als internationale Ersatzordnung dem tatsächlichen Ordnungsbedürfnis genügt habe. »Es war, mit anderen Worten, die Verbindung eines praktisch möglichen Maximums an internationaler Ordnung mit einem Minimum an Anforderungen an diese Ordnung.«[189]

Liberalismus betrachtet Röpke als das legitime geistige Kind des Christentums, aus dem er hervorgegangen sei.[190] Allerdings dürften der Wirtschaftsaspekt und die Vernunft nicht durch Marginalisierung ihrer Verhältnisse zur Gemeinschaft überbetont werden, sonst schlage der Liberalismus ins Negative um. Dann entstehe kein geistig-politischer Liberalismus, der die gesamte Gesellschaft über alle Ebenen umspanne, sondern lediglich der einer naturwissenschaftlich-mathematischen Logik entspringende Liberalismus, der lediglich Wirtschaftsfreiheit bewirke und den Menschen zu einem *homo faber* im Sinne Max Schelers – also einem Menschen, der sich nicht wesentlich von einem Tier unterscheidet – degradiere.[191]

Röpkes historisches Vorbild des Liberalismus ist die Zeit zwischen 1670 und 1870 und danach die Zeit des Goldstandards bis 1914, wobei er sich vor allem auf das Jahrhundert von 1814 bis 1914 konzentriert, da es den höchsten Integrationsstand aufgewiesen habe.[192] In jenem Zeitalter habe es einen anerkannten *ordre public international* gegeben, basierend auf internationalen Verhaltenskodices in Friedens- und Kriegszeiten und auf einem Netzwerk von internationalen Verträgen und ungeschriebenen Regeln internationalen Rechts, welche angesichts eines ihnen zugrunde liegenden unstrittigen Moralkodex eingehalten worden seien.[193] Dieser Zustand habe zu einer engen Verknüpfung der nationalen Märkte mit freiem Personen- und Kapitalverkehr geführt, die durch Schutzzölle nur marginal behindert worden seien. Diese Verknüpfung habe dabei nicht nur zwischen zwei Wirtschaftsräumen, sondern zumindest theoretisch zwischen vielen unterschiedlichen bestanden.[194] Röpke ist ferner der Ansicht, dass es in dieser Zeit mit

---

[189] Röpke, Internationale Ordnung, S. 113.
[190] Röpke schreibt hierzu: »Wir haben es hier also ohne Zweifel mit dem vereinten *Erbgut der Antike und des Christentums* zu tun. Beide sind die eigentlichen Ahnen des Liberalismus, weil sie Ahnen einer Sozialphilosophie sind, die das spannungsreiche Verhältnis zwischen Individuum und Staat nach den Postulaten einer jedem Menschen eingepflanzten Vernunft und der jedem Menschen als Zweck und nicht als Mittel zukommenden Würde regelt und so der Macht des Staates die Freiheitsrechte des einzelnen entgegensetzt.« Wilhelm Röpke, Das Kulturideal des Liberalismus, Frankfurt am Main: G. Schulte-Bulmke, 1947, S. 13.
[191] Ders., S. 21 ff.
[192] Röpke, Die Gesellschaftskrisis, S. 370.
[193] Röpke, Disintegration, S. 73.
[194] Für Röpke kommt es dabei nicht auf die tatsächliche Realisierung der Multilateralität an (aktuelle Multilateralität), sondern lediglich auf das hypothetische Bestehen der Möglichkeit (potenzielle Multilateralität), vgl. Röpke, Internationale Ordnung, S. 219; Wilhelm Röpke, Wirrnis und Wahrheit – Ausgewählte Aufsätze, Zürich: Eugen Rentsch Verlag,

Ausnahme der Napoleonischen Zeit keinen imperialistischen Kampf um Welthegemonie gegeben habe und das europäische Staatensystem nach der Schlacht von Waterloo, basierend auf einer *balance of power* wiederhergestellt worden sei.[195] Er macht für die damalige hohe ökonomische internationale Integration vor allem drei Faktoren verantwortlich: es habe keinen emotional angetriebenen Nationalismus gegeben. Meistbegünstigung und Goldstandard seien die Pfeiler der Weltwirtschaft gewesen. Die Geisteshaltung und Wertevorstellungen der Beteiligten seien dabei weitaus mehr für die internationalen Wirtschaftsbeziehungen gewesen als technische Arrangements, sie hätten vielmehr als moralische Institutionen gedient.[196]

Röpkes Auffassung einer wirtschaftlich prosperierenden Epoche von 1670 bis 1914 ohne Welthegemonieanspruch ist nicht unstrittig, da das System der sogenannten Pentarchie – Frankreich, Österreich, Preußen, England und Russland – bis 1815 mit der Schlacht bei Waterloo und dem darauf folgenden Wiener Kongress kein Kräftegleichgewicht darstellte, sondern von Frankreich dominiert wurde. Den Rang einer Welthegemonie konnte Frankreich allerdings nicht sichern, da es die ihm zur Verfügung stehenden Finanzmittel in Kriegszeiten nicht effizient genug einsetzte und ferner ein hybrider Staat war, der seine Kräfte gleichzeitig auf kontinentale, maritime und koloniale Ziele richtete und daher stets in einem Zielkonflikt stand.[197]

Das darauf folgende 19. Jahrhundert war sodann von Großbritannien dominiert. Dieses baute seine wirtschaftliche Prosperität nach den Grundsätzen der liberalen Klassiker auf, die Frieden und Einschränkung staatlicher Kontrolle proklamierten, und beließ die Militärausgaben für das britische Heer auf einem weitaus geringeren Niveau als dies im 18. und 20. Jahrhundert der Fall war. Statt auf ein stehendes Heer, das das traditionelle Kriterium militärischer Hegemonie dargestellt hatte, konzentrierte sich Großbritannien auf ein expandierendes Kolonialreich und die Royal Navy, deren Kontrolle der Meere während des 19. Jahrhunderts unangefochten war. Dies führte dazu, dass das britische Empire in den Jahren 1815-65 durchschnittlich um 250.000 Quadratkilometer pro Jahr anwuchs, weshalb England eine gewisse imperialistische Tendenz wohl unterstellt werden kann. Ein weiterer Einflusssektor war der britische Finanzsektor, dessen Entwicklungsstand Mitte des 19. Jahrhunderts sowohl quantitativ als auch qualitativ beispiellos war und den Wohlstand der Briten im In- und Ausland (durch

---

1962, S. 88 f.
[195] Röpke, Disintegration, S. 75.
[196] Ders., S. 76.
[197] Dieser Abschnitt stützt sich auf die Ausführungen von Paul Kennedy, Aufstieg und Fall der großen Mächte: ökonomischer Wandel und militärischer Konflikt von 1500 bis 2000, Frankfurt am Main: Fischer Taschenbuch Verlag, 1991, S. 148 ff.

Investitionen) kontinuierlich mehrte.[198] Obgleich Großbritannien es vorzog, seine Macht wirtschaftlich anstatt militärisch auszubauen und auch bspw. mit dem verlorenen Unabhängigkeitskrieg in Amerika teilweise territoriale Abtretungen hinnehmen musste, so genoss doch das britische Empire im 19. Jahrhundert eine nicht ernsthaft herausgeforderte Vormachtstellung sowohl in Europa als auch in den Kolonien, von deren Vorteilen es auch Gebrauch machte.

Darüber hinaus ist die Behauptung, es habe einen unstrittigen Moralkodex gegeben, der von allen Parteien stets eingehalten worden sei, angreifbar, da gerade diese Zeit von flexiblen, kurzfristigen Bündnissen geprägt war, die sich an der Realpolitik des jeweiligen Landes maßen, was bedeuten konnte, dass der Bündnispartner von heute der Feind von morgen sein konnte.[199] Gerade das 18. Jahrhundert war von einigen Kriegen gekennzeichnet, die in der Regel von den fünf Großmächten ausgingen und die Sicherung des Machterhalts zum Ziel hatten. Abgesehen von diesen Kriegen trieben die europäischen Mächte die Kolonialisierung voran, die sich selten an einem Moralkodex also einem »ordre public international« orientierte. Gerade im 19. Jahrhundert entrollte der europäische Expansionsdrang ein »unübertreffbares Gemälde an Verrat, Bestechung, Meuchelmord und Niedertracht«[200], das für die Völker anderer Erdteile durch Ausbeutung von Sklavenheeren und Rohstoffen sowie Rauschgifthandel »Blut und Tränen« brachte[201] und den Begriff des Imperialismus prägte.

Was die Außenwirtschaft betrifft, so war der größte Teil des 18. Jahrhunderts, in dem absolutistische Herrscher einen enormen Staatsapparat zu finanzieren hatten und die merkantilistische Ideologie verbreitet wurde, eher von einer Schutzzollpolitik gekennzeichnet als von Freihandel. Erst durch Adam Smith und weitere Vertreter der Klassik im ausgehenden 18. Jahrhundert verdrängte der Liberalismus die protektionistische Wirtschaftspolitik, was jedoch vor allem auf Großbritannien zu beziehen ist. Das gleiche gilt auch für den freien Handel, der ebenfalls fast auschließlich von England ausgehend stattfand, während die anderen Länder, vor allem autoritäre Regime, sich durch Zölle und damit Ab-

---

[198] Kennedy, Aufstieg und Fall der großen Mächte, S. 240-251.
[199] Ders., S. 129.
[200] Karl Marx, Das Kapital Bd. 1 (MEW Bd. 23), Berlin: Dietz Verlag, 1996, S. 779 f. Marx selbst zitiert hier eine Schrift von Thomas Stamford Raffles aus dem Jahre 1817 und bezieht sich dabei auf die holländische Kolonialisierung.
[201] Friedrich-Wilhelm Dörge, Europäische Gemeinschaft, atlantische und weltweite Partnerschaft, in: Heinz-Dietrich Ortlieb/Friedrich-Wilhelm Dörge (Hrsg.), Wirtschafts- und Sozialpolitik: Modellanalysen politischer Probleme, Opladen: C. W. Leske Verlag, 1967, S. 239. Dörge schreibt weiter: »Praktisch haben sowohl wirtschaftliche als auch politische Kräfte außerhalb Europas auf das Recht des Stärkeren gepocht, während man in den Mutterländern um Rechtsstaatlichkeit und Humanität kämpfte. Diese *europäische Schizophrenie* stellt einen inneren Bruch im Bewußtsein der Europäer dar, der sich in der Folgezeit unheilvoll ausgewirkt hat.«

schottung nach Außen Prosperität im eigenen Land erhofften[202] und nicht dem unilateralen Vorbild Englands folgten.

Allerdings – so muss Röpke zugestanden werden – war das ausgehende 19. Jahrhundert von Freizügigkeit des Kapitals und der Menschen in einem Ausmaß geprägt, das nicht einmal in der heutigen Zeit erreicht wird, da heute bspw. Pass- und Kapitalverkehrskontrollen sowie das Erfordernis einer Aufenthalts- bzw. Arbeitserlaubnis in bestimmten Ländern einer wirtschaftlichen Betätigung Grenzen setzen. Röpkes Darstellung einer integrierten Weltwirtschaft, die zwischen 1670 bzw. vor allem 1814 und 1914 durch eine Internationale Ordnung mit *ordre public international* geschaffen worden sei, ist demnach nur mit Einschränkungen zuzustimmen.

### 2.2.2.2. »Wahrer« und »falscher« Internationalismus

Nach dem Zusammenbruch der internationalen Ordnung durch die beiden Weltkriege ist es Röpkes erklärtes Ziel, eine neue internationale Ordnung zu konzipieren, der ein der Zukunft zugewandtes, Rücksicht auf die aktuellen Umstände der Zeit nehmendes, stabiles, frieden- und wohlstandförderndes System innewohnt. Der souveräne Nationalstaat ist in Anlehnung an den klassischen Liberalismus Kern der Ordnung. Dies reiche jedoch nicht aus, denn die moderne Nation des 20. Jahrhunderts sei einerseits zu groß und andererseits zu klein. »Zu groß für die Entfaltung echten, freien und nachbarschaftlichen Gemeinschaftslebens und für eine echte und dauerhafte Integration, die ohne Entartung in den nationalistischen Wir-Rausch bestehen kann. Zu klein für diejenigen geistigen, politischen und wirtschaftlichen Beziehungen, die heute nur noch in einer internationalen Gemeinschaft ihr Genüge finden.«[203] Für eine internationale Ordnung erachtet Röpke eine Neuorganisation auf internationaler Ebene mit bindendem und durchsetzbarem Recht für notwendig, um Handlungssicherheit zu gewährleisten, da er das bisherige Nebeneinander souveräner Nationen für überholt hält.[204] Ziel ist es, ein System zu finden, das ein Gleichgewicht zwischen den nationalen und internationalen Kräften herstellt und dauerhaft sichert. Röpke identifiziert dabei einen richtigen und einen falschen Weg.

Den »falschen Internationalismus« sieht Röpke in einer zwar ehrenwerten, aber irregeleiteten und dennoch sehr menschlichen Ungeduld der Akteure, da fälschlicherweise davon ausgegangen werde, »[...] es müßten sich doch entscheidende Resultate ergeben, wenn man die Vertreter der Nationen um einen Tisch

---

[202] Peter Alexis Gourevitch, International Trade, Domestic Coalitions and Liberty: The Crisis of 1873-1896, Journal of Interdisciplinary History Band 8, Herbst 1977, Nr. 2, S. 281 f.
[203] Röpke, Internationale Ordnung, S. 68.
[204] Ders., S. 67.

sammelt. [...] Ebensooft aber entspringt der Internationalismus auch weit zweifelhafteren Motiven, nämlich unvollkommenem Denken, der Unfähigkeit zum Erfassen der Probleme, schlimmer noch, der Scheu vor den eigentlichen Aufgaben einer tiefgreifenden Reform der Gesellschaft und schließlich dem Bestreben, nach dem Grundsatz *ut aliquid fieri videatur*, dem Sehnen der Völker nach einer internationalen Ordnung mit Scheinlösungen entgegenzukommen. Nirgends ist die Versuchung, den Pelz waschen zu wollen, ohne ihn naß zu machen, so groß wie auf dem Gebiete der internationalen Fragen [...]«[205] Internationale Konferenzen und Konventionen und die Schaffung internationaler Organisationen seien nicht fähig, die zerstörte internationale Ordnung wieder aufzurichten. Er warnt daher ausdrücklich davor, zu hohe Erwartungen an internationale Institutionen zu entwickeln und diese als Sündenbock zu benutzen, wenn die Hoffnungen nicht erfüllt werden, anstatt Ursachenforschung zu betreiben. Bei dieser werde nämlich die mangelnde Bereitschaft der einzelnen Völker, sich der Institutionen zu bedienen und diese zu handlungsfähigen Garanten für Sicherheit und Gemeinsamkeit auszurüsten, zutage treten.[206] Röpke warnt vor dieser Hypertrophie des Nationalstaates. Es sei eine gefährliche Tendenz der nationalen Regierungen, auf innerstaatlicher Ebene so viel Macht wie möglich an sich zu ziehen, während sie im internationalen Gefüge bestrebt seien, keinerlei Machtansprüche an die supranationale abzutreten.[207]

Zusammenhalt und ein dem Frieden zugewandtes System auf internationaler Ebene kann nach Röpkes Auffassung nur entstehen, wenn die internationale Ordnung sich an der nationalen orientiert und von den kleinsten Einheiten aus aufbaut und stützt. Röpke nennt diese nach föderalem Kriterien ausgerichtete Form der internationalen Orientierung den »wahren Internationalismus«.[208] Der Aufbau des Systems muss sich demnach am Individuum orientieren und auf die Beziehungen ganzer Nationen zueinander übertragen lassen, und nicht von übergeordneter internationaler Stelle nach unten diktiert werden.

Nur die föderative Struktur sei imstande, das politische Machtgleichgewicht zwischen den größeren und kleineren Einheiten innerhalb eines Staates und ebenso im Verhältnis der verschiedenen Staaten untereinander dergestalt herzustellen, »daß der jeweils größeren nur diejenigen Aufgaben zufallen, die sich für

---

[205] Röpke, Internationale Ordnung, S. 32.
[206] Ders., S. 33.
[207] Ders., S. 68.
[208] Ders., S. 34 f. Das Gegenteilige sei allerdings ebenfalls richtig: Je mehr sich die Nationen von außen bedroht fühlen, desto schlechter würden die Bedingungen für die Entwicklung liberaler Ideen und Institutionen innerhalb. ders., S. 35. D.h. es entstehe ein Sonderfall, in dem sich Individuen freiwillig dem Kollektivismus unterwerfen würden, und somit einen »demokratischen Sozialismus« zuließen, der soziologische Ausnahmebedingungen schaffe. Die Eintrittswahrscheinlichkeit dieses Grenzfalls beschränkt Röpke jedoch auf Kriegszeiten, vgl. Röpke, Wirtschaftssystem, S. 292 f.; Röpke, Maß und Mitte, S. 118 ff.

die kleineren als zu universell herausgestellt haben.«[209] Die Aufgabenverteilung gemäß des Subsidiaritätsprinzips von unten nach oben sorge dafür, dass die Eigenständigkeit und das Eigenrecht der unteren Glieder unangetastet bleibe, »ohne die notwendige Zusammenfassung in den jeweils umfassenden Verbänden zu gefährden.«[210] Nur durch diese Struktur sei es möglich, eine Politisierung des Wirtschaftslebens im Inneren und nach außen zu unterbinden, also eine strikte Trennung zwischen Politik und Wirtschaft.[211] Durch diese Dezentralisierung laste nicht das erdrückende Gewicht einer fernen Zentralregierung auf den Bürgern, die einerseits die gesamte Verantwortung trage, deren Handlungsfreiheit andererseits aber durch kein weiteres Kontrollorgan eingeschränkt werden könne.[212] Stattdessen gliedere sich das Gemeinwesen in einen natürlichen vertikal organisierten Aufbau, um die Teilnahme jedes einzelnen Staatsgliedes an der Aufgabenbewältigung zu gewährleisten.[213] Das über das föderative Prinzip hinausgreifende Subsidiaritätsprinzip gewährleiste, dass nur diejenigen Aufgaben von der jeweils übergeordneten Einheit übernommen würden, die sich für die kleineren als zu umfassend erwiesen hätten. Dem Zentralstaat werde damit kein uneingeschränktes Machtvakuum eines Leviathans zugestanden, welches dazu führen könnte, dass der Staat sich in Angelegenheiten einmische, die nicht seinem Aufgabenbereich entsprechen.

Obgleich Föderalismus, wie Röpke betont, daheim, also bei den Einzelstaaten beginnen müsse,[214] belässt Röpke dieses Prinzip nicht auf der Ebene des Nationalstaates, sondern überträgt es auch auf den internationalen Bereich. Das föderale System werde im internationalen Bereich sogar noch unerlässlicher gerade für die kleinsten Einheiten, um jedem einzelnen gerecht zu werden.

Zudem gibt Röpke zu bedenken, wie bereits im vorigen Abschnitt erörtert wurde, dass der enge Zusammenschluss von Nationen zu einer internationalen Föderation ein hohes Maß an geistig-moralischer Integration voraussetze.[215] Sich dieser Problematik vollauf bewusst, mahnt Röpke daher, was die internationale Integration betrifft, keine allzu ehrgeizigen und umfassenden Pläne, verbunden mit einer »alles oder nichts«-Parole zu schmieden, da sonst die Gefahr bestehe, dass sobald die unvermeidlichen Rückschläge einsetzten das gesamte Integrationsprojekt in Frage gestellt werden könnte. Stattdessen macht Röpke den Vorschlag, eine Politik der kleinen Schritte umzusetzen und nicht allzu schnelle

---

[209] Röpke, Internationale Ordnung, S. 69.
[210] Ebd.
[211] Röpke, Die Gesellschaftskrisis, S. 168.
[212] Röpke, Civitas Humana, S. 178.
[213] Ders., S. 179.
[214] Röpke, Grundfragen, Schweizer Monatshefte, 1948, S. 283; Wilhelm Röpke, Europa als geistige, politische und wirtschaftliche Aufgabe, Wirtschaft und Erziehung 1951, S. 482.
[215] Röpke, Internationale Ordnung, S. 70.

Fortschritte zu erwarten, um somit etappenweise eine funktionsfähige föderalistische Struktur zunächst auf nationaler und im Anschluss auf internationaler Ebene zu formen.[216] Eine globale Föderation rückt somit für Röpke in weite Ferne und es müssen stattdessen geographische Gruppierungen nach ihrer Kompatibilität geprüft werden. Eine Weltstaatengemeinschaft enstehe im nächsten Schritt aus den vorher nach föderalem Muster gebildeten regionalen und kontinentalen Untergruppen.[217]

### 2.2.2.3. Charakteristika eines liberalen internationalen Wirtschaftssystems

Eckpunkt der internationalen Integration ist das Wirtschaftssystem selbst. Wie bereits im vorherigen Abschnitt für den nationalen Rahmen dargelegt, entscheidet sich Röpke nachdrücklich für die Marktwirtschaft, die auch die Grundlage für das internationale Wirtschaftssystem bilden soll. Röpke begründet dies mit der Möglichkeit der Trennung von Imperium und Dominium. Als Imperium bezeichnet er den politischen Besitz eines bestimmten geographisch abgrenzbaren Bereichs und als Dominium die wirtschaftliche Nutzung dieses Bereichs. Im Falle der sozialistischen Planwirtschaft ist die Macht über Imperium und Dominium (also die politische und die ökonomische Sphäre) in einer Hand, während in der Marktwirtschaft die beiden Bereiche getrennt sind. Röpkes Ansicht nach ist der Vorteil einer Trennung dieser Einflussbereiche, dass durch den liberalen Charakter dieses Systems eine Aufweichung der Staatsgrenzen, der politischen Herrschaft über rohstoffreiche Gebiete und die Staatsangehörigkeit jedes einzelnen ermöglicht wird.[218] Das habe zur Folge, dass die internationalen wirtschaftlichen Beziehungen durch ein Nebeneinander gekennzeichnet seien, einer Gleichberechtigung großer und kleiner sowie schwacher und starker Staaten. Das Konfliktpotenzial zwischen den Staaten bspw. um Rohstoffbesitz oder Ländergrenzen, sinke dramatisch durch einen Weltmarkt, auf dem jeder auftreten und sich beteiligen könne und keiner aufgrund seiner Herkunft ausgeschlossen werde.[219] Die Wirtschaftsprozesse würden damit aus dem Einflussbereich der Verwaltung und der Justiz (also dem Staat) in den Bereich des Marktes, Privatrechts und Eigentums (also der Gesellschaft) verlegt, was eine Entpolitisierung der Wirtschaft und der äußersten Trennung von Staat und Wirtschaft entspreche.[220] Und gerade diese Trennung von politischer und wirtschaftlicher Macht habe zwei große Vorteile gegenüber einem sozialistischen Staatsaufbau. In den Ländern, in denen die Marktwirtschaft als Wirtschaftssystem realisiert werde,

---

[216] Röpke, Internationale Ordnung, S. 70.
[217] Röpke, Die Gesellschaftskrisis, S. 378.
[218] Ders., S. 167.
[219] Ders., S. 169.
[220] Röpke, Internationale Ordnung, S. 109 f.

sei eine in die Massen dringende Prosperität, also eine Gesamtwohlfahrtssteigerung zu beobachten[221] und sie fördere den Frieden zwischen den Völkern. Röpke ist sich an dieser Stelle mit Kant einig:

> *»Es ist der Handelsgeist, der mit dem Kriege nicht zusammen bestehen kann, und der früher oder später sich jedes Volks bemächtigt. Weil nämlich unter allen, der Staatsmacht untergeordneten, Mächten (Mitteln), die Geldmacht wohl die zuverläßigste seyn möchte, so sehen sich Staaten (freylich wohl nicht eben durch Triebfedern der Moralität) gedrungen, den edlen Frieden zu befördern, und, wo auch immer in der Welt Krieg auszubrechen droht, ihn durch Vermittelungen abzuwehren, gleich als ob sie deshalb im beständigen Bündnisse ständen; denn große Vereinigungen zum Kriege können, der Natur der Sache nach, sich nur höchst selten zutragen, und noch seltener glücken. – Auf die Art garantiert die Natur, durch den Mechanism in den menschlichen Neigungen selbst, den ewigen Frieden; freylich mit einer Sicherheit, die nicht hinreichend ist, die Zukunft desselben (theoretisch) zu weissagen, aber doch in praktischer Absicht zulangt, und es zur Pflicht macht, zu diesem (nicht bloß schimärischen) Zwecke hinzuarbeiten.«*[222]

Die liberale Wirtschaftsordnung ist also auch deshalb eine dominante Strategie, weil sie neben wirtschaftlicher Blüte[223] internationalen Frieden fördert. Ferner gehe der Liberalismus von einem Menschenbild aus, das sich über Jahrhunderte herausgebildet habe und das den Menschen nicht als Helden oder Heiligen sehe, sondern als Durchschnitt, in dem Gut und Böse gemeinsam wohnen. Daher müsse dem Menschen ein Anreiz gesetzt werden, so dass er seinen schlechten Trieben nicht ungehemmt freien Lauf lassen könne, wobei nicht Fragen der Moral im Vordergrund stünden.[224]

Innerhalb des internationalen Systems der Marktwirtschaft gelten selbstverständlich die gleichen Regeln, wie sie auf nationaler Ebene gelten und im vorigen Abschnitt erörtert worden sind. Wiederum müssen also Privateigentum, freie Preisbildung, freie Konkurrenz, Arbeitsteilung und ein einheitliches Geldsystem das reibungslose Funktionieren der Wirtschaftsprozesse garantieren.

---

[221] Wilhelm Röpke, Die innere Bedrohung der westlichen Kultur, Aus Politik und Zeitgeschichte - Beilage zur Wochenzeitung Das Parlament 5. Juni 1963, S. 19.
[222] Immanuel Kant, Zum ewigen Frieden: Ein philosophischer Entwurf, Königsberg, 1795, S. 64 f.
[223] Wilhelm Röpke, Wenn man mich fragt... Vorteile liberaler Wirtschaftspolitik, Der Schweizer Arbeiter 17. Januar 1963.
[224] Röpke, Das Kulturideal des Liberalismus, S. 17.

Die oben angesprochene Trennung von Imperium und Dominium eröffnet Privatpersonen die Möglichkeit, sich unabhängig von ihrer Staatsangehörigkeit, also auch über die Grenzen ihrer Staatszugehörigkeit hinaus, an der wirtschaftlichen Nutzung eines Staatsgebietes u.a. durch Investititionen zu beteiligen. Dies sichert bspw. für rohstoffarme, aber hochentwickelte Länder die Möglichkeit, Rohstoffe dennoch zu erwerben, was wiederum Konflikte vermeidet, da nicht die Eroberung rohstoffreicher Gebiete notwendig ist, um über diese Verfügungsgewalt zu erlangen. Wenn also Privatpersonen darüber verfügten und ihnen freigestellt wäre, an wen sie ihre Erzeugnisse verkaufen, würde eine für das gesamte System stabilisierende Wirkung erzielt.[225]

An die freie Entscheidung seitens der Produzenten darüber, an wen die Güter verkauft werden, knüpft sich die freie Preisbildung. Auch hierbei sorgt der Markt, ohne dass es einer Regulierung bedürfte, für einen Preis, der durch Angebot und Nachfrage geregelt wird. Selbst über Staatsgrenzen hinweg bleibt der Preis bei homogenen Gütern aufgrund von Arbitrage konstant.[226] Wenn nun keine übergeordnete Behörde die Preise regelt, sondern die Preisbildung dem Markt überlassen wird, pendelt sich auch international der Gleichgewichtspreis ein. Eine Verhinderung der freien Preisbildung und des freien Wettbewerbs ist jedoch durch Einfuhrzölle und -beschränkungen möglich, die der Staat auferlegt. Röpke ist dabei der Ansicht, dass eine restriktive Zollpolitik Monopolbildung begünstige, ein ernstzunehmendes Problem also, das in der Marktwirtschaft keinen Platz habe.[227] Um ein multilaterales freies Handelssystem, das allen die gleichen Chancen gewährt, den Wettbewerb fördert und der meistbegünstigsten Regel folgt, zu gewährleisten, müssen Zölle auf ein Minimum reduziert oder gleich ganz abgeschafft werden.

Zusammenfassend kann Röpkes Vorstellung einer integrierten Welt folgendermaßen in Thesen zusammengefasst werden: Internationale Wirtschaftsintegration leitet sich immer aus der nationalen ab und wird von ihr begründet. Sie beruht auf der sozialen Integration und kann über diese nicht hinauswachsen. Ein föderatives Modell, das von der kleinsten Einheit des Individuums bis zur Staatengemeinschaft reicht, bietet das Fundament für ein stabiles internationales System, das in Verbindung mit dem geeigneten Wirtschaftssystem Prosperität fördert. Prinzipiell gelten für die internationalen Wirtschaftsprozesse die gleichen Regeln wie für die nationalen, wobei Röpke die Marktwirtschaft mit all ihren Attributen als die passende Lösung anbietet, die am besten für Freiheit

---

[225] Röpke, Die Gesellschaftskrisis, S. 167-169; Röpke, Internationale Ordnung, S. 114 f.
[226] Hierbei sei gesagt, dass Arbitrage bei einer ganzen Reihe von Gütern nicht anwendbar ist. Bei schnell verderblichen Gütern sowie nicht handelbaren Dienstleistungen wie bspw. einem Haarschnitt ist Arbitrage über weitere Distanzen nicht möglich oder nicht wirtschaftlich.
[227] Röpke, Die Lehre von der Wirtschaft, S. 222.

und Wohlstand sorgt. Internationale Organisationen sind nur insoweit nötig und sinnvoll, wie sie den Grundkonsens zwischen den ihr angehörenden Staaten fördern, ohne dabei jedoch von einer liberalen Ordnung abzuweichen, wie Röpke sie für unerlässlich hält. Ein weiterer Grund für Röpkes skeptische Haltung gegenüber internationalen Organisationen ist, dass er eine Weltwährung wie den Goldstandard für das geeignete und hinreichende Mittel zur Einhaltung der Regeln der internationalen Wirtschaftsordnung hält.

### 2.2.2.4. Der Goldstandard als Weltwährung

#### 2.2.2.4.1. Röpkes Plädoyer für den Goldstandard als Weltwährung

Der internationale Goldstandard in seiner klassischen Form hat nur eine kurze Lebensdauer in der Zeit zwischen 1880 bis hin zum Ersten Weltkrieg 1914. Vorher waren im 19. Jahrhundert in einigen Ländern auch Silber oder Kupfer und andere Edelmetalle im Währungssystem mit eingebunden, so dass es bspw. einen Bimetallstandard (z.B. USA) oder Silberstandard (z.B. die deutschen Staaten, Skandinavien, Russland) gegeben hatte. Lediglich England führt bereits im 18. Jahrhundert einen reinen Goldstandard ein.[228] Ab 1870 führen immer mehr Länder erst in Europa und später auch in Amerika und Asien den vollwertigen Goldstandard ein. Ab 1880 gehören alle Länder mit internationaler Bedeutung dem Goldstandard an, wobei die nationalen Regelungen hinsichtlich Konvertibilität und Deckung jedoch variieren. Der Goldstandard existiert daraufhin über mehr als dreißig Jahre, wird aber mit dem Ausbruch des Ersten Weltkriegs von den daran teilnehmenden Ländern nach und nach aufgegeben. Zwar kehren einige Länder nach Beendigung des Krieges wieder dazu zurück, jedoch nicht in dem flächendeckenden Ausmaß wie vor 1914 und auch nicht für lange Zeit. Spätestens mit der Weltwirtschaftskrise verschwindet der Goldstandard von der Bildfläche.[229]

Röpke ist einer der Advokaten für den Goldstandard, die sowohl in der Zwischenkriegszeit als auch nach dem Zweiten Weltkrieg eine Wiedereinführung der Goldwährung fordern. Er misst dem Währungssystem eine große Bedeutung zu, weil dieses die Aufgabe habe, eine differenzierte gesellschaftliche Arbeitsteilung,

---

[228] Der Goldstandard in Großbritannien entsteht 1717 eher durch Zufall, als Sir Issac Newton, Münzmeister Großbritanniens, das bis dahin den sogenannten Bimetallismus praktiziert, einen zu hohen Silberpreis für eine Goldguinea setzt und damit Silber im Inland einen geringeren Wert hatte als im Ausland. Dies führt dazu, dass britische Silbermünzen, gemäß dem Gresham'schen Gesetz, innerhalb kürzester Zeit aus dem Umlauf verschwinden und sich ein *de facto* Goldstandard einstellt. Während der napoleonischen Kriege wird die Konvertibilität für kurze Zeit suspendiert, jedoch 1819 per Gesetz wieder eingeführt.

[229] Barry Eichengreen, Globalizing Capital: A History of the International Monetary System, Princeton, New Jersey: Princeton University Press, 1996, S. 46.

die zu internationalem Handel geneigt sei, zu ermöglichen und damit die einzelnen nationalen Wirtschaftssysteme aneinander binde und zu einer echten Weltwirtschaft zu verknüpfen.[230]

An dieses Währungssystem, dessen Rolle die Bewahrung von Ordnung und Stabilität auf dem Devisenmarkt ist, stellt er einige Anforderungen, die es für einen Staat zu erfüllen gilt. Er habe mittels eines straff organisierten und stabilen Währungssystems dafür Sorge zu tragen, »daß das Geld allgemeines Vertrauen genießt und die Glieder der Arbeitsteilung zu einer Zahlungsgemeinschaft zusammenschließt.«[231] Der große Vorteil eines Goldstandards ist Röpkes Ansicht nach, dass dieser ein international stabiles Währungssystem mit festen Wechselkursen schaffen könne, das keiner Konferenz oder Konvention bedürfe, sondern lediglich die Bereitschaft der Völker, die Regeln des Systems zu befolgen, voraussetze.[232] Die Goldwährung sei das optimale Währungssystem, da es die freie Konvertibilität der Währungen sichere und zum anderen für die rasche, automatische Wiederherstellung gestörter Zahlungsbilanzen sorge.[233] Diese beiden Eigenschaften sind nach Röpkes Auffassung elementar für das reibungslose Funktionieren des internationalen Wirtschaftsverkehrs.

Um die Handlungsfähigkeit des Goldstandardsystems zu gewährleisten, müssen anerkanntermaßen drei Bedingungen eingehalten werden. Die Konvertibilität zwischen der einheimischen Währung und Gold muss zu einem festgelegten Preis jederzeit gewährleistet sein. Weiterhin muss es den Bürgern jederzeit gestattet sein, Gold in beliebigen Mengen zu importieren und zu exportieren, und drittens muss es eine Reihe von Regeln geben, die die Geldmenge, die sich im Umlauf befindet, mit dem Goldbestand dieses Landes in Relation setzt.[234] Sind nun diese Bedingungen erfüllt, benennen die Befürworter des Systems vier Merkmale[235], die auch der Grund für die Aufmerksamkeit sind, die der Goldstandard heute noch genießt:[236]

---

[230] Röpke, Die Lehre von der Wirtschaft, S. 151.
[231] Ders., S. 75.
[232] Röpke, Internationale Ordnung, S. 30.
[233] Röpke, Die Lehre von der Wirtschaft, S. 153.
[234] Barry Eichengreen, Editor's Introduction, in: Barry Eichengreen (Hrsg.), The Gold Standard in Theory and History, New York: Methuen, 1985, S. 3 f.
[235] Michael D. Bordo, The Gold Standard and Related Regimes, Cambridge: Cambridge University Press, 1999, S. 2 ff.
[236] Es gab im 20. Jahrhundert insgesamt vier Gelegenheiten, zu denen eine Wiedereinführung des Goldstandards diskutiert wurde: nach dem Ersten Weltkrieg, während des Zweiten Weltkriegs, Mitte der 1960er Jahre, wobei hier auch Röpke ein Befürworter war, und schließlich nochmals Anfang der 1980er Jahre. In keinem der vier Fälle konnte der Goldstandard wieder etabliert werden.

1. Der Goldstandard wird für die Zeit, in der er angewendet wurde, als Förderer der volkswirtschaftlichen Leistung der daran teilnehmenden Länder gewertet, da davon ausgegangen wird, dass er expansiver Geldpolitik einen Riegel vorschiebt und auch Preis- und Wechselkursstabilität gewährleistet.[237]

2. Als weiterer Vorteil des Goldstandards gilt das automatische Funktionieren des Systems ohne bzw. mit limitierten Interventionsmöglichkeiten seitens der Regierung. Allein Nachfrage und Angebot nach Goldwährung bestimmen somit das Weltpreisniveau. Die Aufteilung des Goldes zwischen den Nationen und Anpassungen der Zahlungsbilanz geschehen dabei automatisch durch Arbitragebewegungen auf dem Goldmarkt.[238]

3. Der Goldstandard sorgt dafür, dass Währungsinstanzen der daran teilnehmenden Länder, um ihn zu fördern und zu pflegen, miteinander kooperieren. In der Wissenschaft wird dabei jedoch angenommen, dass der klassische Goldstandard von 1880-1914 eigentlich ein von Großbritannien aus geführtes Währungsregime gewesen sei, da London zu diesem Zeitpunkt der wichtigste Finanzplatz der Welt war (größter Gold-, Güter- und Kapitalmarkt) und einige Länder anstatt von Goldreserven ihre Währung mit Pfund Sterling absicherten.[239] Dies bedeutet, dass die Bank of England eine hegemoniale Stellung besaß und damit großen Einfluss auf das Geldangebot und das Preisniveau der anderen Goldstandardländer ausüben konnte. In Krisenzeiten sprangen sogar Zentralbanken anderer Länder ein, um einem möglichen Vertrauensverlust in die Bank of England vorzubeugen und das internationale Währungssystem zu stabilisieren.[240]

4. Der klassische Goldstandard repräsentiert ein glaubwürdiges Regime, das sich verbindlich an gewisse Regeln zu halten hat. Die Erhaltung der Kon-

---

[237] Es gibt Beweise dafür, dass die Realwirtschaft in der Zeit vor dem Ersten Weltkrieg weniger stabil war als nach dem Zweiten Weltkrieg, als der Goldstandard nicht mehr praktiziert wurde, vgl. Bordo, The Gold Standard and Related Regimes, S. 2.

[238] Angesichts dieses Automatismus war es jeder Nation, die an dem Goldstandard teilnehmen wollte, möglich, dies ohne weiteres zu tun. Die einzige Prämisse war die Einhaltung der Konvertibilitätsklausel, die Zustimmung der anderen Mitglieder dieses Währungssystems war somit nicht vonnöten. Auch gibt es keinen Nachweis dafür, dass Länder, die nach ihrem Beitritt in Schwierigkeiten gerieten, das System destabilisiert hätten. Jorge Braga de Macedo/Barry Eichengreen/Jaime Reis, Introduction: Currency Convertibility in Historical Perspective - the Gold Standard and Beyond, in: Jorge Braga de Macedo/Barry Eichengreen/Jaime Reis (Hrsg.), Currency Convertibility: The Gold Standard and Beyond, London, New York: Routledge, 1996, S. 6.

[239] Ferner wird argumentiert, dass die Bank of England in der Zeit des Goldstandards die Möglichkeit hatte, den Diskontsatz zu ihren Gunsten zu manipulieren, um Gold zu attrahieren, was die Zentralbanken der anderen Länder zur Anpassung der eigenen Diskontsätze zwang, vgl. John Maynard Keynes, A Treatise on Money, London: Macmillan, 1930, S. 306 f.

[240] Eichengreen, Globalizing Capital, S. 34.

vertibilität als oberste Priorität genießt allgemeine Akzeptanz in der Zeit zwischen 1880 und 1914, so dass sich Investoren auch bei ausländischen Investitionen auf minimale Wechselkursrisiken verlassen können. Aufgabe der Zentralbanken ist also lediglich, Goldreserven in einem festen Verhältnis zur Währung im Umlauf zu halten.[241]

Auch Röpke betont, dass, neben den drei oben genannten Bedingungen, die einzige Voraussetzung der Teilnahme eine auf wirtschaftlichen, politischen und moralischen Überzeugungen fußende Bereitschaft zur Einhaltung der Regeln des Währungssystems sei und der Goldstandard das Gleichgewicht der internationalen Währungsordnung durch Konvertibilität, rasche Wiederherstellung gestörter Zahlungsbilanzen und stabile Wechselkurse gewährleiste, weshalb er ihn als Währungsordnung favorisiert.[242]

Daher ist Röpke nach dem Zweiten Weltkrieg der Auffassung, man müsse sich an dem liberalen System, das vor dem Ersten Weltkrieg bestanden habe, orientieren. Das System sei durch Multilateralität und Konvertibilität gekennzeichnet gewesen, die Röpke als Fundament für ein freiheitliches internationales Zusammenwachsen der Nationen betrachtet. Dem Goldstandard falle eine Schlüsselposition zu, da dieser die Konvertibilität gewährleistet und damit Multilateralität ermöglicht habe.[243] Die Weltwirtschaft sei in einem solchen Maße integriert gewesen, »daß wir Gott auf den Knien danken würden, wenn wir diesen Grad der Integration in greifbarer Nähe sähen.«[244] Röpke erkennt hierbei zwar an, dass auch in der Zeit des Goldstandards Zölle und Tarife den vollkommen freien Welthandel verhindert hätten, er erachtet diesen einschränkenden Aspekt jedoch als eher gering im Vergleich zu den nicht-konformen Interventionen der Devisenbewirtschaftung, Störung der Zahlungsbilanzen und der Bilateralität, die nach dem Zweiten Weltkrieg das wirtschaftliche Gesamtbild dominieren. Zölle und Tarife schmälerten zwar den Integrationseffekt, seien jedoch unter relativen

---

[241] Eichengreen hebt dabei hervor, dass im 19. Jahrhundert bemerkenswerterweise eine Theorie des Verhältnisses zwischen Zentralbankpolitik und aggregierten Schwankungen vollkommen fehlt. Ein Zusammenhang zwischen Zinssatz und Arbeitslosigkeit wurde bspw. nicht gesehen und Regierungen verspürten noch keinen Druck, ihre Zentralbankpolitik anderen Zielen unterzuordnen, vgl. Eichengreen, Globalizing Capital, S. 30 f. Aufgrund des geringen Drucks auf die Zentralbanken war es diesen möglich, den Goldstandard als zuverlässiges Instrument einzusetzen. Nur in extremen Notfällen, wie bspw. Kriegen, wurde der Goldstandard zeitweise suspendiert. Dieser Regel folgten alle wichtigen Wirtschaftsmächte, was ebenfalls dazu beitrug, dass das gesamte System große Glaubwürdigkeit genoss, vgl. Bordo, The Gold Standard and Related Regimes, S. 3 f.
[242] Röpke, Die Lehre von der Wirtschaft, S. 153.
[243] Wilhelm Röpke, The Economic Integration of Europe, The Measure - A critical Journal Herbst 1950, Nr. 4, S. 389.
[244] Wilhelm Röpke, Wehret beizeiten den Ökonomisten und den Bürokraten, Die Zeit 4. Juli 1957, S. 12.

Handelshemmnissen zu verbuchen, denn sie würden den freien Handel nicht so nachhaltig (zer)stören, wie dies nicht-konforme Interventionen durch absolute Handelshemmnisse, also den Eingriff in den Marktmechanismus selbst, zustande brächten.[245] Das sich am Goldstandard orientierende Bretton Woods System hingegen hält er für kein geeignetes Substitut, da es die Bedingung des Ausgleichs der Zahlungsbilanzstörungen nicht erfülle, was wiederum Inflationsschübe aus denjenigen Ländern, die sich nicht in monäterer Disziplin übten zu Folge habe.[246]

Als kurzfristige Einstiegsmaßnahme schlägt er eine Anpassung des Goldankaufpreises an den internationalen Gleichgewichtspreis vor, konkret eine Erhöhung von 35 auf 50 bis 60 US-Dollar. Dies solle der Verbesserung der internationalen Liquidität dienen.[247] Dabei sieht Röpke das größte Problem bei einer Wiedereinführung des Goldstandards zum damaligen Zeitpunkt im Widerstand der politischen Entscheidungsträger, einer subjektiven Skepsis, die auf Vorurteilen beruhe. Er plädiert daher dafür, nicht ausschließlich die historische Perspektive zu betrachten und die Faktoren überzubewerten, die zum Zusammenbruch des Systems geführt hätten, sondern sich die Chancen klarzumachen, die aus einer erfolgreichen Implementierung entwachsen könnten – eine Überführung der nationalen Devisenzwangswirtschaften in ein funktionsfähiges Geldsystem.[248] Röpke postuliert vergeblich die Wiedereinführung des Goldstandards in vielen Publikationen vor allem in den Vierziger- und Fünfzigerjahren. Stattdessen sind in den vergangenen sechs Dekaden andere Währungssysteme zur Anwendung gekommen, die Röpke teilweise nicht mehr miterlebt hat.

Es ist bis heute nicht klar nachweisbar, ob Merkmale wie Preis- oder Einkommenstabilität, die als Vorzüge des Goldstandards gesehen werden, verglichen mit anderen Formen von Währungsregimen den Goldstandard als überlegen hervorheben können. Die stabilisierenden Effekte des Goldstandards werden von vielen Wissenschaftlern eher für zufällig gehalten.[249] Wechselkursstabilität jedoch ist eindeutig dem Goldstandard als Merkmal zuzurechnen und diese wiederum hat den Vorteil, dass internationaler Handel und Investitionen mit minimalem Risiko des Kapitalverlusts durch Wechselkursschwankungen betrieben werden können. Es wird argumentiert, dass diese Stabilität zum schnellen Wachstum des internationalen Handels und ausländischen Investitionen vor dem Ersten Weltkrieg geführt haben soll,[250] was Röpkes These einer liberalen integrierten Weltwirtschaft vor 1914 entspricht.[251]

---

[245] Röpke, Economic Integration, Measure, 1950, S. 389; Röpke, Ökonomisten und Bürokratisten, Die Zeit, 1957, S. 12.
[246] Röpke, Die Lehre von der Wirtschaft, S. 154.
[247] Röpke, Wege zur Konvertibilität, S. 107 f.
[248] Ders., S. 110.
[249] Eichengreen, Introduction, S. 9; Bordo, The Gold Standard and Related Regimes, S. 11.
[250] Ders., S. 2.
[251] Röpke, Economic Integration, Measure, 1950, S. 389.

Um die erfolgreiche Einhaltung von fixen Wechselkursen in der Zeit des klassischen Goldstandards nachvollziehen zu können, muss der Anpassungsmechanismus der Zahlungsbilanz innerhalb des Goldstandardregimes analysiert werden. Das einflussreichste Modell, das den Zusammenhang zwischen Goldstandard und Zahlungsbilanz erklärt, ist der von David Hume entwickelte sogenannte Price-Specie-Flow-Mechanismus. Hume betrachtet in seinem Essay »Of the Balance of Trade«[252] ein zwei-Länder-Modell in dem ausschließlich Goldmünzen zirkulieren und die Rolle von Banken vernachlässigt wird. Wenn nun Güter exportiert werden, erhält der Exporteur seine Bezahlung in Gold, welches er sich bei einer Münzstätte prägen lassen kann. Wenn im Gegenzug nun ein Importeur Güter aus dem Ausland bezieht, bezahlt er diese ebenfalls mit Gold, das hierdurch ins Ausland exportiert wird. Hume konstruiert nun den Fall, dass auf einmal eine größere Goldmenge im Inland zur Verfügung steht. Dies kann bspw. durch große Goldfunde der Fall sein. Die Gütermenge verändert sich durch den Goldschock jedoch nicht, was bedeutet, dass für die gleiche Gütermenge eine viel größere Goldmenge zur Verfügung steht. Die Folge ist, dass sowohl Löhne als auch Güterpreise in exorbitante Höhen schnellen, um ein neues Gleichgewicht zwischen Goldmenge und Gütermenge zu schaffen. Das bedeutet aber auch, dass das Ausland aufgrund der hohen Preise nicht mehr im Inland kaufen kann; gleichzeitig sind die Güter des Auslandes für das Inland relativ günstig geworden, weshalb die inländischen Bürger nun ausländische Ware kaufen werden und gleichzeitig Gold ins Ausland abfließt. Die relativen Preise der Güter ändern sich also in den beiden Ländern. Dieser Arbitragemechanismus hält solange an, bis die Überschussgoldmenge an das Ausland abgeflossen ist und sich wieder ein Preisgleichgewicht für In- und Ausland eingependelt hat.

Das Modell besticht durch seine Schlichtheit und Eleganz und wird bis heute als grundlegender Ansatz der Goldstandardtheorie angesehen, später jedoch erweitert, indem der Einfluss von Geschäfts- und Zentralbanken und Zinssätzen in das Modell mit einbezogen werden und damit die Rolle der Änderung der relativen Preise, mit der Hume den Ausgleich der Zahlungsbilanz erklärt, in den Hintergrund gerückt wird.

P. Barrett Whale führt in seinem zwei-Länder-Modell zusätzlich zu Konsumgütern und Gold eine einzelne verzinsliche Finanzanlage (die bspw. von der Zentralbank ausgegeben wird) ein.[253] Analog zu dem Fall von Hume könne angenommen werden, dass in einem Land große Goldvorkommen entdeckt werden, was zu einer Überschussnachfrage nach Konsumgütern und Wertpapieren führt.

---

[252] David Hume, Essays, Moral, Political and Literary, Band 1, 1898. Auflage. London: Longmans, Green, 1752, S. 330-345.
[253] P. Barrett Whale, The Working of the Prewar Gold Standard, Economica Band 4, Februar 1937, Nr. 13.

Die Preise für Güter und Wertpapiere steigen im Inland, was gleichbedeutend mit einem Preisfall von Gold ist. Daraufhin sind die Einwohner dieses Landes geneigt, Güter und Wertpapiere aus dem Ausland zu beziehen, wo diese relativ günstig sind, während die Einwohner des Auslandes Gold aus dem Inland beziehen, das dort günstiger ist als im Ausland. Daraus folgt nun, dass der Goldexport des Inlandes gleich dem Wert des Imports an Konsumgütern und Wertpapieren ist, weshalb das Handelsbilanzdefizit nicht mehr dem Goldabfluss entspricht. Stattdessen entsprechen die Zahlungsbilanzveränderungen dem internationalen Goldtransfer. Das in diesem Fall kurzfristig entstehende Zahlungsbilanzdefizit ist also die Summe des Handelsbilanzdefizits (durch die Goldfunde steigen die Preise für Güter des Inlandes, es wird weniger exportiert) und des Kapitalabflusses, wobei Kapitalabfluss gleichbedeutend mit dem Erwerb von ausländischen Wertpapieren durch Inländer ist. Hierbei ist es irrelevant, ob der Mechanismus anhand von Preis- oder Zinseffekten erklärt wird, da Wertpapierpreise und -renditen invers miteinander gekoppelt sind. In dem Beispiel, in dem nun der Goldfund im Inland stattgefunden hat, sind Wertpapiere teuer bzw. haben niedrige Zinssätze im Vergleich zum Ausland. Inländer werden somit solange im Ausland Wertpapiere mit höheren Zinssätzen erwerben, bis sich die Zinssätze international wieder ausgeglichen haben. Daher kommt es nicht zwingend zu Goldbewegungen, was der Realität in der Zeit des Goldstandards auch im Gegensatz zu Humes Modell entspricht.[254]

In diesem Modell wird nun auch die Aufgabe der Zentralbanken deutlich, die nämlich, indem sie die sogenannten »rules of the game«[255] befolgen, die Diskontsätze verändern, um Anpassungsmechanismen, die aufgrund externer Schocks greifen, zu beschleunigen.[256]

---

[254] Eichengreen, Globalizing Capital, S. 27.
[255] Dieser Begriff wurde von John Maynard Keynes geprägt, wahrscheinlich zum ersten Mal in *The Economic Consequences of Mr. Churchill* von 1925.
[256] Es gibt noch einige weitere Ergänzungen und Erweiterungen dieses Modells sowie Betrachtungen aus anderen Blickwinkeln oder mit anderem Fokus, wie bspw. von Robert Barro, der untersucht, wie unter dem Goldstandard langfristig Preisniveauveränderungen durch gegenläufige Veränderungen des weltweiten Angebots der Goldwährung neutralisiert werden können, vgl. Robert J. Barro, Money and the Price Level Under the Gold Standard, The Economic Journal Band 89, März 1979, Nr. 353 oder McKloskey und Zecher, die argumentieren, dass Goldbewegungen selbst als Balancierungsmechanismus bei der Anpassung der Zahlungsbilanz wirken und nicht nur indirekt über den Effekt den sie auf Preisniveau, Einkommen und Zinssätze haben. Sie argumentieren mit einem monetären Ansatz, dass die Weltwirtschaft durch einen Arbitragemechanismus vereint wird, was bedeutet, dass das Weltpreisniveau vom weltweiten Geldangebot abhängt, vgl. Donald N. McKloskey/ J. Richard Zecher, How the Gold Standard Worked, 1880-1913, in: Jacob Frenkel/Harry Johnson (Hrsg.), The Monetary Approach to the Balance of Payments, Toronto: Toronto University Press, 1976.

Studien mit historischen Daten ergeben jedoch, dass diese Regeln während der Zeit des Goldstandards häufig missachtet wurden.[257] Donald McCloskey und Richard Zecher begründen dies damit, dass der Einfluss einzelner Zentralbanken durch Geldmengenausweitung bzw. -verringerung auf die globale Geldmenge relativ gering gewesen sei.[258] Es wird allerdings argumentiert, dass eine Zentralbank, nämlich die Bank of England, eine Art Vorreiterrolle innehatte, was dazu führte, dass gemäß dem spieltheoretischen Stackelberg-Modell, die Bank of England der Stackelberg-Führer war und die Zentralbanken der anderen europäischen Länder die Rolle des Stackelberg-Folgers einnahmen. Erklärt werden kann diese Konstellation damit, dass Letzteren wohl die Verlässlichkeit von Sterling, das sie teilweise auch als Reserve hielten, von größerem Nutzen war, als sich der Politik Englands zu widersetzen.[259] Das britische Vorbild genoss sowohl auf nationaler als auch auf internationaler Ebene große Glaubwürdigkeit, da die Verbindlichkeit gegenüber der Konvertibilitätsklausel des Goldstandards nicht angezweifelt wurde. Dies führte selbst in Krisenzeiten dazu, dass Kapitalzuflüsse privater Investoren nicht ausblieben. Gleichzeitig war es der Zentralbank möglich, wenn nötig, von den Regeln abzuweichen, ohne den Goldstandard zu gefährden, gerade weil die Erhaltung der Konvertibilität oberste Priorität hatte und dies der Öffentlichkeit glaubwürdig vermittelt wurde.[260]

Mit dem Ausbruch des Ersten Weltkriegs wurde der Goldstandard von allen wichtigen daran teilnehmenden Ländern suspendiert und erst 1925 von Großbritannien und einigen anderen Ländern wieder eingeführt. Allerdings wurde schon 1931 wieder vom Goldstandard als internationalem Währungssystem abgesehen, weil gerade die Voraussetzungen, die das System vor dem Krieg so stabil gemacht hatten, nicht mehr galten. Großbritannien war während des Weltkrieges gezwungen, große Teile seiner ausländischen Vermögensgegenstände zu veräußern. Britische ausländische Direktinvestitionen und anderer Kapitalexport wurden in dieser Zeit zudem stark eingeschränkt. Deutschland, das vor dem Krieg internationaler Gläubiger war, wurde in eine Schuldnerposition gedrängt und gar von U.S.-amerikanischen Kapitalimporten abhängig, um seine Außenbilanz aufrechtzuerhalten.[261] In dieser Zeit waren Güter- und Arbeitsmärkte weitaus weniger flexibel als in der Zeit vor dem Krieg und das gesamte System war nicht fähig, größere Schocks ohne weiteres abzufangen. Der vielleicht wichtigste Aspekt jedoch ist, dass das gesamte System das Vertrauen und die Glaubwürdigkeit einbüßte, die einen großen Beitrag zum Funktionieren des Goldstandards vor 1914 geleistet hatte.

---

[257] Bordo, The Gold Standard and Related Regimes, S. 34; Eichengreen, Globalizing Capital, S. 29.
[258] McKlosky, Zecher, Gold Standard, S. 185 f.
[259] Bordo, The Gold Standard and Related Regimes, S. 34.
[260] Eichengreen, Globalizing Capital, S. 31.
[261] Ders., S. 45.

Nach einer kurzen Phase des Goldstandards in der Zwischenkriegszeit sind im 20. Jahrhundert zu mehreren Gelegenheiten Stimmen laut geworden, die die Wiedereinführung des Goldstandards befürworteten. Jedoch konnte kein internationaler Konsens mehr für deren Umsetzung gefunden werden. Dies ist dem Umstand geschuldet, dass, wie bereits weiter oben angesprochen, die als Vorteile des Goldstandards geltenden Merkmale heute nicht mehr einzig und allein dem Goldstandard als systemimmanent zugeordnet werden. Es kann nicht einmal zweifelsfrei beantwortet werden, ob positive Entwicklungen vor 1914, die dem Goldstandard als Stabilisator zugerechnet werden, tatsächlich auf ihn zurückzuführen sind. Es wird jedoch angenommen, dass die Stabilität der Vorkriegszeit der Bereitschaft der Völker zu verdanken sei, ihren Beitrag zur Globalisierung zu leisten, was sich gleichzeitig positiv auf die Stabilität des Weltwährungssystems ausgewirkt habe. Röpke sieht gerade dies als einen der größten Vorzüge des Goldstandards an, dass dieser nur vergleichsweise geringer Voraussetzungen bedürfe und sein Fundament die Bereitschaft der Völker zur internationalen Zusammenarbeit sei.[262] Die Stabilität des Goldstandards gilt allerdings lediglich für die sogenannten Kernländer des Goldstandards (wie z.B Großbritannien, Frankreich, Deutschland und die Vereinigten Staaten von Amerika), da sich oftmals die internationale Kooperation nicht über Europa und die USA hinaus erstreckt und die Banksysteme der Peripherie in jener Zeit oft zerbrechlich und angreifbar sind. In Lateinamerika und in vielen anderen unterentwickelten Ländern der Erde existieren damals noch gar keine Zentralbanken.[263]

### 2.2.2.4.2. Die Wiedereinführung des Goldstandards aus heutiger Sicht

Heute gibt es mehrere Argumente, die den Befürwortern, die weiterhin die These vertreten, der Goldstandard verhindere Instabilität im Finanzsystem, entgegengebracht werden. Dies hat dazu geführt, dass die Resonanz für eine Wiedereinführung des Goldstandards heute minimal ist.[264] Es wird erstens bezweifelt, dass sich die Verantwortlichen immer an Regeln binden lassen, die einmal aufgestellt worden sind. Ferner stammt ein großer Teil des Goldes, das zu heutigen Zeiten gefördert wird, aus Ländern wie Südafrika und Russland, wo Märkte stark zentralisiert und damit kontrolliert, also nicht dem Marktgeschehen unterworfen sind. Dies lässt bezweifeln, dass die Goldproduktion zur Preisniveaustabilisierung beitragen würde, abgesehen davon, dass es für viele Industrieländer politisch problematisch wäre, sich vom Goldangebot dieser Länder abhängig zu

---
[262] Röpke, Die Lehre von der Wirtschaft, S. 153.
[263] Eichengreen, Globalizing Capital, S. 38 f.
[264] Bordo, The Gold Standard and Related Regimes, S. 4.

machen.²⁶⁵ Das System ist außerdem anfällig für Schocks, die Preisniveauänderungen auslösen. Auf der Nachfrageseite ist dies bspw. durch den Beitritt neuer Staaten in das Goldstandardsystem möglich und auf der Angebotsseite bspw. durch neue Goldfunde.²⁶⁶ Die Kosten zur Aufrechterhaltung des Goldstandards werden als zu hoch angesehen.²⁶⁷ Der größte Nachteil des Systems tritt in der heutigen globalisierten und hochmodernen Wirtschaftswelt jedoch durch seine Inflexibilität zu Tage. Wenn die Geldmenge an den Edelmetallbestand gekoppelt ist, ist dem Wirtschaftswachstum eine »natürliche« Schranke gesetzt. Die Volkswirtschaften können somit nur in dem Maße wachsen wie die Gold- oder Silberbestände wachsen, ansonsten droht die Gefahr einer Deflation. An diesem Elastizitätsproblem, das Triffin bereits 1959 aufzeigt, leidet auch das am Goldstandard orientierte Bretton Woods System. Das sogenannte Triffin-Dilemma zeigt auf, dass bedingt durch die begrenzten Goldbestände die für die Ausweitung des globalen Handels benötigte Liquidität nur durch die Bereitstellung zusätzlicher US-Dollar möglich ist. Dadurch aber entstehen den USA zum einen Defizite in der Zahlungsbilanz. Zum anderen entsteht durch Geldmengenausweitung, die nicht durch Gold gedeckt wird, die Gefahr der Inflation und des Vertrauensverlustes in die Leitwährung. Um einen 'Gold-Run' zu vermeiden und die Goldparität aufrecht zu erhalten, führen die Zentralbanken der USA, Englands, der BRD, Frankreichs, der Schweiz, Italiens, Belgiens, Luxemburgs und der Niederlande 1961 den sogenannten Londoner Goldpool ein. Die Teilnehmerstaaten verpflichten sich, durch Marktinterventionen, den Goldpreis auf einem festgelegten Niveau zu halten. Das so künstlich am Leben erhaltene System muss allerdings 1971 aufgegeben werden, nachdem Frankreich sich bereits im Juni 1967 nicht mehr bereit erklärt, weiterhin an der Aufrechterhaltung der Goldparität mitzuwirken und England im November des selben Jahres das britische Pfund, das als wichtigste Reservewährung nach dem Dollar gilt, abwertet. Daraufhin setzt der befürchtete 'Gold-Run' ein. Als immer mehr Staaten ihre Dollarreserven auflösen wollen, sieht sich die amerikanische Regierung im August 1971 gezwungen die Konvertibilität des Dollars zu widerrufen. Knapp zwei Jahre später im März 1973 wird das Bretton-Woods-System offiziell von einem System flexibler Wechselkurse abgelöst.

Ein anderes Problem bei der Herstellung der Konvertibilität zwischen Gold und Papiergeld ist die Festsetzung eines angemessenen, offiziellen Preises. Seit dem Zweiten Weltkrieg hat das Wachstum der realen Einkommen den Wertzuwachs der Goldreserven bei weitem überholt. Zu den gegenwärtigen Marktpreisen wäre es den Zentralbanken nicht möglich, mit ihren Goldreserven glaubhaft Konvertibilität zu vermitteln. Aus diesem Dilemma gibt es zwei Wege, nämlich

---
²⁶⁵ Eichengreen, Introduction, S. 28 f.
²⁶⁶ Bordo, The Gold Standard and Related Regimes, S. 4.
²⁶⁷ Ders., S. 35.

zum einen eine Preisanpassung der Güter an die vorhandene Goldmenge. Dies entspräche einer Deflation einer in modernen Zeiten nie erprobten Dimension und würde zum anderen die Forderung der Anhänger des Goldstandards nach Preisniveaustabilität konterkarieren. Zum anderen könnte der offizielle Goldpreis auf ein viel höheres Niveau als den tatsächlichen Marktpreis festgelegt werden, um ein Gleichgewicht zwischen Geldmenge und hinterlegten Goldreserven abzusichern.[268] Durch die Festlegung eines überhöhten Preises für Gold würde jedoch Privateigentümern von Gold der Anreiz gesetzt, dieses zu verkaufen und damit die Geldmenge auszuweiten, was zu einer Inflation führen könnte. Um dies zu verhindern, könnte man die Zentralbank ermächtigen, den Goldpreis periodisch verändern zu können. Dann wäre allerdings einer der Hauptvorteile des Goldstandards, die Automatizität, mit der das System funktioniert, unterminiert und würde durch Ermessensfreiheit der Zentralbank ersetzt werden.

Zusammenfassend kann festgehalten werden, dass die Wiedereinführung eines Goldstandards in heutigen Zeiten mit hohen Kosten, schwerwiegenden Unsicherheiten und zweifelhaftem Nutzen verbunden wäre. Obgleich die historischen Belege nur in geringem Maße die Visionen der Theoretiker, wie bspw. Röpke, von einem idealen internationalen Währungsregime bestätigen,[269] so können doch wichtige Schlüsse für zukünftige Versuche zur Schaffung eines internationalen Geldsystems gezogen werden.

### 2.2.3. Kriterien zur Beurteilung einer regionalen (europäischen) Integration

Was eine regionale Integration angeht, so bezieht sich Röpke aus damals aktuellen Gründen vornehmlich auf Europa. Dieser Abschnitt stellt daher Röpkes Ansichten hinsichtlich der europäischen Integration dar. Röpke nähert sich der Problematik von der kulturgeschichtlichen Seite und begründet so sein Eintreten für die europäische Integration. Unter Berücksichtigung des geistigen Erbes Europas schlägt Röpke erneut das Föderativmodell vor, da es den unterschiedlichen Nationen Europas in ihrer Einheit und Vielfalt gerecht werden könne. Nachdem die Rahmenbedingungen auf politisch-geistiger Ebene gesteckt sind, widmet sich Röpke den Voraussetzungen für eine wirtschaftliche Integration. Entsprechend dieser Reihenfolge sind die Abschnitte dieses Teilkapitels aufgebaut.

---

[268] Röpke kritisiert die zu niedrige Festlegung des Goldpreises durch die USA nach dem Ersten Weltkrieg, was seiner Ansicht nach zu einem schweren Missverhältnis zwischen den Währungen und der bestehenden Goldmenge und damit zu Deflation geführt habe. Seiner Ansicht nach ist die Weltwirtschaftskrise mit auf die falsche Goldpreisfestlegung zurückzuführen und er plädiert für eine Heraufsetzung des Goldpreises. Röpke ist damals (1954) nicht der Ansicht, dass mit einer Anpassung des Goldpreises Nachteile verbunden wären, vgl. Röpke, Internationale Ordnung, S. 349.

[269] Eichengreen, Introduction, S. 29.

## 2.2.3.1. Die kulturgeschichtliche Bedeutung Europas

Röpke stellt Notwendigkeit und Sinnhaftigkeit einer europäischen Einheit zur Disposition und fordert auf, den Integrationsprozess mit einer normativen Basis zu untermauern. Er befürchtet, dass die europäische Idee vielleicht nur deshalb so stark ins Bewusstsein der Bürger gerückt werde, weil sich gut darüber diskutieren lasse und nicht notwendigerweise aus Gründen der Verbundenheit und Brüderlichkeit. Röpke ist hingegen davon überzeugt, dass Europa viel mehr als das sei, nämlich eine echte »Leitidee« und »lebendige Kraft« der Zeit nach dem Zweiten Weltkrieg. Er schreibt hierzu: »*Europa* ist mehr als Literatur, Phrase, Rhetorik und leerer Vorwand von Kongressen. Nicht unähnlich der nationalen Einheit des 19. Jahrhunderts ist nunmehr die kontinentale zu einem Sehnen geworden, das in einer angemessenen und vernünftigen Form seine Erfüllung finden muß, und vielleicht liegt ihr tiefster Sinn gerade darin, daß jener Typus der zentralistischen Nation, wie er in der Vergangenheit entstanden ist, überwunden werden muß [...].«[270]

Trotz dieses kontinentalen Sehnens nach Integration stellt Röpke die Möglichkeit zur Diskussion, der Gedanke einer europäischen Union sei überholt und komme aus zwei Gründen zu spät. Die beiden Weltkriege hätten das gegenseitige Vertrauen der Nationen zerstört; diese hätten sich gegenseitig fundamental geschwächt, so dass eine europäische Union mit der Aufgabe der Friedenssicherung zu spät komme. Stattdessen müssten sich nach dem Zweiten Weltkrieg die demokratisch geführten Länder gemeinsam gegen die Bedrohung des Kommunismus positionieren, damit dieser sich in Europa nicht weiter ausbreiten könne. Zweitens komme sie deshalb zu spät, weil Europa ohne die Hilfe der Vereinigten Staaten von Amerika nach dem Zweiten Weltkrieg nicht in der Lage sei, sich wirtschaftlich oder militärisch zu behaupten.[271]

Viel schwerer wiegen jedoch in Röpkes Augen die Vorteile einer europäischen Union. Der gesamte europäische Kontinent besitze gemeinsame Wurzeln, eine gemeinsame Geschichte, eine gemeinsame Kultur, die Jahrtausende alt sei und sich »von den Uranfängen der griechischen Kultur und dem Christentum über das römische Imperium, die wechselseitige Durchdringung und Verschmelzung der romanischen und germanischen Völker und Kulturen, über die Kreuzzüge, das Rittertum, die Ausbreitung der Klöster, das Papsttum, die mittelalterliche Kaiserherrschaft, die Scholastik, die Gründung der Universitäten, die Städteentwicklung, die Renaissance, Reformation und Gegenreformation bis zu den jüngsten Stationen der Entwicklung, der Auflösung des Feudalismus, der Aufklärung, der französischen Revolution, der napoleonischen Kriege, der Romantik,

---
[270] Röpke, Internationale Ordnung, S. 72 f.
[271] Ders., S. 82; Röpke, EWG, Der Monat, 1952, S. 231.

der industriellen und agrarischen Umwälzung, der Herausbildung des Nationalbewusstseins und der Kämpfe um Liberalismus, Demokratie und Sozialismus«[272] ziehe. Europa versteht Röpke als ein religiös und moralisch gefasstes Wertesystem, das im Sinne eines gemeinsamen Patrimoniums eine Einheit bilde, »das Europa und den Europäern gemeinsam und eigentümlich ist und sie miteinander verbindet, das sie umso stärker verbindet, je mehr sie sich dieser übrigen Welt gegenübergestellt sehen.«[273] Europa ist für ihn eine Kultureinheit, in Abgrenzung zu Afrika, Asien oder Amerika.[274] Diese Gemeinsamkeiten sollen die Grundlage für eine europäische Gesellschaft bilden und ein friedliches, respektvolles, tolerantes, vernunftgeleitetes und prosperierendes Zusammenleben ermöglichen, das auch nach außen Vorbild sei. Gerade nach zwei Weltkriegen solle der Frieden als höchstes Gut betrachtet werde. Mit dieser Meinung teilt Röpke einen damals allgemeinen Konsens, den Hans-Dietrich Genscher folgendermaßen zusammenfasst: »Die Gründergeneration der Europäischen Gemeinschaft wollte [...] auf die Irrwege der europäischen Geschichte, auf jahrhundertelange Bruderkriege und vor allem auf zwei Weltkriege dieses Jahrhunderts reagieren. Die Völker des Kontinents sollten ihre Kräfte nie wieder gegeneinander richten, sondern sie zusammenführen zu einer neuen Kultur des Zusammenlebens.«[275] Dies solle jedoch nicht in einer abschottenden Art und Weise, sondern mit Offenheit für den Rest der Welt geschehen.[276] Des weiteren hält Röpke es gar für dringend notwendig, dass sich ein geeintes Europa gegen den von Osten drohenden Kommunismus stelle, um diesen in seine Schranken zu weisen und sich gegen mögliche Übergriffe zu schützen.[277] Die Vereinigung Europas sei also nicht lediglich eine Möglichkeit, sondern eine zwingende Notwendigkeit, nach dem Motto »*s'unir ou périr*«[278], um sich gegen den Kommunismus zu behaupten. Allerdings sei an diesen Selbstbehauptungswillen eine wichtige Bedingung geknüpft: Eine Gemeinschaft müsse für alle, die daran teilhaben, aufgrund des gemeinsamen geistig-moralischen Erbes als wertvoller Schatz, der gegen nichts eintauschbar sei, betrachtet werden. Aufgrund dieser enormen Wichtigkeit der Bewahrung des europäischen Erbes, ist Röpke auch davon überzeugt, dass die politische und geistig-moralische Ei-

---

[272] Röpke, Internationale Ordnung, S. 74.
[273] Röpke, Die wirtschaftliche Integration, Wissenschaft und Weltbild, 1960, S. 95.
[274] Röpke vertritt in dieser Hinsicht eine ungewohnt elitäre und etwas kurzsichtige Denkweise. Denn die anderen Kontinente (abgesehen von China, Japan, Indien und der islamischen Welt) sieht er als kaum mehr als künstlich aufgepumpte, geographische Begriffe ohne kulturelle Substanz. Daher befindet er sie nicht der Bezeichnung eines Kulturkreises würdig, vgl. Röpke, Europa in der Welt von heute, S. 299 ff.
[275] Hans-Dietrich Genscher, Erinnerungen, Berlin: Siedler-Verlag, 1995, S. 394.
[276] Röpke, Internationale Ordnung, S. 75 f. Vgl. auch Wilhelm Röpke, Gemeinsamer Markt und Freihandelszone, in: Martin Hoch (Hrsg.), Wort und Wirkung: Reden aus den Jahren 1947-1964, Ludwigsburg: Martin Hoch, 1964, S. 115 ff.
[277] Röpke, Internationale Ordnung, S. 77.
[278] »sich vereinigen oder untergehen«. Röpke, EWG, Der Monat, 1952, S. 228; Röpke, Europa als Aufgabe, Wirtschaft und Erziehung, 1951, S. 479 f.; Röpke, Internationale Ordnung, S. 77.

nigung Europas vor einer wirtschaftlichen Einigung stehen solle. Er begründet dies mit zwei Argumenten: Die Bündelung des gesamten Verteidigungspotenzials verhelfe Europa, militärisch Eigenverantwortung zu übernehmen und nicht mehr von Amerika unterstützt werden zu müssen; des weiteren werde eine Einigung Europa in der Organisation des Westens das politisch-geistige Gewicht zuweisen, das ihm zustehe.[279]

Dabei gibt Röpke jedoch einen Aspekt zu bedenken: Auf der einen Seite gelte es das europäische Patrimonium zu behaupten und ein Gemeinschaftsbewußtsein zu stärken, weshalb er auch ein Mindestmaß an europäischem Patriotismus für angemessen hält.[280] Er warnt aber andererseits vor der Illusion einer raschen Annäherung und Verschmelzung. Das Zusammenwachsen sei ein sehr langsamer Prozess, der sich weder erzwingen noch künstlich beschleunigen lasse. Es sei unrealistisch von einer europäischen »Nation« zu sprechen, in dem Sinne, wie man bspw. von einer deutschen Nation spreche. Er hält es für visionär, »irgendwelche Pläne auf der Erwartung aufzubauen, daß dieses kontinentale Gemeinbewußtsein allgemein und auf die Dauer stärker als das nationale sein oder ihm auch nur die Waage halten könnte, sobald und sooft beide miteinander ernstlich in Konflikt geraten.«[281] Deshalb verwahrt er sich auch gegen die Idee einer Amerikanisierung der Alten Welt, Europa sei kein *melting pot*, in dem man aus den unterschiedlichen Nationen eine europäische Nation erschaffe. Röpkes Amerikakritik begrenzt sich zunächst auf den gesellschaftlichen, kulturellen und teilweise auch wirtschaftlichen Bereich. Röpke hat große Vorbehalte gegnüber der amerikanischen Kulturlosigkeit und der Gefahr ihres Herüberschwappens nach Europa.[282] Er empfindet »Unbehagen über die Idee eines europäischen 'Amerikanismus', der alles Qualitative, Bunte, Mannigfaltige, Unmeßbare in die Quantität er-

---

[279] Vgl. Röpke, Die wirtschaftliche Integration, Wissenschaft und Weltbild, 1960, S. 93; Röpke, Einheit in der Vielheit, Die politische Meinung, 1959, S. 14.

[280] Röpke, Gemeinsamer Markt, S. 117; Röpke, Europa als Aufgabe, Wirtschaft und Erziehung, 1951, S. 480.

[281] Röpke, Internationale Ordnung, S. 79.

[282] Dies hält ihn auch während des zweiten Weltkriegs zweimal ab, einem Ruf an US-amerikanische Universitäten zu folgen, deren niedriges Niveau und der Verfall akademischer Sitten in ihm, eine bereits weiter oben angesprochene, recht elitär anmutende Ablehnung hervorrufen, vgl. hierzu auch die Ausführungen von Milène Wegmann, Früher Neoliberalismus und Europäische Integration: Interdependenz der nationalen, supranationalen und internationalen Ordnung von Wirtschaft und Gesellschaft, Baden-Baden: Nomos, 2002, S. 315 Auf politischer Ebene spricht er sich jedoch entschieden und öffentlich gegen einen Antiamerikanismus in Europa aus, vgl. bspw. Wilhelm Röpke, Zu spät und nicht zu spät. Europa als geistige, politische und wirtschaftliche Aufgabe, Rheinischer Merkur 21. September 1951, Nr. 38, S. 4; Wilhelm Röpke, Europa zwischen Russland und Amerika, Freie Presse Hamburg Band 2, 24. März 1948, Nr. 12; Wilhelm Röpke, Europa als geistige, politische und wirtschaftliche Aufgabe, Wirtschaft und Erziehung 1951, Nr. 3, S. 480; Röpke, Internationale Ordnung, S. 77 Diese Einstellung ändert sich jedoch mit dem Regierungsantritt Kennedys. Die Umstände hierzu werden im nächsten Kapitel genauer beleuchtet.

tränkt und den Fortschritt in Stahltonnen, Kilowatt, Höchstgeschwindigkeiten und Pistenlängen der Flugplätze mißt, Unbehagen über einen bestimmten Kult der Massenzivilisation, der Massenproduktion, der Massenstädte, der Konzentration und der Rationalisierung.«[283] Vielmehr müsse in Europa ein geeignetes dezentral organisiertes, politisches System ein Gleichgewicht zwischen den kleinsten und größten Einheiten schaffen.[284] Somit wäre die Achtung vor dem Mannigfaltigen, Eigenständigen, den kleinen Lebens- und Kulutrkreisen ebenso gewährleistet, wie die Bewältigung der großen Aufgaben des 20. Jahrhunderts, die über nationale Grenzen hinausreichen.[285]

### 2.2.3.2. Europäische Integration nach föderativem Muster

Angesichts der Problematik der vielen unterschiedlichen Nationen, die unter dem Dach Europa zusammengefasst werden, jedoch dabei nicht ihre Eigenständigkeit vollständig aufgeben sollen, da sonst das Patrimonium Europa gar durch Zentralismus und Blockbildung seine Vielfalt zu verlieren drohe[286], schlägt Röpke den Föderalismus als das optimale Integrationsmodell vor. Schon für die nationale und allgemeine internationale Ordnung wurde seine Präferenz für dieses Modell im vorigen Teilkapitel erörtert. Für die Integration der vielen unterschiedlichen Nationen Europas sei der Föderalismus geradezu unerlässlich. Dieser sei fähig, einen kontinentalen Patriotismus zu schaffen, bei dem die Liebe zum Eigenen nicht gleichzeitig die Ablehnung des Anderen sei, sondern eine Einheit in der Vielfalt unter Beibehaltung des Eigenen fördere.[287] Dabei sei Föderalismus weitaus mehr als eine bloße Verwaltungstechnik, sondern politische Philosophie, eine Lebensgewohnheit, eine geistig-moralische Entscheidung, zu der man erzogen werden müsse. Die Verbundenheit zur eigenen Heimat solle der Achtung vor den anderen die Waage halten.[288] Röpke betont des Öfteren, es lohne sich, bei der Implementierung des föderalen Konzepts die Schweiz als Musterbeispiel des Föderalismus zu betrachten und sich daran zu orientieren.[289]

---

[283] Röpke, Einheit in der Vielheit, Die politische Meinung, 1959, S. 23.
[284] Röpke, Die Problematik von der Schweiz aus gesehen, S. 22 f.
[285] Röpke, Einheit in der Vielheit, Die politische Meinung, 1959, S. 23 f.
[286] Wilhelm Röpke, Europa als wirtschaftliche Aufgabe, Schweizer Monatshefte: Zeitschrift für Politik, Wirtschaft, Kultur Band 36, April 1956, Nr. 1, S. 3; Röpke, Die Problematik von der Schweiz aus gesehen, S. 22.
[287] Vgl. Röpke, Einheit in der Vielheit, Die politische Meinung, 1959, S. 16; Röpke, Europa in der Welt von heute, S. 301.
[288] Röpke, Einheit in der Vielheit, Die politische Meinung, 1959, S. 22; Röpke, Internationale Ordnung, S. 83.
[289] Vgl. z.B. Wilhelm Röpke, Sozialismus und Europa-Union, Blätter der Freiheit: Zeitschrift für natürliche Ordnung von Kultur, Gesellschaft und Wirtschaft 1. Augustheft 1949, S. 6; Röpke, Economic Integration, Measure, 1950, S. 393; Röpke, Grundfragen, Schweizer Monatshefte, 1948, S. 285; Röpke, Internationale Ordnung, S. 83; Röpke, Europa als Aufgabe, Wirtschaft und Erziehung, 1951, S. 481.

Den großen Vorteil dieser Organisationsform sieht er im Subsidiaritätsprinzip, das den Staatsaufbau so gestaltet, dass zuerst die untergeordneten Glieder in Aktion treten und Aufgaben lösen und das jeweils nächsthöhere Gild erst aktiv wird, wenn ihnen dies aufgrund des Umfangs der Aufgabe nicht möglich ist.[290] Rahmenbedingung für regionale Integration ist also nach Röpke vorerst der Föderalismus. Mit einem sozialistischen System ist der Föderalismus nicht vereinbar, da für das Funktionieren eine zentrale Steuerung von oben Voraussetzung ist. Für Röpke ist dies ein weiterer Grund für eine Ablehnung des Sozialismus.[291] Hiermit lehnt er auch jegliche Art von Dirigismus für regionale Integrationsprojekte ab und befürchtet, dass gerade durch die Schaffung von internationalen Behörden und Institutionen ein »Kolossalstaat« entstehen könnte, der die einzelnen Staaten ihrer Spontaneität und Eigenständigkeit beraube.[292] Allerdings ist Röpke von Anfang an skeptisch, als es um die Gründung einer »Europaföderation« geht, weil er befürchtet, die Akteure verstünden die Komplexität des gesamten Vorhabens nicht und seien sich auch nicht der Voraussetzungen bewusst, die eine solche Integration beinhalte. Er schreibt hierzu: »Sie hantieren mit dem Begriff *Föderation*, also ob es sich um die einfachste Sache der Welt handele. Sie ahnen nicht, daß eine so edle Frucht nicht mühelos gepflückt werden kann, sondern an viele und schwere Bedingungen geknüpft ist [...]. Sie wissen nicht, daß diese Frucht nur auf dem Humus einer Gesellschaft gedeihen kann, die noch eine Gliederung in echte kleine Gemeinschaften aufweist, und die Philosophie der Toleranz, des liberalen Geltenlassens, des Respektes vor dem anderen, der Liebe zum Kleinen und Mannigfaltigen und der gegenseitigen Rücksichtnahme voraussetzt. Föderalismus müsse wie die Wohltätigkeit zu Hause beginnen. Es ist ein Aufbauprinzip der Gesellschaft, das auf den höheren Stufen nur möglich ist, wenn es auch für die unteren gilt. [...] So kann das Werk des europäischen Föderalismus schwerlich gelingen, wenn nicht bereits die einzelnen Nationen vom Geist des Föderalismus erfaßt und erfüllt sind.«[293] Damit gelangt Röpke wieder zu seiner Forderung, Föderalismus müsse, wie auch Integration und Internationalismus, daheim beginnen.[294]

### 2.2.3.3. Wirtschaftliche Integration in Europa nach dem Prinzip des Freihandels

Was nun die wirtschaftliche regionale Integration betrifft, so ist Röpkes Vorstellung von freiem wechselseitigem Handel in einem einheitlichen Wirtschafts-

---

[290] Röpke, Civitas Humana, S. 179.
[291] Röpke, Sozialismus und EU, Blätter der Freiheit, 1949, S. 6.
[292] Röpke, Gemeinsamer Markt, S. 118 ff.
[293] Wilhelm Röpke, Europaföderation und Sozialismus, Freie Presse Hamburg Band 2, 9. September 1946, Nr. 36.
[294] Vgl. auch Röpke, Grundfragen, Schweizer Monatshefte, 1948, S. 283.

raum geprägt, sie soll also liberal, offen und universell sein. Für eine wirkliche Wirtschaftsintegration stellt er zwei Bedingungen[295]:

1. Multilateralismus: Jedes Wirtschaftssubjekt kann in dem Wirtschaftsraum frei Güter und Dienstleistungen anbieten und nachfragen, es gibt keine Diskriminierung oder Abschottung des einen Landes gegenüber einem anderen, wobei der Multilateralismus so weit wie möglich ausgedehnt, also nicht lediglich auf regionale Abkommen beschränkt werden soll.

2. Konvertibilität: Es muss eine freie, räumlich ungehinderte Verwendbarkeit des Geldes geben.

Röpke sieht ein, dass eine globale Lösung direkt nach dem Zweiten Weltkrieg nicht durchführbar sei und Europa sich vorerst auf eine regionale Lösung beschränken müsse.[296] Daher sieht er für Europa die Aufgabe, die Devisenzwangswirtschaft und Maßnahmen der kollektivistischen Handelspolitik, die nach dem Ersten Weltkrieg eingeführt worden waren, wieder zu beseitigen. Dabei ist er der Auffassung, dass jedes Land für sich selbst verantwortlich sei, die Kraft und Einsicht aufzubringen, den falschen Kurs zu korrigieren.[297] Er hält die föderalistische Vorgehensweise für die einzig richtige, weil sie nicht zu einer Abschottung nach außen führe, sondern Europa, so hofft er, in einer Art und Weise zu integrieren wisse, in der die regionale Integration Teil der weltwirtschaftlichen werde und sich nicht dagegen abgrenze.

In Konsequenz ist Röpke kein Befürworter einer Zollunion oder eines gemeinsamen Marktes, sondern des globalen Freihandels.[298] Denn die Voraussetzung

---

[295] Röpke, Internationale Ordnung, S. 308 f.
[296] Als Beispiel für das Scheitern des universalistischen Lösungsversuchs benennt Röpke die im Entwurf gebliebene *Havana-Charter*, die die »im Absurden endende Verwässerung des weltwirtschaftlichen Codex« symbolisiere, vgl. Röpke, Europa als wirtschaftliche Aufgabe, Schweizer Monatshefte, 1956, S. 5 f.
[297] Röpke, Internationale Ordnung, S. 311.
[298] Folgende Unterscheidung der Termini Freihandelszone, Zollunion, Gemeinsamer Markt und Wirtschaftsunion ist dabei allgemein anerkannt: In einer Freihandelszone haben alle Mitgliedstaaten jegliche Zölle und Handelsbeschränkungen untereinander abgebaut, Außenzölle werden aber von jedem Mitgliedsstaat individuell festgelegt. Bei einer Zollunion kommt zusätzlich zu der Abschaffung der Zölle untereinander die gemeinsame Zollgestaltung gegenüber Drittländern zum Tragen. Der Unterschied zwischen einer Zollunion und dem Gemeinsamen Markt ist, dass zusätzlich zu den bereits bei der Zollunion bestehenden Merkmalen die freie Mobilität der Produktionsfaktoren Arbeit und Kapital gewährleistet wird. Noch tiefer ist die Integration in einer Wirtschaftsunion, da hier eine Anpassung der Wirtschaftspolitiken der Mitgliedstaaten stattfindet. Es wird sichtbar, dass je höher die Integrationsstufe reicht, der Aktionsradius der einzelnen Staaten umso geringer wird. Die Einschränkungen beginnen mit der übergeordneten Festlegung von Zöllen und Tarifen und reichen bei der Wirtschaftsunion bis hin zur Aufgabe der nationalen Wirtschafts-

bei wirtschaftlichen Zusammenschlüssen zu bspw. einer Zollunion sei ein gewisser Grad internationalen Gemeinschaftsgeistes, den er nach dem Kriege in Europa nicht gegeben sieht. Je höher der Integrationsgrad, desto größer das Maß an geistig-politischer Integration, das vorausgesetzt werden müsse.[299]

Theoretische Untersuchungen zum Thema der regionalen wirtschaftlichen Integration führen auf Jacob Viner zurück, auf den sich Röpke in seiner Ablehnung einer Zollunion explizit stützt. Viner zeigt in seinem Buch *The Customs Union Issue* aus dem Jahre 1950 auf, dass, anders als Adam Smith angenommen hatte[300], Abkommen über Zollunionen nicht unbedingt wohlfahrtssteigernd seien. Viner betrachtet die Produktionsseite und argumentiert, dass jegliche Art regionaler Handelsabkommen zwei verschiedene Effekte nach sich zöge: einerseits Handelsschaffung als Ergebnis der Abschaffung von Zöllen, woraufhin manche Güter billiger importiert werden können, als sie im Inland hergestellt werden können, und andererseits Handelsumlenkung, da billige Importe aus Nicht-Mitgliedstaaten durch teurere Importe, die aus Mitgliedsländern stammen, ersetzt würden[301], eine Tendenz, die protektionistischer Natur sei und zu geringerer Effizienz der Allokation von Ressourcen führe. Viners Ergebnis ist, daß die Wohlfahrtswirkungen regionaler Integration von der Nettowirkung der beiden gegenläufigen Effekte der (wohlfahrtserhöhenden) Handelsschaffung und der (wohlfahrtsmindernden) Handelsumlenkung abhängen.[302] Da jedoch eine nichtdiskriminierende Reduzierung der Außenzölle nur zur Handelsschaffung führen würde, die negativen Wirkungen einer Handelsablenkung jedoch ausbleiben, ist eine Zollunion bzw. ein regionales Abkommen immer die zweitbeste Lösung im Vergleich zum Freihandel.[303] Cooper und Massell kritisieren, dass Viner keine Argumente dafür liefere, warum es trotz dieser Schlußfolgerung dennoch zu Zollunionen komme. Ihr Ergebnis ist daher, dass regionale Abkommen nicht wohlfahrtsfördernd motiviert seien, sondern eher politische Motivationen zu einer regionalen Integration führten.[304]

---

     politik. Kommt zusätzlich – man könnte es die fünfte Integrationsstufe nennen – eine Währungsunion zustande (es werden in einem bestimmten Wirtschaftsgebiet dauerhaft die Wechselkurse fixiert, bei gleichzeitiger vollständiger Konvertibilität oder Einführung einer gemeinsamen Währung), wie dies in einem Teil der EU heute der Fall ist, so müssen die Teilnehmerstaaten zusätzlich ihre eigene Kapitalmarkt- und Geldpolitik zugunsten einer gemeinsamen Politik aufgeben. Vgl. hierzu Bela Balassa, The Theory of Economic Integration, London: Irwin, 1961.

[299] Röpke, EWG, Der Monat, 1952, S. 234.
[300] Smith, The Wealth of Nations Buch IV, Kapitel 6.
[301] Jacob Viner, The Customs Union Issue, New York: Carnegie Endowment for International Peace, 1950, S. 43.
[302] Ders., S. 44.
[303] C. A. Cooper/B. F. Massell, A New Look At Customs Union Theory, The Economic Journal Band 75, 1965, S. 743, 745 f.
[304] Philipp von Carlowitz, Regionalismus in der Weltwirtschaft, Hamburg: Dr. Kovač, 2003 (zugl. Diss., Universität Trier, 2003), S. 44.

Sowohl Viner als auch Cooper/Massell betrachten ein statisches Modell und gehen nicht auf dynamische Integrationsgewinne ein, welche jedoch analog zu dynamischen Handelsgewinnen entstehen. Regionaler Freihandel ermöglicht den Unternehmen, regionale komparative Kostenvorteile zu nutzen, in größeren Märkten unter intensiverem Wettbewerb zu operieren, was den Unternehmen Anreiz zur Innovation liefert und (sowohl externe als auch interne) *Economies of Scale* erwirtschaftet werden können.[305] Ferner können durch die Integration bei grenzüberschreitenden Wirtschaftsaktivitäten die Transaktionskosten verringert werden.[306] Ein weiterer positiver Effekt kann erzielt werden, wenn der Kapitalverkehr nicht restringiert ist, da so eine effiziente Allokation der Ressourcen gewährleistet wird und ausländische Direktinvestitionen zu Technologie- und Wissenstransfers beitragen können.[307] Angeregt durch diese dynamischen Integrationseffekte können Wachstumswirkungen erzeugt werden.[308] Die dynamischen Gewinne aus Integration können weitaus besser regionale Handelsräume erklären als statische Erklärungsansätze, da ihre Gewinne wesentlich höher und eindeutig positiv ausfallen. Diese Erkenntnisse werden jedoch erst nach Röpkes Lebzeiten gewonnen.

Röpke unterscheidet in seiner Analyse der regionalen Integration zwischen einem Endzustand und einer Übergangsperiode. Bei Betrachtung des Endzustands räumt Röpke ein, dass in einer regionalen Freihandelszone zwar die Arbeitsteilung weitaus differenzierter ablaufen könne als in einem einzelnen Staat und aufgrund der damit verbundenen Produktivitätssteigerung Wohlfahrtseffekte erwirtschaftet werden könnten. Dieser positive Effekt werde jedoch möglicherweise von den negativen Effekten der Abschottung nach außen in den Schatten gestellt. In Bezug auf Abschottung kritisiert er vor allem, dass Staaten, die vor dem Zusammenschluss niedrige Außenzölle gehabt hätten, in einer Zollunion wahrscheinlich die Zölle im Durchschnitt anheben würden, weil ja ein einheitlicher Zolltarif bestimmt werden müsse. Ferner gibt er zu bedenken, dass sich durch den Zusammenschluss von mehreren Ländern, die im Normalfall unterschiedliche Produktionsstrukturen besäßen, eine Vermehrung der Schutzinteressen ergeben werde.[309] Für Röpke hat der regionale Freihandel einen Januskopf, der nach innen Befreiung schaffe, aber nach außen Verdrängung.

Bei Betrachtung der Übergangsperiode sieht Röpke das Problem, dass befreiende, produktivitätssteigernde und handelsvermehrende Zollherabsetzungen

---

[305] Heinz G. Preuße, The New American Regionalism, Cheltenham, Northampton: Edward Elgar, 2004, S. 54.
[306] von Carlowitz, Regionalismus in der Weltwirtschaft, S. 73.
[307] Preuße, The New American Regionalism, S. 54.
[308] Für eine detaillierte Diskussion wachstumsinduzierender Wirkungen siehe von Carlowitz, Regionalismus in der Weltwirtschaft, S. 58 ff.
[309] Röpke, Gemeinsamer Markt, S. 126 f.

sich an Produzenten innerhalb des regionalen Abkommens richteten, während handelsverdrängende Maßnahmen Produzenten außerhalb des Abkommens beträfen. Da nun die Produzenten innerhalb des regionalen Abkommens nur von den ersteren Maßnahmen betroffen seien, bestehe die Gefahr, dass Produzenten die außerhalb der geschützten Zone des regionalen Abkommens stehen, diskriminiert würden zugunsten derer, die seinen Schutz genießen. Diese Effekte während des Übergangsstadiums zu einer regionalen Freihandelszone hält Röpke für störender für die gesamte Weltwirtschaft als das Endstadium. Das Endstadium sei jedoch nur erreichbar, wenn die Maßnahmen zur Schaffung der Zollunion »weh« täten, was jedoch politisch-psychologisch schwer durchsetzbar sei.[310] Er gibt außerdem zu bedenken, dass die Frage nach der Geschwindigkeit, mit der das Übergangsstadium überwunden werden solle, schwer beantwortbar sei. Denn werde es zu schnell durchlaufen, würden schwächere Produzenten innerhalb des Gebietes darunter leiden, während zu langsames Vorgehen dem befreienden Handelseffekt schade.[311] Eine Zollunion sei gegenüber dem weltweiten Freihandel immer nur die zweitbeste Lösung: »[...] wir haben es hier mit einem echten Dilemma jeder regionalen Zollbefreiung gegenüber einer universellen Zollbefreiung zu tun; denn bei der universellen Zollbefreiung kann man graduell vorgehen, ohne Handelsverdrängungen und Handelsverzerrungen.«[312]

Röpke kommt zu dem Ergebnis, dass eine Zollunion entweder unnötig oder gar hinderlich sei, wenn alle Handelshemmnisse abgetragen worden seien, da sie politische und administrative Probleme aufwerfen könne.[313] Oder aber es gelinge nicht, Handelshemmnisse abzubauen, was die Zollunion zu einer Farce geraten lasse. Röpkes vernichtende Kritik also lautet: »Zollunion als Lösung bedeutet, daß man einerseits zu viel und andererseits zu wenig fordert: zuviel, weil eine solche Union immer nur ausnahmsweise gelingende Aufgabe ist, zuwenig, weil eine bloße Zollunion das eigentliche Problem, nämlich den Abbau der absoluten Handelshemmnisse, ungelöst läßt und nur Zeit- und Kraftverschwendung bedeutet, von der grundsätzlichen Problematik [damit meint Röpke Viners Kritik an der Zollunion] ganz zu schweigen.«[314] Der Abbau tarifärer Handelshemmnisse trete also vor dem Hintergrund der Schaffung nichttarifärer Handelshemmnisse (Quoten, Devisenkontrollen, Lizenzen, Kontingentierungen, technische Vorschriften, Herkunftsangaben, Steuervorteile usw.) zurück.

Röpke hat ein weiteres Argument gegen die Einführung einer Zollunion in Europa. Er ist der Meinung, dass diese Form der Integration nur seine Wirkung

---

[310] Röpke, Gemeinsamer Markt, S. 129.
[311] Ders., S. 129 f.
[312] Ders., S. 139.
[313] Röpke, Grundfragen, Schweizer Monatshefte, 1948, S. 287.
[314] Röpke, Internationale Ordnung, S. 312.

entfalten könne, wenn dieser eine Vereinheitlichung der Wirtschaftspolitik folge. Röpke befürchtet dabei, dass eine einheitliche Wirtschaftspolitik innerhalb Europas von einer übergeordneten supranationalen Stelle aus implementiert werde und nicht durch dezentrale Abstimmung der einzelnen Nationalstaaten. Dies wiederum würde Dirigismus und Planung von oben fördern und in einer möglichen Konsequenz einen »Superstaat«, der alle Entscheidungen zentral plane und durchführe entstehen lassen, was Röpke bekanntermaßen ablehnt.[315] Er begründet seine Abneigung gegen eine Zollunion damit, dass »je mehr die Organisation des Gemeinsamen Marktes die Verantwortung für Investitionslenkung übernehme, umso größer werde für sie die Versuchung sein, mit ihren Instrumenten der gemeinsamen Außenwirtschaftspolitik dafür zu sorgen, daß die Fehlleistung von Kapital nicht gar zu offensichtlich werde.«[316] Er fordert daher von den teilnehmenden Staaten, die Weisheit zu besitzen, die Marktwirtschaft nicht um eines geeinten Europas Willen preiszugeben, sondern weiterhin den Staaten ihre Souveränität zuzugestehen und eine funktionale Integration voranzutreiben. Denn Röpke empfindet im Dirigismus und der Planwirtschaft, das wurde an früherer Stelle umfangreich ausgeführt, die größte Beschränkung eines wirtschaftlichen Systems, die unbedingt vermieden werden muss.

Stattdessen macht sich Röpke für eine Freihandelszone stark, die seiner Meinung nach gegenüber der Zollunion bzw. dem Gemeinsamen Markt im Vorteil ist, weil sie keine handelsverzerrenden und -verdrängenden Wirkungen entfalte und »weil hier keine Einigung nach dem Gesetz des Geleitzuges auf den gemeinsamen Zolltarif notwendig ist«.[317] Gleichwohl ist Röpke der Schwierigkeiten in der praktischen Umsetzung einer Freihandelszone in Form von Bürokratismus zolltechnischer Natur gewahr, die er jedoch für lösbar hält.[318]

Dreh- und Angelpunkt einer regionalen Integration, den er auch als Zentralproblem der europäischen Wirtschaftsintegration identifiziert, ist die Frage der Freiheit und des Gleichgewichts der internationalen Zahlungen.[319] Denn Röpkes Auffassung nach müsste die freie Konvertibilität der Währungen in einem regionalen Bündnis die Voraussetzung für alle anderen Abkommen, wie bspw. im Falle der europäischen Integration, für den Gemeinsamen Markt oder die Montanunion sein. Freier Handel, stabile Wechselkurse und unterschiedliche monetäre Regimes seien nicht gleichzeitig in einer Zollunion möglich, es müsse immer

---

[315] Röpke, Europaföderation, FP Hamburg, 1946.
[316] Röpke, Gemeinsamer Markt, S. 130.
[317] Ders., S. 127.
[318] Ebd.
[319] Wilhelm Röpke, Zwischenbilanz der Europäischen Wirtschaftsintegration - Kritische Nachlese, in: Franz Böhm/Friedrich A. Lutz/Fritz W. Meyer (Hrsg.), Ordo - Jahrbuch für die Ordnung von Wirtschaft und Gesellschaft, Band XI, Düsseldorf und München: Helmut Küpper, 1959, S. 70; Röpke, Economic Integration, Measure, 1950, S. 388.

einer der drei Zustände zugunsten der anderen beiden aufgegeben werden.[320] Röpkes Ansicht nach ist die Aufgabe des freien Handels nicht zweckmäßig, da er als Verfechter des Handels ohne Hemmnisse dies als Rückschritt der Integration betrachtet, gleichwohl diese Möglichkeit politisch sicherlich mit dem geringsten Widerstand zu rechnen hätte. Die Preisgabe der stabilen Wechselkurse zugunsten frei schwankender Wechselkurse hält er für unwahrscheinlich, vor allem innerhalb des Gemeinsamen Marktes, aber auch darüber hinaus. So bleibt lediglich die Möglichkeit der Einhaltung einer gemeinsamen monetären Disziplin, wobei Röpke vorschlägt, es solle dabei darauf geachtet werden, dass das Währungsniveau ein Gleichgewicht zu den frei konvertiblen Währungen habe und damit den Übergang zur Konvertibilität erlaube.[321]

Dass Röpke damit in Zeiten der Gründung und Entwicklung der Montanunion und des Gemeinsamen Marktes gegen den Trend argumentiert, macht ihm seine Arbeit nicht leichter. Rolf Sannwald und Jacques Stohler bspw., die 1958 im Auftrag der List-Gesellschaft und der Hohen Behörde ein wissenschaftliches Gutachten zur europäischen Integration vorlegen, halten Röpke und seinen Gleichgesinnten vor, es wäre »angesichts der neuen politischen Gegebenheiten [...] verantwortungslos, alle Bemühungen ausschließlich auf die Wiederherstellung eines weltumfassenden freieren Handels zu richten, statt die Kräfte auf das näher liegende Ziel einer Intensivierung des Güteraustauschs zwischen Nationen zu konzentrieren, die auf Grund ihrer geographischen Lage, ihrer kulturellen Verwandschaft und der Gemeinsamkeit ihrer vitalen Interessen vernünftigerweise ihre Wirtschaftspolitik koordinieren könnten und sollten.«[322] Sie halten den Aufbau einer liberalen Wirtschaftsordnung auf internationalem Niveau allein auf Grundlage von Freihandel für unmöglich und erachten internationale Institutionen und Behörden zur Förderung der Integration für unerlässlich und sehen unbedingten Handlungsbedarf auf europäischer Ebene.[323]

Röpkes Aussage »I myself have always been a free-trader all my life«[324] reicht allerdings nicht aus, um seine Ansicht hinsichtlich der europäischen Integration differenziert genug wiederzugeben. Die Kritik an Röpke greift also zu kurz, da dieser sich, wie bereits weiter oben angesprochen, sehr wohl der Tatsache bewusst ist, dass Europa dringend der Einigung bedarf, die auch über wirtschaftliche Aspekte hinaus reicht, und diese ebenfalls einfordert. Auch die Notwendigkeit der Gründung übernationaler Institutionen bestreitet er nicht, allerdings mahnt

---
[320] Röpke, Gemeinsamer Markt, S. 132.
[321] Ders., S. 132 f.
[322] Rolf Sannwald/Jacques Stohler, Wirtschaftliche Integration, 2. Auflage. Tübingen: J.C.B. Mohr (Paul Siebeck) Verlag, 1961, S. 34.
[323] Dies. S. 34 f.
[324] Wilhelm Röpke, European or international Integration, Centre d'Etudes Industrielles 13. Februar 1950, S. 6.

er an, diese nicht zu bürokratisch und starr und damit unbeweglich werden zu lassen. Was die Vorgehensweise betrifft, hat Röpke jedoch einen anderen Ansatz, was u.a. von Sannwald/Stohler verkannt wird. Röpke favorisiert die föderalistische Lösung, weil er nicht der Meinung ist, dass ein integriertes Europa in den Vorstellungen der Menschen als erstrebenswertes Ziel verankert sei, sondern eher ein künstliches Konstrukt, das von Politikern auf Kongressen und Tagungen unrealistisch aufgeblasen werde. Sein Fazit ist daher, es sei trotz eines möglichen wachsenden europäischen Gemeinbewusstseins »rein visionär, irgendwelche Pläne auf der Erwartung aufzubauen, daß dieses kontinentale Gemeinbewusstsein allgemein und auf Dauer stärker als das nationale sein oder ihm auch nur die Waage halten könnte, sobald und sooft beide miteinander in ernstlichen Konflikt geraten. Die Integrationswirkung der gemeinsamen Lebensgefahr dürfte zwar auch im Falle Europas aufs Neue beweisen, daß höhere politische Gemeinschaften den Druck von außen, nicht durch freien Entschluß im Inneren – gegen und nicht für etwas – zu entstehen pflegen. Aber wer die Eigenart Europas kennt und daran keine rationalistischen Schablonen anlegt, kann nicht zweifeln, daß selbst jener Druckeffekt das Nationalbewusstsein und die Eigenwilligkeit der Nationalstaaten in einem Grade bestehen lässt, der zur äußersten Schonung und Vorsicht zwingt. Sich darüber hinwegzusetzen oder darüber zu lamentieren ist das Gegenteil einer konstruktiven Politik.«[325] Stattdessen empfiehlt Röpke, auf dem Weg nach Europa kleine Schritte zu machen und diese mit einer föderalistischen Struktur zu untermauern, um Zentralisierung und Planwirtschaft im Integrationsprozess zu verhindern. Er hält es für unabdingbar, dass Integration immer im geistig-politischen Bereich beginne und von dort in den wirtschaftlichen Bereich übertragen werden müsse und niemals in umgekehrter Reihenfolge. Es sei ein Fehler zu denken, dass mit der wirtschaftlichen Integration die politische schon folgen werde. Ferner sei zu bedenken, dass je stärker die *Politisierung* der Wirtschaft voranschreite, umso mehr die Voraussetzung der geistig-politischen Integration erfüllt sein müsse.[326]

Zusammenfassend kann Röpkes Haltung gegenüber regionaler Integration als äußerst skeptisch angesehen werden. Er vertritt eine multilaterale und globale Haltung, die prinzipiell nicht mit regionalen Bündnissen vereinbar ist. Er ist der Meinung, dass eine solche universelle multilaterale Liberalisierung des Außenhandels deshalb funktionsfähiger sei, weil diese erstens von den jeweiligen einzelnen Nationen ausgehe oder durch Verträge erreichbar sei im Gegensatz zu einer Zollunion, die übergeordnete Organe und vor allem einen politischen Zusammenschluss erfordere, der bspw. in Europa nach dem Krieg nicht in ausreichendem Maße denkbar sei.[327] Zweitens sei – in Anlehnung an Viner – der

---

[325] Röpke, EWG, Der Monat, 1952, S. 230.
[326] Ders., S. 234.
[327] Ders., S. 233 f.

weltweite Freihandel jedem regionalen Bündnis – wie bspw. der Zollunion oder des Gemeinsamen Marktes – vorzuziehen, da dieser niemanden diskriminiere, keine Verzerrungen und Verdrängungen mit sich führe und keine politische Union mit ständiger Koordination der Regierungen untereinander voraussetze.[328] Er unterscheidet in seiner Analyse zwischen einer Übergangsphase und einem Endstadium, wobei das Übergangsstadium größere weltwirtschaftliche Störungen hervorrufe als das Endstadium.

Trotz seiner allgemeinen Abneigung gegen regionale Zusammenschlüsse erkennt Röpke unter bestimmten Voraussetzungen für dieses Integrationsmodell einen positiven Nutzen, wenn ein umfassenderes Bündnis aus politischen Gründen nicht außerhalb der Reichweite ist.[329] Röpke ist der Widerspruch dieses Eingeständnisses wohl bewusst, doch ist er gerade im Fall von Europa dazu bereit, um das Ziel eines geeinten, nach außen liberalen Systems zu erreichen, die Zwischenetappe einer Regionallösung in Kauf zu nehmen.[330] Röpke sieht in Europa die besten Voraussetzungen für ein geistig-politisch geeintes System, mit den gemeinsamen Wurzeln als solide Basis für ein friedliches, respektvolles, tolerantes, vernunftgeleitetes und prosperierendes Zusammenleben und auch um sich gegen antidemokratische und antimarktwirtschaftliche Tendenzen nach außen zu schützen.[331] Die politische Einheit des Systems solle in diesem Zusammenhang durch ein föderales System gewährleistet werden, das eine effiziente Aufgabenverteilung von unten nach oben ermögliche, die die Eigenständigkeit und Souveränität der Einzelstaaten erhalte.[332] Denn Föderalismus bedeute für Europa »einen Zusammenhang des Ganzen, der seinen natürlichen Weg über die Teile nimmt, in innigem Gefühl der Verbundenheit mit der engen Gruppe, in der wir aufgewachsen sind, in gleichzeitiger Achtung vor den anderen, mit denen wir uns auf der höheren Ebene der nur noch gemeinsam zu lösenden Aufgaben treffen, und in den Gemeinschaftsgefühlen, die damit einhergehen müssen.«[333] Obwohl Röpke nicht viel von übergeordneten, starren, zentralistischen Institutionen und Organisationen hält und Kongresse und Treffen als eher hinderlich denn förderlich für eine europäische Annäherung empfindet[334], so ist ihm bewusst, dass ein solches föderales System nicht ohne ein Mindestmaß an supra-nationalen Intitutionen auskommt, das jedoch nicht die anfallenden Aufgaben im Allein-

---

[328] Röpke, Gemeinsamer Markt, S. 130.
[329] Röpke, Internationale Ordnung, S. 70.
[330] Wilhelm Röpke, Gemeinsamer Markt und Freihandelszone: 28 Thesen und Richtpunkte, in: Franz Böhm/Friedrich A. Lutz/Fritz W. Meyer (Hrsg.), Ordo - Jahrbuch für die Ordnung von Wirtschaft und Gesellschaft, Band X, Düsseldorf und München: Helmut Küpper, 1958, S. 39.
[331] Röpke, Internationale Ordnung, S. 73 f.; Röpke, Worum es in Wahrheit geht, Rheinischer Merkur, 1963, S. 2.
[332] Röpke, Internationale Ordnung, S. 83.
[333] Ebd.
[334] Ders., S. 72.

gang zu lösen versuchen solle, sondern nach Maßgabe des Subsidiaritätsprinzips, wenn möglich, die Aufgaben an die nächstkleinere Einheit delegieren solle.[335] Die Einhaltung dieses Prinzips gewährleiste, dass der bürokratische Überbau keine ausufernden Ausmaße annehme.[336] Auf dieser politischen Integration könne sodann die wirtschaftliche aufgebaut werden, in keinem Fall könne man umgekehrt vorgehen,[337] denn das wäre gleichbedeutend mit einem Hausbau, der beim Dach begonnen werde. Die wirtschaftliche Integration solle nach außen geöffnet und nach marktwirtschaftlichen Prinzipien gestaltet sein, um nicht in planwirtschaftliche Strukturen abzugleiten und die freie Konvertibilität der Währungen müsse gewährleistet werden, um internationale Zahlungsungleichgewichte zu vermeiden.[338]

---

[335] Röpke, Internationale Ordnung, S. 69.
[336] Ders., S. 69 f.
[337] Röpke, EWG, Der Monat, 1952, S. 234.
[338] Röpke, Gemeinsamer Markt, S. 130 f.; Röpke, Gemeinsamer Markt und Freihandelszone, S. 39.

# 3. Röpkes Sicht des Europäischen Integrationsprozesses

Im vorigen Kapitel wurde aufgezeigt, auf welchen theoretischen Überlegungen Röpkes Ansichten im Zusammenhang mit der internationalen Ordnung und regionaler Integration aufbauen. Die Integration der europäischen Staaten stand dabei besonders im Fokus. In diesem Kapitel soll nun Röpkes Einstellung gegenüber dem tatsächlichen Einigungsprozess mit seinen einzelnen Abkommen und auch seine Haltung hinsichtlich des europäischen (v.a. französischen) Verhältnisses zu den Vereinigten Staaten von Amerika genauer betrachtet werden. Röpke hat sich der Integrationsfrage Europas mit großem Interesse gewidmet und in den 20 Jahren vom Kriegsende bis zu seinem Tode über 150 Einzelbeiträge zu diesem Thema publiziert. Der größte Teil dieser Publikationen sind Beiträge, die in Zeitschriften, Wochen- und Tageszeitungen erschienen sind, außerdem gibt es ein paar längere Grundsatzartikel. Bedauerlicherweise hat er kein Gesamtwerk zu Europa verfasst, in dem die Entwicklung und seine theoretischen Überlegungen aufgearbeitet sind.[1] Um die Verhältnisse historisch einzuordnen, wird zunächst ein kurzer Überblick über die Anfänge des europäischen Integrationsprozesses nach dem Zweiten Weltkrieg und die Gründung wichtiger europäischer Institutionen gegeben.[2] Daran schließt sich Röpkes Kritik an der Europäischen Zahlungsunion (EZU), der Europäischen Gemeinschaft für Kohle und Stahl (EGKS), kurz Montanunion, und der Europäischen Wirtschaftsgemeinschaft (EWG) an.

## 3.1. Die Anfänge der europäischen Integration

### 3.1.1. Historischer Überblick

Nach dem Ende des Zweiten Weltkrieges wird aus der Notwendigkeit eines Zusammenhalts in Europa, um zukünftig Not und Leiden durch Kriege zu verhindern, eine Idee geboren, die sich unter den Schlagworten »Integration Europas« zusammenfassen lässt. Diese Leitworte entwickeln sich in Kürze zu einem Etikett, das alles umfasst, was mit Verständigung, Zusammenarbeit, Verflechtung

---

[1] Vgl. auch Peukert, Das sozialökonomische Werk Wilhelm Röpkes, S. 1032 f.
[2] Dieser Überblick beansprucht keine Vollständigkeit, sondern soll lediglich die für diese Arbeit relevanten Integrationsschritte in ihrem historischen Kontext setzen.

und Vereinigung von Staaten im westeuropäischen Raum zusammenhängt. Alle Bereiche, ungeachtet dessen, ob ökonomische oder politische Vorhaben, private oder öffentliche Bereiche, materielle oder ideelle Verknüpfungen und Beziehungen betroffen sind, beziehen sich darauf.[3]

Zwei Weltkriege innerhalb nur weniger Jahre und knapp 20 Millionen Tote während des Zweiten Weltkriegs allein in Europa[4] machen nach 1945 die Notwendigkeit des Zusammenwachsens des europäischen Kontinents überaus deutlich, um eine derartige Vernichtungskatastrophe für die Zukunft auszuschließen. Winston Churchill richtet in seiner berühmten Rede vom 19. September 1946 in Zürich, in der er Deutschland und Frankreich eine besondere Rolle beimisst, seinen Appell mit deutlichen Worten an die ganze Welt:

> »*Wir alle müssen dem Schrecken der Vergangenheit den Rücken kehren und uns der Zukunft zuwenden. Wir können es uns einfach nicht leisten, durch all die kommenden Jahre den Hass und die Rache mit uns fortzuschleppen, die den Ungerechtigkeiten der Vergangenheit entsprossen sind. [...] Lasst Gerechtigkeit, Barmherzigkeit und Freiheit walten! [...] Der erste Schritt bei der Neubildung der europäischen Familie muss ein Zusammengehen zwischen Frankreich und Deutschland sein. [...] Es gibt kein Wiedererstehen Europas ohne ein geistig großes Frankreich und ein geistig großes Deutschland. [...] Großbritannien, das Britische Commonwealth, das mächtige Amerika und, wie ich hoffe, auch die Sowjetunion – denn in diesem Falle würde tatsächlich alles gut sein – müssen dem neuen Europa als wohlwollende Freunde gegenüberstehen und ihm zu seinem Lebensrecht verhelfen. So möge denn Europa erstehen!*«

Bemerkenswerterweise sieht Churchill Großbritannien nicht als Teil des wiederaufzubauenden Europas an, sondern neben den USA, dem Commonwealth und der Sowjetunion als Geburtshelfer. Röpke hingegen, der sich der geographischen Sonderposition des Inselstaates wohl bewusst ist, appelliert an den Rest Europas mit Eindringlichkeit, die Integration Europas unter Einbeziehung Großbritanniens voranzutreiben.[5] Großbritannien habe in der Vergangenheit trotz seiner Insellage die europäische Kultur maßgeblich mitgeprägt und solle daher

---

[3] Heinrich Schneider, Leitbilder der Europapolitik, Band 1, Bonn: Europa Union Verlag, 1977, S. 225.
[4] Diese Zahl schließt nicht die weiteren 20 Millionen Kriegsopfer in der Sowjetunion ein. Vgl. F. W. Putzger, Historischer Weltatlas, Bielefeld, Berlin, Hannover: Velhagen und Klasing, 1969.
[5] Röpke, Einheit in der Vielheit, Die politische Meinung, 1959, S. 21; Röpke, Europa in der Welt von heute, S. 302.

unter Berücksichtigung seiner Beziehung zum britischen Commonwealth in einer »lockeren Form der Assoziierung« mit eingebunden werden.[6]

Aber mehr noch als die besondere Lage Großbritanniens müssen weitere Faktoren bei der Konzeption eines neuen Europas bedacht werden. Denn die politischen Strukturen Europas haben sich durch den Ausgang des Zweiten Weltkrieges elementar verändert: Durch die Teilung und Besetzung des im Zentrum Europas gelegenen Deutschlands durch die Siegermächte fällt dessen Entscheidungsinstanz aus; die Volkswirtschaften Europas sind zusammengebrochen, sowohl die industrielle als auch die agrarische Produktion liegen in vielen Ländern weit unter Vorkriegsniveau; während die europäischen Truppen vor der Auflösung stehen, sind US-amerikanische und sowjetische Truppen in ganz Mitteleuropa stationiert.[7] Europa als Machtzentrum entfällt damit, stattdessen erwachsen die Sowjetunion und die USA zu Großmächten, die Europa in zwei Blöcke spalten.

Diese Ausgangslage trägt in mehrfacher Hinsicht zu europäischen Einigungsbestrebungen bei: Die Ohnmacht der Einzelstaaten fördert das Verlangen nach kollektiven Sicherheitsstrukturen; der hohe wirtschaftliche Entwicklungsstand und die amerikanische Konkurrenz sorgen für das Bestreben, größere Wirtschaftsräume mit neuem politischen Ordnungsrahmen zu schaffen; ein Solidaritätsgefühl der europäischen Nationen gegenüber den neuen Weltmächten lässt eine Zusammenlegung der Ressourcen für angebracht erscheinen, um den Machtverlust Europas im internationalen Gefüge zu kompensieren und den Europäern ein gewisses Maß an Autonomie zu gewähren.[8] Den von außen stärksten Antrieb für den europäischen Einigungsprozess, dessen Initialzündung der *Marshall-Plan* ist, geben nach kurzem Zögern die USA.[9] Auch nach dieser Starthilfe durch die US-Regierung steht die Großmacht jenseits des Atlantiks Europa durch Unterstützung, Drängen und Vermitteln bei der Umsetzung der Initiativen, wie bspw.

---

[6] Röpke, Einheit in der Vielheit, Die politische Meinung, 1959, S. 21; Röpke, Europa in der Welt von heute, S. 301 f.

[7] Constanze Fröhlich, Europäische Entwicklungen und Ereignisse, in: Ploetz (Hrsg.), Europa Ploetz - Ereignisse und Entwicklungen seit 1945, Freiburg im Breisgau: Ploetz im Verlag Herder, 1999, S. 17.

[8] Wilfried Loth, Einleitung, in: Wilfried Loth (Hrsg.), Die Anfänge der europäischen Integration 1945-1950, Bonn: Europa Union Verlag, 1990, S. 12.

[9] Noch vor Ende des Kriegs wird 1944 der vom US-Finanzminister entwickelte und nach ihm benannte *Morgenthau-Plan* verfolgt. Der Plan sieht eine Teilung Deutschlands und den Abbau von Industrieanlagen vor, um Deutschland einen erneuten Krieg unmöglich zu machen und mit den demontierten Anlagen die von Deutschland angegriffenen Staaten wieder aufzubauen. Die große Nachkriegsarmut in Deutschland wirkt sich jedoch negativ auf die Entwicklung von ganz Europa aus und die Versorgung der deutschen Bevölkerung mit ausreichend Nahrungsmitteln stellt die Besatzungsmächte vor Probleme. Daher wird die Besatzungspolitik zugunsten eines Wiederaufbaus Deutschlands überdacht und revidiert.

des Schuman-Plans bis hin zu den Römischen Verträgen bei. Beate Neuss, die die USA als »Geburtshelfer« der europäischen Integration sieht, identifiziert drei wesentliche Interessen der USA für ein nachhaltiges Engagement auf dem europäischen Kontinent. Sie nennt erstens die dauerhafte Bewahrung des europäischen Friedens durch die Veränderung der europäischen Strukturen und durch ein 'containment' der Sowjetunion. Das zweite Interesse ist ein wirtschaftlich gesundes und gut organisiertes Europa. Denn der Wiederaufbau Europas und die Schaffung effizienter Wirtschaftsstrukturen wird als Voraussetzung und Garant für Wohlstand angesehen, der wiederum nach amerikanischer Auffassung die notwendige Grundlage für eine friedenssichernde Demokratie bietet. Die dritte Motivation der USA zur Unterstützung des europäischen Integrationsprozesses ist (bis zum heutigen Tage) die Schaffung eines ebenbürtigen Partners, der in der Weltpolitik und Weltwirtschaft durch 'burden sharing' der Gefahr einer amerikanischen Überforderung entgegenwirken kann.[10]

Vor diesem Hintergrund werden vor allem ab 1947, als der Kalte Krieg zwischen den USA und der Sowjetunion ausbricht, in Anlehnung an die *Truman-Doktrin*[11], die eine feste Verbindung zwischen den USA und Westeuropa verspricht, die Bestrebungen der Integration Europas seitens der USA forciert. Denn nur ein starkes Europa, so ist sich die Regierung der Vereinigten Staaten bewusst, kann ein Gegengewicht zu dem aus dem Osten drohenden Kommunismus bilden.

Der erste Schritt in Richtung Wiederaufbau und Integration Westeuropas ist das European Recovery Program (ERP) bzw. der *Marshall-Plan*.[12] Das ERP, der

---

[10] Beate Neuss, Geburtshelfer Europas? Baden-Baden: Nomos, 1999, S. 16 ff.
[11] In einer Rede am 11. März 1947, die Harry S. Truman vor dem Kongress hält, erklärt er: »I believe that it must be the policy of the United States to support free peoples who are resisting attempted subjugation by armed minorities or by outside pressures. I believe that we must assist free peoples to work out their own destinies in their own way. I believe that our help should be primarily through economic and financial aid which is essential to economic stability and orderly political processes. The world is not static, and the status quo is not sacred. But we cannot allow changes in the status quo in violation of the Charter of the United Nations by such methods as coercion, or by such subterfuges as political infiltration. In helping free and independent nations to maintain their freedom, the United States will be giving effect to the principles of the Charter of the United Nations.« Anlass zu dieser Rede liefern die kommunistischen Guerillakämpfe in Griechenland und die territorialen Forderungen der UdSSR an die Türkei. Sie markiert den Beginn einer offensiven US-Außenpolitik, aus der auch der Marshall-Plan und später der Korea- und Vietnamkrieg ihre Rechtfertigung beziehen. Deutlich wird der Anspruch einer universellen Zwei-Lager-Theorie mit den unterschiedlichen Lebensformen der Freiheit und des Totalitarismus. Die Truman-Doktrin ist damit der Anfang der amerikanischen Containment-Politik gegenüber der UdSSR und markiert den Beginn des Kalten Krieges.
[12] Der Marshall-Plan, benannt nach dem US-amerikanischen Außenminister George Marshall, der am 5. Juni 1947 eine Rede vor den Absolventen der Harvard Universität hält, sieht für die USA folgenden Part beim Wiederaufbau Europas vor: »The role of this country should consist of friendly aid in the drafting of a European program and of later support of such a program so far as it may be practical for us to do so. The program

die Ausarbeitung eines gemeinsamen Wirtschaftsplans durch die Völker Europas zur gezielten Auflage hat, um Gewähr für eine möglichst tragfähige Organisation und eine wirkungsvolle Verwendung der Mittel zu bieten,[13] bezieht anfangs noch Osteuropa ein. Der sowjetische Außenminister Molotow lehnt jedoch das Angebot auf der Londoner Außenministerkonferenz als »Instrument des Dollarimperialismus« wegen vorgeblich unzumutbarer Einmischung in die nationalstaatliche Souveränität ab. Der von sowjetischer Seite verfasste *Molotow-Plan*, aus dem später der *Rat für gegenseitige Wirtschaftshilfe* (RGW) entsteht, und der Druck, den die UdSSR auf die Länder in ihrem Einflussbereich ausübt, verhindern die Einbeziehung der Staaten Mittel- und Osteuropas in das ERP.

Für Westeuropa hat der Plan zum Ziel, die Volkswirtschaften mit finanziellen und technischen Hilfeleistungen seitens der USA aus ihren jeweiligen Wirtschafts- und Wiederaufbaukrisen zu befreien. Des Weiteren werden im Rahmen des ERP erste Maßnahmen zur Herstellung der Währungskonvertibilität unternommen, der Abbau von Handelsschranken und der Aufbau effizienter weltwirtschaftlicher Strukturen anvisiert.[14] Auf der im Juli 1947 folgenden Konferenz der westeuropäischen Staaten in Paris wird die Umsetzung des Marshall-Plans erörtert und außerdem das *Committee for European Economic Cooperation* (CEEC) als Vorläufer der *Organization for European Economic Cooperation* (OEEC) gegründet.[15] Als der Marshall-Plan im April 1948 von Präsident Truman unterzeichnet wird, folgt noch im gleichen Monat die Errichtung der OEEC durch 16 europäische Länder,[16] deren Ziel es ist, die Gelder des ERP nach den Bedürfnissen der einzelnen Länder zu verteilen und die wirtschafts- und währungspolitische Kooperation zwischen den Mitgliedstaaten zu koordinieren und den Abbau von Handelshemmnissen voranzutreiben.

---

should be a joint one, agreed to by a number, if not all European nations.« Der Plan wird zwar dem amerikanischen Volk als humanitäres Hilfsprogramm nahe gebracht, ist jedoch nicht ausschließlich uneigennütziger Natur, da die USA Europa dringend als Absatzmarkt ihrer eigenen Überschussproduktion benötigen, um nicht kurz nach dem Weltkrieg in eine Rezession zu verfallen. Selbstverständlich spielt auch die geopolitische Lage Westeuropas bei dem Plan eine übergeordnete Rolle, da die freiheitliche demokratische Ordnung dem anwachsenden Kommunismus standhalten soll.

[13] Curt Gasteyger, Europa von der Spaltung zur Einigung, Bonn: Bundeszentrale für politische Bildung, 2001, S. 59.
[14] Gerhard Brunn, Die Europäische Einigung von 1945 bis heute, Stuttgart: Philipp Reclam, 2002, S. 43.
[15] Die OEEC wird, nachdem nach der Abwicklung der Marshall-Planhilfe weiterhin der Wunsch nach Austausch über wirtschaftspolitische Fragen besteht, im September 1961 in die OECD überführt.
[16] Im Einzelnen sind dies: Belgien, Dänemark, Frankreich, Griechenland, Großbritannien, Irland, Island, Italien, Luxemburg, die Niederlande, Norwegen, Österreich, Portugal, Schweden, die Schweiz, die Türkei, die drei westlichen Besatzungszonen Deutschlands – später die Bundesrepublik – und einige Jahre später Spanien.

In den nächsten Jahren geht die Schaffung weiterer Institutionen von der OEEC aus, darunter auch die Europäische Zahlungsunion (EZU) mit Sitz in Paris. Die Zusammenarbeit innerhalb der OEEC und deren Nebenorganisationen erfolgt im konventionellen Rahmen zwischenstaatlicher Vereinbarungen, die keine föderativen Züge aufweist.

Röpkes Einschätzung hinsichtlich des Marshall-Plans kann als ambivalent bezeichnet werden. Anfangs verbindet Röpke mit der Implementierung des Marshall-Plans die Hoffnung, die USA und Großbritannien würden sich in den westlichen Besatzungszonen auf eine gemeinsame marktwirtschaftlich orientierte Wirtschaftspolitik einigen,[17] Dennoch betrachtet Röpke den Marshall-Plan mit kritischem Blick, da er getreu seinem Motto, der Aufbau einer Ordnung müsse von innen heraus getragen werden, die Beseitigung der zurückgestauten Inflation und die Wiederherstellung einer marktwirtschaftlichen Ordnung in Deutschland als eigentliche Aufgabe ansieht. Dem Marshall-Plan gesteht er lediglich die Wirkung einer Bluttransfusion, jedoch nicht die einer wirklichen inneren Therapie zu.[18] Er warnt zudem vor den planwirtschaftlichen Elementen des ERP und befürchtet, diese könnten für die weitere europäische Entwicklung als Vorbild dienen.[19] Seine Kritik mildert er über die Jahre ab, da er vor allem die OEEC als Nachfolgeorganisation des ERP, wenn auch nicht als perfekte, so doch als gute Alternative zum falsch eingeschlagenen Weg der EWG betrachtet.[20]

Parallel zur Schaffung der OEEC wird von den USA auf globaler Ebene das »Allgemeine Zoll- und Handelsabkommen« (General Agreement on Tariffs and Trade, GATT) initiiert und von insgesamt 23 Nationen[21] unterzeichnet. Es tritt am 1. Januar 1948 in Kraft und hat zum Ziel, Handelshemmnisse und Zölle abzubauen. Dabei gilt die Regel der Meistbegünstigung, d.h. dass alle bilateral ausgehandelten Zollzugeständnisse, die einem Partner gewährt werden, auch für die anderen Vertragspartner gelten. Dieser Umstand wird später die EWG berühren, da einige ihrer Mitglieder ebenfalls Vertragspartner des GATT sind. Das

---

[17] Vgl. Röpke, Economic Integration, Measure, 1950, S. 398; Wilhelm Röpke, The Key to the Marshall-Plan, Time and Tide Band 20, 1947, Nr. 35, S. 978; Wilhelm Röpke, Vorausetzungen des Marshall-Plans, Neue Zürcher Zeitung 9. Juli 1947, Nr. 1335; Wilhelm Röpke, Der Marshall-Plan - Irrtümer und Möglichkeiten, Neue Zürcher Zeitung 11. März 1949, Nr. 501.
[18] Vgl. Röpke, Die Intellektuellen und der "Kapitalismus", S. 209.
[19] Röpke, Ist die deutsche Wirtschaftspolitik richtig?, S. 87.
[20] Röpke, Gemeinsamer Markt und Freihandelszone, S. 38; Vgl hierzu auch: Tim Petersen/Michael Wohlgemuth, Wilhelm Röpke und die Europäische Integration, in: Heinz Rieter/Joachim Zweynert (Hrsg.), Wort und Wirkung: Wilhelm Röpkes Bedeutung für die Gegenwart, Marburg: Metropolis-Verlag, 2009, S. 180 f.
[21] Im Einzelnen sind dies: Australien, Belgien, Brasilien, Burma, Ceylon, Chile, China, Frankreich, Indien, Kanada, Kuba, Libanon, Luxemburg, Neuseeland, Niederlande, Norwegen, Pakistan, Südrhodesien, Südafrikanische Union, Syrien, Tschechoslowakei, das Vereinigte Königreich sowie die USA.

anfangs als Übergangslösung gedachte Abkommen etabliert sich jedoch durch mehrere Konferenzen schnell und erzielt auch zügig wesentliche Fortschritte. In den Jahren 1948-1956 werden etwa 60.000 Konzessionen, welche sich die bis dahin 36 bestehenden Vertragsparteien gegenseitig zusichern, vereinbart. Hierbei handelt es sich um Zollsenkungen und -bindungen und den weiteren Abbau von Handelshemmnissen, die sich auf etwa 80-85% des Welthandelsvolumens beziehen.[22]

Auf politischer Ebene ist die erste, von Europa aus selbst angeregte europäische Institution der Europarat. Im Anschluss an den Europakongress im Mai 1948, an dem prominente Politiker wie de Gaspari, Schuman, Churchill und Adenauer teilnehmen und der in der Öffentlichkeit große Beachtung findet, wird die Gründung einer europäischen Versammlung vorgeschlagen. Aufgabe des im März 1949 auf der Zehnmächtekonferenz in London gegründeten Europarates ist es, wirtschaftliche und politische Sofortmaßnahmen zu empfehlen und »eine engere Verbindung zwischen seinen Mitgliedern[23] zum Schutze und zur Förderung der Ideale und Grundsätze, die ihr gemeinsames Erbe bilden, herzustellen und ihren wirtschaftlichen und sozialen Fortschritt zu fördern«, wie es in Artikel 1 Absatz (a) des Statuts heißt. Der Rat soll der Ausarbeitung gemeinsamer Abkommen auf wirtschaftlichem, sozialem, kulturellem, wissenschaftlichem, rechtlichem und administrativem Gebiet sowie dem Schutz und der Weiterentwicklung der Menschenrechte dienen.[24] Der Europarat beruht auf dem Einstimmigkeitsprinzip und hat lediglich beratende und empfehlende Funktion, kann also keine rechtsverbindlichen Beschlüsse erlassen. Diese Konzeption einer schwachen Position des Rates geht vor allem auf die Forderungen Großbritanniens, aber auch der skandinavischen Länder zurück, die darauf bedacht sind, den Zuständigkeitsbereich des Europarates auf ein Minimum zu begrenzen und ihn stattdessen unter die uneingeschränkte Kontrolle der Regierungen zu stellen. Dem Europarat als übernationale Institution wird somit keine Souveränität übertragen, sondern lediglich eine Beraterfunktion zugedacht. Da die Empfehlungen des Rates nicht verbindlich sind, können sie von den nationalen Regierungen jederzeit ohne Rechtfertigung verworfen werden.[25] Damit rücken die konservativ-nationalstaatlichen Kräfte die

---

[22] Urs Wartmann, Wege und Institutionen zur Integration Europas 1945-1961, Köln-Opladen: Westdeutscher Verlag, 1961, S. 30.
[23] Anfangs sind dies: Belgien, Dänemark, Frankreich, Großbritannien, Irland, Italien, Luxemburg, die Niederlande, Norwegen und Schweden; die BRD tritt dem Rat 1951 bei.
[24] 1950 wird als wohl bedeutsamste Leistung des Europarates in Rom die Europäische Konvention zum Schutze der Menschenrechte und Grundfreiheiten unterzeichnet. Sie tritt 1953 in Kraft und zieht die Gründung des Europäischen Gerichtshofes für Menschenrechte nach sich, der über Beschwerden wegen Verletzungen der Menschenrechte und Grundfreiheiten verbindlich entscheiden kann, ohne die Zustimmung der nationalen Gerichte einzuholen.
[25] Gestärkt wird die Position des Rates einzig durch die Öffentlichkeit der Debatten der beratenden Versammlung, die die allgemeine Aufmerksamkeit erregen kann, was unter Umständen nationale Regierungen unter Handlungszwang setzen kann.

von den Föderalisten proklamierte Idee der »Vereinigten Staaten von Europa« in weite Ferne.[26]

Da das ERP nur als kurzfristige Finanzhilfe gedacht ist, wird ab 1950 nach einem nachhaltigen System der europäischen Integration gesucht. In allen Integrationsmodellen für Europa nimmt Großbritannien in den ersten Nachkriegsjahren die Führungsrolle ein, jedoch ist das Vereinigte Königreich nicht gewillt, seine Souveränität an übergeordnete Organisationen abzutreten, was schon bei der Gründung des Europarates deutlich wird. Die Initiative für die Ausgestaltung der wirtschaftlichen Beziehungen übernimmt Frankreich, das hierfür mehrere Gründe hat.[27] Zum einen wird aufgrund des wirtschaftlichen Aufschwungs und politischen Aufstiegs Deutschlands ein Wiedererstarken befürchtet. Frankreich ist der Ansicht, durch eine gemeinsame Politik den deutschen Nachbarn besser im Blick zu behalten und vor allem die Sicherung der Kontrolle über die deutsche Stahlindustrie zu sichern.[28] Denn aus Sicht der europäischen Völker muss um jeden Preis verhindert werden, dass Deutschland nochmals die Möglichkeit hat, einen Krieg zu beginnen. Die Kontrolle der Industrien, die dies ermöglichen können, ist daher von oberster Priorität für die Franzosen. Diese Bestrebungen gewinnen umso mehr an Wichtigkeit, als dass die USA und Großbritannien die Bereitschaft signalisiert hatten, eine Wiederbewaffnung Deutschlands einzuleiten, um das Potenzial der BRD für westliche Verteidigungszwecke nutzen zu können.[29] Ferner nehmen in dieser Angelegenheit wirschaftliche Faktoren eine immer gewichtigere Rolle ein. Monnet eröffnet der französischen Nationalversammlung, dass es geplant sei, einen Weg zu finden, die Unsicherheit der Versorgung der französischen Stahlindustrie mit Koks, der zu großen Teilen aus dem außerhalb des französischen Einflussbereichs Frankreichs befindlichen Ruhrgebiet importiert wird, zu beseitigen.[30]

---

[26] Gasteyger, Europa, S. 64.
[27] Vgl. hierzu Wilfried Loth, Die Franzosen und die deutsche Frage, in: Claus Scharf/Jans-Jürgen Schröder (Hrsg.), Die Deutschlandpolitik Frankreichs und die französische Zone, Wiebaden: Steiner, 1983, S. 27 ff.; Wilfried Loth, Die Deutsche Frage in französischer Perspektive, in: Ludolf Herbst (Hrsg.), Westdeutschland 1945-1955. Unterwerfung, Kontrolle, Integration, München: Oldenbourg, 1986, S. 38 f.; Ulrich Lappenküper, Der Schuman-Plan: mühsamer Durchbruch zur deutsch-französischen Verständigung, Vierteljahrsschrift für Zeitgeschichte Band 42, 1994, Nr. 3, S. 405 ff.
[28] Hanns Jürgen Küsters, Die Verhandlungen über das institutionelle System zur Gründung der Europäischen Gemeinschaft für Kohle und Stahl, in: Klaus Schwabe (Hrsg.), Die Anfänge des Schuman-Plans 1950/51, Baden-Baden: Nomos Verlagsgesellschaft, 1988, S. 74.
[29] Vgl. Ebd; Lappenküper, Der Schuman-Plan, VfZG, 1994, S. 407; Fröhlich, Europäische Entwicklungen und Ereignisse, S. 29.
[30] Constantin Goschler/Christoph Buchheim/Werner Bührer, Der Schumanplan als Instrument französischer Stahlpolitik. Zur historischen Wirkung eines falschen Kalküls, Vierteljahrsschrift für Zeitgeschichte 37 1989, Nr. 2, S. 172.

Wegweisender Ausgangspunkt ist eine Presseerklärung des französischen Aussenministers Robert Schuman vom 9. Mai 1950, worin er vorschlägt, die französisch-deutsche Kohle- und Stahlproduktion zusammenzufassen und unter eine gemeinsame Aufsichtsbehörde zu stellen.[31]

Im April 1951 unterzeichnen sechs Länder (Belgien, die BRD, Frankreich, Italien, Luxemburg und die Niederlande), die aufgrund dieser Erklärung im vorherigen Jahr Verhandlungen über ein solches Gemeinschaftsprojekt aufgenommen hatten, den Vertrag zur Gründung der Europäischen Gemeinschaft für Kohle und Stahl (EGKS). Ziel der Montanunion ist es nach Artikel 2 des Vertrages zur Ausweitung der Wirtschaft, zur Steigerung der Beschäftigung und zur Hebung der Lebenshaltung in den Mitgliedstaaten beizutragen. Ein gemeinsamer Markt für Kohle und Stahl, der den Abbau von Zöllen, die Verhinderung von Kartellen und die Abschaffung verzerrender Subventionen sichert, soll diese Ziele umsetzen. Dieser Schuman-Plan[32] trifft sofort sowohl in Amerika, das strategisch von Bedeutung ist und in Deutschland, das neben Frankreich hauptsächlich von dem Plan betroffen ist, auf Zustimmung. Alle möglichen Kandidaten (Belgien, Luxemburg, Niederlande und Italien) für diesen Zusammenschluss sprechen sich für den Plan aus. Die Montanunion – erste Etappe auf dem Marathon der europäischen Integration bezeichnet – tritt am 24./25. Juli 1952 in Kraft, wobei der Vertrag eine Laufzeit von 50 Jahren hat.

Auf politischer Ebene müssen jedoch trotz dieses wichtigen Abkommens Rückschritte in Kauf genommen werden. So scheitert die Ratifizierung des von Jean Monnet angeregten und von französischer Seite ausgearbeiteten Plans zur Gründung einer Europäischen Verteidigungsgemeinschaft (EVG) im August 1954 am Widerstand der Gaullisten und Kommunisten in der französischen Nationalver-

---

[31] Wörtlicher Auszug: »Die französische Regierung schlägt vor, die Gesamtheit der französisch-deutschen Kohlen- und Stahlproduktion unter eine gemeinsame Oberste Aufsichtsbehörde (Haute Autorité) zu stellen, in einer Organisation, die den anderen europäischen Ländern zum Beitritt offensteht. Die Zusammenlegung der Kohlen- und Stahlproduktion wird sofort die Schaffung gemeinsamer Grundlagen für die wirtschaftliche Entwicklung sichern – die erste Etappe der europäischen Föderation – und die Bestimmung jener Gebiete ändern, die lange Zeit der Herstellung von Waffen gewidmet waren, deren sicherste Opfer sie gewesen sind. Die Solidarität der Produktion, die so geschaffen wird, wird bekunden, dass jeder Krieg zwischen Frankreich und Deutschland nicht nur undenkbar, sondern materiell unmöglich ist. Die Schaffung dieser mächtigen Produktionsgemeinschaft, die allen Ländern offensteht, die daran teilnehmen wollen, mit dem Zweck, allen Ländern, die sie umfasst, die notwendigen Grundstoffe für ihre industrielle Produktion zu gleichen Bedingungen zu liefern, wird die realen Fundamente zu ihrer wirtschaftlichen Vereinigung legen.« Robert Schuman, Presseerklärung, ⟨URL: http://www.le9eneurope.eu/deut/spip.php?article4⟩; aufgerufen am 15.6.2010.
[32] Gleichwohl dieses Vorhaben den Namen Schumans trägt, war er zuvor jedoch von Jean Monnet und einem Team enger Mitarbeiter entworfen worden. Vgl. Brunn, Die Europäische Einigung, S. 78.

sammlung.³³ Derartige Niederlagen führen allen beteiligten Staaten immer wieder vor Augen, wie fragil das Gebilde Europa noch ist und welch große Aufgaben noch vor ihnen liegen, um die Integration Europas zu realisieren.

Die Ablehnung der EVG zeigt allen Beteiligten, dass weiterhin Vorurteile, Ressentiments, Sicherheitserwägungen und nationalistisches Denken trotz der bereits erzielten Erfolge nicht überwunden waren und alle Annäherungsversuche der westeuropäischen Staaten vor allem im politisch-militärischen Bereich erschweren.³⁴ Die bereits unmittelbar danach angestoßenen Integrationsbestrebungen der Anhänger der europäischen Einigung konzentrieren sich auf den wirtschaftlichen Bereich, der weniger Kontroversen und unüberwindbare politische Widerstände erwarten lässt.³⁵ Innerhalb der nächsten zweieinhalb Jahre werden unterschiedliche Vorschläge zu einem Zusammenwachsen des europäischen Kontinents von den EGKS-Staaten vorangetrieben und gipfeln schließlich am 25. März 1957 in der Unterzeichnung der Römischen Verträge. Kern der Europäischen Wirtschaftsgemeinschaft (EWG) ist die Schaffung eines gemeinsamen Marktes nach dem Vorbild der EGKS, der jedoch nicht mehr auf einzelne wichtige Sparten beschränkt ist, sondern die gesamte Industrie umfasst. Die Römischen Verträge unterstreichen aufs Neue den Willen Kerneuropas, ein vereinigtes Europa zu schaffen und die wirtschaftliche Verflechtung zu vertiefen.³⁶

In den Jahren nach der Gründung der EWG nimmt Frankreich unter Präsident Charles de Gaulle (1959-69) die Führungsrolle innerhalb der Gemeinschaft ein und prägt die Integration Europas mit seinen Vorstellungen.³⁷ Da de Gaulle eine solch große Bedeutung für die Entwicklung des Europas der sechziger Jahre hat und Röpke sich mit seinen Vorstellungen intensiv auseinander setzt, wird einer der nächsten Abschnitte de Gaulles Vision für Europa im Verhältnis zu den USA und Röpkes Einstellung hierzu gewidmet.

Großbritannien hingegen lehnt eine Beteiligung sowohl an der Montanunion als auch an der EWG bis in die Mitte der Fünfzigerjahre ab und behindert

---

[33] Wilfried Loth, Der Weg nach Europa, 2. Auflage. Göttingen: Vandenhoeck und Ruprecht, 1992, S. 108 f.; Wilfried Loth, De Gaulle und die europäische Einigung, in: Wilfried Loth/ Robert Picht (Hrsg.), De Gaulle, Deutschland und Europa, Opladen: Leske + Budrich, 1991, S. 52; Hans-Dieter Lucas, Europa vom Atlantik bis zum Ural? Europapolitik und Europadenken im Frankreich der Ära de Gaulle (1958 - 1969), Bonn: Bouvier, 1992, S. 71.
[34] Hanns Jürgen Küsters, Die Gründung der Europäischen Wirtschaftsgemeinschaft, Baden-Baden: Nomos, 1982, S. 17 f.
[35] Ders., S. 18; Hans von der Groeben, Deutschland und Europa in einem unruhigen Jahrhundert, Baden-Baden: Nomos, 1995, S. 271.
[36] Küsters, Die Gründung der EWG, S. 505.
[37] Vgl. Christian Wirtz, Transatlantische Dissonanzen: Kennedy, de Gaulle und die europäische Integration, 1960-1963, 2010 (zugl. Diss., Eberhard Karls Universität Tübingen, 2010), S. 167 ff. Erin Mahan, Kennedy, de Gaulle, and Western Eruope, Hampshire, New York: Palgrave MacMillan Ltd., 2002, S. 24-26.

damit auch das ein oder andere Mal die Integrationsbestrebungen der anderen Nationen.[38] Der Premierminister Harold MacMillan läßt direkte Beobachter wie Spaak nicht im Zweifel darüber, dass die britische Regierung gar versuchen würde, die Schaffung der EWG zu verhindern.[39] Die Position des Vereinigten Königreiches lässt sich zum einen mit dessen engen Handelsbeziehungen zum Commonwealth (der Handel Großbritanniens mit dem Commonwealth beträgt in den Nachkriegsjahren 50 v.H., während der Handel mit dem gesamten europäischen Kontinent lediglich 20 v.H. ausmacht)[40], einer grundsätzlichen Präferenz für multilateralen Freihandel, der Ablehnung der Spaltungswirkung einer kleineuropäischen Lösung und der Unmöglichkeit einer Kooperation auf dem Kernenergiesektor aus militärpolitischen Gründen erklären.[41] Außerdem ist Großbritannien viel mehr an einer atlantischen Allianz nach dem Muster der zu Kriegszeiten etablierten »special relationship« zwischen dem vereinigten Königreich und den USA interessiert.[42] Daher engagiert sich Großbritannien für die Schaffung einer OEEC-weiten Freihandelszone unter Wahrung nationaler Zolltarife und eigener Außenhandelspolitiken. Motivation einer solchen Freihandelszone für Großbritannien ist der ungehinderte Zugang britischer Produkte zum westeuropäischen Markt und die Machterhaltung im Commonwealth sowie der Ausbau einer Führungsrolle für ganz Westeuropa, um als Sachwalter Europas in den USA auftreten zu können.[43] Die Freihandelszone soll als reine Wirtschaftsorganisation mit einer lockeren institutionellen Struktur fungieren. De Gaulle vermutet, dass diese Bestrebungen nachteilig für die französische Wirtschaft seien, und befürchtet, seine Führungsrolle abgeben zu müssen.[44] Das Vorhaben Großbritanniens scheitert daher im Dezember 1958 in den sogenannten Maudling-Verhandlungen. Mit der Unterstützung Deutschlands, das zuvor noch versucht hatte, zwischen Großbritannien und Frankreich zu vermitteln[45], wird der Plan Großbritanniens von Frankreich abgelehnt.[46]

Der Inselstaat tritt daraufhin, um nicht ins Hintertreffen zu gelangen, in Verhandlungen mit den ihm nahe stehenden oder wirtschaftlich eng verbundenen Ländern Dänemark, Norwegen, Österreich, Portugal, Schweden und der Schweiz,

---

[38] Thomas Hörber, The Foundations of Europe: European Integration Ideas in France, Germany and Britain, Wiesbaden: Verlag für Sozialwissenschaften, 2006, S. 311 David Gowland/Arthur Turner/Alex White, Britain and European Integration Since 1945, Oxon: Routledge, 2010, S. 27, 46; Lucas, Europa vom Atlantik bis zum Ural?, S. 95.
[39] Paul-Henry Spaak, The Continuing Battle. Memoirs of a European, London: Weidenfeld & Nicolson, 1971, S. 232.
[40] Gowland/Turner/White, Britain, S. 25 Küsters, Die Gründung der EWG, S. 136 ff.
[41] Peukert, Das sozialökonomische Werk Wilhelm Röpkes, S. 977.
[42] Gowland/Turner/White, Britain, S. 22.
[43] Hörber, Foundations of Europe, S. 305 ff.; Gowland/Turner/White, Britain, S. 45.
[44] Ders., S. 50.
[45] Gabriele Brenke, Europakonzeptionen im Widerstreit: Die Freihandelszonenverhandlungen 1956-1958, Vierteljahrshefte für Zeitgeschichte Band 42, 1994, Nr. 4, S. 605 ff.
[46] Gowland/Turner/White, Britain, S. 48.

um anstelle der großen zumindest eine kleine Freihandelszone zu gründen. Ein im Februar unterzeichneter Vertrag über das Abkommen der sogenannten European Free Trade Association (EFTA) tritt am 3. Mai 1960 in Kraft. Die EFTA wird von den gleichen wirtschaftspolitischen Zielen wie die EWG angetrieben: Wirtschaftswachstum, Produktivitätssteigerung, Vollbeschäftigung und Wohlfahrtssteigerung. In einem Zeitraum von zehn Jahren sollen durch sukzessive Zollsenkungen innerhalb der Freihandelszone alle Zölle gänzlich abgeschafft werden.

Grundlegender Unterschied der EFTA zur EWG ist der Verzicht auf die Aufstellung eines gemeinsamen Außenzolls und auf die Übertragung von Souveränitätsrechten auf supranationale Organe. Die EFTA sieht im Gegensatz zur EWG also keine positive Integration vor, und die Konstruktion dient in erster Linie der Selbstbehauptung gegenüber der EWG.[47] Durch die Schaffung der EFTA nehmen ihre Mitglieder und insbesondere das Vereinigte Königreich, auf dessen Initiative die Organisation gegründet wird, in Kauf, dass sich hieraus eine Teilung Europas in zwei große Wirtschaftsblöcke ergeben könnte.

Diese Zusammenfassung der Integrationsbestrebungen Europas in den ersten zehn bis fünfzehn Jahren nach dem Zweiten Weltkrieg lässt erkennen, welchen Stellenwert politische Motive bei den Einigungsbemühungen spielen. Ökonomische Aspekte sind den politischen regelmäßig nachgeordnet, gleichwohl die meisten Einigungserfolge im wirtschaftlichen Bereich ihren Ursprung haben. Dies zeigt sich einerseits in der Schaffung der Montanunion, deren Gründung in erster Linie politisch motiviert ist, obwohl die Gemeinschaft ein wirtschaftlicher Zusammenschluss ist. Andererseits scheitern rein politische Integrationsversuche wie bspw. die EVG und die Europäische Politische Gemeinschaft (EPG) am Widerstand einzelner Staaten, die gegen die Aufgabe von Souveränitätsrechten im sicherheits- und außenpolitischen Bereich Vorbehalte haben. Das Konzept der raschen Schaffung einer umfassenden politischen Gemeinschaft eilt der politischen Entwicklung in den Mitgliedstaaten zu weit voraus, wogegen sich die Mitgliedstaaten zur Wehr setzen. Daher führen rein politische Integrationsbemühungen zunächst in eine Sackgasse.[48] Die Einigung im wirtschaftlichen Bereich dient daher in den ersten Jahren nach dem Zweiten Weltkrieg dem Fortbestand des Europagedankens.

---

[47] Brunn, Die Europäische Einigung, S. 137.
[48] Reiner Schulze, Anfänge und Ausbau der europäischen Integration - zu den Konzepten der frühen fünfziger Jahre, in: Rudolf Hrbek/Volker Schwarz (Hrsg.), 40 Jahre Römische Verträge: Der deutsche Beitrag, Baden-Baden: Nomos Verlagsgesellschaft, 1998, S. 98.

dass der Fortbestand der EGKS nach ihrer Etablierung in den Fünfzigerjahren nicht mehr zur Diskussion steht.[207]

## 3.4. Die Europäische Wirtschaftsgemeinschaft

### 3.4.1. Weitere Annäherungsversuche durch wirtschaftliche Gesamtintegration

#### 3.4.1.1. Die Gründung der EWG und der EFTA

Im August 1954 lehnt die französische Nationalversammlung ab, in eine Debatte über den Vertrag zur Gründung der Europäischen Verteidigungsgemeinschaft (EVG) einzutreten, was gleichzeitig auch ein Scheitern der Bemühungen markiert, auf politisch-militärischer Ebene im europäischen Raum zusammenzuwachsen. Nach Hanns Jürgen Küsters' Auffassung ist dies auslösendes Moment, jedoch nicht Ursache für die daraufhin verstärkten Einigungsbemühungen im wirtschaftlichen Bereich.[208] Wie viele Politiker ist auch Hans von der Groeben, der als Ministerialdirigent Deutschland im Koordinierungsausschuss der EGKS vertritt, sicher, dass zum damaligen Zeitpunkt nur eine wirtschaftliche Integration durchführbar war.[209] Küsters nennt für diese bereits ab September 1954 einsetzenden Bemühungen – die *relance européenne*, initiiert von Jean Monnet, der sich in gewisser Weise mitschuldig am Scheitern der EVG fühlt[210] – drei Gründe: Vermeidung von Stagnation oder Degeneration des bereits bestehenden Integrationsprozesses, Stärkung der Integration durch Ausdehnung der Kompetenzen über die EGKS hinaus (im Rahmen derer die weiterhin ungelösten Aufgaben wie Abbau von Handelshemmnissen, Herstellung der Konvertibilität und Beseitigung der Zahlungsbilanzungleichgewichte in Angriff genommen werden sollen) und Verwirklichung der Idee eines geeinten Europas.[211]

Im Mai 1955 wird auf Initiative des belgischen Außenministers Paul Henri Spaak von den Benelux-Ländern ein Einigungsvorstoß in Form eines Memorandums gewagt, das Grundsätze des weiteren Vorgehens aufzeichnet. Die Vor-

---

[207] Röpke, Europa als wirtschaftliche Aufgabe, Schweizer Monatshefte, 1956, S. 8.
[208] Küsters, Die Gründung der EWG, S. 505.
[209] Von der Groeben begründet seine Auffassung in seinen Memoiren damit, dass die Entstehung einer Föderation bisher eigenständiger Staaten ein schwieriger und langwieriger Prozess sei, der meist nicht ohne die Angleichung wirtschaftlicher und gesellschaftlicher Entwicklungen gelänge. Dies gelte vor allem, da die Gesellschaftsstrukturen und Zielvorstellungen der westeuropäischen Länder aufgrund erheblicher Diskrepanzen in der Einstellung der Bevölkerungen stark voneinander abwichen, vgl. von der Groeben, Deutschland und Europa, S. 271.
[210] Küsters, Die Gründung der EWG, S. 65.
[211] Ders., S. 505.

schläge umfassen neben einer Integration des Atomsektors Pläne für die Integration der gesamten Wirtschaftsbereiche.[212] Auf der darauf folgenden Konferenz von Messina Anfang Juni 1955 formulieren die Mitglieder der EGKS Ziele für die Schaffung eines vereinten Europas. Diese Ziele sind: die Weiterentwicklung gemeinsamer Institutionen, der schrittweise Zusammenschluss der nationalen Volkswirtschaften, die Errichtung des gemeinsamen Marktes und die allmähliche Harmonisierung der Sozialpolitik.[213] Ferner wird ein Ausschuss gegründet, dessen Vorsitz Spaak führt und der die Aufgabe hat, die Modalitäten einer Wirtschaftsunion und die Gründung einer Organisation für die Entwicklung und Nutzung der nuklearen Energie auszuarbeiten. Fast zwei Jahre später am 25. März 1957 wird das Ergebnis des Ausschusses, der Vertrag über die Gründung der Europäischen Wirtschaftsgemeinschaft (EWG)[214] und der Euratom-Vertrag in Rom von den sechs Nationen der Montanunion unterzeichnet.[215]

Obwohl Großbritannien ausdrücklich an den Verhandlungstisch zur Schaffung des Gemeinsamen Marktes gebeten wird, halten sich die Briten skeptisch im Hintergrund und versuchen sogar, mit einem eigenen Memorandum, das an Deutschland und die USA adressiert ist, das Projekt zu verhindern. Grund für die ablehnende Haltung Großbritanniens zur europäischen Integration ist, dass es eine Annäherung an die USA und den Commonwealth bevorzugt. Der Commonwealth spielt dabei eine große Rolle, weil Großbritannien 50% seines Außenhandels mit ihm abwickelt und zwischen den beiden Parteien ausgehandelte Präferenzsysteme für Großbritanniens Wirtschaft eine größere Bedeutung als eine Einbindung in die westeuropäische Wirtschaft hat.[216] Großbritannien schlägt, nachdem das Memorandum nicht den erwünschten Effekt erzielt, eine alle OEEC-Länder umfassende Freihandelszone für Industrieprodukte vor, damit britischen Produkten nicht durch eine Zollunion der Marktzugang versperrt werde, um seine Führungsrolle innerhalb des Commonwealth auf Westeuropa auszudehnen und als Sachwalter Europas gegenüber den USA auftreten zu können.[217] Ab November 1957, einige Monate nach Unterzeichnung der Römischen Verträge, beginnen unter der Leitung des britischen Ministers Reginald Maulding Verhandlungen über eine europäische Freihandelszone. Deutschlands Wirt-

---

[212] Küsters, Die Gründung der EWG, S. 106.
[213] Vgl. Brunn, Die Europäische Einigung, S. 106.
[214] Für eine ausführliche und detaillierte Schilderung aller Verhandlungen, Motive der Teilnehmerstaaten und Diskussionen über die Art und Weise der wirtschaftlichen Integration im Vorfeld des Vertragsschlusses, auf die hier weitestgehend verzichtet wird, siehe Küsters, Die Gründung der EWG.
[215] Der Euratom-Vertrag soll hier nur der Vollständigkeit halber erwähnt aber nicht weiter untersucht werden, er findet auch bei Röpke lediglich in einigen kurzen Bemerkungen Beachtung. Vgl. Röpke, Gemeinsamer Markt und Freihandelszone, S. 31 Fn. 1 Röpke, European Free Trade, The Banker, 1958, S. 587 f.
[216] Küsters, Die Gründung der EWG, S. 136 ff.
[217] Brunn, Die Europäische Einigung, S. 133.

schaftsminister Erhard begrüßt diese Pläne als Befürworter des Freihandels sehr. Das Vorhaben scheitert jedoch an den diametral auseinanderklaffenden Vorstellungen Frankreichs und Großbritanniens. Keines der beiden Länder ist zu dem damaligen Zeitpunkt bereit, wirtschaftliche Interessen zugunsten einer OEEC-weiten Einigung zu opfern.[218]

Um sich nicht ins Abseits zu manövrieren, gründet Großbritannien zusammen mit Dänemark, Norwegen, Österreich, Portugal, Schweden und der Schweiz nach nur sechsmonatigen Verhandlungen die Europäische Freihandelsvereinigung (European Free Trade Association, EFTA). Der Zusammenschluss sieht – anders als die EWG – keine übergeordneten supranationalen Organe und keine Übertragung nationaler Souveränitätsrechte vor. Außerdem sind keine positiven Integrationsschritte beabsichtigt,[219] die politische Handlungsfreiheit der Mitgliedstaaten bleibt somit vollständig erhalten. Obgleich die Mitgliedsländer der EFTA mit denen der EWG weiterhin regen Handel betreiben[220], vollzieht sich damit zumindest vordergründig in Westeuropa eine Blockbildung in unterschiedliche Wirtschaftsräume.

### 3.4.1.2. Der institutionelle Rahmen und Ziele der EWG

Bei der Gründung der EWG werden – wie bereits bei der Gründung der EGKS – durch den EWG-Vertrag institutionelle Bestimmungen festgelegt und in diesem Zusammenhang Gemeinschaftsorgane ins Leben gerufen, die mit unterschiedlichen Zuständigkeiten und Befugnisse ausgestattet werden. Das institutionelle Gleichgewicht beruht auf drei, aus den EGKS-Verträgen übernommenen Organen, deren Gewichtung jedoch teilweise erheblich modifiziert wird. Die Verlagerung der Kompetenzgewichtung ist großteils auf die Forderungen Ludwig Erhards und Alfred Müller-Armacks zurückzuführen, die bereits 1955 erkannt hatten, dass der Aufbau der EGKS konzeptionelle Mängel aufwies, die nicht auf die EWG übertragen werden sollten.[221] Die beiden Ökonomen setzen sich in dieser Frage im Zuge der Eicherscheider Beschlüsse gar gegen Teile der deutschen Delegation durch.[222] Damit wird der Ministerrat zum eigentlichen Entscheidungsorgan, während die Kommission eine empfehlende und vorbereitende Rolle in der Gemeinschaft übernimmt.[223] Die Kommission der EWG ist das Pendant zur Hohen Behörde der EGKS. Sie ist ein von den Regierungen der

---

[218] Gabriele Clemens/Alexander Reinfeldt/Gerhard Wille, Geschichte der europäischen Integration, Verlag Ferdinand Schöningh: Paderborn, 2008, S. 141.
[219] Brunn, Die Europäische Einigung, S. 137.
[220] Ebd.
[221] Alfred Müller-Armack, Auf dem Weg nach Europa: Erinnerungen und Ausblicke, Tübingen: Rainer Wunderlich, 1971, S. 66.
[222] Ders., S. 117.
[223] Ebd.

Mitgliedstaaten unabhängiges Kollegium, das von diesen einvernehmlich ernannt wird und die gemeinsamen Interessen vertritt. Bei ihr liegt das Monopol der Gesetzesinitiative. Darüber hinaus legt die Kommission dem Ministerrat Vorschläge für Rechtsakte der Gemeinschaft vor. Als Hüterin der Verträge ist sie durch den EWG-Vertrag dazu verpflichtet, auf die Anwendung der Verträge und des abgeleiteten Rechts zu achten. Sie verfügt in diesem Zusammenhang über eine Reihe von Instrumenten zur Kontrolle der Mitgliedstaaten und der Unternehmen. Zur Erfüllung der ihr übertragenen Aufgaben besitzt die Kommission eine Durchführungsbefugnis, um gemeinsame Politiken zu verwirklichen. Allerdings ist die verfassungsmäßige Rolle der Kommission im Bereich der Koordinierung der Wirtschaftspolitik begrenzter als ihre Schwesterorganisation in der EGKS, da sie juristisch auf Anregungen und die Durchführung vom Ministerrat gefasster Beschlüsse festgelegt und damit auf enge Zusammenarbeit mit dem Ministerrat angewiesen ist.[224]

Die Entscheidungskompetenz liegt, sofern nicht ausdrücklich die Kommission für zuständig erklärt ist, beim Ministerrat, der sich aus Vertretern der Regierungen der Mitgliedstaaten zusammen setzt. Die Minister sind somit nicht nur der Gemeinschaft sondern auch ihren nationalen Parlamenten zur Rechenschaft verpflichtet, wodurch zuweilen Zielkonflikte zwischen Gemeinschafts- und nationalen Interessen entstehen. Unterstützung erfährt der Ministerrat vom Ausschuss der Ständigen Vertreter, der seine Arbeit vorbereitet und die ihm vom Rat übertragenen Aufträge ausführt.

Gemäß dem Abkommen über gemeinsame Organe, das zeitgleich mit den Römischen Verträgen unterzeichnet wird und in Kraft tritt, werden die Befugnisse im Rahmen des EWG-Vertrages und des Euratom-Vertrages durch eine einzige parlamentarische Versammlung und einen einzigen Gerichtshof wahrgenommen. Die parlamentarische Versammlung verfügt über begrenzte Beratungs- und Kontrollbefugnisse. Die Mitglieder der Versammlung werden noch nicht in allgemeiner, direkter Wahl bestimmt, sondern von ihren nationalen Parlamenten entsandt. Mit der Gründung der EWG erhält der Gerichtshof der EGKS als gemeinsames Organ der Gemeinschaften die Zuständigkeit für sämtliche Streitigkeiten aufgrund der drei Verträge.

Mit dem Inkrafttreten des Fusionsvertrages am 1. Juli 1967 werden der Ministerrat und die Kommission zu gemeinsamen Organen für die drei Gemeinschaften (EGKS, EWG und Euratom) und es wird der Grundsatz eines einheitlichen Haushaltsplans einführt.

---

[224] Vgl. Hans von der Groeben, Aufbaujahre der Europäischen Gemeinschaft: Das Ringen um den Gemeinsamen Markt und die Politische Union (1958 - 1966), Baden-Baden: Nomos, 1982, S. 34; Küsters, Die Gründung der EWG, S. 462 f.

Das Ziel der EWG ist laut Artikel 2 des Vertrages, »durch die Errichtung eines Gemeinsamen Marktes und die schrittweise Annäherung der Wirtschaftspolitik der Mitgliedstaaten eine harmonische Entwicklung des Wirtschaftslebens innerhalb der Gemeinschaft, eine beständige und ausgewogene Wirtschaftsausweitung, eine größere Stabilität, eine beschleunigte Hebung der Lebenshaltung und engere Beziehungen zwischen den Staaten zu fördern, die in dieser Gemeinschaft leben.« In Artikel 3 sind die Maßnahmen beschrieben, die zur Erreichung dieses Ziels eingesetzt werden sollen: die Abschaffung der Zölle und mengenmäßigen Beschränkungen zwischen den Mitgliedstaaten, die Einführung eines gemeinsamen Zolltarifs gegenüber Drittländern, der freie Personen-, Dienstleistungs- und Kapitalverkehr (Artikel 48 ff.), die Einführung einer gemeinsamen Landwirtschafts- (Artikel 38 ff.) und Verkehrspolitik (Artikel 74 ff.), eine gemeinsame Wettbewerbspolitik, um Wettbewerbsverzerrungen durch Kartelle (Artikel 85), Ausnutzung marktbeherrschender Stellungen (Artikel 86), Dumpingpraktiken (Artikel 91) und staatliche Subventionen (Artikel 92) zu verhindern. Weitere Bestimmungen des Vertrages betreffen die Koordinierung der Wirtschafts-, Konjunktur- und Währungspolitik (Artikel 103 ff.), den Angleich der innerstaatlichen Rechtsvorschriften einschließlich einer Steuerharmonisierung, soweit für das ordnungsgemäße Funktionieren des Gemeinsamen Marktes notwendig (Artikel 99 ff.), die Schaffung des Europäischen Sozialfonds zur Verbesserung der Beschäftigungsmöglichkeiten der Arbeitnehmer (Artikel 123 ff.), die Errichtung einer Europäischen Investitionsbank (Artikel 129 ff.) zur Erschließung neuer Hilfsquellen und die Assoziierung überseeischer Länder, um den Handelsverkehr zu steigern.

Obwohl im Vertragstext nicht eindeutig festgelegt wird, dass die Entstehung des Gemeinsamen Marktes nach marktwirtschaftlichen Kriterien erreicht werden soll, so ergibt sich jedoch aus den Zielen und den in Regeln und Institutionen vorgeschriebenen Mitteln zur Verwirklichung dieser Zielvorgaben, dass die wesentlichen Merkmale eines marktwirtschaftlichen Systems vorliegen. Diese Vorschriften schränken darüber hinaus die Möglichkeiten für planwirtschaftliches Handeln der Nationalstaaten insofern erheblich ein, als dass nationale Beihilfen und protektionistische Maßnahmen untersagt oder der Kontrolle der Gemeinschaftsinstitutionen unterworfen sind.[225] Dieser strikte »Antiinterventionismus« ist nach Müller-Armacks Einschätzung nicht so sehr auf »besonders liberale Empfindungen« der Teilnehmerstaaten zurückzuführen, als vielmehr auf »eine gewisse nationale Eifersucht«, deren Ziel die strenge Begrenzung des wirtschaftspolitischen Spielraums der Einzelstaaten gewesen sei.[226] Nichts desto trotz sei als Resultat die Ordnung des Gemeinsamen Marktes »als ein streng wettbewerblicher Markt im Inneren definiert«.[227]

---

[225] Vgl. hierzu Hans von der Groeben, Die Europäische Wirtschaftsgemeinschaft als Motor der gesellschaftlichen und politischen Integration, Tübingen: Mohr Siebeck, 1970, S. 10 f.
[226] Alfred Müller-Armack, Die Wirtschaftsordnung des Gemeinsamen Marktes, Wirtschaftspolitische Chronik Band 13, 1964, Nr. 3, S. 10.
[227] Ebd. Müller-Armack führt im folgenden mehrere Beispiele auf, die den marktwirtschaftlichen Charakter des EWG-Vertrags belegen: Der Abbau von Zöllen und Kontigenten,

### 3.4.1.3. Funktionelle oder institutionelle Integration?

Während der Verhandlungen und der konzeptionellen Ausarbeitung der Verträge zur EWG verfestigen sich innerhalb der Bundesregierung unterschiedliche Meinungen hinsichtlich der Frage, welche Maßnahmen und Institutionen für die künftige Integrationspolitik notwendig seien.[228] Im Bundeswirtschaftsministerium werden zwei unterschiedliche Modelle vertreten. Die Schuman-Plan-Abteilung um Hans von der Groeben stellt bald nach Inkrafttreten der Montanunion fest, dass ein langfristiges Bestehen der Montanunion nur möglich sei, wenn von einer Sektorintegration zu einer Gesamtintegration übergegangen werde, da allgemeine wirtschaftliche Aufgaben durch Teilintegration nicht lösbar seien. Eine Teilintegration, so ist man sich in der Schuman-Plan-Abteilung bereits nach kurzer Zeit sicher, sei weder für die betroffenen Industrien geeignet, noch könne das Modell für weitere Integrationsschritte nach dem gleichen Muster herangezogen werden.[229]

Bundeswirtschaftsminister Ludwig Erhard hat einen anderen Ansatz als die Schuman-Plan-Abteilung. Er favorisiert eine funktionelle Integrationsmethode.[230] Die von ihm beabsichtigte funktionelle Integration hat zwei Stufen, nämlich die Beseitigung der Handelshemmnisse zwischen den Mitgliedstaaten (Integration ersten Grades) und darüber hinaus die Erweiterung der Freizügigkeit der Produktionsfaktoren Arbeit und Kapital auf das gesamte Wirtschaftsgebiet (Integration zweiten Grades). Nach Vorstellung Ludwig Erhards sorgt der Marktmechanismus für den eigentlichen Integrationsprozess, weil dessen Wirken bei ausreichender monetärer Disziplin und Konvertibilität der Währungen die Handels- und Produktionsstruktur verbessert. Die funktionelle Integration ersten Grades ist gleichbedeutend mit der Durchsetzung der Freihandelspostulate für eine begrenzte Region. Gemäß dieses Ansatzes wird die erforderliche Zusammenarbeit in aller Regel durch Koordinierungs-Organisationen eingeleitet, überwacht und zum Teil sogar gelenkt.[231] Nach Erhards Ansicht besticht das Modell durch die Möglichkeit der Wiederherstellung einer internationalen, nach marktwirtschaftlichen Prinzipien funktionierenden Wirtschaftsordnung unter gleichzeitiger Beibehaltung der nationalen Souveränität der Nationalstaaten. Internationale Or-

---

das Verbot staatlicher Beihilfen, das Diskriminierungsverbot von Finanzmonopolen, das Dumpingverbot und das Kartellverbot.

[228] Vgl. Küsters, Die Gründung der EWG, S. 79; von der Groeben, Deutschland und Europa, S. 270.

[229] Küsters, Die Gründung der EWG, S. 84.

[230] Vgl. von der Groeben, Deutschland und Europa, S. 270; Küsters, Die Gründung der EWG, S. 80 ff.

[231] Andreas Predöhl/Harald Jürgensen, Europäische Integration, in: Erwin von Beckerath et al. (Hrsg.), Handwörterbuch der Sozialwissenschaften, Band 3, Stuttgart, Tübingen, Göttingen: Gustav Fischer, J.C.B. Mohr (Paul Siebeck), Vanadenhoeck & Ruprecht, 1961, S. 371.

ganisationen betrachtet er als Stabilisatoren der funktionellen Prozesse, nicht jedoch als Motor oder Initiator der Integration, da dieses Selbstverständnis der Institutionen die Gefahr des Dirigismus und der Planwirtschaft in sich berge.[232] Erhards Konzept kann somit vor allem als Kooperations- und Koordinationsprojekt verstanden werden.

Von der Westeuropa-Abteilung des Auswärtigen Amts wird dagegen eine institutionelle Integration präferiert, deren höchstes Ziel die Entstehung einer politischen Union in Form eines europäischen Bundesstaates ist, ausgestattet mit möglichst kompetenten und funktionsfähigen Institutionen.[233] Das Ziel der institutionellen Integrationsform ist im Vergleich zur funktionellen Integration, die die bloße Verknüpfung der jeweiligen Binnenmärkte anstrebt, weit höher gesteckt. Sie zeichnet sich durch die Aufgabe der wirtschaftspolitischen Autonomie zugunsten einer koordinierten Ordnungs- und Prozesspolitik aus. Voraussetzung für diese Art der Integration ist ein hohes Maß an einheitlicher oder übereinstimmender politischer Willensbildung in den Mitgliedstaaten.[234] Das Ziel einer politischen Union wird jedoch von der französischen Nationalversammlung von Anfang an als vollkommen unmöglich angesehen. Als dies der Leiter der Westeuropa-Abteilung, Carl Friedrich Ophüls erkennt, schließt er sich der von Jean Monnet bevorzugten Teilintegration an. Er schätzt die Erfolgsaussichten – wie die Franzosen – durch eine Politik der kleinen Schritte, die die Gesamtintegration durch viele kleine Teilintegrationsprojekte herbeiführen solle, für größer ein, als eine gesamte Wirtschaftsintegration.[235]

Im Anschluss an die *Eicherscheider Beschlüsse*[236], in denen sich das durch von der Groeben vertretene Konzept der funktionellen Gesamtintegration durchsetzt, wird die funktionelle Integrationsmethode im deutschen Memorandum, das auf der Konferenz von Messina vorgelegt wird, vertreten. Große Teile davon finden sich in der Resolution von Messina, die am Ende der dreitägigen Konferenz am 3. Juni 1955, als Absichtserklärung zur Gründung von EURATOM und der EWG vereinbart wird, wieder.[237] Die Resolution ist ebenfalls Grundlage für die Ausarbeitung der Verträge für die EWG.

---

[232] von der Groeben, Deutschland und Europa, S. 270 f.
[233] Küsters, Die Gründung der EWG, S. 79.
[234] Predöhl/Jürgensen, Europäische Integration, S. 372.
[235] Küsters, Die Gründung der EWG, S. 80.
[236] Siehe hierzu auch Seite 182.
[237] Ders., S. 122.

## 3.4.2. Die EWG aus Röpkes Perspektive: Erweiterung der Montanunion

Röpke, Anhänger des Freihandels und konsequenter Gegner jedweder Art von Blockbildung, sieht mit der Gründung der EWG und der EFTA das schlechteste aller möglichen Szenarien der Weiterentwicklung Europas eintreten. Denn die Koexistenz mehrerer Handelszonen führe zur dokumentierten wirtschaftlichen Spaltung Europas.[238] Außerdem betrachtet Röpke den Gemeinsamen Markt als erweiterte Fortführung der Montanunion, ein Umstand den er scharf kritisiert. Er verweigert sich der Vorstellung, man müsse die Teilintegration lediglich verallgemeinern, um die Gesamtintegration Europas zu erreichen. Denn Gesamtintegration bedeutet die Beseitigung der durch mangelndes Gleichgewicht der europäischen Volkswirtschaften hervorgerufenen Desintegration.[239] Diese Ursachen müssten jedoch durch nationale Wirtschafts- und Finanzpolitik behoben werden und nicht durch völlige Liberalisierung eines Teilbereichs, wodurch die Ungleichgewichte lediglich in andere Sektoren verschoben würden. Je mehr Sektoren jedoch bspw. durch den Gemeinsamen Markt einbezogen würden, desto größer würden die Spannungen der Zahlungsbilanz in den Bereichen, die außen vor blieben. Die Konsequenz wäre der Zusammenbruch des Systems.[240]

Schon vor der Gründung der EWG bis hin zu seinem Tode 1966 publiziert Röpke zahlreiche Artikel, in denen er seinem Unmut darüber Ausdruck verleiht und statt dessen auf alternative Lösungswege drängt. Ist seine Skepsis gegenüber der Montanunion noch durch den Wert, den er der Schaffung dieser Institution zugesteht, abgemildert, so lässt er an der EWG kein gutes Haar und wähnt diese ab Anfang der Sechzigerjahre als gescheitert. Die Überschriften seiner Artikel (z.B. »Gestrandete EWG«, »Unbewältigte EWG«, »Die EWG in der Krise«, »die Widersprüche der EWG«, »EWG im Zwielicht«, etc.) sprechen für sich. In seinen Stellungnahmen verweist Röpke stets auf die seiner Auffassung nach richtige Integrationsmethode als Ausweg aus dem Dilemma. Seine konzeptionellen Überlegungen dazu sollen im folgenden Abschnitt dargelegt werden.

### 3.4.2.1. Die Innen- und Außenwirkung wirtschaftlicher Integration als Orientierungsmaßstab für die Konzeption der EWG

Um ein Konzept zu schaffen, nach dessen Kriterien eine nachhaltige wirtschaftliche Integration realisiert werden kann, analysiert Röpke die Auswirkungen unterschiedlicher Integrationsansätze. Die Wirkungsfelder unterteilt er in

---

[238] Wilhelm Röpke, Kraftproben der Marktwirtschaft, Rheinischer Merkur 9. Oktober 1964, Nr. 41, S. 19.
[239] Röpke, Europa als wirtschaftliche Aufgabe, Schweizer Monatshefte, 1956, S. 8.
[240] Ders., S. 8 f.

Innen- und Außenwirkung, die zwar nicht vollständig voneinander trennbar sind, jedoch, durch weitere Untergliederung gegeneinander abgegrenzt werden können. Röpke bildet vier gegensätzliche Paare möglicher Organisationsformen im Integrationsprozess, die teilweise miteinander kombiniert werden können, sich in manchen Fällen aber auch gegenseitig ausschließen. Die Wahl zwischen funktioneller oder institutioneller Integration und die Wahl zwischen marktwirtschaftlich-konformer und planwirtschaftlich-nichtkonformer Integrationsmethode beeinflussen vor allem die Innenwirkung. Die Außenwirkung hingegen ist vor allem von der Entscheidung zwischen regionaler oder universaler Integration und der Wahl der Möglichkeit der offenen (Kernlösung) oder geschlossenen (Blocklösung) Integration abhängig.[241]

Von der Innenwirkung der Integration ist zunächst die Souveränität und Freiheit der Teilnehmerstaaten betroffen, denn sie bestimmt sich durch die gewählte Art des Integrationsprozesses. Selbstverständlich favorisiert Röpke, wie Erhard, im wirtschaftlichen Bereich den Weg der funktionellen Integration. Diese Integrationsform besteche durch ihren Realismus, da man lediglich einen »handfesten Anfang« machen müsse und sich sodann auf die Kraft zwingender ökonomischer Tatsachen verlassen könne, die Regeln des Marktes.[242] Funktionelle Integration bedürfe keiner großen, supranationalen Institutionen, sondern lediglich des von souveränen Staaten implementierten universellen Abbaus von Handelshemmnissen, also Multilateralismus und der Wiedereinführung der Konvertibilität der Währungen.[243] Die funktionelle Integration ermögliche eine marktkonforme Wirtschaftspolitik, die keinen sonderlich hohen Grad an politisch-geistiger Integration voraussetze und die Souveränität der Nationalstaaten unangetastet lasse. Es entstehe somit keine Überforderung des Gemeinschaftssinnes. Die Gefahr der Blockierung der Integration durch die Nationalstaaten aus Angst vor Kompetenz- und Machtverlust würde gar nicht erst entstehen. Aus diesen Gründen ist, nach Röpkes Ansicht, die funktionelle Integration der einzige gangbare und zumutbare Integrationsweg im Europa der Fünfzigerjahre des Zwanzigsten Jahrhunderts.

Die institutionelle Methode hingegen greift erheblich tiefer in die nationale Souveränität der Staaten ein. Röpke hält sie für zu »perfektionistisch« für ein solch großes Gebiet wie Europa.[244] Er befürchtet, dass eine Integration nach institutionellem Muster in eine Block- oder Großraumbildung münde. Konsequenz

---

[241] Röpke, Europa als wirtschaftliche Aufgabe, Schweizer Monatshefte, 1956, S. 6; Röpke, Integration und Desintegration, S. 500 f.; Röpke, Gemeinsamer Markt und Freihandelszone, S. 39 ff.
[242] Röpke, EWG, Der Monat, 1952, S. 233.
[243] vgl. bspw. Röpke, Unorthodoxe Gedanken, NZZ, 1962, S. 7; Röpke, Die wirtschaftliche Integration, Wissenschaft und Weltbild, 1960, S. 98.
[244] Röpke, Unorthodoxe Gedanken, NZZ, 1962, S. 7.

daraus wäre, »daß ein bis zur völligen Entnationalisierung der Wirtschaftsbeziehungen, einschließlich des Kapital- und Arbeitsmarktes gehender Grad der internationalen Wirtschaftsintegration heute nur durch eine entsprechende Internationalisierung der Wirtschaftspolitik möglich gemacht werden kann, die dann von den nationalen Regierungen auf eine internationale Regierung übertragen werden müßte.«[245] Daraus schließt Röpke, dass die institutionelle Integration zwar möglicherweise ein Plus an Intensität der Integration verzeichnen könne (über deren Gewissheit er allerdings Zweifel hegt), dies jedoch mit einem sicheren Minus an räumlicher Ausdehnung durch Abkapselung zu bezahlen sei.[246] Der gemeinsame Markt sei demzufolge, je enger er institutionell verwoben werde, desto exklusiver. Das führe dazu, dass die Beitrittshürde für die anderen europäischen Staaten immer höher gesetzt werde. Für diesen *Trade-off* gibt es nach Röpkes Dafürhalten nur eine Lösung. Der multilaterale Handel sei, selbst wenn die Zölle nicht restlos abgeschafft würden, jedoch eine für alle Länder geltende Regel implementiert werde, einem hundertprozentigen Zollabbau innerhalb eines geographisch stark beschränkten Raumes vorzuziehen, da ersteres Modell keine Diskriminierungen gegenüber einzelnen Staaten vorsehe und des weiteren nicht auf internationale Behörden, Institutionen, Parlamente und Komitees angewiesen sei.[247]

Zudem kritisiert Röpke die institutionelle Methode wegen ihrer Neigung »[die] Herrschaft der Planer, Statistiker und Ökonometriker, [die] Herrschaft eines Dirigismus, mit seinem supranationalen Wirtschaftsbürokratismus mit internationaler Investitionslenkung und dem ganzen Rest«[248] über die Herrschaft des Marktes zu stellen. Röpke äußerst seine Bedenken bereits bei der Gründung der Montanunion (Vgl. dazu Seite 112.) und wiederholt seine Sorge über ein Zuviel an Bürokratie und Ökonomokratie bei der Gründung der EWG, die er als erweiterte Fortführung der Montanunion versteht.

Obgleich Röpke prinzipiell der Ansicht ist, dass angemessene Rahmenbedingungen auf nationaler Ebene eine freiheitliche, weltoffene internationale Ordnung sozusagen als Nebenprodukt entstehen lasse,[249] erkennt er an, »daß angesichts der außerordentlichen Widerstände und Schwierigkeiten übernationale Abmachungen und Institutionen notwendig [sind], um einen sonst wenig aussichtsreichen Prozeß der Aufweichung des kollektivistisch-inflationären Nationalismus in Europa in Gang zu bringen und dabei ein Mindestmaß an internationaler Abstimmung zu sichern.«[250] Röpke ist bewusst, dass der Trend der Gründung inter-

---

[245] Röpke, Unorthodoxe Gedanken, NZZ, 1962, S. 7.
[246] Ebd.
[247] Ebd.
[248] Röpke, Europa - Besinnung und Hoffnung, S. 161.
[249] Sally, Wilhelm Röpke and International Economic Order, S. 49.
[250] Röpke, Integration und Desintegration, S. 500.

nationaler Institutionen nach dem Zweiten Weltkrieg ohnehin nicht aufzuhalten ist. Der Wunsch nach Annäherung, um eine erneute kriegerische Auseinandersetzung zu vermeiden, ist omnipräsent und auch Röpkes sehnlichste Hoffnung. Es sei deutlich, »[d]aß die neue Lösung in der Richtung einer bewußten Organisierung und Institutionalisierung der internationalen Ordnung gesucht werden dürfte, [...] und es ist nicht zu leugnen, daß eine solche mehr und mehr organisierte und institutionalisierte Ordnung keimhaft im Werden ist – sozusagen eine aus Initialabkürzungen (IMF, IBRD, EZU, OEEC, CECA, GATT usw.) bestehende.«[251] Das Streben nach europäischer und globaler Integration nach dem Zweiten Weltkrieg könne selbst in dem von Röpke favorisierten föderalistischen Modell ohne eine supranationale Stufe, unter der sich die nationalen und sub-nationalen Stufen befinden, nicht wirkungsvoll agieren, wenn es über den nationalen Verband hinaus weisende Aufgaben wahrnehmen wolle.[252]

Allerdings schränkt Röpke die Gebiete, auf denen er die Schaffung solcher Institutionen für sinnvoll hält, stark ein. Er befürwortet die Schaffung supranationaler Institutionen nur in Gebieten der öffentlichen Güter. Er nennt darunter das Verkehrswesen und die industrielle Verwertung der Atomenergie.[253] Er begründet die Auswahl damit, dass man sich in diese Bereichen auch auf nationaler Ebene nicht auf die »unkoordinierte Privatinitiative« verlassen könne. Auch was die Verteidigung nach außen betrifft, hält Röpke ebenfalls eine europäische Gesamtposition nach außen für sinnvoll, wobei er hier sogar noch weiter geht, indem er eine »abendländische« oder »okzidentale« Allianz, also eine Verbündung zwischen Europa und den USA fordert, um sich mit dem größtmöglichen Widerstandspotenzial gegen die Gefahr des aus der Sowjetunion drohenden Kommunismus zur Wehr zu setzen.[254] Röpke sieht diesen Schulterschluss mit Amerika gar als die Pflicht Europas an, da es der schützenden Macht Amerikas sein Überleben verdanke. Daher sei es selbstverständlich, dass Europa sich bereit erkläre, »ein Maximum seiner eigenen Verteidigungskraft in den Dienst der gemeinsamen Selbstbehauptung zu stellen«, um sich gegen die Welthegemonieansprüche des kommunistischen Imperiums zu verteidigen.[255] Gerade weil Röpke eine starke sicherheitspolitische Bindung an die USA postuliert, ist er andererseits der Meinung, dass die wirtschaftliche Integration nach Westen offen gehalten und eine Blockbildung vermieden werden müsse.[256]

Röpkes primäres Ziel mit seiner Kritik an übergeordneten Organisationen und Institutionen muss daher im Zusammenhang mit den Schwächen und Gefahren

---

[251] Röpke, Integration und Desintegration, S. 499.
[252] Röpke, Internationale Ordnung, S. 84.
[253] Röpke, Europa als wirtschaftliche Aufgabe, Schweizer Monatshefte, 1956, S. 8.
[254] Röpke, Einheit in der Vielheit, Die politische Meinung, 1959, S. 19.
[255] Ebd.
[256] Ebd.

der Umsetzung und Entwicklungsdynamik im wirtschaftlichen Bereich, denn als allgemeine Totalkritik verstanden werden. Er zweifelt in einigen Bereichen keinesfalls die Daseinsberechtigung internationaler Organisationen an, hält sie gar für wünschenswert. Er gibt allerdings zu bedenken, dass Absprachen auf internationaler im Vergleich zur nationalen Ebene, mit ungleich größeren Schwierigkeiten trotz der Existenz von Institutionen und Organisationen verbunden seien, die es, vor allem um den Frieden zu wahren, zu überwinden gelte.[257]

Nach Röpke ist die Marktwirtschaft, wie bereits im vorigen Kapitel ausführlich dargelegt, die einzige nachhaltige, wirtschaftsfördernde, freie und gesunde Ausgestaltungsmöglichkeit jedes Wirtschaftssystems. Die Wahl der Marktwirtschaft als wirtschaftliches System ist zugleich eine klare Abgrenzung gegenüber den kommunistischen Regimen in Osteuropa. Damit vollzieht sich zwischen den kommunistischen und demokratischen Ländern Europas eine Trennlinie, die Röpke bewusst in Kauf nimmt, da er auf ein freiheitliches System größten Wert legt. Röpke findet auch für seine Forderung nach marktwirtschaftlichen Prinzipien innerhalb des Einigungsprozesses sehr deutliche Worte. Er wiederholt immer wieder, Europa dürfe nicht zum Altar werden, auf dem die Marktwirtschaft geopfert werde.[258]

Was die Außenwirkung angeht, so ist Röpke der Ansicht, die Regionalmethode, die Europa nach dem Scheitern der Internationalen Handelsorganisation (International Trade Organisation, ITO)[259] wählt, sei als Übergangslösung der einzige Erfolg versprechende Weg einer Integration.[260] Röpke verurteilt diesen Schritt nicht, sondern sieht ihn als zweitbeste Lösung gegenüber dem universellen Freihandel an. Er begreift die regionale Integration in der damaligen Zeit sogar als die einzig mögliche Variante einer Annäherung, da sie ohne internationale Apparatur und Koordination nicht auskomme und dies auf globaler Ebene zum damaligen Zeitpunkt nicht vorstellbar sei.[261] Er sieht es als große Chance der regionalen europäischen Integration, zur Zwischenetappe auf dem Weg zu einem universellen Freihandel zu werden. Das in dieser Zwischenetappe geschaffene handels- und währungspolitische Präferenzsystem gelte es vorerst zu bewahren. Das System habe auch für die übrige Welt einen Vorteil, insofern als dass dadurch eine Auflockerung des Wirtschaftsnationalismus erreicht worden

---

[257] Röpke, Integration und Desintegration, S. 499.
[258] Röpke, Gemeinsamer Markt ohne Dirigismus, Die Zeit, 1957.
[259] Auf der Havanna-Konferenz wird die *Havana World Trade Charter* bzw. ITO-Charter von 45 UN-Ländern zwar signiert, worauf einige Verhandlungsrunden folgen, bei denen es zur Verständigung über Tarifsenkungen kommt. Jedoch eröffnen die USA Anfang der 1950er Jahre, dass sie keinen Versuch unternehmen würden, eine Ratifizierung der Charta durch den US-Kongress zu erwirken. Diese Absage an die ITO führt dazu, dass das Projekt einer globalen Handelsorganisation zunächst aufgegeben wird.
[260] Röpke, Gemeinsamer Markt und Freihandelszone, S. 38.
[261] Röpke, Integration und Desintegration, S. 500.

sei, die unter anderen Umständen nicht in der gleichen Intensität und Geschwindigkeit hätte herbeigeführt werden können.[262] Röpke erkennt ausdrücklich an, dass sein Vorschlag im Widerspruch zu seinen liberalen Grundsätzen steht.[263] Er glaubt jedoch, wenn im Rahmen der Regionallösung die richtige Integrationsmethode angewendet werde, könne sie als Wegbereiter für die weiterhin langfristig angestrebte universelle Lösung dienen. In diesem Zusammenhang ist das vierte Gegensatzpaar Röpkes von Interesse. Denn nun müsse entschieden werden, wie man sich der Regionallösung des Integrationsproblems nähere. Für Röpke kommt selbstverständlich nur die (nach innen) marktwirtschaftlich-konforme und (nach außen) offene Methode infrage.[264]

Offen, d.h. als Kernlösung konzipiert sollte die Regionallösung sein, um die Option einer universellen Lösung nach der Zwischenetappe des Präferenzsystems weiterhin zu gewährleisten.[265] Nur wenn dieser Weg eingeschlagen werde, sei es möglich, die freie wirtschaftliche Entfaltung im Sinne der Ordoliberalen zu gewährleisten und nicht in Übertreibungen abzurutschen.[266] Und nur dann sei es möglich, Europas Einheit in der Verschiedenheit, die Buntheit der Verhältnisse, Montesquieus Vorstellung der »nation des nations«, Christopher Dawsons Definition Europas als »society of peoples« zu bewahren.[267] Denn würde der Zentralismus mit seiner planwirtschaftlichen Bürokratie umgesetzt und gleichzeitig ein geschlossener Block geschaffen, so sei die Gefahr groß, das bereits um die östlichen Gebiete beschnittene »europäische Patrimonium im Namen Europas zu verraten und gerade das [zu] zerstören, was wir zu verteidigen haben und was selber Europa so unendlich liebenswert wie der ganzen freien Welt unersetzlich macht.«[268] Der Zentralismus würde aber auch einen übergeordneten Staat bedingen, eine dirigierende internationale Regierung, die Röpke für utopisch wenn nicht gar lächerlich hält.[269]

Entsprechend Röpkes Analyse der Wirkung wirtschaftlicher Integration, lässt sich eine klare Empfehlung für die weiteren Integrationsprojekte für Europa erkennen. Nach innen muss gemäß Röpkes Forderungen ein marktwirtschaftliches, funktionelles Modell angewendet werden, das den Teilnehmerstaaten die möglichst uneingeschränkte Selbstbestimmung bewahrt und der Gesamtorganisation keine Gelegenheit bietet, eine kolossale zentralistische Bürokratie aufzubauen, die durch Planung die Freiheit der Individuen einschränkt und die Gesetze des

---

[262] Röpke, Europa als wirtschaftliche Aufgabe, Schweizer Monatshefte, 1956, S. 6.
[263] Röpke, Gemeinsamer Markt und Freihandelszone, S. 39.
[264] Ebd.
[265] Röpke, Europa als wirtschaftliche Aufgabe, Schweizer Monatshefte, 1956, S. 6.
[266] Röpke, Unorthodoxe Gedanken, NZZ, 1962, S. 8.
[267] Röpke, Europa - Besinnung und Hoffnung, S. 163.
[268] Ders., S. 164.
[269] Ders., S. 173.

Marktes außer Kraft setzt. Nach außen ist die Integration nach Röpkes Einschätzung zunächst auf regionale Annäherung beschränkt, was er auf die damaligen Umstände nach dem Zweiten Weltkrieg zurückführt, als Unsicherheit und Misstrauen die internationalen Beziehungen prägen. Allerdings betont er, dass ein regionaler Zusammenschluss sich nach dem Modell der Kernlösung formieren müsse, zu denen er u.a. die EZU und die OEEC zählt. Die Montanunion dürfe keinesfalls als Vorbild gesehen werden, da sie zu hohe Beitrittshürden setze und damit die nach außen abschließende Blockbildung beispielhaft illustriere.[270]

### 3.4.2.2. Röpkes Kritik an der Konzeption der EWG

Röpke schließt von Anfang an eine erfolgreiche Zukunft des Gemeinsamen Marktes aus, da die von ihm vorgeschlagene Integrationsmethode keine Anwendung findet. Bereits die Tatsache, dass wiederum nur die sechs Montanunionsländer an den Verhandlungen teilnehmen, stimmt ihn skeptisch. Großbritannien, das laut Röpke einen gewichtigen Teil zur geistigen, politischen und kulturellen Entwicklung ganz Europas beigetragen habe, bleibt außen vor, was Röpke scharf kritisiert.[271] Für Röpke ist dies der erste Beweis, dass das Konzept der EWG auf dem der Montanunion beruhe, was seiner Ansicht nach ein großer Fehler ist.[272] Er entdeckt schon bald Indizien dafür, »[d]aß der Gemeinsame Markt zum Musterbeispiel gerade der geschlossenen Form der Integration geworden ist, die das Plus an Integration nach innen durch ein Minus nach außen erkauft [...]«[273], ein Umstand, den er schon an der EGKS moniert. Er geht darüber noch hinaus, indem er an anderer Stelle konstatiert, die EWG beruhe auf dem kollektivistisch-dirigistischen Prinzip, da sie die wirtschaftliche Souveränität der Einzelstaaten für sich beanspruche. Er schließt daraus, dass die EWG insofern auch dem Prinzip der regionalen Blockbildung folge, das Röpke, wie bereits ausgeführt, konsequent verurteilt, da es mit Desintegration, Spaltung und Entzweiung nach außen einhergehe.[274] Als Resultat, so befürchtet er, könne dabei die Desintegration nach außen die Integration nach innen überwiegen und damit die Integrationsbemühungen konterkarieren.

Im Einzelnen beruht Röpkes Kritik der EWG auf einem Vergleich, den er thesenhaft zwischen dem Gemeinsamen Markt und der Freihandelszone anstellt. Erstens geht er vom »Gesetz des Geleitzuges oder der Fußkranken«, wie er es nennt, aus. Dies bedeute die Einigung auf einen gemeinsamen Außenzolltarif,

---

[270] Röpke, Europa als wirtschaftliche Aufgabe, Schweizer Monatshefte, 1956, S. 7 f.
[271] Röpke, Einheit in der Vielheit, Die politische Meinung, 1959, S. 20.
[272] Röpke, Europa als wirtschaftliche Aufgabe, Schweizer Monatshefte, 1956, S. 7 f.
[273] Röpke, Gemeinsamer Markt und Freihandelszone, S. 51.
[274] Vgl. Röpke, Zwischenbilanz der Europäischen Wirtschaftsintegration, S. 78 f. und S. 87; Röpke, European Free Trade, The Banker, 1958, S. XX.

der nicht auf dem niedrigst möglichen Niveau liegen werde, sondern auf einem höheren, um allen teilnehmenden Ländern Rechnung zu tragen und die Schutzinteressen dieser Länder zu bewahren,[275] was Röpke an einigen Beispielen illustriert.[276] Aufgrund der unterschiedlichen Produktionsstrukturen der Länder wirke ein solcher Schutzmechanismus additiv, was bedeutet, dass jedes Land seine zu schützenden Produktionszweige einbringe und darauf ein gemeinsamer Zolltarif erhoben werde, der im Ergebnis in manchen Ländern höher sein könne als zuvor, wenn vorher keine Schutzzölle notwendig gewesen seien.[277] Die Freihandelszone sei hingegen diesem System überlegen, da es bei ihrer Umsetzung keiner Einigung über einen gemeinsamen Zolltarif bedürfe. Der in Artikel 18 der Römischen Verträge vereinbarte angestrebte Zollabbau wird von Röpke aufgrund französischer Tendenzen des Protektionismus infrage gestellt.[278] Hinzu komme, dass nicht einmal innerhalb der EWG ein gemeinsamer Abbau der Zölle realisiert werde. Es wird ein stufenweiser Abbau der Zollschranken implementiert, der den Mitgliedstaaten die Wahl zwischen einer linearen und einer selektiven Zollsenkung lässt, was den Ländern die Gelegenheit gibt, Anpassungsprozesse zu verzögern oder zu beschleunigen.

Zweitens bewirke der Gemeinsame Markt, selbst wenn Zölle nicht im Sinne der ersten These erhöht würden, möglicherweise eine Störung des freien internationalen Handels, da die Befreiung nach Innen gleichzeitig Verdrängung nach Außen bedeute. Röpke nennt als Beispiel italienische Orangen und Rohseide, die der japanischen Rohseide und den spanischen und tropischen Orangen konkurrenzmäßig unterlegen, aber durch den gemeinsamen Markt und dessen Zollsenkungen und -abschaffungen innerhalb der EWG geschützt würden.[279] Konsequenz dieser Politik wäre, »daß die die internationale Arbeitsteilung verbessernden, den internationalen Wettbewerb erweiternden und den internationalen Handel befreienden und vermehrenden Zollherabsetzungen hinter den verzerrenden, den internationalen Wettbewerb erschwerenden und den internationalen Handel einengenden zurückstehen.«[280]

Drittens bestehe bei der Umsetzung des Gemeinsamen Marktes nicht nur die Gefahr, sondern die Gewissheit des Dirigismus und der Schaffung einer internationalen Planwirtschaft, die jedoch ein hohes Maß an politisch-moralischer Verbundenheit voraussetze. Gerade diese Verbundenheit sieht Röpke schon bei der Montanunion auf die äußerste Probe gestellt und befürchtet, auch die EWG kön-

---

[275] Röpke, Gemeinsamer Markt ohne Dirigismus, Die Zeit, 1957; Röpke, Gemeinsamer Markt und Freihandelszone, S. 52.
[276] Ders., S. 53 f. Fn. 12.
[277] Ders., S. 52.
[278] Röpke, Gemeinsamer Markt ohne Dirigismus, Die Zeit, 1957.
[279] Ebd.
[280] Röpke, Gemeinsamer Markt und Freihandelszone, S. 55.

ne dieser Zerreissprobe nicht standhalten. Außerdem bewirke der internationale Dirigismus zusätzlich neben der Zollunion eine zusätzliche Abschließung, deren Konsequenz jene Blockbildung ist, die Röpke ablehnt.[281] Röpke sieht, wie bereits im Falle der Montanunion die Gefahr des Dirigismus und der planwirtschaftlichen Lenkung vor allem im Bereich der Investitionen, weshalb er vor allem der Europäischen Investitionsbank sehr kritisch gegenüber steht.[282] Eine Freihandelszone hingegen bedürfe einer solch intensiven Koordination nicht und habe daher keine Veranlassung, die Länder ihrer Souveränitätsrechte zu berauben.[283]

Viertens ziehe die EWG einen weiteren Graben durch Europa, der den bereits gespaltenen Kontinent nicht nur in wirtschaftlicher und politischer Hinsicht belaste und zusätzlich das Weiterbestehen der Einzigartigkeit des europäischen Kontinents gefährde[284], sondern darüber hinaus eine geistige Entfremdung der Menschen auf den jeweiligen Seiten des Grabens bewirke.[285] Diese politische Blockbildung innerhalb der freien Welt lehnt Röpke ab, da er der Auffassung ist, die »freie Welt« müsse sich verbünden, um sich gegen die aus der Sowjetunion drohende Gefahr des Kommunismus erfolgreich wehren zu können.[286]

Der Erhalt der »Einheit in der Vielheit«, den Röpke als Anwalt der Individuen fortwährend postuliert, sei fünftens, ausschließlich durch einen föderalistischen, dezentralisierten Aufbau des gesamten Systems und nicht unter Zuhilfenahme supranationaler Institutionen möglich. Denn nur ein System, das sich von der kleinsten Einheit bis zur größten erschließe, trage jedem Individuum Rechnung und lasse dabei keine Ebene aus.

Sechstens werden Drittländer, die weltoffen orientiert seien, zum einen diskriminiert, solange sie der EWG nicht angehören, andererseits jedoch aus wirtschaftlichen, geistigen, politisch-wirtschaftlichen und politischen Gründen veranlasst, sich auch weiterhin nicht an der Blockbildung zu beteiligen.[287]

Röpkes größter Kritikpunkt an der EWG betrifft jedoch, wie bereits im Falle der Montanunion,[288] deren Zielsetzung. Röpke wiederholt in seinen Publikationen sein Postulat, die geistig-politische Integration müsse, um nachhaltig und wohlstandsfördernd wirken zu können, stets der wirtschaftlichen Integration

---

[281] Röpke, Gemeinsamer Markt und Freihandelszone, S. 57.
[282] Ebd.
[283] Röpke, Gemeinsamer Markt ohne Dirigismus, Die Zeit, 1957.
[284] Röpke, Zwischenbilanz der Europäischen Wirtschaftsintegration, S. 91.
[285] Wilhelm Röpke, Gestrandete EWG, Die Aussprache Band 13, 1963, Nr. 3, S. 93.
[286] Röpke, Einheit in der Vielheit, Die politische Meinung, 1959, S. 19.
[287] Röpke, Gemeinsamer Markt und Freihandelszone, S. 60 f.; Röpke, Zwischenbilanz der Europäischen Wirtschaftsintegration, S. 88 ff.
[288] Vgl. hierzu Seite 66.

vorangestellt sein.²⁸⁹ Eine Zollunion, wie sie die Montanunion und in noch umfassenderer Weise die EWG darstellen, müsse um reibungslos zu funktionieren ein hohes Maß an geistig-politischer Integration bereits internalisiert haben. Genau dies werde jedoch von den Befürwortern der EWG umgekehrt, da von ihnen der Anspruch erhoben werde, mittels wirtschaftlicher Integration die politische Einigung Europas voranzutreiben.²⁹⁰ Er schreibt hierzu in aller ihm eigenen Deutlichkeit: »Die Idee, die politische Verschmelzung auf dem Umwege über die wirtschaftliche zu erreichen, ist eine Spekulation, zu der nur Menschen verführt werden können, die nie ernstlich über das *Wesen einer Nation* nachgedacht haben.«²⁹¹ Der Versuch mit jakobinischen, zentralistischen, dirigistischen, bürokratistischen und saint-simonistischen Methoden dieser Verschmelzung nachzuhelfen, wobei alle der EWG zugehörigen Länder in die »von Brüssel gerührte Knetmaschine« gerieten, die Europa in einen »Riesenbrei« zu verwandeln drohe, sei »Sprengstoff statt Mörtel« im europäischen Einigungsprozess.²⁹² Auch in späteren Jahren, als die EWG sich mehr und mehr etablierte, wiederholt Röpke seine Grundsatzkritik an der Montanunion und der EWG, die politische Integration auf dem Umwege einer wirtschaftlichen Integration zu erwirken, denn ein Zollverein sei noch lange kein Vaterland.²⁹³

### 3.4.2.3. Röpkes Vorschläge zur »Schadensbegrenzung« nach Inkrafttreten der Römischen Verträge

Nachdem Röpke bereits vor der Unterzeichnung der Römischen Verträge vom Scheitern der EWG überzeugt ist, verlegt er sich sogleich auf Empfehlungen zur Abmilderung der Wirkung der EWG und hebt hervor, worauf es nun ankomme, um die Dinge wenigstens »zum relativ Besten« zu wenden. Es sei die Verpflichtung derjenigen, die den »Sprengkörper des Gemeinsamen Marktes« geworfen hätten, dieses Projekt erst dann zu verwirklichen, wenn zuvor eine große, alle OEEC-Mitgliedstaaten umfassenden Freihandelszone errichtet worden sei, deren Schaffung auf eine Initiative Großbritanniens zurück geht und vom deutschen

---

[289] Vgl. hierzu u.a. Röpke, Widersprüche, NZZ, 1964, S. 4; Wilhelm Röpke, Unbewältigte EWG, Die Aussprache Band 12, 1962, Nr. 1, S. 115; Röpke, Gestrandete EWG, Die Aussprache, 1963, S. 95; Röpke, Der jähe Sturz, Rheinischer Merkur, 1965, S. 4; Röpke, Die EWG im Zwielicht, Rheinischer Merkur, 1964, S. 4; Röpke, Unorthodoxe Gedanken, NZZ, 1962, S. 7; Röpke, EWG, Der Monat, 1952, S. 233; Röpke, Einheit in der Vielheit, Die politische Meinung, 1959, S. 14; Röpke, Die wirtschaftliche Integration, Wissenschaft und Weltbild, 1960, S. 93.
[290] Röpke, Widersprüche, NZZ, 1964, S. 4.
[291] Ebd.
[292] Röpke, Die EWG im Zwielicht, Rheinischer Merkur, 1964, S. 4; Abdruck auch in: Wilhelm Röpke, Fronten der Freiheit: Wirtschaft, internationale Ordnung und Politik, Stuttgart: Seewald Verlag, 1965, S. 245 ff.
[293] Röpke, Der jähe Sturz, Rheinischer Merkur, 1965, S. 4.

Wirtschaftsminister Erhard unterstützt wird.[294] Die Erweiterung des »römischen Sextetts« durch eine Freihandelszone sei unerlässlich, damit Europa, das durch Kommunismus und Demokratie bereits getrennt sei, nicht noch weiter aufgespalten werde. Wenn es dabei nicht möglich sei, beide Projekte zu realisieren, dann sei es besser, keines der beiden durchzuführen, womit noch das geringere Übel in Kauf genommen werde.[295] Für diesen Fall schlägt er vor, sich einfach umso intensiver den im Rahmen der OEEC begonnen Bemühungen um Konvertibilität und Handelsliberalisierung zu widmen.[296] Gerade die Konvertibilität, Handelsliberalisierungen und das Bekenntnis zu Marktwirtschaft seien in jedem Falle die wichtigeren Ziele für die Annäherung der europäischen Staaten. Denn sollte eine Ergänzung des Gemeinsamen Marktes um die Freihandelszone nicht rechtzeitig umgesetzt werden, befürchtet er eine aus dem Gemeinsamen Markt resultierende Desintegration durch Abschottung nach außen.[297]

Doch die Realisierung der großen Freihandelszone scheitert im Dezember 1958 in den Maudling-Verhandlungen, was Röpke auf politische und machttaktische Gründe zurückführt[298] und scharf kritisiert.[299] Stattdessen formiert sich, wie oben erwähnt, die kleine Freihandelszone EFTA, was Röpke als nicht anders zu erwarten einstuft. Er begrüßt diese Wende sogar ausdrücklich, da die Gründung dieses Präferenzsystems ein Beweis für die EWG sei, dass diese »kein Monopol auf Diskriminierung« habe.[300] Er hofft, dass die EFTA sich zum Gegengewicht zur EWG entwickeln könne, das letztere in ihre Schranken zurückweise und ausserdem einen gangbaren Weg eröffne, um von einer kleinen in eine große Freihandelszone überzugehen. Die EFTA, die er optimistisch als Umwegstation auf dem Weg zu einem geeinten, freihändlerischen Europa sieht, könne sich in der Zwischenzeit, bis eine große Freihandelszone realisiert werde, bereits erproben und an »die Zugluft eines freieren internationalen Wettbewerbs« gewöhnen.[301]

Dem Beitritt weiterer Länder zur EWG steht Röpke skeptisch gegenüber, obwohl dies für die EWG von existentieller Bedeutung sei. Schon die Verhandlungen um die Römischen Verträge hätten gezeigt, wie kompliziert das Unterfangen gewesen sei, allein die Gründungsmitglieder auf einen gemeinsamen Nenner zu bringen. Der Grund dafür sei das Bestreben der einzelnen Mitglieder, ihre eigenen Interessen auch bei Kollision mit denen anderer Staaten durchzusetzen,

---

[294] Röpke, Gemeinsamer Markt und Freihandelszone, S. 51.
[295] Röpke, Gemeinsamer Markt ohne Dirigismus, Die Zeit, 1957.
[296] Röpke, Europa - Besinnung und Hoffnung, S. 177.
[297] Röpke, Gemeinsamer Markt und Freihandelszone, S. 32.
[298] Röpke, Unbewältigte EWG, Die Aussprache, 1962, S. 116.
[299] Ebd; Röpke, Gestrandete EWG, Die Aussprache, 1963, S. 93.
[300] Röpke, Zwischenbilanz der Europäischen Wirtschaftsintegration, S. 93.
[301] Ders., S. 94 Dabei ist sich Röpke sehr wohl der damit verbundenen Schwierigkeiten bewusst, er erwähnt dazu insbesondere Sonderregelungen für den Agrarsektor, für ausgewählte Industrien, die Problematik der Ursprungserzeugnisse.

was einen äußerst langwierigen Einigungsprozess mit sich führe. Im Falle des Beitritts weiterer Staaten würde sich neben diesem Problem jedoch noch eine weitere Schwierigkeit auftun. Denn dabei würden Fragen des politischen Gleichgewichts berührt und die Ausgewogenheit der Interessen aufs Spiel gesetzt.[302] Die Erfolgschancen eines Beitritts weiterer Länder schätzt er umso geringer, je mehr sich diese der damit verbundenen Risiken bewusst würden.[303] Der erste misslungene Anlauf durch die Kandidatur Großbritanniens bestätigt dabei seine Sorge. In der Konsequenz befürchtet Röpke, die EWG werde mithilfe von »Druck und Drohung« die Integration vorantreiben. Diese Methode habe jedoch den großen Makel, »daß ein [...] mit Zuckerbrot und Peitsche zusammengetriebenes Europa ganz im Gegensatz zu den politischen Argumenten, mit denen es gefordert worden ist, von harmonischer Brüderlichkeit sehr weit entfernt sein würde.«[304]

Röpke hofft daher anfangs, die europäischen Länder außerhalb der EWG, insbesondere die Länder der EFTA, würden untereinander und mit der EWG die schrittweise Aufhebung der Einfuhrhemmnisse beschließen und somit *peu à peu* zu einer europaweiten Freihandelszone mutieren[305], wenngleich er diese Verbindung zwischen Gemeinsamem Markt und Freihandelszone als schwieriges Unterfangen identifiziert.[306] Doch diese Hoffnung zerschlägt sich immer mehr, und auch sein Appell während eines Vortrags zur Bremer Eiswette verhallt unerhört: »Und nun bitte ich Sie, [...] sich doch recht deutlich klarzumachen, wie bedauerlich die Spaltung ist, die durch diese Entwicklung innerhalb Europas eingetreten ist. Europa zerfällt heute handelspolitisch in zwei große Blöcke, die sich immer wieder wie zwei Eisschollen voneinander entfernen, je mehr innerhalb der beiden Blöcke die Liberalisierung fortschreitet: die EWG und die EFTA.«[307] Röpke sieht somit im Zeichen der Integration die Desintegration Europas wahr werden.

Nachdem nicht zuletzt durch die Weigerung von Charles de Gaulle ein Beitritt Großbritanniens in immer weitere Ferne rückt,[308] konstatiert Röpke 1964, dass er die Überwindung der Spaltung des europäischen Kontinents für immer unwahrscheinlicher hält. Er rät daher der EWG, »daß die imperiale Lösung – also jene, die darin besteht, daß die EWG durch den Druck der zunehmenden Diskriminierung die außenstehenden Länder zum Beitritt bestimmt – jetzt endlich aus dem

---

[302] Röpke, Gestrandete EWG, Die Aussprache, 1963, S. 95.
[303] Ebd.
[304] Röpke, Unbewältigte EWG, Die Aussprache, 1962, S. 118.
[305] Röpke, Zwischenbilanz der Europäischen Wirtschaftsintegration, S. 91.
[306] Röpke, Gemeinsamer Markt und Freihandelszone, S. 62.
[307] Wilhelm Röpke, Rede zur Eiswette, 15. Januar 1966.
[308] Brunn, Die Europäische Einigung, S. 138 ff.

Spiel gelassen werden sollte.«[309] Denn diese und nicht der vermeintliche Erfolg der EWG – den Röpke von jeher infrage stellt – sei dafür verantwortlich, dass die europäischen Staaten außerhalb der EWG den Gang nach Brüssel anträten.[310] In Ablehnung dieser Taktik warnt Röpke seine Wahlheimat Schweiz davor, sich einem spirituell entleerten, überregulierten Klub in Brüssel anzuschließen.[311]

### 3.4.2.4. Integrationsperspektiven für den Industrie- und Agrarsektor

Röpke unterscheidet die Erfolgsaussichten der EWG für den Industrie- und Agrarsektor. Für den Bereich der Industrie sieht er gute Chancen, da dieser sich bereits im internationalen Wettbewerb behaupten könne.[312] Die im Rahmen des GATT von 1964-67 verhandelte Kennedy-Runde könne in diesem Zusammenhang ebenfalls »bei allseitig gutem Willen« einen Beitrag zur Liberalisierung der Weltwirtschaft leisten.[313] Er schätzt außerdem selbst Länder mit stärkeren protektionistischen Ausprägungen wie Frankreich und Italien als gewillt ein, Zollsenkungen zwischen EWG, EFTA und den übrigen europäischen Ländern zuzustimmen. Die Diskriminierungen durch die EWG könnten in den Industriesektoren damit reduziert, wenn nicht gar abgeschafft werden.[314] Röpke resümiert daher: »Man kann sich also durchaus vorstellen, daß in diesem Bereiche der Industrien das Problem der durch die EWG geschaffenen Diskriminierung durch weitherzige gegenseitige Zollkonzessionen, wenn nicht gelöst, so doch erträglich gemacht werden könnte.«[315]

Anders verhält es sich im Agrarsektor. Der Frage der gemeinsamen Landwirtschaftspolitik widmet Röpke einen längeren Artikel und greift sie darüber hinaus in mehreren Artikeln immer wieder auf, wenn auch meist eher am Rande.[316] Er antizipiert Schwierigkeiten bei einer Integration innerhalb der EWG, da die Industriestaaten bereits auf nationaler Ebene eine äußerst dirigistische und abschließende Agrarpolitik betreiben.[317] Die nationale Abkapselung im Land-

---

[309] Röpke, Die EWG im Zwielicht, Rheinischer Merkur, 1964, S. 4.
[310] Röpke, Unbewältigte EWG, Die Aussprache, 1962, S. 115.
[311] Zmirak, Wilhelm Röpke, S. 191.
[312] Röpke, Die EWG im Zwielicht, Rheinischer Merkur, 1964, S. 4.
[313] Wilhelm Röpke, Agrarintegration und EWG, Agri Forum: Monatsschrift für internationale Agrar- und Handelspolitik 1964, Nr. 2, S. 8.
[314] Röpke, Die EWG im Zwielicht, Rheinischer Merkur, 1964, S. 4.
[315] Röpke, Agrarintegration, Agri Forum, 1964, S. 8.
[316] Ders.; Vgl. hierzu auch Peukert, Das sozialökonomische Werk Wilhelm Röpkes, S. 1136.
[317] Mit Agrarprotektionismus beschäftigt sich Röpke bereits in den Zwanzigerjahren, als er von der Rockefeller Stiftung zur Untersuchung dieser Frage in die USA eingeladen wird. Später bezieht er zur agrarprotektionistischen Politik zu Zeiten Bismarcks Stellung und entscheidet sich dabei für eine marktwirtschaftliche Agrarpolitik. Den außenwirtschaftlichen Agrarprotektionismus lehnt er bereits bei Bismarcks Zollpolitik ab, vgl. Wilhelm Röpke, German Commercial Policy, London, New York, Toronto: Longmans, Green & Co., 1934, S. 51 f.; Wilhelm Röpke, Das Agrarproblem der Vereinigten Staaten I, Archiv

wirtschaftssektor gehe so weit, dass Einfuhren nur in dem Rahmen zugelassen würden, wie die inländische Produktion den Bedarf nicht decken könne.[318]

Mit der Einführung einer gemeinsamen Agrarpolitik im gesamten EWG-Raum sieht Röpke weitere Probleme erwachsen. Er prognostiziert, dass eine gemeinsame Agrarpolitik innerhalb der EWG das protektionistisch-dirigistische Prinzip der nationalen Agrarpolitik auf die höhere Ebene der EWG heben werde; Röpke vermutet, dass die Entartung der EWG zu einem autarken Agrar-Großraum schwerlich zu verhindern sei.[319] Der Freihandel innerhalb der EWG werde also mit einer noch stärkeren Abschließung nach außen erkauft, da in Folge bspw. Orangen nicht mehr aus Drittstaaten, sondern aus Italien in die Bundesrepublik importiert würden.[320] Die Konsequenz wäre für die Verbraucher in vielen Bereichen eine Preissteigerung, um die innergemeinschaftliche Landwirtschaft zu stützen. Aber auch bei Argrargütern, die in mehreren EWG-Ländern produziert werden, befürchtet Röpke Preissteigerungen gemäß des oft von ihm erwähnten »Gesetzes des Geleitzuges«.[321] Dies habe eine Stimulierung der Landwirtschaftsproduktion zur Folge, die allerdings zu Ineffizienzen durch Überschussproduktion führen werde.[322] Diese marktverzerrenden Maßnahmen würden allerdings, sollten sie sich (auch gegen mögliche gegenläufige Interessen der einzelnen Nationalstaaten) durchsetzen lassen, nur einer Randschicht von Produzenten dienen, zögen jedoch einen immensen Diskriminierungsfaktor nach außen nach sich.[323] Innerhalb dieser Randschicht von Produzenten vermutet Röpke außerdem, dass sich eine Tendenz zu großen Farmen ergeben werde, während die Kleinbauern *peu à peu* von der Bildfläche verschwänden.[324] Röpke kritisiert diese Entwicklungsmöglichkeit, die er ebenfalls als Amerikanisierung Europas einstuft, scharf, da er die Bewahrung der Vielfalt, des Kleinen und der Mannigfaltigkeit in Gefahr wähnt.[325]

Für die Agrarintegration sieht Röpke nur zwei gangbare Wege: Der perfektionistische Weg des innereuropäischen Freihandels, der jedoch mit Abschließung nach außen verbunden wäre oder die Rationalisierung der Landwirtschaft, verbunden mit einem solchen Maß an Schutzminderung, das Weltoffenheit ermöglicht.[326] Röpke zieht als Verfechter des Freihandels die zweite Variante vor.

---

für Sozialwissenschaften und Sozialpolitik Band 58, 1927; Wilhelm Röpke, Das Agrarproblem der Vereinigten Staaten II, Archiv für Sozialwissenschaften und Sozialpolitik Band 59, 1928.
[318] Röpke, Agrarintegration, Agri Forum, 1964, S. 8.
[319] Röpke, Unbewältigte EWG, Die Aussprache, 1962, S. 118.
[320] Röpke, Agrarintegration, Agri Forum, 1964, S. 9.
[321] Ebd.
[322] Röpke, Die EWG im Zwielicht, Rheinischer Merkur, 1964, S. 4.
[323] Röpke, Widersprüche, NZZ, 1964, S. 4.
[324] Röpke, Agrarintegration, Agri Forum, 1964, S. 8.
[325] Ebd.
[326] Ders., S. 9.

Die Verwirklichung dieser Variante beruht nach Röpkes Ansicht auf zwei Elementen: Erstens bezweifelt Röpke, dass es überhaupt hilfreich sei, industrielle Integration mit Agrarintegration zu flankieren. Die Entwicklung der EFTA, die sich auf industrielle Integration beschränke, beweise seine These.[327] Eine EWG-weite Agrarintegration sei zwangsläufig protektionistischer und dirigistischer als die bisherige protektionistische nationale Agrarpolitik. Daher solle die Agrarpolitik vollends aus dem EWG-Vertrag herausgehalten werden und auf nationaler Ebene geregelt werden.[328]

Zweitens gesteht Röpke den nationalen Regierungen – vorausgesetzt der Wille der Bevölkerung erlaube solche Maßnahmen – die Möglichkeit zu, »für die Erhaltung einer breiten Agrarbasis der Nation Opfer zu bringen.«[329] Das Volk könne also entscheiden, ob es sich die Unterstützung der Landwirtschaft etwas kosten lassen wolle und die verfügbaren Mittel im Sinne der Opportunitätskostenrechnung für den Erhalt dieses Sektors mitverwende.[330] Röpke erkennt mit diesem Argumentationsstrang ausdrücklich die außergewöhnliche systemimmanente Struktur des Agrarsektors an. Er begründet diese vor allem mit der Tatsache, dass Lohnsteigerungen in diesem Sektor im Vergleich zum Industriesektor geringer ausfielen, da durch Mechanisierung und Rationalisierung keine entsprechende Produktivitätssteigerung einhergehe. Zudem könnten höhere Löhne – bei offenen Grenzen – auch nicht auf die Preise umgelegt werden, da in Folge die Konkurrenzfähigkeit abnehmen würde. Hinzu komme, dass die (vor allem kurzfristig) geringe Nachfrageelastizität bei Nahrungsmitteln Absatzprobleme bei Produktionssteigerungen auslöse.[331] Mit dem Zugeständnis an die Nationalstaaten, aufgrund dieser Besonderheiten des Agrarsektors bei Bedarf die Landwirtschaft zu unterstützen, was keinesfalls als marktkonforme Anpassungsintervention verstanden werden kann, entfernt er sich allerdings von seiner absoluten Freihandelsmaxime.[332]

### 3.4.3. Fazit

Für die Lösung des EWG-Dilemmas im Industriesektor hält Röpke Empfehlungen bereit, die er selbst als ein Maximal- und ein Minimalprogramm zur Disposition stellt. Als Maximalprogramm stellt er die Möglichkeit vor, zugunsten der EWG anzuerkennen, dass sie als Bahnbrecher der Handelsbefreiung dienlich gewesen sei, aber nun ein Übergang von der regionalen in eine univer-

---

[327] Röpke, Der jähe Sturz, Rheinischer Merkur, 1965, S. 5.
[328] Röpke, Agrarintegration, Agri Forum, 1964, S. 10.
[329] Ebd.
[330] Röpke, Der jähe Sturz, Rheinischer Merkur, 1965, S. 4.
[331] Röpke, Agrarintegration, Agri Forum, 1964, S. 9.
[332] Vgl. auch Peukert, Das sozialökonomische Werk Wilhelm Röpkes, S. 1139 f.

selle Liberalisierung angestrebt werden solle. Bei der Vorgehensweise bezieht sich Röpke auf Gottfried Haberlers Vorschlag,[333] EWG und EFTA zu einer Staatengruppe zusammenzufassen, die bei einem bestimmten Maße an Zollsenkungen (das weit unter 100 v.H. liegen kann, Haberler schlägt dafür 30-40 v.H. vor[334]) halt machen und diese, gemäß dem Meistbegünstigtenprinzip allen übrigen Ländern ebenso zugestehen. Die handelsschaffenden Effekte, die dabei auf globaler Ebene entstünden, seien einer 100%igenZollsenkung auf begrenztem Raum stets vorzuziehen. Da Röpke jedoch nicht davon überzeugt ist, dass dieser Vorschlag Anklang findet, bietet er hilfsweise ein Minimalprogramm an, das darin besteht, zunächst innerhalb EWG und EFTA keine weiteren Zollherabsetzungen durchzuführen, um die bereits geformte Blockbildung nicht noch weiter zu vertiefen. Andererseits sollten die im Rahmen der GATT-Verhandlungen (bspw. die «Kennedy-Runde») und des amerikanischen Trade Expansion Act regionale Zollmauern herabgesetzt werden. Weiterhin mit dem Ziel das Maximalprogramm ebenfalls durchzuführen.[335]

Röpke maßt sich kein abschließendes Urteil hinsichtlich der (Über-)Lebensfähigkeit der EWG an, er bringt jedoch seine Skepsis über die EWG deutlich zum Ausdruck. »Philosophische Betrachter der Geschichte werden Gelegenheit haben, spannungsvoll abzuwarten, ob sich die höchst natürliche Lebenskraft der einzelnen Nationen angesichts [...] der nationalen Individualität späterhin etwa durch die Fesseln wird bändigen lassen, die ihr die Juristen des EWG-Vertrages durch die Bestimmung haben anlegen wollen, daß nach Beendigung der Übergangsphase nicht immer Einstimmigkeit der Mitgliedstaaten vorausgesetzt wird. Wird sich ein Staat in einer von ihm, vom Parlament oder von den Wählern als lebenswichtig empfundenen Angelegenheit majorisieren lassen?«[336]

## 3.5. Röpkes Haltung zu Europa (de Gaulle) im Verhältnis zu den USA (Kennedy)

Röpkes Interesse an der internationalen Politik beschränkt sich nicht allein auf Wirtschaftsfragen, sondern erstreckt sich auch auf sicherheitspolitische Aspekte.

---

[333] Vgl. Gottfried Haberler, Amerika und die Europäische Integration, Außenwirtschaft: Zeitschrift für internationale Wirtschaftsbeziehungen 1961, Nr. III/IV; Gottfried Haberler, Die wirtschaftliche Integration Europas, in: Erwin von Beckerath (Hrsg.), Wirtschaftsfragen der freien Welt: Zum 60. Geburtstag von Bundeswirtschaftsminister Ludwig Erhard, Frankfurt am Main: Knapp, 1957, S. 529 f.; Gottfried Haberler, Economic Aspects of a European Union, World Politics: a quarterly journal of international relations Band 1, 1949, Nr. 4, S. 439 ff. Die Argumentation Haberlers zu der gesamten Thematik der europäischen Integration deckt sich in hohem Maße mit der Röpkes.
[334] Haberler, Amerika, Außenwirtschaft, 1961, S. 52.
[335] Röpke, Gestrandete EWG, Die Aussprache, 1963, S. 96.
[336] Röpke, Widersprüche, NZZ, 1964, S. 5.

Da seiner Ansicht nach die kommunistische Bedrohung aus dem Osten soweit wie möglich eingeschränkt werden muss, gilt es für ihn, die Machtverhältnisse, die sich seit dem Ende des Zweiten Weltkriegs einpendeln zu überdenken.

Nach dem Zweiten Weltkrieg bis Ende der Fünfzigerjahre akzeptieren die europäischen Staaten zunächst die Führungsrolle der USA in der westlichen Welt, da sie sowohl von deren finanzieller als auch militärischer Unterstützung profitieren. Die Staaten Europas haben nicht die Ressourcen, sich gegen Angriffe von außen zu wehren und die Hilfe aus dem *Marshall-Plan* wird als Unterstützung zum Wiederaufbau der Industrie von insgesamt 16 europäischen Staaten in Anspruch genommen. Ab Ende der Fünfzigerjahre ändert sich jedoch das transatlantische Klima, denn es werden vermehrt europäische Stimmen laut, die verlangen, dass Europa in der internationalen Politik wieder eine gewichtigere Stellung einnehmen müsse. Die USA sind aber nicht bereit, ihren Machtanspruch in Europa aufzugeben, und sehen die Lösung vielmehr in einer atlantischen Gemeinschaft, deren institutioneller Rahmen die NATO bildet, jedoch von den USA geführt wird. Röpke ist Anhänger eines starken Europas, das hauptsächlich von dem französischen Staatspräsidenten de Gaulle postuliert wird. Er äußert sich daher in den Sechzigerjahren häufig zu den sicherheitspolitischen Fragen, die in der Diskussion um die transatlantischen Beziehungen überwiegen, äußert sich aber auch zu den wirtschaftspolitischen Spannungen ziwschen Europa und den USA, die sich vor allem im Agrarbereich zeigen. In den folgenden Abschnitten werden zunächst die Positionen de Gaulles und Kennedys beleuchtet und im Anschluss daran Röpkes Ansichten zur französischen und amerikanischen Haltung dargelegt.

### 3.5.1. Die EWG im Schatten de Gaulles 1959-1966

Die Zeit der Gründung der EWG fällt in Frankreich mit einer Reihe innen- und außenpolitischer Ereignisse zusammen, die dem Land eine außerordentliche Position zuteilen und auch die Einstellung de Gaulles in den Sechzigerjahren prägen. Die Suezkrise und die Erosion des französischen Kolonialreiches sorgen für ein Infragestellen der französischen Großmachtansprüche vor dem Hintergrund der immer deutlicher hervortretenden bipolaren Struktur des internationalen Systems. Auch strukturelle Probleme innerhalb Frankreichs erhöhen den Reformdruck enorm. Zudem führen die Militärausgaben für den ungelösten Algerienkonflikt zu negativen Zahlungsbilanzen, hoher Inflation und zunehmender Staatsverschuldung. Auch eine politische Führung ist aufgrund zersplitterter Mehrheitsverhältnisse, einer machtlosen Exekutive und bürgerkriegsähnlicher Zustände außerstande, die Situation zu entspannen. Durch die Ernennung Charles de Gaulles zum Regierungschef im Mai 1958 kann gerade noch ein Militärputsch abgewendet werden.[337] De Gaulle arbeitet sogleich eine neue Verfassung aus, die die Stärkung der Exekutive vorsieht, womit er sich selbst an die Spitze der Fünften Republik setzt und Frankreichs politisches System fundamental reformiert. Auch in der Außenpolitik räumt er sich selbst erweiterte Kompetenzen ein, was unter anderem in seiner Europapolitik unmissverständlich zum Ausdruck kommt.[338]

Einerseits gilt de Gaulle als Skeptiker gegenüber der europäischen Gemeinschaft und ist der Ansicht, die bisherige Europapolitik Frankreichs habe unheilvollen Einfluss auf die französische Politik gehabt, weshalb ein anderer Kurs einzuschlagen sei.[339] Andererseits hat er mehrere Gründe, die EWG auch aus französischer Perspektive zu akzeptieren. De Gaulle ist Pragmatiker, der darauf baut, dass sobald alle sich davon überzeugen können, dass geschlossene Verträge gehalten werden und damit Vertrauen aufgebaut wird, die eigene Politik besser durchgesetzt werden könne.[340] Ökonomisch verspricht de Gaulle sich von der EWG die Modernisierung der Industrie und die Erweiterung des Absatzmarktes. Er erhofft sich eine Verbesserung vor allem für den französischen Agrarsektor, der unter Überproduktion und im Zuge dessen unter der Unzufriedenheit der in der Landwirtschaft beschäftigten Bevölkerung leidet. Da jedoch gerade die Landbevölkerung zu großen Teilen zu den Wählern de Gaulles gehört, fühlt er sich ihnen verpflichtet. Außerdem hält er es für angemessen, angesichts der Demoralisierung durch den Algerienkonflikt, Frankreich zu seiner »grandeur« zurückzuverhelfen, ihm in der Welt wieder die Rolle zukommen zu lassen, die ihm zustehe,[341] denn die Vorstellung Frankreichs als der »grande nation« sei von dieser als Identitätsmerkmal verinnerlicht.[342] Nur so könne dem französischen Volk das notwendige Selbstvertrauen vermittelt werden, um sowohl wirtschaftlichen als auch sozialen Fortschritt zu ermöglichen und darüber hinaus nach außen seine Stellung als Großmacht zu behaupten.[343] Frankreich habe schon aufgrund seiner Atomstreitmacht, der »force de frappe«, die eine Schutzwirkung für die Gesamtheit der westeuropäischen Länder habe, deren strategische Interessen sich zu dem damaligen Zeitpunkt mit denen Frankreichs fast gänzlich decken, den Anspruch auf Führung dieser Ländergruppe (anfangs noch mit dem Zugeständ-

---

[337] Jürgen Mittag, Kleine Geschichte der Europäischen Union: Von der Europaidee bis zur Gegenwart, Münster: Aschendorff Verlag, 2008, S. 124.
[338] Ders., S. 125.
[339] Loth, De Gaulle, S. 52 f.
[340] Wichard Woyke, Frankreichs Außenpolitik von de Gaulle bis Mitterand, Opladen: Leske + Budrich, 1987, S. 40.
[341] Reinhard Kapferer, Charles de Gaulle: Umrisse einer politischen Biographie, Stuttgart: Deutsche Verlags-Anstalt, 1985, S. 228.
[342] Philip Cerny, The Politics of Grandeur: Ideological Aspects of de Gaulle's Foreign Policy, Cambridge: Cambridge University Press, 1980, S. 85.
[343] Loth, De Gaulle, S. 53.

nis einer gemeinsamen, französisch-britischen Führungsrolle].[344] Dabei ist sich de Gaulle darüber im Klaren, dass sein Ziel, für Frankreich im internationalen Mächteverhältnis seine ihm gebührende Stellung zu erwirken, nicht ohne dessen Einbettung in die EWG möglich ist.[345] Frankreich verfügt nicht über Macht im Sinne kontinentaler Dimensionen, wie China, die Sowjetunion und die USA. Daher hat es nur mithilfe von Allianzen mit anderen Ländern die Möglichkeit auf der Weltbühne eine Hauptrolle zu spielen.[346] Er schlägt aus diesem Grunde ab Sommer 1959 eine politische Union der EWG-Staaten vor, die er am 5. September 1960 in einer Pressekonferenz konkretisiert. Er erhofft sich darin eine engere Zusammenarbeit der sechs EWG-Staaten auf den Gebieten der Politik, Wirtschaft und Landwirtschaft, Kultur und Verteidigung unter Beibehaltung der nationalen Souveränität. Zu diesem Zwecke fordert er regelmäßige Treffen der Regierungs- und Staatschefs zu Beratungen. Er schlägt die Schaffung von den Regierungen der Mitgliedstaaten unterstellten und damit rein weisungsgebundenen Abteilungen vor, die mit technischen Aufgaben betraut werden sollen. Ferner regt er die Bildung eines Europaparlaments an, das jedoch ebenfalls nur beratenden Charakter besitzen soll. In seiner Rede lässt de Gaulle auch keinen Zweifel darüber aufkommen, wie wenig er von den im Zuge der Montanunion und EWG gegründeten supranationalen Organisationen hält. Es sei eine »Schimäre« anzunehmen, diese Institutionen, die außerhalb oder über den einzelnen Staaten stehen, besäßen Autorität und politische Wirksamkeit und seien daher auf technische Funktionen zu begrenzen.[347] In der Konsequenz hätten diese keine Möglichkeit mehr, den Mitgliedstaaten Anordnungen zu erteilen, sondern würden nur im Auftrag ihrer jeweiligen Regierung tätig werden.[348] De Gaulle sieht auch im Bereich der Verteidigungs- und Sicherheitspolitik Kooperationen vor, um Europa von der NATO, die er als amerikanisches Protektorat in Europa wahrnimmt,[349] zu emanzipieren. Seine Europaidee möchte de Gaulle durch ein Referendum in den betreffenden Staaten absegnen lassen, um die öffentliche Zustimmung zu diesem Projekt zu dokumentieren.[350]

---

[344] Brunn, Die Europäische Einigung, S. 139; Loth, De Gaulle, S. 55.
[345] Mittag, Kleine Geschichte der EU, S. 126; Vgl. auch Alexander Berens, Der Weg der Europäischen Wirtschaftsgemeinschaft zur Politik des leeren Stuhls und zum Luxemburger Kompromiss, 2002 (zugl. Diss., Johann Wolfgang Goethe-Universität Frankfurt am Main, 2002), S. 26.
[346] Edgar S. Furniss, The Grand Design of Charles de Gaulle, in: James T. Watkins (Hrsg.), The Grand Design, Band 39, Los Angeles: University of Southern California, 1964, S. 99.
[347] Clemens et al., Geschichte der europäischen Integration, S. 155.
[348] De Gaulles Skepsis gegenüber supranationalen Organisationen stützt sich dabei eher auf die Überzeugung einer Politik der kleinen Schritte. Er hält Europa noch nicht bereit dafür, ein solch weitreichendes Bündnis einzugehen und glaubt, die nationalstaatlichen Regierungen könnten noch nicht durch ein überstaatliches Organ ersetzt werden. Er lässt jedoch die Möglichkeit, im Laufe der Zeit größere Schritte in Richtung europäischer Einheit zu machen offen. Berens, Der Weg der EWG, S. 78.
[349] Kapferer, Charles de Gaulle, S. 233.
[350] Brunn, Die Europäische Einigung, S. 140.

Obgleich dieser Vorstoß des französischen Präsidenten die anderen EWG-Länder vor den Kopf stößt, erklären diese sich zu Verhandlungen bereit.[351] Pläne für die angestrebte, engere, politische Kooperation sollen – so wird auf einer Gipfelkonferenz der EWG-Staats- bzw. Regierungschefs im Februar 1961 beschlossen – unter dem Vorsitz von Christian Fouchet in einer Studienkommission ausgearbeitet werden. Im Oktober des gleichen Jahres legt Fouchet sein Konzept vor, das sich eng an den Vorstellungen de Gaulles und seiner Idee einer intergouvernementalen Verflechtung orientiert. Zwar wird der Plan als Arbeitsgrundlage betrachtet, stößt aber auf Kritik und Ablehnung bei den anderen Fünf. Diese verlangen eine Überarbeitung und Weiterentwicklung, die Fouchet im November präsentiert.

Zu einer Diskussion des revidierten Vertragsentwurfes kommt es jedoch nicht, da Frankreich den Plan überraschend zurückzieht und einen neuen Entwurf vorlegt. Dieser enthält von de Gaulle eigenhändig am Vorabend der Ausschusssitzung vorgenommene Revisionen. Die Änderungswünsche der Fünf bleiben darin vollkommen unberücksichtigt, und er bedeutet gar eine Verschärfung gegenüber dem ursprünglichen Plan. Der Plan sieht die Unterordnung der bereits bestehenden EWG-Institutionen unter den Ministerrat der Union vor und damit eine weitgehende Entmachtung der EWG-Kommission, was de facto die Aufgabe des supranationalen Integrationsprinzips bedeuten würde. Es wird in dem Plan auch nicht mehr von der Annahme einer gemeinsamen Außenpolitik gesprochen, sondern lediglich davon, u.a. im Bereich der Außenpolitik eine Annäherung zu wagen, zu koordinieren und zu vereinheitlichen.[352] Daraufhin lehnen die Benelux-Staaten, aus Angst vor einem französischen bzw. französisch-deutschen Protektorat, jegliche weiterführenden Verhandlungen über de Gaulles Pläne ab, solange Großbritannien außerhalb der EWG stehe. De Gaulle quittiert die Verweigerung der fünf anderen EWG-Staaten, ihm in seinen Bestrebungen der Schaffung der Europäischen Politischen Union zu folgen[353], mit einer Pressekonferenz, in der er seiner Verärgerung über die Ablehnung seiner Vorschläge Luft macht und die Integrationsbestrebungen seiner europäischen Partner als »Märchen aus Tausendundeiner Nacht« betitelt.[354]

---

[351] Brunn, Die Europäische Einigung, S. 140.
[352] Clemens et al., Geschichte der europäischen Integration, S. 158.
[353] Die Weigerung lässt sich zwar auf die Benelux-Staaten begrenzen, die von Italien und Deutschland jedoch nicht zur Umstimmung bewegt werden können. De Gaulle bemüht sich in Konsequenz um den Schulterschluss mit Deutschland – um von seinen Plänen einer politischen Union zu retten, was noch zu retten ist – die im Elysée-Vertrag am 22. Januar 1963 vertraglich untermauert wird. Allerdings kommt die Ratifikation durch den deutschen Bundestag nur aufgrund einer – auf Erhards Initiative – von Deutschland einseitig eingefügten Präambel zustande, die alle Punkte betont, die von de Gaulle zuvor mit seinen Fouchet-Planänderungen abgelehnt worden waren: eine enge Partnerschaft mit den USA, den Ausbau der supranationalen Komponente bei den europäischen Integrationsbestrebungen und der Wunsch nach Aufnahme Großbritanniens in die EWG.
[354] Ders., S. 161.

Was das Beitrittsgesuch Großbritanniens[355] ab August 1961 betrifft, so hatte de Gaulle ihn anfangs als Möglichkeit eines französisch-britischen Atombündnisses verstanden. Eine Verständigung de Gaulles mit dem britischen Premierminister Macmillan im Juni 1962 darüber, in der Atomfrage zusammen zu arbeiten und diese zum Eckpfeiler der europäischen Integration zu machen, ist daher ganz im Sinne des französischen Präsidenten. De Gaulle versteht das Ausloten der Bereitschaft Großbritanniens, eine europäische Verteidigungsgemeinschaft zu bilden, an deren Spitze England und Frankreich mit ihrer jeweiligen Atomstreitmacht stehen, als Test, ob Großbritannien bereit für ein unabhängiges Europa ist.[356] Dies ist für ihn Bedingung zur Aufnahme Großbritanniens in die EWG.[357]

De Gaulle hat das Ziel mit einer durchschlagskräftigen europäischen Verteidigungsgemeinschaft die Unabhängigkeit Westeuropas von den USA zu erwirken, die er als notwendig erachtet, um die Auflösung der Blockbildung innerhalb Europas anzustoßen, die zu einem freien Europa vom Atlantik bis zum Ural führen soll.[358] Er wünscht sich ein Ende des Kalten Krieges und den damit einhergehenden Abzug der Truppen der Supermächte.[359] Neben dem Wunsch eines friedlichen Nebeneinanders aller europäischen Nationen, den de Gaulle durch die amerikanische Außenpolitik – die er als Streben nach Hegemonie interpretiert – als gefährdet wähnt, hat der französische Präsident einen zweiten Grund für seine Skepsis gegenüber den Vereinigten Staaten. Die Forderung nach größerer Unabhängigkeit Europas von den USA begründet de Gaulle mit der Überzeugung, dass, wenn es zu einer Schlacht um Europa komme, die USA eine Niederlage verkraften könnten, ohne dabei selbst Gefahr zu laufen, von der Auslöschung bedroht zu werden, womit Europa dem Risiko einer privilegierten Zerstörung ausgesetzt sei.[360] Aus dieser Lage leitet de Gaulle die Notwendigkeit der militärischen Stärkung Europas und insbesondere Frankreichs ab. Europa müsse neue Grundlagen für eine atlantische Allianz vorschlagen, womit er eine Neuordnung der NATO meint, welche er bislang als politische und militärische Unterordnung

---

[355] Großbritanniens Beitrittsgesuch ist sowohl politisch als auch wirtschaftlich motiviert. Im politischen Bereich fürchtet Großbritannien ein Wiedererstarken Deutschlands und Frankreichs, das ihm die Stellung streitig machen könnte, wirtschaftlich erhofft sich London, ebenfalls von der Wachstumsdynamik im EWG-Raum zu profitieren. Oliver Bange, Deutschland und die britische Beitrittsfrage, 1960-1963, in: Rudolf Hrbek/Volker Schwarz (Hrsg.), 40 Jahre Römische Verträge: Der deutsche Beitrag, Baden-Baden: Nomos Verlagsgesellschaft, 1998, S. 278 ff.; Clemens et al., Geschichte der europäischen Integration, S. 162 f.
[356] Loth, De Gaulle, S. 55.
[357] Berens, Der Weg der EWG, S. 116.
[358] Loth, De Gaulle, S. 55 f.
[359] Frank Castigliola, The Failed Design: Kennedy, de Gaulle and the Struggle for Europe, Diplomatic History: The Journal of the Society for Historians of American Foreign Relations Band 8, Juli 1984, Nr. 3, S. 238.
[360] Loth, De Gaulle, S. 54 f..

Westeuropas unter die USA begreift.[361] Daraus zu schließen, de Gaulle sehe keinen Sinn im Bestehen der NATO unter den gegebenen Umständen, wäre zu kurz gegriffen, vielmehr fordert er ein größeres Mitspracherecht in Verteidigungsangelegenheiten für Europa, insbesondere für Frankreich.[362]

Diese Wünsche werden jedoch von de Gaulle nicht konkret und offensiv genug formuliert, sondern statt dessen oftmals auf implizite Äußerungen beschränkt, die allerdings von den anderen Seiten missverstanden werden. Es kommt erschwerend hinzu, dass de Gaulles europäische Partner zu diesem Zeitpunkt nicht bereit sind, den »Sprung ins kalte Wasser der Eigenständigkeit« zu wagen.[363] De Gaulles mangelndes diplomatisches und verhandlungsstrategisches Geschick haben, wie Loth konstatiert, daher manche Realisierung seiner Vorschläge verhindert. »Die Verhandlungen über seine Initiativen gerieten so regelmäßig zu Dialogen von Taubstummen, die in allgemeiner Kakophonie endeten.«[364]

Die folgenden Verhandlungen zwischen Großbritannien und der EWG erweisen sich als zäh, zum einen weil die EWG-Staaten sich bei den einzelnen Verhandlungen zuvor auf eine gemeinsame Position einigen mussten;[365] zum anderen hat Großbritannien Schwierigkeiten, eigene Interessen vor allem im Bereich der Agrarpolitik und der Außenhandelspolitik im Zusammenhang mit dem Commonwealth, den EWG-Staats- und Regierungschefs zu vermitteln. So erhärtet sich vor allem in Frankreich der Verdacht, Großbritannien sei wegen seiner Forderungen nach Sonder- und Ausnahmeregelungen noch nicht bereit, sich mit den Partnern des Festlandes zu vereinen.[366] Trotz einer sich immer weiter verschlechternden Atmosphäre laufen die Verhandlungen weiter, bis sie am 29. Januar 1963 durch das Veto de Gaulles ein jähes Ende finden. In einer Pressekonferenz am 14. Januar macht er zuvor deutlich, dass Frankreich einen Beitritt Großbritanniens zur EWG zu diesem Zeitpunkt nicht unterstütze. Die Konfliktpunkte sieht er dabei vornehmlich im Agrarbereich. De Gaulle glaubt, »daß England noch nicht gewillt ist, der Europa-Gemeinschaft beizutreten, und diesen Schluß könnte man aus den langen, unendlich langen Brüsseler Verhandlungen ziehen.«[367]

Der eigentliche Grund für die Ablehnung des Beitritts Großbritanniens ist jedoch de Gaulles Skepsis gegenüber den USA. Er sieht das Königreich lediglich als »Handlanger der Vereinigten Staaten«,[368] der nur in Abhängigkeit agiert –

---

[361] Berens, Der Weg der EWG, S. 19.
[362] Vgl. Heinrich von Siegler, Kennedy oder de Gaulle? Probleme der Atlantik- und der Europapolitik, Bonn, Wien, Zürich: Siegler & Co. KG Verlag für Zeitarchive, 1963, S. 68.
[363] Loth, De Gaulle, S. 56 f.
[364] Ders., S. 57.
[365] Clemens et al., Geschichte der europäischen Integration, S. 164.
[366] Berens, Der Weg der EWG, S. 120.
[367] Pressekonferenz des französischen Staatspräsidenten Charles de Gaulle am 14. Januar 1963 im Festsaal des Elysée-Palastes. Zitiert nach von Siegler, Kennedy oder de Gaulle?, S. 85 ff..
[368] Eckart Conze, Die gaullistische Herausforderung: Die deutsch-französischen Beziehungen

was sich einmal mehr mit der Absage Macmillans in Rambouillet hinsichtlich der Entwicklung einer britisch-französischen Trägerrakete und noch im selben Monat im Abkommen von Nassau[369] deutlich macht. Dies weckt in de Gaulle die Befürchtung, die USA würden ihre Interessen innerhalb der EWG durch die Hintertür Großbritannien, das er als trojanisches Pferd sieht, durchsetzen.[370] Dieser Auslöser deckt sich jedoch, wie auch Schlesinger betont,[371] nicht mit den Ursachen für de Gaulles Haltung. Diese müssten im gesamten Europa- und Weltbild de Gaulles gesucht werden, in der Vision, die er für Frankreich und Europa aufgebaut habe und deren Realisierung er durch die Durchsetzungskraft der Amerikaner immer weiter entschwinden sehe. In seiner Verärgerung zieht de Gaulle mit seinem Veto die Konsequenz für Frankreich und verdeutlicht vor der gesamten westlichen Welt Frankreichs Position.[372]

Der französische Alleingang in der britischen Beitrittsfrage und der sich missverstanden fühlende Präsident Frankreichs führen im Folgenden zu allgemeiner Erbitterung und europapolitischem Stillstand. Ab 1963 bis zu de Gaulles Rücktritt ist die französische Haltung gegenüber der EWG von nationalen Interessen getragen, was sich vor allem in der Frage um eine gemeinsame Agrarpolitik und in der Ablehnung der Verlagerung von Kompetenzen auf supranationale Ebene äußert. Als Druckmittel verwendet er mehrmals die Drohung des Austritts aus der EWG.[373] Im Juli 1963 droht er mit dem 'Untergehen' des Gemeinsamen Marktes, sollte es in der agrarpolitischen Frage, in der de Gaulle einen gemeinsamen Markt verlangt und die bis Ende des Jahres gelöst werden soll, keine Einigung geben.[374] Ein Kompromiss bei der Festsetzung der Preise für Milchprodukte,

---

in der amerikanischen Europapolitik 1958 - 1963, München: Oldenbourg, 1995 (zugl. Diss., Alexander-Friedrich-Universität Nürnberg-Erlangen, 1992/93), S. 212.

[369] Das Abkommen von Nassau zwischen den USA und dem Vereinigten Königreich im Dezember 1962, worin der Verkauf amerikanischer nuklearfähiger Polaris-Raketen vertraglich festgelegt wird, gilt als Auslöser für de Gaulles Veto. Die Unterzeichnung dokumentiert für de Gaulle eine Hinwendung Großbritanniens zu den USA und damit eine Abwendung von einem westeuropäischen Militärbündnis. Vgl. Conze, Die gaullistische Herausforderung, S. 21, 253; Berens, Der Weg der EWG, S. 121 f.

[370] Castigliola, The Failed Design, S. 237, 250.

[371] Der Historiker und Pulitzer-Preis Gewinner Arthur Schlesinger ist in den Jahren 1961-64 Sonderberater der Präsidenten Kennedy und Johnson.

[372] Arthuer M. Schlesinger, Die tausend Tage Kennedys, Bern u.a.: Scherz, 1965, S. 759.

[373] Die Austrittsdrohung wendet de Gaulle nicht nur gegenüber der EWG, sondern auch gegenüber den USA an, um seiner Forderung nach einer französischen mit Nuklearwaffen ausgerüsteten statusgleichen Weltmacht zu unterstreichen. In Konsequenz zieht sich Frankreich am 1. Juli 1966 aus den militärischen Organen der NATO zurück, nachdem de Gaulle seine Forderungen gegenüber den USA nicht durchsetzen kann.

[374] In der Frage bezüglich einer gemeinsamen Agrarpolitik stehen sich die deutsche und die französische Position diametral gegenüber. Das Bundeswirtschaftsministerium befürchtet, das vorgeschlagene System mit seinen automatischen Abschöpfungsregeln und der starren Preis- und Absatzgarantien sei zu protektionistisch, während das Landwirtschaftsministerium und der deutsche Bauernverband die Schutzwirkung des Gemeinschaftssystems schwächer als die bisherigen nationalen Regeln einschätzt. Außerdem wird befürchtet,

Kalb- und Rindfleisch kann zunächst einen Eklat verhindern.[375] Im Jahr darauf droht die französische Regierung jedoch erneut mit Austritt aus der EWG, falls nicht auch in der Getreidepreisfrage eine zufriedenstellende Lösung gefunden werden könne, worauf wieder ein Einlenken zugunsten der Franzosen einen Eklat verhindert.[376] Dieser folgt jedoch im Jahr darauf. Die Kommission hatte im Vorfeld Pläne für die Weiterentwicklung der EWG vorgelegt, die darauf abzielten, die Finanzierung der Landwirtschaft zu regeln und der EWG die Möglichkeit eigener Einnahmen aus Abschöpfungen[377] und Zolleinnahmen zu gewähren, wodurch die Finanzierung der Agrarpolitik gesichert werden sollte. Die Befugnisse des Europäischen Parlaments und der Kommission sollten zudem dahingehend erweitert werden, dass das Parlament die Möglichkeit erhalten sollte, unter gewissen Voraussetzungen an dem von der Kommission aufgestellten und vom Rat grundsätzlich gebilligten Haushaltsplan durch Mehrheitsentscheid Änderungen vorzunehmen, die von der Kommission nur noch mit einer qualifizierten Mehrheit (fünf von sechs Stimmen) überstimmt und damit beschlossen werden könnten.[378] Die französische Regierung lehnt jedoch diese Kompetenzerweiterung der supranationalen Organe ab und verweigert ab dem 6. Juli 1965 jegliche Mitarbeit in den Gremien der EWG, womit die sogenannte 'Politik des leeren Stuhls' beginnt und die EWG-Krise ihren Höhepunkt erreicht.[379] Diese Aktionen Frankreichs können jedoch nicht als von de Gaulle geplant oder intendiert gewertet, sondern eher als aus einer Eigendynamik entstehende Notlösungen verstanden werden.[380]

---

dass der Getreidepreis innerhalb des Gemeinsamen Marktes auf das niedrigere französische Niveau absinken würde, was mit Gewinneinbußen in Deutschland einhergehen würde. Von Frankreich hingegen, das allein knapp die Hälfte der Fläche des Gemeinsamen Marktes ausmacht, wird ein großer präferenzieller gemeinsamer Markt mit wirksamem Außenschutz postuliert. Frankreich macht dabei deutlich, dass an eine befriedigende Lösung in der Agrarfrage ebenso die Zustimmung Frankreichs für weitere Integrationsstufen des Gemeinsamen Marktes für Industrieprodukte gekoppelt ist und setzt damit vor allem Deutschland, das auch außenpolitisch auf Frankreich angewiesen ist, unter Druck. In diesem Punkt ist de Gaulle, da er damit rechnet, von dem gemeinsamen Agrarmarkt zu profitieren, bereit, eine supranational organisierte Agrarpolitik, mit »geordnetem« Absatzmarkt mit Preis- und Absatzgarantien und einer gemeinschaftlichen Finanzierung, von der vor allem Importländer betroffen sein würden, zu akzeptieren. Vgl. von der Groeben, Aufbaujahre der Europäischen Gemeinschaft, S. 146-153, 300.

[375] Woyke, Frankreichs Außenpolitik, S. 47.
[376] Alain Prate, Les batailles économiques du Général de Gaulle, Paris: Plon, 1978, S. 57.
[377] Hierunter sind zunächst von den Mitgliedsländern der EWG erhobene Abgaben auf Importe aus Drittländern in die EWG zu verstehen, wodurch Preise von Importwaren, auf das Preisniveau innerhalb der EWG angepasst werden sollen, vgl. von der Groeben, Aufbaujahre der Europäischen Gemeinschaft, S. 268 f.
[378] Wolfgang Harbrecht, Die Europäische Gemeinschaft, 2. Auflage. Stuttgart: Gustav Fischer, 1984, S. 95; Lucas, Europa vom Atlantik bis zum Ural?, S. 263.
[379] Frankreichs Blockadehaltung wird durch den Luxemburger Kompromiss vom 29. Januar 1966 beendet, worauf Frankreich wieder seinen Platz in den europäischen Institutionen einnimmt und an den Verhandlungen partizipiert. Der Kompromiss bedeutet – wenn dieser es auch nicht explizit festhält – eine Stärkung der Nationalstaaten gegenüber den supranationalen Institutionen.
[380] Loth, De Gaulle, S. 58.

## 3.5.2. Kennedy und das Scheitern des »Grand Design«

Noch bevor John F. Kennedy 1960 zum Präsidenten der Vereinigten Staaten von Amerika gewählt wird, verkündet er im Wahlkampf das Regierungsprogramm der New Frontier: Nach dem Vorbild der amerikanischen Siedler gelte es, neues Grenzland zu erobern, sich nicht mehr zurückzulehnen und aufzugeben, wenn Probleme sich als schwer lösbar herausstellen. Es werde in seiner Präsidentschaft um die unerfüllten Hoffnungen und Träume gehen, die ungelösten Probleme von Krieg und Frieden, die ungeordneten Nischen von Ignoranz und Vorurteil sowie die unbeantworteten Fragen von Armut und Überfluss. Er wendet sich gegen den Immobilismus der Vorgängerregierung und schwört die Amerikaner auf einen dynamischen Aufbruch in die sechziger Jahre ein.[381] In seiner Amtseinführungsrede am 20. Januar 1961 fordert er sodann sein Volk und gleichwohl die gesamte freie Welt auf, gemeinsam den Herausforderungen entgegenzutreten und diese zu bewältigen, um Freiheit und Wohlstand für alle zu fördern.[382] Kennedy schafft es damit, das gesamte Land mit einer optimistisch, geschäftigen Atmosphäre zu erfüllen.[383]

Auf dieser Vision fußt das von der Kennedy-Administration entwickelte »Grand Design«.[384] Ziel des »Grand Design« ist der Ausbau der Partnerschaft zu den westeuropäischen Ländern durch Integration der Politikbereiche Wirtschaft, Außenpolitik und Verteidigung. Der *Trade Expansion Act* (TEA) zur Reduzierung der Zölle und Tarife, der den Weg für eine transatlantische Freihandelszone bereiten soll, ist Teil dieser Strategie. Förderer des TEA erwarten eine Stärkung der amerikanischen Position im globalen Gefüge durch erhöhte Exporte.[385] Erhöhte Exporte und die Bannung der Gefahr der Handelsblockbildung zwischen den USA und Europa sollen durch die Abschaffung des gemeinsamen Außenzolls der EWG gegenüber den USA ermöglicht werden. Das chronische Leistungsbilanzdefizit der USA und die damit verbundene Dollarkrise ab 1959 soll durch diese Partnerschaft gemindert und ein höheres Wirtschaftswachstum erzielt werden.

Diese amerikanischen Interessen werden jedoch nicht als solche formuliert, sondern im Rahmen einer atlantischen Partnerschaft indirekt von den USA

---

[381] Conze, Die gaullistische Herausforderung, S. 164.
[382] Wörtlich: »And so, my fellow Americans: ask not what your country can do for you – ask what you can do for your country. My fellow citizens of the world: ask not what America will do for you, but what together we can do for the freedom of man.«
[383] Anthony Heartley, John Kennedy's Foreign Policy, Foreign Policy Herbst 1971, Nr. 4, S. 80.
[384] Die Bezeichnung dieser Politik wird nicht von der Regierung selbst eingeführt sondern von dem amerikanischen Journalisten Joseph Kraft in seinem Aufsatz: Joseph Kraft, The Grand Design: From Common Market to Atlantic Partnership, New York: Harper, 1962 erstmals verwendet. Vgl. auch Conze, Die gaullistische Herausforderung, S. 227.
[385] Castigliola, The Failed Design, S. 228.

vorangetrieben.³⁸⁶ Darüber hinaus befürwortet Kennedy wie sein Vorgänger, Dwight Eisenhower, ausdrücklich die europäische Integration, wobei er sich jedoch darauf verlässt, dass dies ohne amerikanische Hilfe in Eigenständigkeit der europäischen Nationen geschieht.³⁸⁷ Ganz im Gegenteil hofft er sogar, finanzielle Überschüsse der Westeuropäer, insbesondere der Westdeutschen für Entwicklungshilfe und Unterstützung in der Aufrechterhaltung der U.S. amerikanischen Truppen (die teilweise auch auf europäischem Boden stationiert sind) anzuzapfen, um das amerikanische Leistungsbilanzdefizit in den Griff zu bekommen.³⁸⁸

Die Beitrittsbestrebungen Großbritanniens zur EWG in den frühen Sechzigerjahren werden von den USA sehr begrüßt. Die britische Regierung würde aufgrund ihrer eigenen Interessen gegenüber dem Commonwealth garantieren, dass die EWG sich nicht zu einem protektionistischen, kontinentalen Block entwickelt. Großbritannien würde den USA in ihrer globalen anti-kommunistischen Politik zur Seite stehen, durch Finanzhilfen die dritte Welt unterstützen und ferner als nützliche Allianz die anderen westeuropäischen Staaten ebenfalls zur Mithilfe überzeugen.³⁸⁹ Darüber hinaus würde eine britische Mitgliedschaft in der EWG ein neues Kräfteverhältnis gegenüber Frankreich bedeuten und auch die Deutschen durch weitere Integration in Schach halten.³⁹⁰ Gerade die gründliche Überwachung des von Adenauer geführten Deutschlands, der 1961 bereits 85 Jahre alt ist und dessen Nachfolge völlig unklar ist, steht im Fokus der US-amerikanischen, aber auch der französischen und britischen Außenpolitik.³⁹¹

Gerade auch im militärischen Bereich legt Kennedy großen Wert auf eine Zusammenarbeit mit Europa und eine enge transatlantische Bindung. Es wird erwartet, dass Europa durch gemeinsame politische Führung davor bewahrt wird, sich von den USA abzukapseln und eine eigene Verteidigungsstrategie zu implementieren. Damit ist auch die von de Gaulle geplante europäische atomare Abschreckungsstrategie inbegriffen, die die Kennedy-Administration als inadäquat, zu teuer, vergleichsweise schnell zur Veraltung neigend, unglaubwürdig und gar schädlich für eine gemeinsame Verteidigungshaltung ablehnt.³⁹² Stattdessen schwebt ihr eine atlantische Partnerschaft vor, die die Kontrolle über einen Teil der amerikanischen Streitkräfte gemeinsam ausübt, den USA aber

---

³⁸⁶ Conze, Die gaullistische Herausforderung, S. 232.
³⁸⁷ Neal Riemer, Kennedy's Grand Democratic Design, The Review of Politics Band 27, Januar 1965, Nr. 1, S. 6.
³⁸⁸ Castigliola, The Failed Design, S. 228; Vgl. auch Conze, Die gaullistische Herausforderung, S. 171 f.
³⁸⁹ Castigliola, The Failed Design, S. 228.
³⁹⁰ Oliver Bange, The Crisis of 1963: Kennedy, Macmillan, de Gaulle and Adenauer in Conflict, Houndsmill u.a.: Macmillan Press Ltd., 2000, S. 42; Conze, Die gaullistische Herausforderung, S. 234.
³⁹¹ Castigliola, The Failed Design, S. 231.
³⁹² Bange, The Crisis of 1963, S. 44; Castigliola, The Failed Design, S. 241.

insgesamt eine übergeordnete Stellung zuweist.³⁹³ Eingesparte Ressourcen, die von den europäischen Ländern nicht in die Entwicklung nuklearer Waffen fließen, könnten für konventionelle Waffen verwendet werden, um gleichzeitig ein ausgewogenes Verteidigungsarsenal bereitzustellen und die Gefahr eines globalen Vernichtungsschlags zu verringern.³⁹⁴ Es sollen hiermit Bande geschaffen werden, die auf der NATO sowie kulturellen und politischen Gemeinsamkeiten beruhen, um die Freiheit nach innen zu verteidigen und nach außen zu fördern.

Dieses Ansinnen kann unter Berücksichtigung der Haltung der westeuropäischen Staaten und insbesondere de Gaulles allerdings nur unter zwei Bedingungen in Europa auf fruchtbaren Boden fallen:

1. Eine atlantische Partnerschaft muss auf amerikanisch-europäischer Gleichberechtigung beruhen. Die militärische Kontrolle ist somit gleichmäßig verteilt. Den Amerikanern sowie den Europäern wird das Recht eingeräumt, einen atomaren Krieg zu beginnen, sofern Sicherheitsinteressen betroffen sind.

2. Die Garantie der Amerikaner, Europa gegen einen nuklearen und oder konventionellen Angriff durch die kommunistischen Länder, v.a. der UdSSR, zu verteidigen als wäre das eigene Land betroffen, muss glaubhaft vermittelt und von den Europäern als solche wahrgenommen werden.

Die USA sind jedoch zu keiner Zeit bereit, den atomaren Zündschlüssel aus der Hand zu geben.³⁹⁵ Die Meinung des einflussreichen Publizisten Walter Lippmann zu diesem Thema gibt die Einstellung der U.S. Regierung wieder: »[...] Within the Western Alliance the ultimate responsibility in nuclear affairs must be in one capital not in two or three. For the United States the predicament would be intolerable if the key to the use of our strategic nuclear forces were not in Washington. [...] We cannot allow this power to be set in motion by others. We must keep the ultimate right to decide whether and when it shall be used.«³⁹⁶ Die Verteidigungsstrategie der Kennedy-Administration, insbesondere des Verteidigungsministers Robert McNamara, die sogenannte »flexible response«,³⁹⁷

---

³⁹³ Amitai Etzioni, A Grand Design? A Review, The Journal of Conflict Resolution Band 7, Juni 1963, Nr. 2, S. 156.
³⁹⁴ Ders., S. 158.
³⁹⁵ Ders., S. 159.
³⁹⁶ Walter Lippmann, Western Unity and the Common Market, 1. Auflage. Boston, Toronto: Atlantic Monthly Press/Little, Brown And Co., 1962, S. 36 f.
³⁹⁷ Diese Strategie zielt darauf ab, bei Angriff zuerst mit konventionellen Waffen gegen militärische Sowjetziele zurückzuschlagen, um Ernsthaftigkeit zu demonstrieren und nukleare Waffen als letztes Mittel anzudrohen. Sie löst die von Eisenhower implementierte Strategie der »massive retaliation« ab.

sieht stattdessen für Europa den Ausbau konventioneller Streitkräfte unter dem Oberbefehl der NATO – in der die USA ebenfalls die Führungsrolle beanspruchen – als Schild gegen eine sowjetische Invasion vor, während sich nukleare Waffen zentralisiert unter amerikanischer Kontrolle befinden.[398] Der Anspruch auf eine hegemoniale Stellung tritt darin klar zu Tage.

Schon mit dem fehlgeschlagenen Landungsversuch von Exilkubanern in der Schweinebucht am 17. April 1961, über die noch nicht einmal Adenauer, der zu dieser Zeit in den USA weilt, informiert wird,[399] aber spätestens nach der Kubanischen Raketenkrise im Jahr 1962, die die USA im völligen Alleingang lösen, ohne die europäischen Alliierten zu informieren oder gar zu konsultieren,[400] wird für die Europäer klar, dass eine atlantische Partnerschaft keinesfalls gleichwertig ausfallen wird. Damit wird aber auch die zweite Bedingung für das Eingehen einer atlantischen Partnerschaft berührt. Denn sollten die Europäer allein den Amerikanern den Zugriff auf nukleare Waffen zugestehen, so müssen sie sich des Schutzes durch die transatlantischen Verbündeten sicher sein können. Wie bereits im vorigen Abschnitt dargelegt, wird dieses Versprechen jedoch vor allem von de Gaulle, aber auch von Adenauer und Macmillan nicht als glaubwürdig empfunden.[401] Grund zu dieser Annahme hat die Bonner Regierung bereits, seit die USA den Berliner Mauerbau im August 1961 nicht unterbunden und nach deutscher Ansicht auch keine ausreichenden Versuche dazu unternommen haben.[402] Nachdem die Kubakrise von den Amerikanern erfolgreich durch atomare Abschreckung beendet wird, hofft Adenauer auf eine ähnliche Lösung für Berlin, erhält jedoch aus Washington keine konkrete Zusage. Stattdessen beharrt Kennedy auf einer konventionellen Aufrüstung in Europa, was Adenauer Befürchtung, die USA seien in Europa nicht zum äußersten bereit, noch verstärkt.[403]

Die Europäer – allen voran de Gaulle und Adenauer – lehnen die Strategie der »flexible response« ab. Denn die Möglichkeit eines begrenzten Kriegs zwischen den beiden Supermächten könnte sich gleichzeitig als totaler Krieg (gegebenenfalls unter Einbeziehung atomarer Waffen) auf europäischem Boden entpuppen.[404] Daher halten die Deutschen selbst eine weniger mächtige *force de frappe* für eine effektivere Abschreckung als jedes konventionelle Waffenarsenal.[405]

---

[398] Castigliola, The Failed Design, S. 230.
[399] Conze, Die gaullistische Herausforderung, S. 193.
[400] Kapferer, Charles de Gaulle, S. 234.
[401] Bange, The Crisis of 1963, S. 109; Castigliola, The Failed Design, S. 230.
[402] Ders., S. 240.
[403] Mahan, Kennedy, de Gaulle, and Western Eruope, S. 138.
[404] Castigliola, The Failed Design, S. 230; Kapferer, Charles de Gaulle, S. 232.
[405] Mahan, Kennedy, de Gaulle, and Western Eruope, S. 139.

Insgesamt verfolgt die Kennedy-Administration für Europa eine Strategie der Erhaltung des *status quo*, um sich auf die Demokratisierung und die Bekämpfung des Kommunismus in der Dritten Welt zu konzentrieren. An einer Wiedervereinigung Deutschlands sind die USA (aber auch Frankreich und England, die ein Wiedererstarken Deutschlands als eine große Bedrohung ansehen) zu jenem Zeitpunkt nicht interessiert. Kennedy erwägt sogar insgeheim die Anerkennung der DDR mit dem Argument, Amerika habe schon weit schlechtere Regierungen anerkannt.[406] Gleichzeitig soll die amerikanische Hegemonialstellung gegenüber Europa und dem Rest der Welt durch die amerikanische Führungsposition in der NATO und die unter amerikanischer Kontrolle befindlichen Atomwaffen gefestigt werden. Die damit verbundenen Kosten sollen währenddessen reduziert und, wenn möglich, auch auf andere Mitgliedsstaaten verteilt werden.[407]

Kennedy glaubt, mit dem Angebot der Polaris-Raketen an Großbritannien, das unmittelbar nach den Verhandlungen in Nassau auch Frankreich unterbreitet wird, und dem zunächst Deutschland und später weiteren westeuropäischen Staaten angebotenen Multilateral Force-Program (MLF), Europa die Einbindung in sicherheitspolitische Fragen offeriert zu haben.[408] Die USA unternehmen mit diesen Angeboten an die westeuropäischen Staaten den Versuch, ein im Ansatz multilaterales Verteidigungsbündnis unter dem Oberbefehl der NATO zu entwickeln, das jedoch weiterhin von den USA dominiert und geführt wird.

Am 14. Januar 1963 verleiht Kennedy in seinem Bericht zur Lage der Nation seiner Hoffnung einer engeren Kooperation zwischen Europa und Amerika mithilfe des TEA und eines engeren NATO-Bündnisses erneut Ausdruck. Am gleichen Tag wird diese Hoffnung und damit auch die Politik des »Grand Design« jedoch durch die Pressekonferenz de Gaulles in ihren Grundtiefen erschüttert. Denn de Gaulle lehnt nicht nur den Beitritt Großbritanniens zur EWG ab, sondern weist auch das Polaris-Angebot der USA mit der Begründung zurück, dass die Polaris-Raketen ohne die U-Boote, von denen sie abgeschossen werden sollen und die Atomsprengköpfe – beide Komponenten sind nicht Bestandteil des Polaris-Angebots – für Frankreich wertlos seien. Die Polaris-Angelegenheit »ist für uns, technisch gesehen, nicht aktuell. Außerdem entspricht sie nicht dem Grundsatz, [...] daß wir eine eigene Atomstreitmacht haben wollen. Wenn wir unsere Mittel in eine multilaterale Streitmacht unter fremden Oberbefehl einbringen, würden wir diesem entscheidenden Grundsatz unserer Verteidigung und Politik zuwider handeln.«[409]

---

[406] Castigliola, The Failed Design, S. 232.
[407] Conze, Die gaullistische Herausforderung, S. 184.
[408] Das MLF-Projekt scheitert schließlich an der Ablehnung aller NATO-Mitglieder – außer der BRD und den USA – sich substanziell an der Finanzierung des Projekts zu beteiligen.
[409] Pressekonferenz des französischen Staatspräsidenten Charles de Gaulle am 14. Januar 1963 im Festsaal des Elysée-Palastes. Zitiert nach von Siegler, Kennedy oder de Gaulle?,

Mit der Absage Frankreichs an die Beitrittsverhandlungen des Vereinigten Königreichs entzieht de Gaulle dem TEA – der wirtschafts- und handelspolitischen Säule des »Grand Design« – das Fundament, und mit dem französischen Beharren auf nukleare Eigenständigkeit wird ebenso die sicherheitspolitische Säule ins Wanken gebracht.[410] Damit wird die Regierung in Washington gezwungen, ihre Europa-Außenpolitik zu überdenken und das »Grand Design« als gescheitert anzuerkennen.

### 3.5.3. Röpkes Schulterschluss mit Frankreich

Im Anschluss an das Veto de Gaulles, das sowohl in Europa als auch in den USA wie eine Bombe einschlägt, sind die Reaktionen der internationalen Presse recht einhellig, indem man dem französischen Präsidenten hegemoniale Gelüste in der Europafrage vorhält.[411] Wilhelm Röpke jedoch, der es gewohnt ist, kontroverse Standpunkte einzunehmen und gegen eine Mehrheit Andersgesinnter zu vertreten, ergreift sogleich Partei für de Gaulle. Röpke stimmt mit de Gaulle sowohl in dessen wirtschafts- als auch sicherheitspolitischen Ansichten überein. Dies äußert er in mehreren Zeitungsartikeln vor allem in Deutschland und in der Schweiz, in denen Röpkes Zustimmung zur Politik de Gaulles deutlich hervorsticht.

Zum einen führt er das wirtschaftliche Wiedererstarken Frankreichs in den Sechzigerjahren auf die Wirtschaftspolitik de Gaulles zurück, der die dringend gebotene Rückkehr zu monetärer Disziplin und zur Marktwirtschaft nicht noch weiter hinausgeschoben habe.[412] Für ein zusammenwachsendes Gesamteuropa mit gemeinsamen Zielen habe dies ebenso eine entscheidende Wirkung: »Die Gerechtigkeit fordert auch, anzuerkennen, daß das Verdienst de Gaulles in dieser Hinsicht um so höher zu veranschlagen ist, als er als Laie in Wirtschaftsfragen seinen Ratgebern Vertrauen schenken mußte, während in seiner Natur und seiner beruflichen Formung gewiß nicht die Gewähr lag, daß er den Rat, einem liberalen Kurs zu folgen, kollektivistischen Empfehlungen vorziehen würde.«[413]

Zum anderen nimmt Röpke das Veto de Gaulles zum Anlass, die Beteiligten erneut aufzufordern, »[...] das ganze Werk der europäischen Integration noch

---
S. 89 f.
[410] Conze, Die gaullistische Herausforderung, S. 258.
[411] Bange, The Crisis of 1963, S. 112.
[412] Wilhelm Röpke, Vom Antigaullismus zum Antigallismus: Eine Mahnung an die allzu eifrigen Kritiker des französischen Staatspräsidenten, Rheinischer Merkur 14. Januar 1966, Nr. 3, S. 4; Vgl. hierzu auch von der Groeben, Deutschland und Europa, S. 490.
[413] Wilhelm Röpke, Die Planifikation: Ein neues Etikett für eine überholte Idee, Frankfurter Allgemeine Zeitung 20. Juli 1963, Nr. 165, S. 5.

einmal von Grund auf zu überdenken.«[414] Er legt in einem Artikel dar, dass ein geeintes Europa unter Einbeziehung aller außerhalb der EWG verbleibenden Staaten – allen voran Großbritannien – die Voraussetzung für eine diskriminierungsfreie europäische Freihandelszone schaffe. Allerdings sei dies im Rahmen der bisher bestehenden EWG nicht möglich; denn diese beinhalte aufgrund ihrer »reinen Konzeption« Kriterien, die für Großbritannien und andere Länder inakzeptabel seien. Röpke fühlt sich in seiner früheren Vorhersage, dass es schwierig – wenn nicht gar unmöglich – sei, weitere Mitglieder zum Beitritt in die EWG zu bewegen, durch das Scheitern der Beitrittsverhandlungen mit Großbritannien bestätigt.[415] Der Grund dafür sei in der Konzeption der EWG zu suchen und nicht bei de Gaulle.[416] Daher sei es auch nicht damit getan, den französischen Präsidenten umzustimmen. Stattdessen hält er es für an der Zeit, sich von diesem offenbar fehlerhaften Konstrukt abzuwenden, die Lage neu zu sondieren und sich dem Problem der europäischen Integration von Neuem zu stellen. Diese Aufforderung wird Röpke in den folgenden Jahren immer wieder in Wort und Schrift äußern. Jedes Mal, wenn de Gaulle sich, wie oben bereits dargelegt, durch eine erneute Absage an die Integrationsbestrebungen der anderen fünf EWG-Staaten wendet, wird Röpkes eindringliche Aufforderung zum grundlegenden Umdenken aufs Neue laut. De Gaulle solle man seine schroffe Geste nicht verübeln sondern, im Gegenteil, Anerkennung für seine klaren Aussagen zollen und daraus Schlussfolgerungen ziehen. Nun da das gesamte Ausmaß der EWG-Krise offenbar geworden und das Ende der Sackgasse erreicht sei, werde die Überprüfung des Grundsätzlichen und die Notwendigkeit, das Problem der europäischen Integration neu zu stellen, wenngleich unbequem, zwingend und unaufschiebbar.[417]

Er ermutigt vor diesem Hintergrund, die Krise als Chance zu begreifen und durch radikales Umdenken einen besser geeigneten Weg für die Integration Europas zu finden. Denn »[e]s handelt sich nicht darum, die EWG und den Römischen Vertrag buchstabengetreu mit dem letzten Hauch von Roß und Mann als etwas zu verteidigen, was Selbstzweck wäre, sondern es handelt sich darum, ein Gebäude zu finden, eine Wohnung, in der alle Nationen Europas sich wohlfühlen werden.«[418] Als konkreten Lösungsvorschlag bietet er sein bereits auf Seite 140

---

[414] Wilhelm Röpke, Die Fruchtbarmachung des Vetos de Gaulles, Neue Zürcher Zeitung 31. Januar 1962, S. 2.
[415] Wilhelm Röpke, Europa - von Genf aus gesehen, Frankfurter Allgemeine Zeitung 7. März 1963, S. 3.
[416] Diese Einschätzung Röpkes steht jedoch in gewissem Gegensatz zu de Gaulles Europapolitik im Herbst 1958. Noch vor seiner Ernennung zum Staatspräsidenten, beendet er die Verhandlungen um eine Freihandelszone zwischen der EWG, Großbritannien und den anderen OEEC-Ländern, die von Röpke zum damaligen Zeitpunkt mit Nachdruck gefordert wird, vgl. von der Groeben, Deutschland und Europa, S. 491.
[417] Vgl. Röpke, Das Veto de Gaulles, NZZ, 1962, S. 2; Röpke, Die EWG im Zwielicht, Rheinischer Merkur, 1964.
[418] Röpke, Rede zur Eiswette.

dargelegtes Maximal- und Minimalprogramm an. Welches Programm zur Umsetzung ausgewählt werde, hänge dabei davon ab, welche Durchsetzungsmöglichkeiten sich böten.[419] Frankreich weist er dabei eine besondere Rolle zu, denn er ist der Ansicht, Frankreich dürfe es nicht allein bei dem Veto belassen, sondern müsse eine bessere Alternative anbieten: »Ohne Zweifel wäre Europa viel Plage erspart geblieben, wenn damals nicht die große Freihandelszone durch das Veto der Regierung de Gaulle zu Fall gebracht worden wäre, allein oder zum Mindesten in entscheidender Weise. Nachdem nun diese Regierung durch ein anderes Veto die Sackgasse sichtbar gemacht hat, in die die Entwicklung durch das frühere Veto geraten ist, haben Europa und die Welt ein Recht, von dieser Regierung eine rettende Initiative zu erwarten, die aus der Sackgasse herausführt.«[420]

Dafür stellt er auch zwei Forderungen an Frankreich. Erstens müsse es einwilligen, einen gesamteuropäischen Brückenschlag zur Überwindung der Spaltung der beiden Wirtschaftsblöcke EWG und EFTA in Gang zu setzen. Röpke sieht hier auch kein Hindernis hinsichtlich der französischen Interessen, da die Regierung de Gaulle stets eine Entpolitisierung gefordert habe, die nun durch eine Zusammenführung in eine große Freihandelszone nach dem Muster der EFTA, die keinen supranationalen Überbau besitzt, ermöglicht werde. Zweitens fordert er, unter das unerquickliche Sonderkapitel der Agrarintegration einen Strich zu ziehen, da diese sich zu einer planwirtschaftlichen Agrarautarkie des Sextetts entpuppe. Er argumentiert dabei, dass die Agrarintegration, also die Überführung der nationalen protektionistischen Agrarpolitik auf eine europaweite Ebene nur mit Hilfe einer Institution wie in Brüssel möglich wäre. Daraus schließt er, dass Frankreich auf die Agrarintegration verzichten müsse, wenn es die Supranationalität beseitigen wolle; beides sei miteinander unvereinbar.[421]

Auch was den sicherheitspolitischen Aspekt der Pressekonferenz de Gaulles betrifft, ist Röpke mit ihm einer Meinung. Die Absage an Großbritanniens Beitrittsgesuch sieht er, wie auch de Gaulle in seiner Pressekonferenz selbst hervorhebt, vor allem auf politischer Ebene im Zusammenhang mit der globalen militärstrategischen und sicherheitspolitischen Auseinandersetzung begründet. Röpke appelliert in mehreren Zeitungs- und Zeitschriftenartikeln an das Verständnis der Deutschen hinsichtlich de Gaulles ablehnendem Verhalten gegenüber den USA.[422] Er begründet es mit den Zweifeln des französischen Präsidenten an der amerikanischen Bereitwilligkeit, Europa bis aufs Äußerste zu verteidigen, notfalls

---
[419] Röpke, Rede zur Eiswette.
[420] Röpke, Das Veto de Gaulles, NZZ, 1962, S. 2.
[421] Röpke, Der jähe Sturz, Rheinischer Merkur, 1965, S. 5.
[422] Vgl. bspw. Wilhelm Röpke, Deutschlands Rückendeckung: die Solidarität mit Frankreich, Rheinischer Merkur 16. August 1963, Nr. 33; Röpke, Das Veto de Gaulles, NZZ, 1962; Röpke, Von Genf, FAZ, 1963; Röpke, Worum es in Wahrheit geht, Rheinischer Merkur, 1963.

auch mit atomaren Waffen. Röpke teilt de Gaulles Sorge um die Sicherheitslage Westeuropas und dessen Selbstbehauptungsfähigkeit gegenüber dem Kommunismus. Die neue US-amerikanische Sicherheitspolitik der »flexible response«, die vorsieht, Europa im Rahmen einer stufenweisen Verteidigungsstrategie so lange wie möglich mit herkömmlichen Waffen zu verteidigen, habe Europa innerhalb der atlantischen Allianz in den zweiten Rang versetzt.[423] Er fordert aus diesem Grunde von den Deutschen Solidarität und eine Stärkung der neugeschlossenen Freundschaft mit Frankreich, zumal schon Großbritannien sich dem Willen der Amerikaner gebeugt habe. Die Vereinbarung von Nassau bewertet er, ebenso wie der französische General, als großen Fehler seitens der Briten, da dies eine Abwendung von Europa bedeute.[424]

Deutschland solle im Gegenzug Frankreich nicht mit einer »Politik der schlechten Laune« bestrafen, da de Gaulle aus respektablen Gründen gehandelt habe und den Deutschen darüber hinaus über Millionen von Gräbern hinweg eine echte Freundschaft anbiete.[425] Röpke beurteilt diese Handreichung der Franzosen nicht als Möglichkeit, die Deutschen nach dem Motto »keep your friends close, but your enemies closer« zu kontrollieren. Vielmehr, so vermutet er, habe de Gaulle mit seinem Freundschaftsangebot an die Deutschen den Versuch unternommen, einem Volke, dem der Glaube an sich selbst verlorengegangen sei, ein neues Selbstvertrauen und Mut zur Bewältigung seiner Aufgaben zu geben. Wenn Deutschland in der Europa- und Weltpolitik die ihm aufs Neue zukommende Rolle spielen sollte, dann sei dazu ein Volk völlig unfähig, »das sich trotz aller bündigen Widerlegung der These von einer 'Kollektivschuld' in einer lähmenden Selbstzerquälung verlor, dabei vom Extrem eines verwerflichen Nationalismus in das andere nationaler Selbstaufgabe geraten war und in einer mutlosen Verleugnung der eigenen Geschichte zu versinken drohte.«[426] Das Freundschaftsangebot Frankreichs sei daher einerseits zu ergreifen, um die Annäherung Europas zu beschleunigen, und andererseits, um Europa auf der politischen Weltbühne wieder auferstehen zu lassen. »Zwischen der außerordentlichen Steigerung der wirtschaftlichen und finanziellen Kraft Europas, dessen Zentralbanken den Dollar vor einer Katastrophe bewahren, und seinem weltpolitischen Gewicht klafft ein Mißverhältnis so gewaltiger Art, daß es nicht mehr lange fortgeschleppt werden kann.«[427] Daher sein Drängen, Europa wieder das machtpolitische Gewicht zuzugestehen, das ihm seiner Auffassung nach gebühre, um den Kommunismus

---

[423] Röpke, Worum es in Wahrheit geht, Nemzetör, 1963, S. 3; Röpke, Worum es in Wahrheit geht, Rheinischer Merkur, 1963, S. 2.
[424] Wilhelm Röpke, Ein Wort für de Gaulle (Leserbrief), Frankfurter Allgemeine Zeitung 12. Februar 1963.
[425] Ebd.
[426] Röpke, Antigaullismus, Rheinischer Merkur, 1966, S. 4.
[427] Wilhelm Röpke, Europas wirtschaftliche Kraft und politisches Gewicht (Leserbrief), Frankfurter Allgemeine Zeitung 25. Februar 1963.

wirksam in die Schranken zu verweisen. Dies sei nur durch eine wirkliche Partnerschaft von Gleichen und Gleichgesinnten diesseits und jenseits des Atlantiks möglich.[428]

Röpke bezeichnet sich selbst in diesem Zusammenhang auch als europäischen Patrioten, der es als unaufschiebbares Gebot erkennt, jenes Missverhältnis der militärisch-politischen Macht, das in Europa herrsche, wieder (Schritt für Schritt) ins Gleichgewicht zurückzuführen. Dabei sei nicht nur ein Atomkrieg zu verhindern, sondern vielmehr schon jeglicher konventionell ausgetragene Krieg zu vermeiden.[429] Durch die amerikanische Verteidigungsstrategie der »flexible response«, die die Ernsthaftigkeit der Lage für Europa verkenne, sei dies jedoch nicht zur Zufriedenheit der Europäer zu gewährleisten, sondern nur durch eine eigene europäische Sicherheitspolitik, die das weltpolitische Gewicht des Kontinents berücksichtige. Daher unterstützt er das Bemühen des französischen Präsidenten, das nukleare Alleinbestimmungsrecht der Vereinigten Staaten durch eine französische »force de frappe« zu lockern.[430] Das Angebot der Amerikaner einer multilateralen Nuklearmacht der NATO hält er für eine Farce, da sie lediglich in der Finanzierung multilateral sei, jedoch die endgültige Entscheidungsgewalt allein in den Händen der Vereinigten Staaten belasse oder aber durch die Aufteilung auf alle beteiligten Länder durch das amerikanische Vetorecht außer Kraft gesetzt werde. Leiste man diesem Angebot der Amerikaner Folge, so werde dies auf eine ungeheure Vergeudung von Geldern hinauslaufen, die selbst nicht mit dem Argument, man wolle auf Washington einen guten Eindruck machen, gerechtfertigt werden könne.[431] Er beschönigt dabei nicht die Tatsache, dass dies ein langwieriger und anstrengender Angleichungsprozess werde, der jedoch nicht zu umgehen, sondern besser früher als später in Angriff genommen werden müsse.[432]

Röpkes Verhältnis zu der Politik und den Einflüssen der USA kann seit 1945 als ambivalent bezeichnet werden. Einerseits fordert er ein klares Bekenntnis Europas zu den USA auf außenpolitischer Ebene, das sich klar von der Sowjetunion distanziert. Er warnt vor der Idee eines Europas zwischen Russland und Amerika und appelliert an ganz Europa, sich für die freiheitlich-westliche Lösung zu entscheiden.[433] Eine atlantische Gemeinschaft, die das »Widerstandpoten-

---

[428] Vgl. Wilhelm Röpke, Deutung der Regierung Kennedy, Schweizer Monatshefte: Zeitschrift für Politik, Wirtschaft, Kultur Band 43, März 1963, S. 1231.
[429] Röpke, Worum es in Wahrheit geht, Nemzetör, 1963, S. 3; Röpke, Worum es in Wahrheit geht, Rheinischer Merkur, 1963, S. 2.
[430] Röpke, Ein Wort, FAZ, 1963.
[431] Röpke, Worum es in Wahrheit geht, Nemzetör, 1963, S. 3; Röpke, Worum es in Wahrheit geht, Rheinischer Merkur, 1963, S. 2.
[432] Röpke, Von Genf, FAZ, 1963, S. 3.
[433] Röpke, Zwischen Russland und Amerkia, FP Hamburg, 1948.

tial des gesamten Abendlandes« gegen den kommunistischen Block einsetze, sei unabdingbar, um die Weltherrschaft nicht den Kommunisten zu überlassen. Die Hinwendung nach Westen hält Röpke auch im wirtschaftlichen Bereich, was zum Beispiel den Freihandel zwischen Europa und den USA betrifft, prinzipiell für sinnvoll, weshalb er vor einer europäischen Blockbildung immer wieder warnt.

Anders verhält es sich mit der Einschätzung Röpkes hinsichtlich der gesellschaftlich-kulturellen Einflüsse Amerikas auf Europa, die teilweise auch in den wirtschaftlichen Bereich hineinreichen. Denn diese seien von Oberflächlichkeit, Gigantomanie und Materialismus gekennzeichnet,[434] was Röpke als Anhänger der kleinräumigen Gesellschaftsordnung mit Rückbesinnung auf Qualität und Vielfalt rigoros ablehnt.[435]

Die Einstellung Röpkes gegenüber den USA wandelt sich jedoch im Laufe der Zeit, was bereits in der Analyse der Position Röpkes gegenüber de Gaulle klar geworden sein sollte. Offensichtlich ist die Abneigung Röpkes gegenüber Kennedy als Person, da er ihn gegenüber Wolfgang Frickhöffer in einem Brief als »arroganten Idioten« bezeichnet.[436] Darüber hinaus entzündet sich Röpkes Kritik an der Administration Kennedy ebenso an sicherheits- und wirtschaftspolitischen Themen.

Röpke kritisiert an der Wirtschaftspolitik Kennedys, dass die Hauptprobleme, vor die sich die Regierung seit der Machtübernahme gestellt gesehen habe, nach wie vor ungelöst seien.[437] Röpke erläutert, dass Washington weder die Zahlungsbilanzungleichgewichte und den damit verbundenen »Goldschwund« in den Griff bekommen hätte, noch »daß das Schiff der amerikanischen Volkswirtschaft das weite offene Fahrwasser der Vollbeschäftigung und Vollentfaltung der wirtschaftlichen Kräfte gewonnen habe«.[438] Röpke erinnert, dass die Beseitigung dieser Probleme ein Wahlversprechen des Präsidenten gewesen sei.[439] Stattdessen habe sich Kennedy, um die Volkswirtschaft in Schwung zu bringen, zu einer »apertura a sinistra« entschlossen, die innenpolitisch durch »deficit spending« nach rohem postkeynesianischem Rezept gekennzeichnet sei, was Röpke gar als Fiskalsozialismus bezeichnet.[440] Der »Fiskalgigantismus« der »New Frontier«-Politik lasse die Politik des »New Deal« des Präsidenten Roosevelt wiederaufle-

---

[434] Röpke, Einheit in der Vielheit, Die politische Meinung, 1959, S. 23; Röpke, Unorthodoxe Gedanken, NZZ, 1962, S. 8; Vgl. auch Wegmann, Früher Neoliberalismus und Europäische Integration, S. 315.
[435] Vgl. hierzu ebenfalls Seite 64.
[436] Hennecke, Ein Leben in der Brandung, S. 232.
[437] Röpke, Regierung Kennedy, Schweizer Monatshefte, 1963, S. 1232.
[438] Ebd; Wilhelm Röpke, Washington's Economics: A German Scholar Sees Nation Moving Into Fiscal Socialism, Wall Street Journal 1. April 1963.
[439] Ebd.
[440] Röpke, Regierung Kennedy, Schweizer Monatshefte, 1963, S. 1232.

ben.[441] Eine solche Maßnahme werde jedoch das Problem des Zahlungsbilanzdefizits nicht lösen, sondern entweder gar verschlimmern und weitere Goldexporte anfachen[442] oder aber durch beggar-thy-neighbour-Politik, mit der höhere Inflationsraten an Europa weitergegeben werden, der Versuch einer Wiederherstellug des Zahlungsbilanzgleichgewichts unternommen.[443]

Röpkes Urteil über Kennedys Außenpolitik fällt ebenfalls äußerst ungünstig aus. Kennedy habe die Gefahr verkannt, die vor allem von Moskau aber auch den anderen kommunistischen Staaten ausgehe. Washington fehle es an einer realistischen Einschätzung des Kommunismus und einer dementsprechenden Härte der Selbstbehauptung vor den Einflüssen eines linken »Anti-Antikommunismus«.[444] Das Debakel in der Schweinebucht, der nicht verhinderte Bau der Berliner Mauer und die nachlässige Haltung gegenüber Tito und Nasser sprächen in diesem Zusammenhang Bände.[445]

Die Entschlusslosigkeit und Nachgiebigkeit hätten mit dazu beigetragen, dass Moskau sich durch die Leichtgläubigkeit und Kennedys Mangel an politischem Willen zur Montage von Vernichtungswaffen auf Kuba animiert gefühlt habe. Röpke macht Kennedy darüber hinaus wegen seiner Politik des Zögerns für das Erstarken des Castro-Regimes verantwortlich. Die Beendigung diese Politik lasse daher keinen Aufschub mehr zu.[446] Als Kennedy die Kubakrise für sich entscheidet, hofft Röpke anfänglich, in Washington habe ein Paradigmenwechsel stattgefunden. Dass Amerika – in Röpkes Augen – seine Überlegenheit in der Krise jedoch nicht als Waffe gegen seine Gegner nutzt, sondern als Demonstration der Stärke gegenüber seinen Verbündeten einsetzt, ist daher für den Kritiker Kennedys umso enttäuschender.[447] Zwar sei gerechter Weise die Verbesserung und Vermehrung der amerikanischen Rüstung anzumerken, die Kennedy positiv von seinen Vorgängern abhebe, ein wichtiges Signal um Entschlossenheit und militärische Stärke nach außen zu proklamieren, jedoch biete dies keinen ausreichenden Ersatz für eine aktive Außenpolitik, die echte Entscheidungen beinhalte.[448]

So kommt Röpke auch zu dem Schluss, Kennedy habe sich nur aufgrund der Abwehrhaltung de Gaulles dazu verpflichtet gefühlt, eine Deutschlandreise zu unternehmen und dabei dem Deutschen Volke zu versichern, dass es sich des

---

[441] Röpke, Washington's Economics, WSJ, 1963.
[442] Röpke, Regierung Kennedy, Schweizer Monatshefte, 1963, S. 1232.
[443] Wilhelm Röpke, Die beiden Hauptquellen der Inflation: Kennedys währungspolititsche Flickarbeit bringt keinen Stabilisierungsfortschritt, Rheinischer Merkur 2. August 1963, Nr. 31, S. 14.
[444] Röpke, Rückendeckung, Rheinischer Merkur, 1963, S. 2.
[445] Röpke, Regierung Kennedy, Schweizer Monatshefte, 1963, S. 1231, 1235.
[446] Ders., S. 1233.
[447] Ders., S. 1233 f.
[448] Ders., S. 1234 f.

amerikanischen Schutzes sicher sein dürfe.[449] Dabei hält er Kennedy vor – den er als Meister der Massenwerbung und Inszenierung begreift – die Reise nach Deutschland in erster Linie dazu benutzt zu haben, um Zwietracht zwischen Bonn und Paris zu sähen und damit den französischen General, der ihm auf der internationalen Bühne durch seine Offenheit unbequem geworden sei, in die Schranken zu verweisen.[450]

Obgleich Röpke die Beziehung zwischen den Vereinigten Staaten und Deutschland und damit auch die herzliche Aufnahme Kennedys vor allem in Berlin nicht gering schätzt, da Washington als mächtiger Verbündeter unersetzbar sei, so wertet er jedoch die Beteuerungen Washingtons als zu unbestimmt und unsicher. Um sich erfolgreich gegen die kommunistische Gefahr aus dem Osten zu behaupten, fordert Röpke stattdessen »die Besinnung Europas auf seine eigene Kraft und Geltung auf der einen Seite und die natürliche Zusammenarbeit mit den Vereinigten Staaten auf der Grundlage genossenschaftlicher Gleichgewichtigkeit der Alten und der Neuen Welt.«[451]

Einerseits postuliert Röpke die Emanzipation der Europäer von den USA, um nicht zu amerikanischen Satellitenstaaten degradiert und als »Graeculi« der neuen Welt abgestempelt zu werden, hält aber enge Beziehungen Europas zu Washington für unerlässlich, um eine geschlossene Front gegen den Kommunismus zu erhalten.[452] Andererseits appelliert er an die Deutschen, sich mit Frankreich solidarisch zu zeigen, um nicht ein zweites Jalta heraufzubeschwören, »das Europa über die ohnmächtigen Köpfe der Europäer hinweg verschachert« habe.[453]

Röpkes Meinung trifft auch in dieser Angelegenheit, wie gewohnt, nicht überall auf Gegenliebe, weshalb sich sein Freund Alexander Rüstow bemüßigt fühlt, eine Gegendarstellung in der FAZ zu veröffentlichen[454] und mit Röpke, wie die-

---

[449] Röpke, Rückendeckung, Rheinischer Merkur, 1963, S. 1.
[450] Ebd.
[451] Wilhelm Röpke, Europa muß mehr Selbstvertauen haben, Welt am Sonntag 27. Dezember 1964, Nr. 52.
[452] Röpke, Worum es in Wahrheit geht, Nemzetör, 1963, S. 3.
[453] Ebd; Röpke, Worum es in Wahrheit geht, Rheinischer Merkur, 1963, S. 2; Wilhelm Röpke, Zwischen Kennedy und de Gaulle, Welt am Sonntag 18. August 1963, S. 3.
[454] Rüstow stellt in seinem Leserbrief sechs Gegenthesen zu Röpke auf: Frankreich verfügt eher über eine »faiblesse de frappe«, es bietet keinen wirksamen Schutz im Vergleich zur überwältigenden Militärmacht der Amerikaner; da es keine Alternative zu Amerika hinsichtlich einer Abschreckung gegenüber den kommunistischen Staaten gibt, ist eine enge Zusammenarbeit unerlässlich; die Europäer sollen sich auf konventionelle Bewaffnung konzentrieren und sich nicht lediglich unter dem Schutzschirm, den die Amerikaner aufgespannt haben, zurücklehnen; es ist eine Utopie, eine Partnerschaft von Gleichen diesseits und jenseits des Atlantiks zu erwarten; da die Streitkräfte auf europäischem Boden zu einem erheblichen Teil aus US-amerikanischen Truppen bestehen, ist es unvorstellbar, dass sich bei einem Angriff auf Europa die Vereinigten Staaten nicht zum Handeln gezwungen sehen würden; die neue multilaterale NATO-Atommacht gewährt den Europäern ein

ser es selbst nennt »öffentlich die Klingen zu kreuzen«.[455] Ein weiterer Leser der FAZ, dessen Argumentation in die gleiche Richtung wie Rüstows geht[456] und von Hayek, der sich jedoch nicht direkt auf Röpke bezieht[457], ergreifen ebenfalls in einem Leserbrief das Wort. Obgleich Röpke betont, dass ihn die öffentliche Auseinandersetzung mit seinem Freund schmerze, unterlässt er es nicht, wiederum eine Gegendarstellung zu Rüstow zu veröffentlichen, in der er allerdings nur marginal auf Rüstows Thesen eingeht und es stattdessen vorzieht, seine eigenen nochmals auszuführen und zu untermauern.[458]

Trotz oder gerade wegen dieses »Federkriegs« und weiterer widersprechender Zuschriften an ihn persönlich, lässt Röpke sich nicht entmutigen, seine Auffassung der Lage in den verschiedensten Zeitschriften und Zeitungen mit unverminderter Vehemenz darzulegen und zu ergänzen. Denn jene Zuschriften lassen ihn schlussfolgern, dass deren Autoren die Kenntnis der Dinge, um die es gehe, in betrüblichem Maße abzugehen scheine.[459] Die Schaffenskraft, die er in dieser Angelegenheit entfaltet, lässt sich wiederum einerseits darauf zurückführen, dass er sich als Nationalökonom stets berufen fühlt, Missstände, die ihm auffallen zu benennen und auch den Menschen, denen die Grundlagen fehlen, volkswirtschaftliche Zusammenhänge zugänglich zu machen; andererseits wird ihm in den Monaten und Jahren nach de Gaulles Veto anhand der Politik Bonns, die seines Erachtens den amerikanischen Beteuerungen zu viel Beachtung schenkt und ihnen ein Wohlwollen entgegenbringt, das man Frankreich im Gegenzug vorenthält, bewusst, dass seine Sicht der Dinge auch von den politischen Entscheidungsträgern nicht geteilt wird.[460] Sein Wunsch nach Harmonie in Europa lässt ihn daher nicht müde werden, dafür öffentlich einzustehen. In seinen Schriften warnt er davor, von einem Antigaullismus in einen Antigallismus abzudriften. Der Schaden, der dabei angerichtet werde, sei kaum wieder zu beheben und werde aus Europa, das der Verklammerung von Deutschland und Frankreich bedürfe, leeres Geschwätz werden. Denn dem Bündnis zwischen diesen beiden Nachbarländern sei der Vorrang einzuräumen, alles andere – auch der Gemeinsame Markt – sei dem nachzuordnen.[461]

---

Mitspracherecht (auch wenn er eingesteht, dass dieses Mitspracherecht nach aller Wahrscheinlichkeit nicht gemäß den Wünschen des französischen Präsidenten ausgestaltet sei). Alexander Rüstow, Europas politisches Gewicht? Frankfurter Allgemeine Zeitung 27. Februar 1963, S. 8.
455 Röpke, Von Genf, FAZ, 1963, S. 3.
456 H. Roth, Vorsicht im Umgang mit Strategie (Leserbrief), Frankfurter Allgemeine Zeitung 27. Februar 1963.
457 Friedrich August von Hayek, Die Wirkung in Amerika und England. Leserbrief, Frankfurter Allgemeine Zeitung 4. Februar 1963.
458 Röpke, Von Genf, FAZ, 1963, S. 3.
459 Röpke, Worum es in Wahrheit geht, Rheinischer Merkur, 1963, S. 1. Röpke, Worum es in Wahrheit geht, Nemzetör, 1963, S. 3.
460 Röpke, Antigaullismus, Rheinischer Merkur, 1966, S. 4.
461 Ders., S. 5.

Röpkes gesamte Haltung in dieser Frage, die selbst von seinen guten Freunden nicht geteilt wird, ist sowohl von seiner liberalen als auch stark antikommunistischen Haltung bestimmt. Röpkes Schulterschluss mit de Gaulle lässt sich nicht aus der Absicht heraus, die europäische Integration zum Scheitern zu bringen, begründen. Vielmehr greift Röpke Kritikpunkte de Gaulles an dem eingeschlagenen Integrationsweg auf und sieht in dessen Vorstellungen eines Europas nach föderalistischem Konzept Anknüpfungpunkte zu ordoliberalen Europa-Modellen. Röpkes Interpretation der Rolle Europas orientiert sich an de Gaulles Konzept des Europas der Vaterländer.[462] Die durch de Gaulle provozierten Krisen sieht Röpke als günstige Gelegenheiten, die offenen Probleme Europas – das Zusammenwachsen des gesamten freien Europas, die politische Integration dieser Staaten und die gemeinsame Außenwirtschaftspolitik – gesamtheitlich zu überdenken und einer Lösung zuzuführen.[463] Hinzu kommt Röpkes Ablehnung der amerikanischen Kulturlosigkeit, weshalb er sich gegen eine vorbehaltlose Annäherung an die USA ausspricht, obgleich er den Wert einer atlantischen Partnerschaft gegen den kommunistischen Block für essentiell hält. Im Einklang dazu steht daher auch Röpkes Überzeugung, Deutschland und Europa stehe im militärischen Bereich wieder eine größere Rolle zu, als ihm gewährt werde. Eine gewisse nationale Note ist somit vereinzelt in den Schriften Röpkes der Sechzigerjahre zu entdecken, in denen er den »besonders abstoßenden Fall von Masochismus« und die Selbstverleugnung der Deutschen bemängelt und für ein gesundes Maß an nationalem Selbstbewusstsein appelliert.[464] Diese einerseits liberalen, andererseits kultur-konservativen Elemente, die Röpkes Schriften in den letzten Jahren seines Lebens prägen, ergeben durchaus ein konsistentes Gesamtbild und bilden keinen Widerspruch in sich selbst.[465]

Die Position Röpkes kann daher nicht als »Gaullismus« aufgefasst werden, sondern als Anknüpfungspunkt für seine eignen Ideen, was jedoch von manchen verkannt wird. Röpke stimmt keinesfalls vorbehaltlos mit de Gaulles Ansichten überein. Die Annäherung de Gaulles an die Sowjetunion ab 1964 – nachdem der deutsch-französische Freundschaftsvertrag die französischen Erwartungen nicht erfüllt – ist ein Beispiel,[466] obgleich sich Röpke offensichtlich nicht zu diesem Punkt äußert. Ebenso versäumt Röpke es, de Gaulles Widerstand gegen die Einbindung Europas in einem Gesamtgefüge einer atlantischen Gemeinschaft, der

---

[462] Wilhelm Röpke, Nation und Weltwirtschaft, in: Franz Böhm/Friedrich A. Lutz/Fritz W. Meyer (Hrsg.), Ordo - Jahrbuch für die Ordnung von Wirtschaft und Gesellschaft, Band XVII, Düsseldorf und München: Helmut Küpper, 1966, S. 52.
[463] Vgl. Wegmann, Früher Neoliberalismus und Europäische Integration, S. 331.
[464] Wilhelm Röpke, Die Nationalökonomie des 'New Frontier', in: Franz Böhm/Friedrich A. Lutz/Fritz W. Meyer (Hrsg.), Ordo - Jahrbuch für die Ordnung von Wirtschaft und Gesellschaft, Band XIV, Düsseldorf und München: Helmut Küpper, 1963, S. 86. Vgl. hierzu auch Petersen/Wohlgemuth, Wilhelm Röpke und die Europäische Integration, S. 193.
[465] Ebd.
[466] Vgl. von der Groeben, Aufbaujahre der Europäischen Gemeinschaft, S. 240.

bei den Verhandlungen um den Fouchet-Plan II deutlich wird, in sein Gesamtbild des französischen Staatspräsidenten miteinzubeziehen.[467]

---

[467] Wegmann, Früher Neoliberalismus und Europäische Integration, S. 332.

## 4. Röpkes Europaentwurf im Vergleich mit ausgewählten Ökonomen seiner Zeit

Röpkes Europaentwurf ist heute weitgehend in Vergessenheit geraten. Gründe dafür sind unter anderem, dass der Wissenschaftler sich stets als Berater im Hintergrund hält und sich nicht an Vertragsverhandlungen beteiligt und, dass Röpkes Integrationsmodell keine Anwendung für die Annäherung der europäischen Staaten findet. Seine theoretischen Konzeptionen zeugen jedoch einerseits von einer Kompromisslosigkeit und andererseits von einem pessimistisch eingefärbten Realismus, was umso deutlicher wird, wenn man sie mit Vorstellungen anderer Ökonomen seiner Zeit vergleicht. Eine vollständige Untersuchung aller damals herrschenden Meinungen ist dabei nicht Ziel dieses Kapitels. Vielmehr soll in den nächsten Abschnitten analysiert werden, inwieweit Röpkes Theorie sich mit derjenigen anderer, im persönlichen Austausch mit ihm stehender, ebenfalls liberal gesinnter Ökonomen deckt und in welchen Bereichen klare Unterschiede zu erkennen sind.

Sowohl Ludwig Erhard als auch Alfred Müller-Armack und Friedrich August von Hayek sind über viele Jahre hinweg persönlich mit Röpke und auch untereinander bekannt. Alle vier sind bspw. in der von von Hayek gegründeten Mont Pèlerin Society aktive und teilweise auch sehr engagierte Mitglieder. Vor allem mit Erhard, den Röpke während seiner Zeit als Wirtschaftsminister berät, aber auch mit von Hayek, den er bei der Gründung der Mont Pèlerin Socity tatkräftig unterstützt, hält Röpke lange Jahre engen Kontakt. In den letzten Jahren seines Lebens verschlechtert sich Röpkes Verhältnis zu beiden Ökonomen aber zusehends und im Falle von Hayeks reißt der Kontakt schließlich gänzlich ab. Die Bekanntschaft Röpkes mit Müller-Armack hingegen ist lange Zeit eher flüchtig und festigt sich erst am Ende von Röpkes Leben.

Erhard und Müller-Armack sind gleichzeitig im Bundeswirtschaftsministerium tätig und beteiligen sich an den Verhandlungen bezüglich der praktischen Durchführung der europäischen Integration. Erhard, der sich in diesen Fragen unter anderem von Röpke beraten lässt, hat eine sich stark mit Röpkes Vorstellungen überschneidende Meinung, was die Annäherung der europäischen Staaten angeht. Auch Müller-Armack, der in seiner Zeit im Wirtschaftsministerium beginnt, sich intensiv mit Wirtschaftsfragen eines geeinten Europas auseinander zu setzen, hat eine liberale Grundausrichtung. Jedoch treffen beide Ökonomen auf politischen Widerstand, dem sie auf unterschiedliche Weise begegnen. Wie sich im Verlauf des Kapitels zeigen wird, liegt ein Hauptunterschied in den Vorstellungen Erhards, Müller-Aramcks und Röpkes darin begründet, dass Röpke sich ausschließlich aus theoretischer Sicht äußert, Erhard und Müller-Armack aber an der praktischen Umsetzung beteiligt sind.

Von Hayek hingegen, der sich dem Integrationsproblem ebenfalls ausschließlich aus theoretischer Perspektive nähert, äußert sich auffallend selten zu Fragen der internationalen Ordnung und der europäischen Integration.[1] Er schreibt jedoch bereits 1939 einen zum damaligen Zeitpunkt äußerst visionären Aufsatz, in dem er »die wirtschaftlichen Voraussetzungen föderativer Zusammenschlüsse« aus seiner Sicht darlegt. Auch in seinem Buch *The Road to Serfdom* entwickelt er ein Konzept für die internationale Ordnung, das unter dem Eindruck der Zwischenkriegszeit steht. Nicht nur die inhaltlichen Aspekte selbst, sondern auch die persönlichen Erwartungen über die künftigen Entwicklungen, die von Hayek in seinem Aufsatz äußerst optimistisch einstuft, während Röpke eher skeptisch in die Zukunft blickt, sorgen für inhaltliche Divergenzen in den Konzepten der beiden Wissenschaftler.

## 4.1. Ludwig Erhard: Ein Freihändler wehrt sich gegen Widerstände aus dem eigenen politischen Lager

Ludwig Erhard[2] schreibt, er habe während des Zweiten Weltkrieges Röpkes Trilogie, [3] mit der er völlig übereinstimme,[4] »wie die Wüste das befruchtende

---

[1] Vgl. Razeen Sally, Hayek and International Economic Order, in: Hans Otto Lenel et al. (Hrsg.), Ordo - Jahrbuch für die Ordnung von Wirtschaft und Gesellschaft, Band 51, Stuttgart: Lucius & Lucius, 2000, S. 97. Sally kritisiert außerdem die beiden Arbeiten von Hayeks über die internationale Wirtschaftsordnung als die schwächsten und fragwürdigsten Arbeiten seines Lebenswerks. Sie litten an genau der Art naiven Konstruktivismus, die von Hayek mit Vehemenz ab den Fünfzigerjahren aufs Schärfste attackiert habe, ders., S. 101.

[2] Eine umfassende Analyse des Lebens und Wirkens Erhards bieten Volker Hentschel, Ludwig Erhard - Ein Politikerleben, München und Landsberg am Lech: Olzog, 1996 und Alfred C. Mierzejewski, Ludwig Erhard: Der Wegbereiter der Sozialen Marktwirtschaft, München: Siedler Verlag, 2005. Obschon erstere Biographie eine historisch sorgfältig recherchierte und umfassende Arbeit darstellt, hat sie ein großes Manko, da der Autor ein subjektiv-negatives Zerrbild Erhards zeichnet, das in dem Leser mitunter gar den Eindruck erweckt, der Autor habe eine persönliche Fehde mit dem Biographierten auszutragen, den er als 'Hanswurst' porträtiert. Die Arbeit von Mierzejewski hingegen, die vorzuziehen ist, legt großen Wert auf die Analyse der wirtschaftspolitischen Überzeugungen Erhards und fällt ein ausgewogenes Urteil über dessen Leistungen, vgl. Fritz Ulrich Fack, Ludwig Erhard und das Wirtschaftswunder im Zerrbild eines Historikers. Kritische Anmerkungen zu einer neuen Biographie, Frankfurter Allgemeine Zeitung 2. Oktober 1996; Joachim Starbatty, ‚Das Beste ist das, was er nicht getan hat'. Wie ein Biograph an Ludwig Erhard vorbeischreibt, Neue Zürcher Zeitung 21. Januar 1997.

[3] Gemeint sind »Die Gesellschaftskrisis der Gegenwart« (1942), »Civitas Humana« (1944),

Wasser« in sich aufgesaugt.⁵ Erhard, der selbst kein originärer Denker ist, liest jedoch mit großer Leidenschaft, interessiert sich für die großen theoretischen und philosophischen Themen seiner Zeit und formt daraus seine eigene Konzeption.⁶

In den Fragen um die Wirtschaftsordnung, gerade im Hinblick auf die Soziale Marktwirtschaft, stimmt Erhard mit der Freiburger Schule, der auch Röpke nahesteht, im Großen und Ganzen überein. Die Überschneidungen der volkswirtschaftlichen Ansichten Erhards und Röpkes verdeutlichen sich auch an deren Engagement in der Mont Pèlerin Society,⁷ deren Vorsitz Röpke 1961-62 innehat. Erhards Bestärkung der eigenen marktwirtschaftlichen Überzeugung durch Röpkes leidenschaftliche Schriften mündet zudem in einen regen Gedankenaustauch, den die beiden Nationalökonomen hauptsächlich während Erhards Zeit als Bundeswirtschaftsminister pflegen. Röpke berät den Wirtschaftsminister sowohl mittels Gutachten als auch Briefen ebenso wie als Begleiter auf Reisen.⁸ Darüber hinaus entfaltet sich neben der professionellen eine persönliche Beziehung, an der Röpke viel gelegen ist.⁹

In der Europa-Frage vertritt Erhard vor allem in den ersten Nachkriegsjahren ebenfalls eine ähnliche Auffassung wie Röpke. Er geht in seinem Verständnis außenwitschaftlicher Beziehungen davon aus, dass jene Bande, die vor den beiden Weltkriegen geknüpft worden waren, weitestgehend zerschnitten seien (mit Ausnahme weniger im Kriege neutraler Staaten) und es den einzelnen Staaten seitdem nicht gelungen sei, ein funktionsfähiges System multilateraler wirtschaftlicher Beziehungen neu zu etablieren. Daher sei es unerlässlich, jeglichen nationalen Egoismus und die Angst vor dem technischen Fortschritt (der anderen Länder) zu überwinden und die bereits begonnenen Anstrengungen in Form von multilateralen Handelsvereinbarungen wie dem GATT und der OEEC, die beide das Meistbegünstigtenprinzip für alle teilnehmenden Mitgliedstaaten beinhalten, fortzusetzen und auszubauen.¹⁰ Ein neues europa- und weltweites, liberales,

---

und »Internationale Ordnung« (1945), die in der Schweiz erscheinen und auf illegalem Wege auch nach Deutschland gelangen.
4 Mierzejewski, Ludwig Erhard, S. 45.
5 Erhard, Glückwunschadressen, S. 12.
6 Mierzejewski, Ludwig Erhard, S. 269, 325.
7 Eine eingehende Studie zur Entwicklung und Wirkung dieses neoliberalen *Think-tanks* liefert Plickert, Wandlungen des Neoliberalismus.
8 Röpke, Ist die deutsche Wirtschaftspolitik richtig?; Hennecke, Ein Leben in der Brandung, S. 184; Röpke, Der innere Kompaß, S. 131 ff., 156 ff.; Alfred Müller-Armack, Wirtschaftspolitiker zwischen Wisenschaft und Politik, in: Gerhard Schröder et al. (Hrsg.), Ludwig Erhard: Beiträge zu seiner politischen Biographie. Festschrift zum 75. Geburtstag, Frankfurt am Main u.a.: Propyläen Verlag, 1972, S. 479 f.
9 Röpke, Der innere Kompaß, S. 133.
10 Vgl. Erhard, Deutschlands Rückkehr zum Weltmarkt, S. 274; Ludwig Erhard, Deutsche Wirtschaftspolitik: Der Weg der Sozialen Marktwirtschaft, Düsseldorf, Frankfurt am Main: Econ-Verlag GmbH, Knapp, 1962, S. 162; Ludwig Erhard, Die wirtschaftlichen

handelspolitisches Netzwerk müsse geschaffen werden, in dem Deutschland als Stein des Aufbaues und nicht des Anstoßes gesehen werde.[11]

Erhard schwebt – wie Röpke – ein freiheitliches, föderales Europa mit Leistungswettbewerb, freier Preisbildung, Arbeitsteilung und ökonomischer Freizügigkeit vor, frei von Autarkie, Protektionismus, Nationalismus und supranationalen bürokratischen Apparaten.[12] Genau wie Röpke[13] zieht Erhard dabei die Schweiz als Musterbeispiel heran, an dem es sich zu orientieren lohne.[14] Um eine Kooperation oder gar Integration umzusetzen, zieht Erhard ebenfalls die funktionale der institutionellen Variante vor allem aus Gründen der Praktikabilität vor.[15] Er trennt dabei die Begriffe Kooperation und Integration, die damals oft synonym verwendet werden, wobei ersterer Begriff Zusammenarbeit bedeute und seine »Maßstäbe wesentlich im Quantitativen finde« und aus Eigengesetzlichkeit fortleben könne, während letzterer eine Formveränderung bedeute, die über bloße Zusammenarbeit hinausgehe und daher als »etwas Qualitatives« zu bewerten sei.[16] Integration sei »in der Entwicklung etwas Höherwertiges als die Kooperation« und setze eine bewußte und grundlegende Willensentscheidung voraus, für die allerdings erst Ansatzpunkte gefunden werden müßten.[17] Wie Röpke führt er außerdem neben den Bedenken gegen die praktische Umsetzung vor allem seine Befürchtung eines zentralisierten Staates mit Eingriffsmöglichkeiten in den Wirtschaftsverkehr und die nationale Eigenständigkeit als Hauptargument gegen institutionelle Integration an. Er favorisiert stattdessen ein internationales Gefüge, das Prinzipien enthält, »die aus dem Ordnungssystem heraus einen sozusagen anonymen Zwang auf das Verhalten der Nationalstaaten ausüben«[18]. Handelsliberalisierungen, Meistbegünstigung, Nichtdiskriminierung und die vollständige Konvertierbarkeit der Währungen seien die wichtigsten dieser Prinzipien. Gera-

---

Aspekte, in: Karl Brunner (Hrsg.), Die Integration des europäischen Westens: Vorträge gehalten an der Handels-Hochschule St. Gallen, Band 11, Zürich: Polygraph Verlag, 1954, S. 103.

[11] Erhard, Deutschlands Rückkehr zum Weltmarkt, S. 274; Ludger Westrick, Montanunion - ein Schritt nach Europa, in: Gerhard Schröder et al. (Hrsg.), Ludwig Erhard: Beiträge zu seiner politischen Biographie. Festschrift zum 75. Geburtstag, Frankfurt am Main u.a.: Propyläen Verlag, 1972, S. 354.

[12] Erhard, Deutsche Wirtschaftspolitik, S. 254 f.

[13] Vgl. z.B. Röpke, Sozialismus und EU, Blätter der Freiheit, 1949, S. 6; Röpke, Economic Integration, Measure, 1950, S. 393; Röpke, Grundfragen, Schweizer Monatshefte, 1948, S. 285; Röpke, Internationale Ordnung, S. 83; Röpke, Europa als Aufgabe, Wirtschaft und Erziehung, 1951, S. 481.

[14] Ludwig Erhard, Die deutsche Wirtschaftspolitik im Blickfeld europäischer Politik, in: Karl Hohmann (Hrsg.), Ludwig Erhard: Gedanken aus fünf Jahrzehnten, Düsseldorf u.a.: ECON Verlag, 1988, S. 337.

[15] Erhard, Deutsche Wirtschaftspolitik, S. 245.

[16] Ders., S. 256.

[17] Ebd.

[18] Ludwig Erhard, Die Londoner Gespräche über die Konvertierbarkeit, Bulletin des Presse- und Informationsamtes der Bundesregierung 22. September 1954, Nr. 178, S. 1569.

de die freie Konvertierbarkeit stellt er, ebenso wie Röpke, immer wieder in den Vordergrund, da er in ihr die Grundvoraussetzung für das Funktionieren der internationalen Märkte sieht.[19] Anders als Röpke glaubt er jedoch, eine Rückkehr zum Goldstandard sei nicht praktikabel; stattdessen plädiert er für ein festes Wechselkurssystem, das auf unverfälschten Wechselkursen beruhe und durch die Ansammlung von Devisenreserven die Möglichkeit habe, die Währung durch Interventionen zu stabilisieren.[20] Für den Rest des Integrationsprozesses sei hingegen der Markt selbst verantwortlich.[21] Es müsse also ein Ordnungsrahmen und nicht ein Planungsprogramm, das dem Leben entweder hinterherlaufe oder ihm Gewalt antue, umgesetzt werden, um Erfolge zu erzielen.[22] Die stärkeren Länder sollen dabei laut Erhard den Anfang machen und eine Vorbildfunktion für diejenigen Länder einnehmen, die Liberalisierung und Konvertibilität noch nicht einführen können oder wollen, um den Integrationsprozess nicht zum Stillstand oder gar Rückschritt verkommen zu lassen.[23]

Erhard ist der Auffassung, dass eine strikte Trennung zwischen Politik und Wirtschaft kein zeitgemäßer Ansatz sei, da sich beide Bereich gegenseitig beeinflussten und bedingten, man lebe »nicht mehr in Metternichs Zeiten«.[24] Es sei daher weder sinnvoll noch möglich, sich ausschließlich auf das eine oder das andere zu beschränken.[25] Daher bekennt Erhard: »Wenn Sie mich fragen, ob in dem Gesamtgeschehen die politische Kooperation bzw. Integration vor oder nach der ökonomischen Integration stehen sollte oder umgekehrt, dann muß ich sagen: Mir soll das gleich sein, aber wir sollten anfangen.«[26] Zwar wäre es wünschenswert, den Vorrang den politischen vor den ökonomischen Bestrebungen zu geben, da letztere sich aus ersteren begründeten, doch fehlten dafür noch die geeigneten und angemessenen Formen der Zusammenarbeit. Daher hält er es – anders als Röpke, der auf politische Integration als Voraussetzung für wirtschaftliche besteht[27] – für wahrscheinlicher, dass im Zuge der wirtschaftlichen Integration auch Lösungen für die politische Zusammenarbeit gefunden würden.[28]

---

[19] Vgl. Erhard, Die wirtschaftlichen Aspekte, S. 105 ff.
[20] Ders., S. 117.
[21] Erhard, Deutschlands Rückkehr zum Weltmarkt, S. 149f.; Erhard, Deutsche Wirtschaftspolitik, S. 338.
[22] Ulrich Meyer-Cording, Planung oder Ordnungsdenken in Europa, in: Gerhard Schröder et al. (Hrsg.), Ludwig Erhard: Beiträge zu seiner politischen Biographie. Festschrift zum 75. Geburtstag, Frankfurt am Main u.a.: Propyläen Verlag, 1972, S. 317.
[23] Erhard, Die Konvertierbarkeit, Bulletin, 1954, S. 1566.
[24] Erhard, Deutsche Wirtschaftspolitik, S. 458.
[25] Ders., S. 458 ff.
[26] Ders., S. 258.
[27] Vgl. bspw. Röpke, Die wirtschaftliche Integration, Wissenschaft und Weltbild, 1960, S. 93; Röpke, Einheit in der Vielheit, Die politische Meinung, 1959, S. 14.
[28] Erhard, Deutsche Wirtschaftspolitik, S. 258.

So billigt Erhard anfangs das Entstehen der Montanunion, da er davon ausgeht, dass diese zum Abbau von Zollschranken und der Entfaltung der internationalen Arbeitsteilung einen positiven Beitrag leiste und eine politische Integration begünstigen könne. Als er jedoch die Harmonisierungs- und Zentralisierungstendenzen wahrnimmt – die sich bei der Ausarbeitung der Römischen Verträge noch stärker als bei der Montanunion in den Vertragsentwürfen niederschlagen – und vor allem von Frankreich das System der »Planification«[29] beworben wird, sieht sich Erhard zuweilen veranlasst, auch auf europäischer Ebene seine Bedenken zu äußern und für eine liberale, offene und funktionelle Integration mit Ordnungs- statt Planungsprogramm zu werben.[30] Von jeglicher Harmonisierung hält er nichts. Gleiche Startbedingungen – wie gleiche steuerliche und soziale Lasten oder das Zusammenwirken nationaler Kartelle, ebenso wie die Einheitlichkeit des Lohns und der Arbeitsbedingungen – sind für ihn unerträgliche Gleichmacherei.[31] Mit der Ablehnung einer solchen bürokratischen und harmonisierungswütigen Marschrichtung setzt er sich gleichzeitig ab 1954 verstärkt für die Realisierung des Konzepts der funktionellen Integration. Für ihn kann das Entstehen eines freien geeinten Europas nur unter der Prämisse nationaler Selbständigkeit gelingen. Die Wirkungsweise der Montanunion lehnt er daher

---

[29] Das Konzept der Planification entwickelt sich im Rahmen eines Investitionsprogrammes, das Frankreich im Zuge des ERP zufließt, wobei ein Planungskommissariat bezüglich der Verwendung der Gelder über ein Mitspracherecht verfügt. Das Konzept geht davon aus, dass eine rein marktwirtschaftliche Wettbewerbspolitik mit freier Preisbildung nicht zu einer gesamtwirtschaftlichen Nutzenmaximierung führt, sondern staatliche Planungsstellen als Allokationsmechanismus des Produktionsfaktors Kapital eingreifen müssen, um die richtigen Investitionsentscheidungen zu treffen, da der Preismechanismus dies nicht einwandfrei gewährleisten kann. Ein nationaler *ex ante* Investitionsplan soll daher die Aufgabe des Preismechanismus übernehmen, wenn dieser versagen sollte. Die Erstellung mittelfristiger übergreifender Analysen und Prognosen als Entscheidungshilfe stehen im Vordergrund. Dabei sind zwei Merkmale besonders hervorzuheben: Zum einen werden im Rahmen der Planification lediglich indikative und nicht imperative Zielvorgaben gesetzt. Zum anderen wird eine Wiederherstellung der marktwirtschaftlichen Ordnung angestrebt, nur anfangs, d.h. Ende der Vierziger-, Anfang der Fünfzigerjahre, ist das Konzept interventionistisch ausgelegt. Dies führt allerdings gerade in Deutschland zu einer Aversion gegenüber dieser Politik, gleichwohl sie in Frankreich bereits in den Fünfzigerjahren an Bedeutung für die Wirtschaftspolitik verliert. Vgl. hierzu eingehender Thomas Bittner, Das westeuropäische Wirtschaftswachstum nach dem Zweiten Weltkrieg: Eine Analyse unter besonderer Berücksichtigung der Planification und der Sozialen Marktwirtschaft, Münster, Hamburg: Lit Verlag, 2001 (zugl. Diss., Westfälische Wilhelms-Universität Münster, 1999), S. 98 ff.; Henrick Uterwedde, Abschied vom französischen Modell? Staat und Wirtschaft im Wandel, in: Marieluise Christadler/Henrik Uterwedde (Hrsg.), Länderbericht Frankreich: Geschichte, Politik, Wirtschaft, Gesellschaft, Band 360, Bonn: Bundeszentrale für politische Bildung, 1999, S. 208 f. Ljuba Kokalj/Horst Albach, Industriepolitik in der Marktwirtschaft - Ein internationaler Vergleich, Stuttgart: Poeschel, 1987, S. 204 ff.

[30] Ludwig Erhard, Planification - kein Modell für Europa, in: Karl Hohmann (Hrsg.), Ludwig Erhard: Gedanken aus fünf Jahrzehnten, Düsseldorf u.a.: ECON Verlag, 1988, S. 771 f.; Ludwig Erhard, Mein Lieblingskind: Europa, in: Martin Hoch (Hrsg.), Wirken und Reden: 19 Reden aus den Jahren 1952 bis 1965, Ludwigsburg: Martin Hoch, 1966, S. 236.

[31] Vgl. Erhard, Glückwunschadressen, S. 15; Erhard, Deutsche Wirtschaftspolitik, S. 462.

aufgrund ihrer Befugnisse, einerseits in den Markt eingreifen zu können und andererseits nationale Entscheidungsfreiheiten einschränken zu können, ab,[32] ohne allerdings zu versäumen, ihre Verdienste als Impuls des Integrationsprozesses zu würdigen.[33]

Er befürchtet zudem, eine weitere Teilintegration entscheidender Bereiche wie Energie und Nukleartechnik werde die Schaffung einer Freihandelszone, die er favorisiert, hinauszögern. Darüber hinaus bezweifelt er, diese Integrationsmethode werde eine stärkere Verflechtung der europäischen Staaten durch Arbeitsteilung erleichtern, sondern vermutet, sie werde, ganz im Gegenteil, zur Zerfaserung der binnen- und außenwirtschaftlichen Beziehungen der einzelnen westeuropäischen Volkswirtschaften führen.[34] Gemeinsamer Markt und Freihandelszone seien in keinem Fall als Alternativen gegenüberzustellen. Zum einen schaffe der Gemeinsame Markt aufgrund seiner institutionellen Organisation, die bereits politische Elemente enthalte, nicht für alle europäischen Länder die Möglichkeit eines Beitritts, und zum anderen höre die Welt nicht an den Grenzen Europas auf, weshalb er mit Unbehagen die Tendenz der Verdrängung der Freihandelszone durch den Gemeinsamen Markt beobachtet.[35]

Als Rahmen einer Freihandelszone sieht er nicht die viel zu bürokratischen Einrichtungen der Montanunion, sondern die OEEC, die EZU[36], das GATT und den Internationalen Währungsfonds (IWF), eingebettet in den freien Markt, als Garanten einer effektiven Integration, die nicht auf einen exklusiven Club beschränkt bleibt.[37] Eine enge Zusammenarbeit mit den USA und Großbritannien hält er dabei unter Berücksichtigung der funktionellen Integrationsmethode für das beste Erfolgsrezept für weitere Integrationsschritte. Obwohl er einen institutionellen Rahmen für das Projekt zugesteht, schließt er kategorisch eine regulierende Funktion für diesen aus.[38]

---

[32] Erhard, Die Konvertierbarkeit, Bulletin, 1954, S. 1569.
[33] Vgl. Erhard, Mein Lieblingskind, S. 231.
[34] Vgl. Ludwig Erhard, Wer ist ein guter Europäer? in: Karl Hohmann (Hrsg.), Ludwig Erhard: Gedanken aus fünf Jahrzehnten, Düsseldorf u.a.: ECON Verlag, 1988, S. 444; Küsters, Die Gründung der EWG, S. 81, 113.
[35] Ludwig Erhard, Die Freihandelszone beschäftigt das Europäische Parlament, Bulletin des Presse- und Informationsamtes der Bundesregierung 20. Januar 1959, Nr. 12, S. 108.
[36] Gegen die EZU hat er die gleichen Vorbehalte wie Röpke, nämlich dass man mithilfe eines Schleiers der Nächstenliebe die Konvertierbarkeit der europäischen Währungen hinauszögert. Auch Erhard betont den Handlungsbedarf der einzelnen Volkswirtschaften, im Inneren einen Gesundungsprozess anzustoßen, anstatt lediglich auf die EZU zu verweisen. Ab Mitte der Fünfzigerjahre fordert er die Herstellung der Ablösung des EZU-Systems durch vollständige Wiederherstellung der Konvertibilität. Sein Gesamturteil über die Funktionsweise der Organisation fällt jedoch etwas positiver aus als das Röpkes. Vgl. Erhard, Die wirtschaftlichen Aspekte, S. 110 ff.; Erhard, Deutschlands Rückkehr zum Weltmarkt, S. 97 f.; Ludwig Erhard, Zu Fragen der Europäischen Zahlungsunion, in: Karl Hohmann (Hrsg.), Ludwig Erhard: Gedanken aus fünf Jahrzehnten, Düsseldorf u.a.: ECON Verlag, 1988, S. 387 ff.; Müller-Armack, Wirtschaftspolitiker, S. 478 f.
[37] Erhard, Wer ist ein guter Europäer?, S. 443.
[38] Küsters, Die Gründung der EWG, S. 85.

In der gesamten Europadiskussion kommt es immer wieder zu Interessenkonflikten zwischen Erhard und dem deutschen Kanzler. Adenauer, der die Wirtschaft nur als einen Teilaspekt betrachtet, den er zuweilen hinter politische Motive zurücktreten lässt, bzw. wirtschaftliche Themen benutzt, um politische Ziele durchzusetzen, ist vor allem an der »politischen und psychologischen Einbindung« der BRD in die westliche Welt gelegen.[39] Hierbei genießt die deutsch-französische Freundschaft den obersten Stellenwert, für die Adenauer – anders als Erhard – bereit ist, substantielle Zugeständnisse im Bereich der Integrationsmethode und Modalitäten an Frankreich zu machen. Die Integrationsfrage bleibt während der gesamten Regierungszeit Adenauers ein neuralgischer Punkt in der Beziehung zwischen dem Bundeskanzler und seinem Wirtschaftsminister und führt immer wieder zu hitzigen Diskussionen und erbosten Briefen von beiden Seiten.[40] Dies führt soweit, dass Adenauer Erhard in einem Brief am 24. März 1959 Erhard untersagt, sich weiterhin negativ über die EWG zu äußern.[41]

Darüber hinaus gibt es auch innerhalb der Bundesregierung teilweise diametral divergierende Auffassungen über die künftige Integrationspolitik. Neben Erhards funktionellem Ansatz wird von der Schuman-Plan-Abteilung (die ebenfalls dem Wirtschaftsministerium angehört und dem Ministerialdirigenten Hans von der Groeben untersteht) das Konzept der wirtschaftlichen Gesamtintegration mit supranationalem Überbau vertreten, eine bloße Errichtung einer Zollunion ist für von der Groeben zu kurz gegriffen. Zu dieser innerministeriellen Spaltung fügt sich zudem eine weitere konkurrierende Position, nämlich die des Auswärtigen Amtes an,[42] die vor allem vom Leiter der Westeuropa-Abteilung Carl Friedrich Ophüls und von Walter Hallstein gestützt wird. Das Auswärtige Amt unterstützt, nachdem das Projekt, eine politische Integration zu realisieren in weite Ferne rückt, das Konzept einer Teilintegration. Nach dem Vorbild der Montanunion sollen weitere Wirtschaftsfelder – getragen durch jeweils eigene Institutionen – in eine gemeinsame Wirtschaftspolitik eingebunden werden.[43] Dieser Ansatz wird von Ophüls und Hallstein als realistischer eingestuft als eine Gesamtintegration. Ziel der Festigung der Montanunionsstruktur in einer Gemeinschaft ist die Schaffung einer langfristigen politischen Union. Adenauer und der Vizepräsident der Hohen Behörde, Franz Etzel sind ebenfalls Befürworter

---

[39] Mierzejewski, Ludwig Erhard, S. 233.
[40] Vgl. Ders., S. 232 ff., 261, 267; Karl-Günther von Hase, Ludwig Erhard - ein unermüdlicher Kämpfer für die Stärkung Europas, in: Gerhard Schröder et al. (Hrsg.), Ludwig Erhard: Beiträge zu seiner politischen Biographie. Festschrift zum 75. Geburtstag, Frankfurt am Main u.a.: Propyläen Verlag, 1972, S. 294 f.
[41] Mierzejewski, Ludwig Erhard, S. 261.
[42] Im Auswärtigen Amt – seit 1953 wieder mit der Kompetenz betraut, die Handelspolitik nach außen zu leiten und bis 1955 dem Kanzleramt unterstellt – werden Entscheidungen auch nach der formellen Übergabe an Heinrich von Bretano weiterhin vom Kanzleramt aus getroffen. Vgl. Küsters, Die Gründung der EWG, S. 87 f.
[43] Ders., S. 79.

dieser Lösung.⁴⁴ Die unterschiedlichen Präferenzen innerhalb der deutschen Regierung bezüglich des europäischen Integrationsprozesses machen es Erhard in den folgenden Jahren schwer, seine klare Linie durchzusetzen, zumal Bundeskanzler Adenauer eine andere Agenda verfolgt.

Mit der Unterzeichnung der Römischen Verträge am 25. März 1957 setzt sich Adenauer gegen Erhard durch, der sich im Vorfeld der Verhandlungen kurzzeitig von den Argumenten des Kanzlers überzeugen lässt, sich dem Druck der Kabinettsdisziplin beugend und auch seine politischen Ambitionen im Hinterkopf behaltend.⁴⁵ Erhard unterstützt das Projekt EWG, wenn auch stets unter Betonung der Notwendigkeit der Schaffung einer Freihandelszone, ein Kompromiss, den Röpke zu diesem Zeitpunkt noch ablehnt. Er versucht auch, diesen Richtungswechsel Röpke gegenüber zu verteidigen, der sich in der Zwischenzeit in mehreren Artikeln und Vorträgen darüber geäußert hat, wie wichtig die Schaffung einer Freihandelszone gerade auch nach der Unterzeichnung der Römischen Verträge weiterhin sei. Er appelliert an den Gelehrten in der Schweiz – etwas verstimmt, weil er sich persönlich angegriffen fühlt – ihn als Politiker zu verstehen, der als Alternative nur den Rücktritt gesehen habe.⁴⁶ Röpke antwortet darauf, indem er seine Rolle als praktischer Wirtschaftswissenschaftler verdeutlicht: »Ich verstehe sehr gut, daß Ihre Stellung als verantwortlicher Staatsmann jetzt eine andere sein muß als die meinige eines unabhängigen und für keine Unterschrift verantwortlichen Theoretikers. Aber gerade wenn die von uns beiden erkannten Gefahren vermieden oder gemildert werden sollen, kann es Ihnen, meine ich, nicht unerwünscht sein, wenn ein Mann wie ich nicht die Rolle des Chors der antiken Tragödie übernimmt und noch einmal sagt, was die verantwortlichen Staatsmänner ohnehin denken und wollen, sondern sein Gewicht nach der anderen Seite verlegt, damit der Wagen in der Kurve nicht umkippt.«⁴⁷

Öffentlich stellt Röpke sich auch weiterhin hinter Erhard, was auch in einer Rundfunkansprache Röpkes anlässlich Erhards 60. Geburtstag deutlich zum Ausdruck kommt, in der er die »Qualitäten einer ungewöhnlichen Persönlichkeit in ihrem ganzen seltenen Reichtum«⁴⁸ rühmt.

---

⁴⁴ Rolf Kowitz, Alfred Müller-Armack - Wirtschaftspolitik als Berufung: Zur Entstehungsgeschichte der Sozialen Marktwirtschaft und dem politischen Wirken des Hochschullehrers, New York: Norton, 1993, S. 267.
⁴⁵ Hennecke, Ein Leben in der Brandung, S. 212.
⁴⁶ Ebd.
⁴⁷ Röpke, Der innere Kompaß, S. 157.
⁴⁸ Wilhelm Röpke, Rundfunkansprache anlässlich des 60. Geburtstags Ludwig Erhards, in: Martin Hoch (Hrsg.), Wirken und Reden: 19 Reden aus den Jahren 1952 bis 1965, Ludwigsburg: Martin Hoch, 1966, S. 375.

Der Staatsmann Erhard übernimmt in der Folge wieder die Rolle des Advokaten für die Freihandelszone. Die Integration des Sextetts ist für ihn ein viel zu begrenztes Konzept, das lediglich dem Selbstzwecke zu dienen scheine und höchstens als integraler Bestandteil einer freien Weltwirtschaft zu rechtfertigen sei.[49] Eine Freihandelszone hingegen, die alle westeuropäischen Staaten umfasst, soll die Kluft zwischen EWG und dem Rest Europas überbrücken und damit eine Einheit gegenüber der kommunistischen Welt untermauern. Allerdings werden seine Bemühungen durch das Scheitern der Maudling-Verhandlungen im Dezember 1958 unterbrochen, was Erhard als herben Rückschlag wahrnimmt, da das 'ganze Europa' ein für alle unverlierbarer Wert sei.[50] Dass Großbritannien durch das Scheitern der Verhandlungen weiterhin außen vor bleibt, ist für Ehrard ein unerwünschter Missstand und animiert ihn dazu, nach einer neuen Lösung zu suchen, die eine Verklammerung für Europa und die ganze westliche Welt beinhaltet.[51]

In dieser Frage sind sich Erhard und Adenauer aufs Neue uneinig. Adenauer sucht vor allem die Freundschaft zu Frankreich, da er hofft, eine enge Verbindung zum westlichen Nachbarn biete Schutz vor der kommunistischen Bedrohung aus dem Osten. Außerdem is er enttäuscht von den Amerikanern, die sich nach Adenauers Geschmack nicht hinlänglich für eine Wiedervereinigung einsetzen. Dass de Gaulle mit seinem Versprechen, der Bundesrepublik in der Krise beizustehen, ein Nebenprodukt der Agenda des französischen Regierungschefs ist, um Frankreichs Stellung gegenüber den USA und Großbritannnien zu stärken, will Adenauer nicht sehen oder ist für ihn unerheblich. Erhard dagegen empfindet die USA als mächtigeren Verbündeten und hält daher an einer amerikanischen Option (sowohl was den handels- als auch was den sicherheitspolitischen Aspekt betrifft) fest, da nur die umfassendeste Gemeinschaft befähigt sei, für die westlichen Länder ein Leben in Frieden und Freiheit zu gewährleisten,[52] wozu er sich auch trotz Zurechtweisungen Adenauers öffentlich bekennt. Adenauer ignoriert jedoch Erhards Bedenken und handelt mit Frankreich den Elysée-Vertrag aus, worauf Erhard den Rücktritt erwägt. Er zieht es jedoch in der Folge vor, Wiederstand gegen den Vertrag zu leisten und erringt einen kleinen Sieg durch das Zufügen der Präambel.

---

[49] Vgl. von Hase, Ludwig Erhard, S. 293; Ludwig Erhard, Was wird aus Europa? in: Karl Hohmann (Hrsg.), Ludwig Erhard: Gedanken aus fünf Jahrzehnten, Düsseldorf u.a.: ECON Verlag, 1988, S. 654; Ludwig Erhard, Darf man über «Europa» sprechen? in: Karl Hohmann (Hrsg.), Ludwig Erhard: Gedanken aus fünf Jahrzehnten, Düsseldorf u.a.: ECON Verlag, 1988, S. 657 ff.

[50] Ludwig Erhard, Das ganze Europa ist für uns ein unverlierbarer Wert, Bulletin des Presse- und Informationsamtes der Bundesregierung 5. Mai 1959, Nr. 81, S. 773.

[51] Ludwig Erhard, EWG und die 'kleine Freihandelszone', Bulletin des Presse- und Informationsamtes der Bundesregierung 8. Juli 1959, Nr. 120, S. 1225 f.

[52] Ludwig Erhard, Vom Gemeinsamen Markt zur 'Atlantischen Gemeinschaft', Bulletin des Presse- und Informationsamtes der Bundesregierung 27. Oktober 1961, Nr. 203, S. 1905.

In der französischen Frage unterscheidet sich sowohl Erhards als auch Adenauers Position von der Röpkes. Denn obwohl Röpke ebenfalls die Freihandelszone und die Einbeziehung Großbritanniens als wichtigen europäischen Integrationsschritt betrachtet, sind für ihn die deutsch-französischen Beziehungen ebenfalls von oberster Priorität. Die Gründe sind die gleichen wie die von Adenauer: Beendigung der Feindschaft der Völker und Schutz vor kommunistischen Angriffen. Die Annäherung auf wirtschaftlicher Ebene soll nach Röpkes Dafürhalten jedoch marktwirtschaftlich über eine Freihandelszone gestaltet sein, wobei ihm de Gaulles häufige Einsprüche gegen jegliche tiefgreifendere institutionelle Integrationsbestrebungen gelegen kommen. Die dadurch provozierte EWG-Krise sieht Röpke sodann als Anlass, das gesamte Konstrukt zu überarbeiten.

Adenauer, stets um eine enge Verbindung zu Frankreich bemüht, ist zu Konzessionen bereit, die von Erhard, der einen Rückschritt im Integrationsprozess befürchtet, jedoch abgelehnt werden. Erhard erhofft sich größere Vorteile in einer engeren Verbindung mit Großbritannien und den USA und teilt die Vorstellungen Adenauers und de Gaulles über die Integration Europas in vielen Punkten nicht. Dabei wirft er auch Röpke, sicherlich nicht zu unrecht, vor: »daß Sie jedem Beifall zu zollen bereit sind, der gewollt oder ungewollt, mittelbar oder unmittelbar diese von Ihnen stets kritisierte Integrationsform zerschlägt oder ad absurdum führt.«[53] Erhard hat für Röpkes Position wegen dessen Grundhaltung zwar Verständnis, hält sie jedoch für politisch unrealistisch.

In den letzten Jahren seines Wirkens als Wirtschaftsminister erleidet Erhard einen kontinuierlichen Machtverlust, lediglich durch kleine Siege, wie bspw. das Einfügen der Präambel in den deutsch-französischen Freundschaftsvertrag, abgemildert. Obschon er weiterhin seine freihändlerische Position öffentlich vertritt und Entpolitisierung des Gemeinsamen Marktes fordert – Röpke gegenüber äußert er auch seine Befürchtung, Befürworter des Dirigismus könnten den Integrationsprozess an sich reißen[54] – setzt sich Adenauer in den meisten Fällen über seinen Wirtschaftsminister hinweg. In der Folge versucht er, seinen ihm unbequemen Wirtschaftsminister 1959 mit einer Bundepräsidentschaftskandidatur aus dem Kabinett zu komplimentieren, letzterer lehnt dies jedoch ab und Adenauer zieht daraufhin kurzzeitig für sich selbst eine Kandidatur in Betracht.[55] Röpke zeigt sich, nachdem Adenauer den Rücktritt vom Rücktritt der Kanzler-

---

[53] Zitiert nach Hennecke, Ein Leben in der Brandung, S. 231.
[54] Mierzejewski, Ludwig Erhard, S. 267.
[55] Adenauer nimmt zuerst an, er könne auch aus der Villa Hammerschmidt die Geschicke der Bundesrepublik lenken, ähnlich wie ein Präsident de Gaulle in Frankreich. Er realisiert jedoch bald, dass das Amt des deutschen Staatsoberhauptes lediglich repräsentative Funktionen ausüben kann und zieht daher seine Kandidatur zurück. Vgl. Daniel Koerfer, Kampf ums Kanzleramt. Erhard und Adenauer, Stuttgart: Deutsche Verlags-Anstalt, 1987, S. 312 ff.

schaft ankündigt, eher erleichtert, dass in den schwierigen Zeiten Adenauer als starke und charismatische Persönlichkeit erhalten bleibe, während er sich sicher ist, Erhard habe sich für das Kanzleramt disqualifiziert.[56] Als Erhard 1963 dennoch die Kanzlerkandidatur für die CDU annimmt, hält Röpke das für ein großes Unglück, sowohl wegen dessen »unerleuchteter und uninformierter Biederkeit eines Pfadfinders« in Fragen der Außenpolitik als auch für Erhard persönlich, da Röpke prophezeit, die Misserfolge seiner Kanzlerschaft würden nachträglich seinen guten Ruf als Wirtschaftsminister ruinieren.[57] Weiterhin lehnt Röpke es jedoch ab, sich öffentlich gegen seinen Freund zu stellen und belässt es dabei, sich ausschließlich in persönlichen Schreiben über seine Sorge hinsichtlich Erhards Befähigung zur Kanzlerschaft zu äußern.

Die Zeit im Bundeskanzleramt ist für Erhard zur Zerreißprobe. Mierzejweski bringt dies auf den Punkt: »Alles in allem fiel es Erhard wegen seiner Philosophie,[58] seines Stils, seiner Verachtung für die politische Kleinarbeit, seines vergleichsweise schwachen Beraterteams und womöglich seiner Gesundheit schwer, sich wirkungsvoll als Kanzler in Szene zu setzen.«[59] Alfred Müller-Armack kehrt nach dem Veto de Gaulles gegen den EWG-Beitritt Großbritanniens an die Universität zurück,[60] womit er einen wertvollen Berater verliert und auch zwischen Erhard und seinem Freund Wilhelm Röpke kühlt das Verhältnis in den Sechzigerjahren merklich ab.[61]

Erhard ist enttäuscht über das Veto des Gaulles für den EWG-Beitritt der Briten. Sein Kommentar soll gelautet haben: »Es war wie bei einer Beerdigung.«[62] Er versucht aber weiterhin, Großbritannien wieder an den Verhandlungstisch zu bringen, um den für ihn wichtigen Beitritt herbeizuführen, was von de Gaulle jedoch systematisch torpediert wird. Im Gegensatz setzt sich de Gaulle aber bei Erhard mit seinen agrarpolitischen Forderungen, die nicht im Sinne des marktwirtschaftlich orientierten Kanzlers sind, durch. Erhard glaubt, er könne dafür nach dem Prinzip *do ut des* das Einverständnis des Präsidenten in anderen Belangen erhalten. Das Verhältnis verschlechtert sich aber in der Folge zunehmend, da von französischer Seite weitere Forderungen planwirtschaftlicher Natur gestellt

---

[56] Vgl. Hennecke, Ein Leben in der Brandung, S. 217.
[57] Wilhelm Röpke an Anton Böhm, Nachlass Röpke, IWP, Ordner März 1963, 16.4.1963.
[58] Erhards Regierungsphilosophie orientiert sich an seinem wirtschaftlichen Konzept. Er verzichtet daher darauf, anders als sein Vorgänger, in jedes Detail der täglichen Regierungsgeschäfte involviert zu sein. Stattdessen gibt er lediglich den Ordnungsrahmen vor und erwartet die Ausarbeitung von dem jeweils betroffenen Ressort. Die gewährte Freiheit jedoch wird von seinem Umfeld nicht geschätzt. Mierzejewski, Ludwig Erhard, S. 280.
[59] Ders., S. 285.
[60] Müller-Armack, Auf dem Weg, S. 241.
[61] Hennecke, Ein Leben in der Brandung, S. 242 ff.
[62] von Hase, Ludwig Erhard, S. 293.

werden, die der Kanzler ablehnt.[63] Stattdessen nähert sich Erhard bedingungslos den USA an, wodurch er jegliche Druckmittel gegen die Amerikaner verliert und gleichzeitig de Gaulle vor den Kopf stößt und darüber hinaus eine innterparteiliche Spaltung über die Außenpolitik anstößt.[64]

Röpke steht mit dieser Politik Erhards nicht im Einklang. Noch während der letzten Jahre der Kanzlerschaft Adenauers und vermehrt während der Kanzlerschaft Erhards häufen sich die sachlichen Meinungsverschiedenheiten zwischen dem Politiker und dem Theoretiker. Röpke moniert, Erhard setze sich nicht energisch genug für die Schaffung einer Freihandelszone ein und habe »in der Schweinerei des Gemeinsamen Marktes«[65] auf Müller-Armack statt auf ihn gehört. Röpke hält Erhard vor, damit nicht alle ihm zur Verfügung stehenden Mittel – inklusive Rücktrittsandrohung – ausgeschöpft zu haben.[66] Er befürchtet, dass Erhard seine ordnungspolitischen Ziele zugunsten des Kampfes um die Kanzlerschaftsnominierung aus den Augen verliere, da er in wichtigen wirtschaftspolitischen Fragen den Zeitpunkt des Widerspruchs verpasst habe, »die Trumpfkarte seines Ministeramtes«[67] nicht rechtzeitig ausgespielt habe und in der Ordnungspolitik zu viele Kompromisse eingegangen sei.[68] Seine Kritik äußert er jedoch nicht öffentlich, sondern ausschließlich in persönlichen Briefen, bspw. an seinen Freund Albert Hunold.

Gleichwohl sind die inhaltlichen Differenzen zwischen Röpke und Erhard sicherlich dafür verantwortlich, dass die Beziehung der beiden in den letzten Jahren Röpkes Lebens merklich abkühlt und der Kanzler sich in politischen Fragen anderen Beratern zuwendet, die möglicherweise nicht die brillianten, auf lange Sicht ausgelegten Ideen und den unbedingten Willen zur Veränderung verinnerlicht haben wie Röpke, der aus dieser enormen Energiequelle Zeit seines Lebens zehrt. Röpke bemängelt in einem persönlichen Brief an Erhard im März 1963, noch bevor Erhard zum Kanzler gewählt wird, dass die Bundesregierung sich nicht an ihn als Berater wende. Mit Eindringlichkeit fragt er: »Warum sucht ihr meinen Rat nicht in Fragen, in denen ich wirklich unterrichtet zu sein glaube und Informationen zu haben scheine, die ihr in Deutschland nicht besitzt? Ich leide hier in Genf oft Qualen, wenn ich so viele in Deutschland in etwas verstrickt sehe, was ich nur als Verirrung bezeichnen kann, und bleibt mir aus besten Beweggründen nichts anderes übrig, als öffentlich meine Meinung zu sagen, auch

---

[63] Mierzejewski, Ludwig Erhard, S. 288.
[64] Ders., S. 287.
[65] Wilhelm Röpke an Albert Hunold, Nachlass Röpke, IWP, Ordner Juni 1958 - Februar 1960, 17.12.1958.
[66] Ebd.
[67] Wilhelm Röpke an Albert Hunold, Nachlass Röpke, IWP, Ordner Juni 1958 - Februar 1960, 12.1.1959.
[68] Vgl. Hennecke, Ein Leben in der Brandung, S. 216.

wenn ich damit ebenso öffentlich deutschen Freunden entgegentrete.«[69] Obgleich ihm Erhard bei einem Besuch in Genf daraufhin versichert, sich in Zukunft mehr an Röpkes Empfehlungen zu orientieren, bleibt er Röpke die Einlösung des Versprechens schuldig.

Erhard findet nach Röpkes Tod jedoch seinen Frieden mit seinem wohlwollenden Kritiker, der in seiner non-konformistischen Art mit einer für Deutsche nicht gerade bezeichnenden Zivilcourage in anderen Kategorien gedacht habe als die kleinen Geister, die seine Widersacher gewesen seien. Die Beziehung der beiden bringt Erhard folgendermaßen auf den Punkt: »Der feinnervige Denker und Gelehrte, der so manches Mal auch seine guten Freunde erschreckte, konnte immer, wenn auch nicht in allen Fragen oder in jeder Aussage, so doch in der Grundhaltung meiner Zustimmung und meiner Treue gewiß sein.«[70]

### 4.2. Alfred Müller-Armack: Ein Theoretiker widmet sich der praktischen Durchführung der europäischen Integration

Alfred Müller-Armack[71] arbeitet ab 1952 – nach seiner 1950 erfolgten Berufung als Ordinarius an der Universität zu Köln, wo er auch das Institut für Wirtschaftspolitik gründet – als Leiter der Grundsatzabteilung des Bundeswirtschaftsministeriums (BWM) unter Ludwig Erhard. Ziel der Grundsatzabteilung, dem Herzstück des Wirtschaftsministeriums, ist die innerministerielle Koordinierung der Referate und Abteilungen, um eine einheitliche wirtschaftspolitische Linie zu erarbeiten. Zusätzlich soll sich Müller-Armack neben der wirtschaftlichen Weiterentwicklung Deutschlands unter Berücksichtigung und öffentlichkeitswirksamer Darstellung des Konzeptes der Sozialen Marktwirtschaft auch Grundsatzfragen der Außenwirtschaft, insbesondere Europafragen, widmen. Von 1958 bis 1963 legt er seine Lehrtätigkeit nieder, um als zweiter Staatssekretär die Leitung der damals neu errichteten Europaabteilung zu übernehmen. Während seiner Zeit im BWM ist Müller-Armack auch auf internationaler (vor allem europäischer) Ebene aktiv. Er vertritt die BRD bei Verhandlungen um die Verträge der EVG und EWG. Nach Gründung des Gemeinsamen Marktes ist er zeitweilig Präsident des konjunkturpolitischen Ausschusses der EWG, Vertreter der BRD im Ministerrat (zeitweise auch Präsident) und Mitglied des Verwaltungsrates der Europäischen Investitionsbank. Im Rahmen seiner Tätigkeit vertritt er dabei im

---

[69] Zitiert nach Hennecke, Ein Leben in der Brandung, S. 231.
[70] Ludwig Erhard, Gedenkrede, in: In Memoriam Wilhelm Röpke: Reden gehalten anläßlich der akademischen Gedenkfeier der Rechts- und Staatswissenschaftlichen Fakultät der Philipps-Universität Maburg zu Ehren ihres Mitglieds am 3. Juli 1967, Marburg: N.G. Elwert Verlag, 1968, S. 11.
[71] Eine ausführliche Biographie Müller-Armacks, in der sein Leben und Wirken unter Berücksichtigung seiner sozialwissenschaftlichen Überzeugungen dargestellt wird, siehe: Kowitz, Alfred Müller-Armack.

Europäischen Währungsabkommen von 1958 in der internationalen Koordinierung der Konjunkturpolitik und der Festigung der neu gegründeten EWG die Position des BWM.

Müller-Armack setzt sich in der Zeit vor seiner Arbeit für das BWM weder mit Fragen des Außenhandels noch der wohlfahrtsökonomischen Theorie wirtschaftlicher Integration extensiv auseinander.[72] Daher arbeitet er sich von Beginn seiner Zeit im Wirtschaftsministerium an in den Fragenkomplex der europäischen Integration ein, um einen Überblick zu erhalten und eine eigene Linie zu finden.[73] Im Rahmen seiner Einarbeitung – so berichtet er über seine Eindrücke »Auf dem Weg nach Europa« – reist er nach Antritt seiner Stellung im BWM nach Luxemburg, um sich mit der Institution der EGKS vertraut zu machen. Die Sitzung, an der er zusammen mit den Ministern der anderen EGKS-Staaten, ihren Delegationen, Ministerialräten und Sachverständigen teilnimmt, beginnt mit erheblicher Verspätung, da die Mitglieder der Hohen Behörde die davor stattfindenden Verhandlungen zeitlich überziehen. Müller-Armack erinnert sich: »Endlich, nach dreistündigem Warten, bei dem die Stimmung der Tagungsteilnehmer nicht gerade besser geworden war, erschien die Kommission unter dem Vorsitz von Monnet. Sie nahm an der Stirnseite des Saales Platz. Monnet verlas den neuesten Beschluß der Kommission. Eine kurze Frage, ob jemand etwas zu bemerken wünsche, blieb ohne Echo. Monnet schlug seinen Aktendeckel zu und erklärte nach einer Sitzung von fünf Minuten: 'La consultation est finie.'«[74] Bereits diese erste direkte Berührung mit einer europäischen supranationalen Institution, die den Regierungen nur die Rolle der Empfänger von Entscheidungen zuweist, stimmt ihn skeptisch ob ihrer Wirklichkeitsnähe. Sie lässt ihn auch die skeptische Haltung seines Wirtschaftsministers besser nachvollziehen. Müller-Armack und Erhard stehen sich sonst außer in Fragen um die Soziale Marktwirtschaft ebenfalls in Außenwirtschaftsangelegenheiten und Europafragen sehr nahe, was auch der entscheidende Grund für Müller-Armacks Berufung in das Wirtschaftsministerium durch Erhard ist.

Allerdings ist Müller-Armack ebenso für die Erarbeitung einer gemeinsamen Position des Ministeriums verantwortlich, das gerade in der Europaangelegenheit mit Erhard und von der Groeben divergierende Meinungen vertritt. Er versucht daher, zwischen den verschiedenen Abteilungen zu vermitteln. Müller-Armack ist infolge dessen – viel mehr als Erhard – zu Kompromissen bereit, um sein Ziel, die Integration der europäischen Staaten, voranzutreiben. Dies wird bereits deutlich bei einem ersten Treffen im April 1955 zwischen Müller-Armack und

---
[72] Christian Watrin, Alfred Müller-Armack: Rede Anlässlich der Akademischen Gedenkfeier für Professor Müller-Armack am 25. Juni 1979, Krefeld: Scherpe Verlag, 1980, S. 21.
[73] Müller-Armack, Auf dem Weg, S. 63 f.
[74] Ders., S. 64 f.

dem Vizepräsidenten der Hohen Behörde, Franz Etzel, der eine insitutionelle Integration mit Zollunion favorisiert.[75] Dabei kann eine Einigung über die Erweiterung der EGKS um Atomenergie und Verkehr ebenso wie die Entwicklung eines gemeinsamen Konzepts der ökonomischen Beziehungen mit dem Ziel eines vereinigten Europas erzielt werden. In dieser Übereinkunft enthalten sind die Forderung nach Multilateralität, Abbau von Zöllen, Wettbewerbsbeschränkungen, Diskriminierungen und Subventionen sowie eine einheitliche Linie zur Konvertibilitsierung der europäischen Währungen.[76] Dabei bezeichnet Müller-Armack es als Notwendigkeit, den seit Beginn des Ersten Weltkriegs erfolgten Strukturwandlungen Rechnung zu tragen, und den Integrationsbemühungen ein geeignetes institutionelles Rahmenwerk zur Seite zu Stellen.[77] Während die Forderungen Müller-Armacks sich mit denen Erhards decken, sieht Erhard allein in der funktionellen Integrationsmethode den richtigen Ansatz, der Implementierung einer institutionellen Integration räumt er zum damaligen Zeitpunkt geringe Erfolgschancen ein.[78] Im Gegenzug fordert er allerdings, dass Europa als nach außen offenes Gebilde weitergeformt werden solle, ebenso wie die Gründung einer Europäischen Universität[79] und der Europäischen Investitionsbank.

Müller-Armacks Ansatz kann einerseits mit seiner Erkenntnis, aufgund von Sturkturwandlungen seit der Zeit des ersten Weltkrieges müsse eine Integration Europas auch auf institutioneller Ebene gefestigt werden, erklärt werden.[80] Andererseits zwingt Müller-Armacks Vermittlerrolle im BWM ihn zu pragmatischem Handeln angesichts der kaum aufhaltbaren institutionellen Strömung innerhalb der europäischen Integrationsbewegung. Müller-Armack ist davon überzeugt, dass in den Fünfzigerjahren ein festeres Gefüge in Europa geschaffen werden müsse, als dies die OEEC biete, auch wenn er die Hoffnung, aus der Schaffung von Institutionen eine europäische Einheit zu erzielen, nicht teilt und gar als utopisch bewertet.[81]

Bei einem Treffen einen Monat später, das Müller-Armack in seinem Landhaus in Eicherscheid organisiert, werden nochmals die unterschiedlichen Haltun-

---

[75] Küsters, Die Gründung der EWG, S. 116.
[76] Alfred Müller-Armack, Fragen der Europäischen Integration, in: Erwin von Beckerath (Hrsg.), Wirtschaftsfragen der freien Welt: Zum 60. Geburtstag von Bundeswirtschaftsminister Ludwig Erhard, Frankfurt am Main: Knapp, 1957, S. 532, vgl. auch Kowitz, Alfred Müller-Armack, S. 273.
[77] Müller-Armack, Fragen der Europäischen Integration, S. 532.
[78] Erhard, Deutsche Wirtschaftspolitik, S. 257.
[79] Vgl. Alfred Müller-Armack, Die europäische Universität. Idee und Wirklichkeit, in: Arbeitskreis Europäische Integration (Hrsg.), Wirtschafts- und gesellschaftspolitische Ordnungsprobleme der Europäischen Gemeinschaften, Baden-Baden: Nomos, 1978, S. 11-17.
[80] Röpke, Integration und Desintegration, S. 532.
[81] Müller-Armack, Auf dem Weg, S. 98.

gen innerhalb des BWM und des Auswärtigen Amtes kontrovers diskutiert.⁸² Müller-Armack möchte bei der Besprechung zwischen den auseinanderklaffenden Haltungen von Erhard und Etzel vermitteln. Es gelingt ihm zu seiner Freude und Überraschung, einerseits Etzel davon zu überzeugen, von der Idee einer weiteren additiven Teilintegration zugunsten einer Gesamtintegration abzurücken. Andererseits stimmt Erhard nach langem Zögern am Ende der Besprechung dem Konzept des Gemeinsamen Marktes mit dem Kern einer Zollunion zu, das auch Müller-Armack unterstützt.⁸³ Die funktionale Integration soll demnach durch die Schaffung eines institutionellen Rahmens der Koordinierung nationaler Politiken ergänzt werden und damit das Fundament für eine unauflösliche Zollunion bieten. Die von von der Groeben favorisierte Lösung einer funktionellen Gesamtintegration in Form eines gemeinsamen Marktes setzt sich damit gegen die anderen Modelle durch. Aufgrund der divergierendenen Ansichten aller Anwesenden hinsichtlich der insitiutionellen Ausgestaltung, die einen Kompromiss zum damaligen Zeitpunkt nicht zulassen, verzichten die Beteiligten zu jenem Zeitpunkt auf eine weitere Diskussion zu diesem Thema.⁸⁴ In den Eicherscheider Beschlüssen wird lediglich festgehalten, dass das Integrationskonzept um ein institutionelles Gefüge ergänzt werden solle.⁸⁵

Diese Linie und seine marktwirtschaftliche Überzeugung vertritt Müller-Armack als einer der Abgesandten Deutschlands sodann in den darauf folgenden Verhandlungen in Messina und in Brüssel, die in der Unterzeichnung der Römischen Verträge ihren Abschluss finden. Die zu einem Memorandum umgearbeiteten Eicherscheider Beschlüsse werden als Deutsche Position von der Delegation bestehend aus Ophüls, Müller-Armack, Rust und Hallstein (als Delegationsleiter) erfolgreich eingebracht. Der Abschnitt über den Gemeinsamen Markt findet sich in dem Konferenzkommuniqué von Messina bis hin zu einzelnen Formulierungen wieder.⁸⁶ In seinen Erinnerungen verdeutlicht Müller-Armack seine prinzipiell liberale Anschauung sowohl bei wettbewerblichen, agrarpolitischen, sozialpolitischen und währungspolitischen Themen als auch bei der Behandlung unabhängiger afrikanischer Staaten, die dennoch eine Assoziierung in die EWG erwünschten. Er ergreift in den Verhandlungen ein ums andere Mal Partei für die deutsche Position, die vor allem von Ludwig Erhard vertreten wird, auch wenn ihm dies vornehmlich von französischer Seite aber auch von Spaak, der den Ver-

---

⁸² An dem informellen Treffen nehmen der künftige Außenminister von Bretano und Professor Ophüls für das Auswärtige Amt, Wirtschaftsminister Erhard, Staatssekretär Westrick, Ministerialdirektor Rust, Ministerialdirigent von der Groeben, Estner und Gocht aus dem BWM, ebenso Etzel, Regul, Wagenknecht und Ernst als Vertreter der Hohen Behörde in Luxemburg teil.
⁸³ Vgl. Küsters, Die Gründung der EWG, S. 116 f.; Kowitz, Alfred Müller-Armack, S. 275 f.; Müller-Armack, Auf dem Weg, S. 99 ff.
⁸⁴ Küsters, Die Gründung der EWG, S. 118.
⁸⁵ Ebd.
⁸⁶ Kowitz, Alfred Müller-Armack, S. 278; Küsters, Die Gründung der EWG, S. 122.

handlungen vorsitzt, einige Rügen beibringt.[87] Dabei gelingt es Müller-Armack zuweilen gar, sich selbst gegen Teile der deutschen Delegation durchzusetzen, bspw. in der Umkehrung der aus der EGKS bekannten Kompetenzen für den Gemeinsamen Markt.[88]

Die gesamten Verhandlungen sind in dieser Phase von einer verhalten optimisitischen Stimmung getragen, gleichzeitig jedoch überschattet vom Scheitern der Verhandlungen um die EVG. Beide Faktoren tragen wohl zur zügigen Ausarbeitung des Vertragswerks unter Inkaufnahme von Kompromissen aller Beteiligter in nur knapp zwei Jahren bei, was auch Müller-Armack unter Verweis auf die langwierigen Versuche, nach Ratifizierung der EWG noch einige Änderungen einzubringen, hervorhebt.[89] Jedoch kommen auch diese Verhandlungen immer wieder zum Stillstand und als es um soziale Harmonisierung in der EWG geht, was Erhard rundweg ablehnt, droht die französische Delegation, die Verhandlungen allesamt zum Scheitern zu bringen. Auf Adenauers Bestreben erhält Müller-Armack jedoch die Gelegenheit, mit der französischen Delegation in mühsamen Verhandlungen einen Kompromiss mit einer Minimallösung der sozialen Harmonisierung zu erzielen.[90]

Müller-Armacks Wille zur Kooperation und Integration in Europa steht dabei im Gegensatz zu Erhards, der sich zwar einerseits von Müller-Armack manches Mal in Fragen der Europäischen Integration zu einer gemäßigteren liberalen Position überzeugen lässt, jedoch im Nachhinein oft wieder zu seiner Ausgangsposition zurückkehrt, was Müller-Armack seine Arbeit sicherlich um einiges erschwert: »Gewiß hat eine ebenso vorhandene Nachgiebigkeit im Verhandeln, der dann später doch wieder der Rückzug auf seine natürliche Position folgte, Feinde und Freunde gelegentlich verwirrt.«[91] So ist auch das Zustandekommen von Kompromissen, die Erhard absegnet, eher auf dessen Unbehagen gegenüber öffentlichen Konfrontationen als dessen Wandlung seiner Position zurückzuführen.

Röpke weiß diesen Pragmatismus Müller-Armacks in dessen ersten Jahren im Dienste des Wirtschaftsministeriums nicht zu schätzen. Daher ist seine Verärgerung auch immens, als Erhard »in der Schweinerei des Gemeinsamen Marktes«[92]

---

[87] Müller-Armack, Auf dem Weg, S. 104-120.
[88] Damit wird der Ministerrat zum eigentlichen Entscheidungsorgan, während die Kommission eine empfehlende und vorbereitende Rolle in der Gemeinschaft übernimmt, vgl. Ders., S. 117.
[89] Ders., S. 106; Alfred Müller-Armack, Adenauer, die Wirtschaftspolitik und die Wirtschaftspolitiker, in: Dieter Blumenwitz et al. (Hrsg.), Konrad Adenauer und seine Zeit: Beiträge von Weg- und Zeitgenossen, Stuttgart: Deutsche Verlags-Anstalt, 1976, S. 217.
[90] Vgl. Müller-Armack, Auf dem Weg, S. 116; Müller-Armack, Wirtschaftsordnung, Wirtschaftspolitische Chronik, 1964, S. 10.
[91] Müller-Armack, Auf dem Weg, S. 112.
[92] Wilhelm Röpke an Albert Hunold, Nachlass Röpke, IWP, Ordner Juni 1958 - Februar

auf Müller-Armack hört und deren Gründung, die Röpke um jeden Preis verhindert wissen will, da er das schlechte Beispiel der Montanunion nur allzu deutlich vor Augen hat, zustimmt. Röpke hält auch nichts von institutioneller Integration, die Müller-Armack als zeitgemäß im europäischen Einigungsprozess anerkennt. In der Frage um den Gemeinsamen Markt kann ganz klar ein Unterschied im Anspruch der beiden Professoren an die eigene Aufgabenstellung gesehen werden. Aus dem jeweiligen Ansatz resultieren sodann die unterschiedlichen Ansichten bezüglich der Europäischen Integration.

Röpke äußert sich ausschließlich aus Sicht des Theoretikers, obwohl sich ihm die Gelegenheit bietet, aktiv an Vertragsverhandlungen um den Schuman-Plan teilzunehmen. Eine Anfrage Adenauers 1950, sich als Teil der deutschen Delegation zu beteiligen, lehnt er bspw. ab. Er sieht seine Aufgabe vornehmlich darin, die Praxis mit seinen Erkenntnissen zu beraten, mit ihr also in ständigem Austausch zu stehen, und erhofft sich die Verwirklichung seiner Empfehlungen durch die Politik. Gewonnene Erkenntnisse der vorurteilsfreien wissenschaftlichen Forschung müssten der Praxis zugänglich gemacht werden, so dass diese davon profitieren könne. Dabei setzt er sich jedoch nicht den zähen Verhandlungen und dem Widerstand der anderen Partner aus, sondern betrachtet als Theoretiker aus der Ferne – was ihm auch manches Mal vorgeworfen wird[93] – und kommentiert die Geschehnisse, niemals ohne eine Empfehlung oder Verbesserungswünsche abzugeben. Durch diese Taktik ist es ihm stets möglich, seiner Linie treu zu bleiben und diese bis ins letzte Detail zu verteidigen. Er unterliegt bezüglich seiner Äußerungen, wie er auch Erhard gegenüber hervorhebt, nicht den taktischen Zwängen eines Politikers, sondern hat die Freiheit, als Wissenschaftler offen seine Meinung zu äußern.[94] Andererseits gerät er durch den von ihm geforderten harten Kurs oft ins Abseits und wird zuweilen als Utopist abgestempelt und mit Missachtung gestraft[95] oder gar – völlig zu unrecht – als »ganz und gar hartgesottener anti-Europäer« abgekanzelt[96].

Müller-Armack hingegen verfolgt einen unterschiedlichen Ansatz. Er teilt mit Röpke die Auffassung, Theorie und Praxis müssten miteinander interagieren, wofür die langjährige Zweiteilung seiner Arbeit in Lehre und Beratung für das BWM ein gutes Zeugnis ist. Diese Exposition gegenüber der realen Politik zwingt ihn aber auch gleichzeitig zu Pragmatismus und Kompromissbreitschaft. Verstärkt wird dieser Zwang durch die Natur des Postens des Koordinators zwi-

---

1960, 17.12.1958.
[93] Vgl. bspw. Fritz Berg an Wilhelm Röpke, Nachlass Röpke, IWP, Ordner Juni 1957 - Juni 1958, April 1958, Ludwig Erhard an Wilhelm Röpke, Nachlass Erhard, Ludwig-Erhard-Stiftung, 10.12.1957.
[94] Vgl. Röpke, Der innere Kompaß, S. 157.
[95] Vgl. bspw. Hennecke, Ein Leben in der Brandung, S. 213.
[96] Hentschel, Ludwig Erhard, S. 401.

schen den Unterabteilungen im BWM, dessen Handlungsfähigkeit auf dem Einvernehmen im gesamten Ministerium beruht. Daher lässt sich zuweilen an den Vorschlägen Müller-Armacks eine an praktischen Erfordernissen orientierte Haltung erkennen. So stimmt er bspw. der Etablierung des Gemeinsamen Marktes von ledliglich sechs Nationen unter Schaffung internationaler Organisationen zu, obgleich er Anhänger der klassischen Grundanschauung vom freien Welthandel mit weltweiten Zollsenkungen, Liberalisierung und stabiler Währungsordnung ist.[97] Er ist sich dabei der Tatsache bewußt, dass es bei diesen Verhandlungen nicht möglich ist, die Vorstellungen eines einzelnen Landes im Vertragswerk zu verankern, zu unterschiedlich sind die Positionen, zu argwöhnisch die Verhandlungspartner, sich der neu zu schaffenden Institution vollkommen zu verschreiben.[98]

Die gesamte politische Dimension des Projektes Europa ist Müller-Armack wahrscheinlich aufgrund seiner ständigen Anwesenheit bei Verhandlungen weitaus präsenter als Röpke. Die Gefahr des auf-der-Stelle-Tretens und des vollständigen Abbruchs von Verhandlungen erlebt er in dieser Zeit immer wieder, weshalb er sich zu Kompromissen bereit erklärt, aus dem Bewusstsein heraus, dass eine gesamteuropäische Lösung zum damaligen Zeitpunkt keinen gangbaren Weg darstellt. Die Institutionen der GATT und OEEC zeigen für seinen Geschmack zu wenig Aktivität und seien zu schwerfällig, um schnelle Ergebnisse zu liefern.[99] Müller-Armacks Schlussfolgerung, obwohl sie einen Zielkonflikt mit einem liberalen internationalen System darstellt, ist daher logisch. »Die Integration [...] bedarf bei aller Orientierung an weltweiten Organisationen eben doch der Initiative eines engen europäischen Kreises.«[100] Er ist ferner überzeugt, »daß die sechs Montanunionländer am ehesten geeignet sind, eine aktive Gruppe zur Förderung des Gedankens der europäischen Einheit zu bilden, wenn auch die Ländergruppe der OEEC-Staaten im europäischen Sinne umfassender ist.«[101]

Allerdings sollten diese eben dargestellten Unterschiede in Röpkes und Müller-Armacks Auffassung nicht die Tatsache verschleiern, dass beide grundsätzlich ein liberales internationales und europäisches Wirtschaftssystem favorisieren, nach dem Vorbild der Zeit vor 1914.[102] Müller-Armack lehnt einen supranationalen Überbau ab, was schon in den Verhandlungen innerhalb des BWM mit dem Auswärtigen Amt und den Eicherscheider Beschlüssen deutlich wird. Diese Integrationsmethode wird bereits in Messina nicht mehr als deutsche Position vertreten.

---

[97] Müller-Armack, Wirtschaftsordnung, Wirtschaftspolitische Chronik, 1964, S. 8; Müller-Armack, Fragen der Europäischen Integration, S. 532.
[98] Müller-Armack, Wirtschaftsordnung, Wirtschaftspolitische Chronik, 1964, S. 10.
[99] Vgl. Kowitz, Alfred Müller-Armack, S. 298.
[100] Müller-Armack, Fragen der Europäischen Integration, S. 533.
[101] Ebd.
[102] Ders., S. 532; Röpke, Internationale Ordnung, S. 218-222.

Müller-Armacks Begründung geht dabei in die gleiche Richtung wie Röpkes, der einen supranationalen Überbau wegen Schwerfälligkeit und mangelnder individueller nationaler Entfaltungsmöglichkeiten sowie der Abgabe von Souveränitätsrechten ablehnt.[103] Müller-Armack ist wie auch Röpke, davon überzeugt, dass der Versuch der Schaffung einer politischen Einheit über den Umweg des wirtschaftlichen Zusammenschlusses lediglich ein künstliches Gebilde ohne Substanz sein könne.[104] Das Beispiel des Zollvereins im 19. Jahrhundert als Vorbild zu nehmen, weist Müller-Armack aus den gleichen Gründen wie Röpke zurück.[105] Er ist überzeugt, im europäischen Integrationsprozess dürfe das Geistige nicht zu kurz kommen, weshalb er bereits in Messina die Gründung einer europäischen Universität vorschlägt und weitere gemeinsame Bildungs-, Forschungs- und Unterrichtseinrichtungen ebenso wie Jugendaustauschprogramme befürwortet, die ein geistig-politisches Zusammenwachsen Europas begünstigen.[106]

Die Wichtigkeit eines geistig vereinten Europas begründet Müller-Armack ebenso wie Röpke aus religionssoziologischer Sicht. Beide Wissenschaftler sind sich einig, dass Europa einen gemeinsamen Ursprung habe und daher eine kulturelle Einheit bilde. Diese begründe sich in der griechischen Antike, dem Christentum, der römischen Antike bis hin zum Naturrecht – dessen Wurzeln bis in die griechische Antike reichen und später bspw. von Thomas von Aquin und John Locke wieder aufgegriffen werden.[107] Sie grenzen Europa damit von anderen Kultur- und Glaubenseinheiten als eigenständige Einheit ab, die es zu bewahren und weiterzuentwickeln gelte. Christentum und Humanismus würden dabei die Klammer des europäischen Kulturraums bilden, in welcher die ethnische, sprachliche, kulturelle und politische Vielfalt der einzelnen Staaten gedeihen könne.[108] Müller-Armack und Röpke lehnen beide eine europäisch genormte Einheitskultur, die zugunsten technischer Argumente die Nivellierung geschichtlich gewachsener Unterschiede vorziehe als Grundlage der europäischen Einheit als ungenügend ab.[109]

Müller-Armack sieht sich ständig einem Zielkonflikt ausgesetzt. Einerseits ist er bemüht, den Einigungsprozess nicht ins Stocken geraten zu lassen, da die Einheit Europas für ihn nicht nur wirtschaftlich, sondern auch geistig-politisch von großer Wichtigkeit für den gesamten Kontinent ist. Andererseits ist Müller-

---

[103] Kowitz, Alfred Müller-Armack, S. 296.
[104] Müller-Armack, Wirtschaftsordnung, Wirtschaftspolitische Chronik, 1964, S. 9; Watrin, Alfred Müller-Armack, S. 23.
[105] Müller-Armack, Fragen der Europäischen Integration, S. 534.
[106] Ders., S. 535, 549.
[107] Vgl. Alfred Müller, Über den Sinn und die Aussichten des Naturrechts, Die christliche Welt Band 39, 1925, Nr. 7/8, S. 149-155; Röpke, Die wirtschaftliche Integration, Wissenschaft und Weltbild, 1960, S. 95.
[108] Röpke, Einheit in der Vielheit, Die politische Meinung, 1959, S. 24.
[109] Wegmann, Früher Neoliberalismus und Europäische Integration, S. 318.

Armack ebenso bemüht, seine ordoliberalen wirtschaftlichen Überzeugungen in die Verhandlungen einzubringen, was häufig auf Widerstand stößt. Über das Endergebnis der Römischen Verträge ist Müller-Armack nach deren Unterzeichnung enttäuscht. Er stellt in einem ministeriumsinternen Memorandum ausschließlich die Nachteile des Vertrags dar.[110] Zum einen sei in Übergangsbestimmungen eine versteckte Austrittsklausel für Frankreich enthalten, außerdem trage die Zollunion mit ihrem Außentarif gegenüber der Außenwelt ihrer wirtschaftspolitischen Verantwortung nicht genügend Rechnung und die gemeinsame Landwirtschaftspolitik trage zur Erstarrung der nationalen Marktordnungen bei. Die Harmonisierungsbestrebungen lehnt er als wettbewerbsfeindlich ab und die Assoziierung der überseeischen Gebiete weist er ebenfalls zurück, da sie zur weltwirtschaftlichen Blockbildung beitrage. Mit de Gaulle stimmt Müller-Armack dabei in seiner Kritik des Prinzips der Supranationalität, das in der Kommission der EWG zum Tragen kommt, überein.[111] Trotz dieser scharfen Kritik hält Müller-Armack weiterhin an der Richtigkeit der Gründung der EWG als Zwischenschritt zu einem liberaleren Verbund bspw. in Form einer Freihandelszone fest.[112]

In den folgenden Jahren, in denen Müller-Armack sich als Staatssekretär und Leiter der Europaabteilung vorwiegend Europafragen widmet[113], setzt er sich für eine Erweiterung der EWG durch regionale Liberalisierung und Multilateralisierung ein, um Abschottung und Diskriminierung innerhalb des europäischen Kontinents aber auch nach außen zu vermeiden.

In den Maudling-Verhandlungen um eine Freihandelszone zwischen der EWG und den anderen OEEC-Staaten übernimmt Müller-Armack die Führung der Deutschen Position. Die Verhandlungen scheitern jedoch trotz Müller-Armacks und auch Erhards intensiven Vermittlungsbemühungen zwischen Frankreich und Großbritannien. Müller-Armack, der die Freihandelszone aus Überzeugung realisiert wissen will, hat für die Haltung de Gaulles, der auch bei einem Treffen mit Adenauer kurz nach dem Scheitern der Verhandlungen eine äußerst rigide und ablehnende Position verdeutlicht, im Gegensatz zu Röpke jedoch kein Verständnis.[114]

---

[110] Vgl. Zusammenstellung vom 12.3.1957, Deutsche Unterlagen zu den Integrationsverhandlungen Nr. 5, 5 Seiten. Zitiert nach Küsters, Die Gründung der EWG, S. 423 f.
[111] Müller-Armack, Auf dem Weg, S. 107; Alfred Müller-Armack, Die französischen Vorschläge prüfen! Rheinischer Merkur 10. Dezember 1965, S. 4.
[112] Kowitz, Alfred Müller-Armack, S. 369.
[113] Aufgrund von ungeklärten Kompetenzverteilungen zwischen den Staatssekretären Westrick und Müller-Armack, kommt es nach Ernennung des letzteren immer wieder zu Reibungen innerhalb des BWM, für deren Schlichtung es Erhard wohl an Durchsetzungskraft und Führungsstärke mangelt, weshalb Müller-Armack sich schließlich zu dem Schritt genötigt sieht, den Aufgabenbereich der Grundsatzabteilung, die er seit 1952 geleitet hatte, niederzulegen und sich ausschließlich auf die immer wichtiger werdende Europaabteilung zu konzentrieren. Vgl. hierzu Ders., S. 306-325.
[114] Müller-Armack, Auf dem Weg, S. 219 ff.

Weitere Rückschläge im Einigungsprozess, vor allem die scheinbare Unmöglichkeit der Angliederung Großbritanniens, gehen an Müller-Armack nicht spurlos vorbei. Der Staatssekretär, dem die europäische Integration eine Herzensangelegenheit geworden ist, erinnert sich in seinem Buch »Auf dem Weg nach Europa« an die unendliche Schwierigkeit, nach der Unterzeichnung der Römischen Verträge weitere gemeinsame Linien innerhalb der sechs EWG Staaten auszuarbeiten.[115] Dabei wird die Bundesregierung und ihre Delegierten oft in die Rolle des Vermittlers zwischen Frankreich und Großbritannien gedrängt, hat aber darüber hinaus weniger die Möglichkeit, ein eigenes Profil durchzusetzen. Stattdessen muss Deutschland oftmals Konzessionen an Frankreich machen, in der Hoffnung, dass Frankreich im Gegenzug auf deutsche Forderungen eingeht.[116]

Auch im deutsch-französischen Freundschaftsvertrag, der nur Tage nach de Gaulles Veto gegen den Beitritt Englands zur EWG geschlossen wird, nimmt die deutsche Seite eine sehr konfliktscheue Position ein. Es wird Müller-Armacks Ansicht nach versäumt, Frankreich unter Druck zu setzen, um wieder an den Verhandlungstisch zurückzukehren.[117] Wie Röpke ist Müller-Armack der Auffassung, die durch de Gaulle hervorgerufenen Krisen böten gleichzeitig die Chance, die offenen Probleme der Integration gesamtheitlich zu überdenken und einer Lösung zuzuführen.[118] Dass dies nicht geschieht, hält Müller-Armack für einen Fehler. Daher entschließt er sich zur Niederlegung seines Amtes als Staatssekretär. Er erklärt gegenüber Erhard, er »könne nicht weiter Verhandlungen führen, bei denen [er] zwar in vollkommener Übereinstimmung mit [s]einem Minister [sei], aber doch durch die Weisung der Bundesregierung genötigt werde, eine Position der Nachgiebigkeit gegenüber Frankreich einzunehmen, ohne die Möglichkeiten eines vollen deutschen Einflusses in der Richtung für eine große europäische Lösung zum Ausdruck zu bringen.«[119] Er ist zutiefst darüber enttäuscht, dass von Deutschland keine klare Aussprache mit Frankreich gefordert wird, die klarstelle, »daß es unmöglich sei, einen solchen Verhandlungsstil, permanent einseitige Konzessionen zu verlangen, ohne die versprochene Gegenleistung zu erbringen, weiter durchzuführen«[120] und stattdessen Frankreich dieser 'Vertragsbruch' sogar mit einem Freundschaftsvertrag belohnt werde.

---

[115] Müller-Armack, Auf dem Weg, S. 236.
[116] Ders., S. 238.
[117] Ders., S. 240.
[118] Müller-Armack, Französische Vorschläge, Rheinischer Merkur, 1965, S. 4.
[119] Müller-Armack, Auf dem Weg, S. 241.
[120] Ebd.

Deutlich lassen sich an dieser Begebenheit die im Kontrast zueinander stehenden favorisierten Integrationsmethoden Müller-Armacks und Röpkes erkennen. Während Müller-Armack sich von der kleinen Lösung der EWG zu einer umfassenden liberalen Ordnung für Europa herantastet, ist Röpke immer ein Verfechter ganzheitlicher Lösungen. Daher reagiert auch Röpke erleichtert auf de Gaulles Veto. Er ist der Meinung, das System sei offensichtlich als unzulänglich identifiziert worden und gebe somit Raum für die Gestaltung einer neuen Konzeption. Müller-Armack hingegen, der das gleiche Ziel wie Röpke anstrebt, glaubt nicht an eine solche Generalüberholung und sieht gleichzeitig – nun völlig desillusioniert – die Hoffnung einer Realisierung der Freihandelszone aufgrund der stark divergierenden Interessen der Verhandlungspartner in unbestimmte Ferne entschwinden. Müller-Armack sieht daher für sich keine weiteren Perspektiven im BWM und zieht aus dem Scheitern seiner politischen Anstrengungen die Konsequenz des Rücktritts.[121] Damit weigert er sich, die nachgiebige Politik der BRD gegenüber Frankreich weiter mitzutragen.[122]

In den letzten Lebensjahren Röpkes findet eine Annäherung Müller-Armacks an Röpke statt, da ersterer immer mehr die Nachteile der institutionellen Kleinlösung (Bürokratisierung, Blockierung des Fortschritts durch einzelne Mitglieder) sieht. Gleichzeitig erkennt Müller-Armack Röpkes Forderung nach weltweitem Freihandel als richtigen Weg zur Integration an.[123] Dies ist für Röpke ein befriedigendes Ergebnis.[124]

Allerdings distanziert sich Müller-Armack nicht von der EWG, da er trotz ihrer Mängel und Schwächen das hohe Maß an innereuropäischer Kooperation anerkennt, das durch die Herstellung der Zollunion und die Ansätze der wirtschaftspolitischen Koordinierung gewonnen worden sei und lange fortwirke.[125]

---

[121] Später erklärt Müller-Armack einlenkend, er glaube, Adenauer habe mit der Unterzeichnung des Vertrages die richtige Einsicht gehabt, die Substanz der deutsch-französischen Kooperation nicht aufs Spiel zu setzen. Müller-Armack, Adenauer, S. 235 Mit seiner Prognose wird er allerdings recht behalten, da die EWG in eine Phase des Stillstandes gerät und der Integrationsprozess sich erst mit dem Beitritt des Vereinigten Königreichs, Irlands und Dänemarks 1973 wieder in Bewegung setzt.
[122] Kowitz, Alfred Müller-Armack, S. 422.
[123] Hennecke, Ein Leben in der Brandung, S. 243; Müller-Armack, Auf dem Weg, S. 57 f., 96.
[124] Wilhelm Röpke an Albert Hunold, Nachlass Röpke, IWP, Ordner März 1965-, 15.11.1965, und Wilhelm Röpke an Alfred Müller-Armack, Nachlass Röpke, IWP, Ordner März 1965-, 1.12.1965.
[125] Müller-Armack, Adenauer, S. 215.

## 4.3. Friedrich August von Hayek: Der Entwurf einer europäischen Föderation

### 4.3.1. Unterschiedliche Vorstellungen von Neoliberalismus

Während Röpke und Müller-Armack erst in der letzten Jahren vor Röpkes Tod in näherem Kontakt stehen, lernen Friedrich August von Hayek[126] und Röpke, die beide dem gleichen Jahrgang angehören, sich bereits Mitte der Zwanzigerjahre in Wien kennen. Hayek erinnert sich später an Röpke als einen »der wenigen jungen Ökonomen im Reich, die sich ernstlich für theoretische Fragen interessierten«[127] und schätzt an Röpke dessen »Mut, populären Vorurteilen entgegenzutreten, die im Augenblick als die Ideale aller gutgesinnten, fortschrittlichen, patriotischen oder idealistischen Menschen gelten. [...] Der moralische Mut dessen, der bereit ist, für seine Überzeugungen auch alleine zu stehen und sich nicht nur Angriffen sondern auch Verdächtigungen und Herabsetzungen auszusetzen, ist vielleicht die wertvollste Eigenschaft des unabhängigen Denkers im Bereich der Sozialphilosophie.«[128]

In den folgenden Jahren entwickelt sich eine respektvolle Freundschaft. Die Beziehung der beiden Gelehrten lebt vor allem über den schriftlichen Austausch, da in den Dreißigerjahren, als beide sich ins Ausland begeben – von Hayek 1931 folgt einem Ruf an die London School of Economics und der von den Nationalsozialisten in Zwangsruhestand versetzte Röpke flüchtet aus Sorge vor weiteren Repressalien nach Istanbul und folgt 1937 einem Ruf nach nach Genf – und während des Krieges die Möglichkeiten eines persönlichen Treffens sehr begrenzt sind. In den Briefwechseln stehen neben persönlichen Angelegenheiten vor allem wissenschaftliche Themen im Mittelpunkt. Obgleich Röpke und von Hayek ähnliche Vorstellungen bezüglich einer liberalen Wirtschaftsordnung vertreten[129],

---

[126] Eine ausführliche intellektuelle Biographie bieten bspw. Hans Jörg Hennecke, Friedrich August von Hayek: Die Tradition der Freiheit, Düsseldorf: Verlag Wirtschaft und Finanzen, 2000 (zugl. Diss., Universität Rostock, 1999); Bruce Caldwell, Hayek's Challenge: Intellectual Biography of Friedrich August von Hayek, Chicago: University Press of Chicago, 2004 und Alan Ebenstein, Friedrich Hayek. A Biography, New York: Palgrave for St. Martin's Press, 2001 Die Autoren geben einen Überblick über von Hayeks Werk und den darin entwickelten Theorien. Caldwell geht in seiner Theorieanalyse weiter in die Tiefe. Henneckes und Ebensteins Biographie konzentrieren sich dagegen stärker auf Leben und Werdegang von Hayeks ebenso wie seine Beziehungen gerade auch zu anderen Ökonomen seiner Zeit. Allen drei Autoren gelingt es, ein detailliertes, objektives, ausführliches Bild über von Hayek abzugeben.
[127] von Hayek, Glückwunschadressen, S. 26.
[128] Ders., S. 27 f.
[129] Die liberale Auffassung von Hayeks aber auch Röpkes kann dabei u.a. auf von Hayeks Lehrer Ludwig von Mises zurückgeführt werden. Dieser identifiziert 1922 in seinem Buch »Gemeinwirtschaft« die Planwirtschaft als eine der Marktwirtschaft unterlegene Wirtschaftsform, da sie die freie Preisbildung, die ein Marktgleichgewicht herbeiführen kann,

kommt es immer wieder zu wissenschaftlichen Meinungsverschiedenheiten, die vor allem von Hayek nicht zögert, offen auszusprechen.¹³⁰

Als Röpke sein Buch »Gesellschaftskrisis der Gegenwart« – das während des Zweiten Weltkriegs erscheint – von Hayek zukommen lässt, ist dieser grundsätzlich mit Röpke auf einer Linie. »Ich stimme fast vollständig mit Ihnen überein, nicht nur was das Hauptargument betrifft, sondern auch mit den Details.«¹³¹ Röpkes klares Bekenntnis zur Marktwirtschaft angesichts der zerstörerischen Bedrohung des Kollektivismus, der dem kapitalistischen System generell unterlegen sei, deckt sich im Wesentlichen mit von Hayeks Überzeugung, die er in seinem sich zum damaligen Zeitpunkt noch im Entstehungsprozess befindenden Werk »The Road to Serfdom« festhält. Von Hayek merkt jedoch kritisch einige Punkte an, die ihm nicht zusagen.¹³² Der in diesem Zusammenhang entstehen-

---

unterdrückt. Von Mises Werk ist der erste Versuch, ein geschlossenes marktwirtschaftliches, also kapitalistisches System aufzubauen. Ludwig von Mises, Gemeinwirtschaft: Untersuchungen über den Sozialismus, Jena: Fischer, 1922.

¹³⁰ Dies wird zum ersten Mal deutlich, als Röpke, Mitglied der Brauns-Kommission, der prinzipiell kein Verfechter staatlicher Interventionen gegen wirtschaftliche Gebrechen ist, jedoch in speziellen Einzelfällen unter verschiedenen Voraussetzungen befürwortet, »fehlende Privatinitiative bei der Erweiterung des volkswirtschaftlichen Produktionsprogramms durch organisierte Gemeinschaftsinitiative zu ersetzen.« Wilhelm Röpke, Praktische Konjunkturpolitik: Die Arbeit der Brauns-Kommission, Weltwirtschaftliches Archiv Band 34, 1931, Nr. 2, S. 447. Röpke hat dabei vor allem die »hochgradig pessimistische Massenstimmung« und die »Verkrampfung des deutschen Kreditsystems«, vgl. ders., S. 445 f. im Hinterkopf und erkennt die Wichtigkeit der »Schaffung einer Atmosphäre politischer Ruhe und Stetigkeit nach innen und außen«. Wilhelm Röpke, Ein Weg aus der Krise, in: Gegen die Brandung, Erlenbach-Zürich, Stuttgart: Eugen Rentsch Verlag, 1959, S. 55.

Von Hayek teilt diese Position nicht, seiner Ansicht nach sollten nicht lediglich neue Investitionen getätigt werden, sondern die Gelegenheit rentabel zu investieren, was durch die vemehrte Güternachfrage nicht zu berwerkstelligen sei. Er verwehrt sich gegen die Kaufkrafttheorie und fordert neben der Verbilligung der Zinsen vor allem Lohnsenkungen, wodurch die Gewinnspanne des Unternehmers erhöht werden könne, wofür im Gegenzug Konsumbeschränkungen in Kauf genommen würden, vgl. August Friedrich von Hayek, Konjunkturbelebung durch Investitionen? Typoskript, nach Mai 1931, Nachlass Hayek 93-15, S. 7 f. zitiert nach Hennecke, Hayek, S. 90. Hayek veröffentlicht jedoch diese Kritik an den Ergebnissen der Brauns-Kommission aus Rücksicht auf Röpke nicht, teilt ihm seine Ansicht aber – wie er über dem Entwurf notiert – schriftlich mit, einschließlich der Bemerkung, »daß er nicht veröffentlichen lassen sollte, wenn er die momentane politische Gefahr der Arbeitslosigkeit für so groß halte, daß sie momentan gemildert werden müsse.« Ebd. zitiert nach ders., S. 89.

Reichskanzler Brüning folgt Röpkes Empfehlung nicht. Stattdessen implementiert er eine prozyklische Wirtschaftspolitik, gekennzeichnet durch einen rigorosen Sparkurs, um das Staatshaushaltsdefizit zu reduzieren. Gleichzeitig wird durch die Zwangssenkung von Löhnen, Preisen und Mieten Deflationspolitik betrieben. Flankiert wird diese Politik von per Notverordnung erhöhten direkten und indirekten Steuern. Die Rolle der Deflationspolitik hinsichtlich der Machtergreifung Hitlers ebenso wie die Frage der Möglichkeiten der Umsetzung einer antizyklischen Wirtschaftspolitik durch Brünings sind allerdings bis heute umstritten.

¹³¹ Friedrich August von Hayek an Wilhelm Röpke, Nachlass Röpke, IWP, Ordner 5, 6.6.1942.
¹³² Er ist mit ein paar Details, die Röpke in seinem Buch ausarbeitet, nicht einvstanden. So findet er die Unterscheidung zwischen »konformer« und »nicht-konformer Interventi-

de Briefwechsel zwischen Röpke und von Hayek verdeutlicht allerdings bei aller freundschaftlichen Verbundenheit, dass die Betonung der Voraussetzungen für ein marktwirtschaftliches System von den beiden Ökonomen an unterschiedlichen Stellen erfolgt, wie auch Hennecke und Plickert herausstellen.[133] Röpke hält einen soziologischen oder politisch-moralischen Rahmen für unerlässlich, der aktives staatliches Handeln zur Formung einer stabilen Sozialstruktur rechtfertigt, um eine zufriedene, verwurzelte und sozial eingebettete Gesellschaft zu fördern.[134]

Kathrin Meier-Rust stellt den Bruch zwischen von Hayeks und Röpkes Position bezüglich des Liberalismus bereits während des 1938 gehaltenen »Colloque Walter Lippmann« fest, während dessen »zwar, der für die ganze Richtung bleibende Name 'Neoliberalismus' geboren wurde, sich aber im übrigen die Unvereinbarkeit der Position der 'Altliberalen' v. Mises und v. Hayek mit derjenigen der 'Neoliberalen' Eucken, Röpke und Rüstow mit unmißverständlicher Klarheit zeigte.«[135]

---

on« nicht überzeugend und ist auch skeptisch, was die Begriffswahl der »Vermassung« betrifft. Denn er wünscht sich, Röpke würde klarer herausstellen, dass diese nicht Teil des Liberalismus, sondern das Produkt zunehmender politischer Zentralisierungsprozesse sei, da die Wettbewerbsgesellschaft Vielfalt wie keine andere erlaube, wobei er die englische Gesellschaft als Beispiel heranzieht, vgl. Friedrich August von Hayek an Wilhelm Röpke, Nachlass Röpke, IWP, Ordner 5, 6.6.1942.

Die Formulierung eines »Dritten Weges« empfindet Hayek ebenfalls als nicht glücklich gewählt. Sie suggeriere – obgleich Röpke dies in keiner Weise impliziere –, dass dieser Dritte Weg sich als Mittelweg in gleicher Distanz zwischen Liberalismus und Kollektivismus befinde. Von Hayek fordert stattdessen, klar Stellung für eine liberale und individualistische Gesellschaftsordnung zu beziehen, »wie sehr wir auch die ungehobelte Art kritisieren mögen, mit der sie manche Leute im neunzehnten Jahrhundert in die Praxis zu setzen versuchten.«, vgl. ebd.

Röpke nimmt diese Kritik unvoreingenommen an und stimmt mit Hayek überein, dass der Begriff des Dritten Weges keineswegs in symmetrischer Beziehung zu Liberalismus und Sozialismus stehe und gesteht ein, dass hinsichtlich des Problems der Vermassung deutlicher gemacht werden müsse, dass nicht die Wettbewerbsstruktur, sondern der soziologische Rahmen dafür verantwortlich zu machen sei, vgl. Wilhelm Röpke an Friedrich August von Hayek, Nachlass Röpke, IWP, Ordner 5, 8.8.1942. Was die Abgrenzung zwischen konformer und nicht-konformer Interventionen des Staates betrifft, so schreibt er jedoch, dass er glaube, in den meisten Fällen mit adäquater Präzision der Aufgabe gerecht geworden zu sein.

[133] Vgl. Hennecke, Hayek, S. 154 f.; Plickert, Wandlungen des Neoliberalismus, S. 126.
[134] Vgl. Röpke, Die Gesellschaftskrisis, S. 286.
[135] Kathrin Meier-Rust, Alexander Rüstow: Geschichtsdeutung und liberales Engagement, Stuttgart: Klett-Cotta, 1993, S. 69. Rüstow bedauert auch Röpke gegenüber in einem Brief, mit jenen Altliberalen durch eine kompromissliche Schlussresolution den Schein der Einheit aufrecht erhalten zu haben. Denn die einzigen Übereinstimmungen sieht er in der Markttheorie und der Gegnerschaft des Monopolismus, ansonsten sei der Neoliberalismus jedoch von einem vollkommen anderen Geist erfüllt als der von Verranntheit, Überholtheit und Abgespieltheit bekleckerte Altliberalismus. Auch an von Hayek übt er schärfste Kritik: »Hayek und sein Meister Mises gehören in Spiritus gesetzt ins Museum als eines der letzten überlebenden Exemplare jener sonst ausgestorbenen Gattung von Liberalen, die die gegenwärtige Katastrophe heraufbeschworen haben.« Rüstow an Röpke, 21.2.1942

Ein weiterer Briefwechsel zwischen von Hayek und Röpke im Oktober 1942 verdichtet die These der divergierenden Ansichten über den Liberalismus. Wiederum wendet von Hayek sich gegen die, seiner Ansicht nach, überzogene Liberalismuskritik Röpkes, die dieser mit Rüstow teilt. Diese träfe lediglich auf die gegenwärtige, populäre Strömung, nicht jedoch auf auf die klassische Lehre von Hume, Smith, Senior und Bentham zu.[136] Dieser grundlegende Dissens zwischen den beiden Ökonomen wird damals noch von einer engen persönlichen Verbundenheit überbrückt, was sich allerdings später ändern wird. Von Hayek vertritt dabei eine adjektivlose Marktwirtschaft, eine spontane Ordnung, die auf einem moralischen Fundament fußt. Von Hayek orientiert sich dabei am Individuum, er vertritt damit eine 'atomistische' Gesellschaftsauffassung. Um die Freiheit des Individuums und damit der gesamten Gesellschaft zu gewährleisten, müssen die Handlungsmöglichkeiten des Staates durch eine Verfassung eingegrenzt werden. Eingriffe des Staates, zur Herstellung sozialer Gleichheit etwa, lehnt er als Einfallstor für antiliberale Tendenzen ab und verweist stattdessen auf das Subsidiaritätsprinzip. Röpke dahingegen hält die Marktwirtschaft zwar als notwendige, aber nicht hinreichende Voraussetzung, um eine humane Gesellschaftordnung zu schaffen. Ein starker Staat müsse für gewisse Rahmenbedingungen jenseits von Angebot und Nachfrage sorgen, um den Menschen, die der Gesellschaft angehören, ein würdevolles Leben zu ermöglichen. Die 'unsichtbare Hand' sei dazu nicht in der Lage.[137]

Der Austausch zwischen von Hayek und Röpke wird nach dem Krieg ebenfalls über die neu gegründete Mont Pèlerin Society (MPS) fortgesetzt. Auf von Hayeks Initiative[138] wird 1947 eine erste Zusammenkunft von insgesamt 39 Gelehrten aus Europa und den USA auf dem Mont Pèlerin nahe des Genfer Sees abgehalten,[139] die an das »Colloque Walter Lippmann« anknüpft, bei dem noch vor dem

---

zitiert nach Meier-Rust, Alexander Rüstow, S. 69 f..

[136] Friedrich August von Hayek an Wilhelm Röpke, Nachlass Röpke, IWP, Ordner 5, 24.10.1942.

[137] Vgl. hierzu Joachim Starbatty, Soziale Marktwirtschaft als Forschungsgegenstand: Ein Literaturbericht, in: Bonn Ludwig-Erhard-Stiftung e.V. (Hrsg.), Soziale Marktwirtschaft als historische Weichenstellung - Bewertungen und Ausblicke. Eine Festschrift zum 100. Geburtstag von Ludwig Erhard, Düsseldorf: ST Verlag, 1996; Vgl. hierzu auch Hans Jörg Hennecke, Friedrich August von Hayek - Zur Einführung, Hamburg: Junius Verlag, 2008, S. 148 ff.

[138] Bereits 1944 schlägt von Hayek in einer Rede vor der Political Society am King's College die Gründung der auf Basis persönlicher Kontakte über nationale Grenzen hinaus agierenden »Acton-Society« vor. Diese soll die »Umerziehung des deutschen Volkes« (im Original: »re-education of the German people«) zum Ziel haben, um zu einer liberalen Gesellschaftsordnung nach dem Vorbild Lord Actons zurückzukehren. Friedrich August von Hayek, Historians and the Future of Europe, in: Peter G. Klein (Hrsg.), The Fortunes of Liberalism, Band 4, London: Routledge, 1992, S. 203.

[139] Die Finanzierung dieser Zusammenkunft hat von Hayek indirekt Röpke zu verdanken, der ab 1945 die Herausgabe der Zeitung »Occident« geplant hatte. Seinem Freund Albert Hunold, der als Geschäftsmann gute Beziehungen zur schweizer Geschäftswelt unterhält,

Krieg die Idee einer internationalen liberalen Vereinigung aufgekommen war.[140] Von Hayek wird später einmal über diese erste Konferenz und die Gründung der Gesellschaft sagen, dass sie die Wiedergeburt der liberalen Bewegung in Europa dargestellt habe.[141] Hunold, Röpke und ein weiterer Genfer Professor, William Rappard, sorgen für die Organisation vor Ort. Das Ziel des Treffens, zu dem von Hayek ausschließlich liberal gesinnte Ökonomen, Sozialwissenschaftler und Publizisten lädt, ist die Entstehung eines intellektuellen, internationalen Netzwerkes, innerhalb dessen Beziehungen und gegenseitiger Austausch gefördert werden, um die Freiheitsphilosophie neu zu entdecken, wo nötig zu innovieren und eine gemeinsame Konzeption für die Zukunft auszuarbeiten. Die Konferenzteilnehmer sind sich dabei ihrer Minderheitsposition angesichts der sozialistischen und kollektivistischen Tendenzen in fast allen europäischen Ländern durchaus bewusst.[142]

Auf dem Mont Pèlerin im April 1947 stehen neben von Hayeks Eröffnungsreferat »Freies Unternehmertum oder Wettbewerbsordnung« und Themen die Besteuerung, Agrarpolitik, Währungsreformen, Arbeitslosigkeit und Lohnpolitik betreffen, mit »Die Zukunft Europas«, »Liberalismus und Christentum« und »Moderne Geschichtsschreibung und politische Erziehung« nicht nur ökonomische Themen auf der Tagesordnung.[143] Darüber hinaus ist unter dem Titel »Die Probleme und Chancen einer europäischen Föderation« auch die Frage nach der Zukunft des europäischen Kontinents Thema der Konferenz.[144] Die Diskussi-

---

gelingt es in kurzer Zeit, Firmen und selbst staatliche Einrichtungen zu einer Spende zu bewegen. Das ganze Projekt scheitert jedoch an Meinungsverschiedenheiten zwischen Röpke und Hunold. Da die Gelder jedoch teilweise schon übergeben sind, bietet Hunold von Hayek an, diese nach Absprache mit den Gebern für ein eigenes Projekt zu gebrauchen, was von Hayek nach kurzem Zögern annimmt. Vgl. Plickert, Wandlungen des Neoliberalismus, S. 128 f.; Hennecke, Hayek, S. 217 f.; Friedrich August von Hayek, The Rediscovery of Freedom: Personal Recollections, in: Peter G. Klein (Hrsg.), The Fortunes of Liberalism, Band 4, London: Routledge, 1992, S. 191.

[140] Lippmann, der in den USA als Publizist Berühmtheit erlangt hat, wird ebenfalls zu dem Treffen eingeladen, obwohl Röpke und Hunold von Hayek gegenüber ihre Bedenken äußern, da vor allem Röpke ihn für zu kompromissbereit gegenüber den Sowjets hält. Auch von Hayek äußert sich Röpke gegenüber kritisch, da er eine Hinwendung Lippmanns zu Keynes Theorie bemerkt. Plickert, Wandlungen des Neoliberalismus, S. 132 Fn. 25; Friedrich August von Hayek an Wilhelm Röpke, Nachlass Röpke, IWP, Ordner 5, 21.8.1945.

[141] von Hayek, Personal Recollections, S. 192.

[142] George Nash, The Conservative Intellectual Movement in America since 1945, New York: Basic Books, 1976, S. 26.

[143] Das Liberal Archief in Gent stellt im Internet eine Liste aller Treffen der MPS und die Themen der dabei gehaltenen Referate und Diskussionen zwischen 1947-1998 zur Verfügung unter http://www.liberaalarchief.be/MPS2005.pdf (aufgerufen am 30.7.2009).

[144] Über den Verlauf der Jahre wird das Thema der europäischen Integration während der Diskussionen der MPS-Tagungen jedoch nur unter ferner liefen berücksichtigt. Erstaunlich wenige Referate sind direkt dieser Thematik gewidmet. In den ersten 15 Jahren ihres Bestehens, während der von Hayek und 1961-62 Röpke den Vorsitz innehaben, wird die Frage nach Europas Zukunft nur in fünf von über 70 Referaten direkt thematisiert. So bezieht sich auch Plickert in seiner Monographie über die Entwicklung der MPS bei der

on steht dabei unter dem Eindruck des Beginns des Zerfalls der Anti-Hitler-Koalition zwischen der Sowjetunion und den Westalliierten, vornehmlich den Vereinigten Staaten.[145]

Auf der Konferenz am Mont Pèlerin werden unterschiedliche Szenarien für einen föderativen Zusammenschluss in Europa diskutiert,[146] wobei vorwiegend (außen- und sicherheits)politische und nicht ökonomische Überlegungen diskutiert werden.[147] Dem Tagungsprotokoll kann keine einstimmige Position entnommen werden, zumal die Aussagen der Diskutanten teilweise derartig gekürzt festgehalten sind, dass es bisweilen nur schwerlich möglich ist, die unterschiedlichen Positionen zu erkennen. Der belgische Industrielle de Lovinfosse bringt den Vorschlag ein, die ökonomischen und die politischen Aspekte einer Einigung getrennt zu betrachten und ist sich mit dem Dänen Iversen einig, dass zuerst eine wirtschaftliche Einigung vorangetrieben werden müsse, der die politische folgen würde.

Bemerkenswerterweise hält sich von Hayek bei der Diskussion sehr zurück und bekräftigt lediglich seine Position mit einem Zitat Lord Actons (das er auch dem Kapitel *Ausblick auf die Internationale Ordnung* seines Buches *The Road to Serdom* voranstellt), der das Föderativsystem als das wirksamste System beurteilt.[148] Von Hayek distanziert sich nach dem Zweiten Weltkrieg und mit dem Beginn des Kalten Kriegs jedoch zusehends von seiner Forderung einer europäischen Föderation.[149]

---

Darstellung der Position der MPS bezüglich Europas Weiterentwicklung überwiegend auf Röpkes Ansichten, vgl. Plickert, Wandlungen des Neoliberalismus, S. 246-251.

[145] Die Truman-Doktrin, womit der Beginn der antikommunistischen Containmentpolitik eingeläutet wird und die expansive Politik der Sowjetunion, die bspw. in der kommunistischen Umgestaltung der sowjetischen Besatzungszone in Deutschland und der Machtergreifung der KP in Polen, Ungarn, Rumänien und Bulgarien mithilfe der sowjetischen Besatzungsmacht ihren Ausdruck findet, sind deutliche Anzeichen dafür. Später in jenem Jahr – spätestens mit der Rede über die Zwei-Lager-Theorie Andrei Alexandrowitsch Schdanows und dem Scheiterns der Außenministerkonferenz in London – münden die Differenzen in eine offene Feindschaft und damit in den »Kalten Krieg«.

[146] Vgl. Protokoll der Mont Pèlerin Conference (MPC) vom 3. April 1947

[147] Karl Popper bringt vor, dass zuerst das grundlegende Verhältnis von Europa zu Russland geklärt werden müsse. Es gebe drei Optionen für Europa, erstens als Randzone Russlands, zweitens als eigenständiges unabhängiges Gebilde oder drittens als Verbündeter der USA, das deren Russlandpolitik auch nach Europa trage. Auch der Pariser Ökonom Maurice Allais ist der Ansicht, Europa könne sich einer Einbindung ins östliche oder westliche Lager entziehen. Zu diesem Zeitpunkt wird also von den Liberalen (außer von von Mises) noch keine eindeutige Marschroute eines föderalistischen Europas gegen die Sowjetunion festlegt.

[148] Das Zitat lautet im Original: »Of all checks on democracy, federation has been the most efficacious and the most congenial. [...] The Federal system limits and restrains the sovereign power by dividing it and by assigning to Government only certain defined rights. It is the only method of curbing not only the majority but the power of the whole people.« John Emerich Edward Dalberg Lord Acton, History of Freedom and Other Essays, London: Macmillan, 1907, S. 98.

[149] Vgl. Wegmann, Früher Neoliberalismus und Europäische Integration, S. 298.

Noch erstaunlicher ist, dass Röpke sich überhaupt nicht an der Diskussion beteiligt, obgleich er sich intensiv mit dem Themenkomplex der Europäischen Integration auseinandersetzt. Er hätte jedoch dem Vorschlag de Lovinfosses, der sich in Retrospektive gesehen bewahrheitet hat, nicht zugestimmt, da seiner Ansicht nach im Integrationsprozess stets die politische Komponente der wirtschaftlichen vorangestellt sein sollte. Was die Frage nach der Ausrichtung Europas nach Osten oder Westen betrifft, so entscheidet sich Röpke bereits in seinem 1945 in der ersten Auflage erschienenen Buch »Die deutsche Frage« für eine Einbindung in die »Altantic Community«.[150] Die gemeinsame Grundlage einer solchen atlantischen Gemeinschaft beruhe auf der Gemeinsamkeit der Überlieferung, der geographischen Lage und der politisch-wirtschaftlichen Interessen.[151] Die Annäherung Europas an Amerika beschränkt er dabei jedoch, wie bereits früher erwähnt, auf den politischen Bereich.

### 4.3.2. Von Hayeks Vision eines von oben nach unten organisierten Bundesstaates

Die Idee der Integration Europas durch einen föderativen Zusammenschluss, die von Hayek auf der MPC mitträgt, ist bereits in einem Aufsatz 1939 und im letzten Kapitel seines Buches *The Road to Serfdom* dargelegt.[152] In *The Road to Serfdom* argumentiert von Hayek vor dem Hintergrund der Zwischenkriegsphase, die von protektionistischen Eingriffen des Staates und Marktverzerrungen gekennzeichnet ist, dass ein föderativer Zusammenschluss unter einer internationalen Autorität der einzige Weg zur Wiederherstellung der internationalen Ordnung sei. Denn Planung auf nationaler Ebene bedeute bereits, dass die Marktprozesse nicht mehr von Individuen, sondern von gesamten Nationen organisiert würden und damit Reibungen und Neid auf internationaler Ebene zwischen den Nationen verursacht werde.[153] In Konsequenz entstehe eine Rivalität zwischen den Nationen und es komme zu einer Kollission der unterschiedlichen Machtansprüche der Nationen, da diese kein übergeordnetes Recht anerkennen würden.[154] Im nationalen Kontext sei Planung eventuell noch möglich, allerdings nur unter der Voraussetzung der Abschottung nach außen, um die nationale Planung nicht zu gefährden. Dabei seien Interessenkonflikte der einzelnen Staaten nicht zu vermeiden, die wiederum in nationalen Machtkämpfen mündeten, bei denen größere Staaten gegenüber kleineren Staaten durch Zwang ihren Willen

---

[150] Wilhelm Röpke, Die deutsche Frage, 3. Auflage. Erlenbach-Zürich: Eugen Rentsch, 1948, S. 250.
[151] Ebd.
[152] Friedrich August von Hayek, Individualismus und wirtschaftliche Ordnung, Erlenbach-Zürich: Eugen Rentsch Verlag, 1939/1952, S. 324-344; Friedrich August von Hayek, The Road to Serfdom, Chicago: Chicago Universtiy Press, 1944/1994, S. 240-260.
[153] Ders., S. 241.
[154] Ebd.

durchsetzen würden.[155] Planung auf internationaler Ebene hält von Hayek für noch gefährlicher, da mit der Größe des Wirtschaftsraumes die Heterogenität innerhalb des Systems wachse und damit die allgemeine Zustimmung zu zentral entwickelten Vorgaben abnehme. Um dennoch die geplanten Ziele zu erreichen, müsse daher Zwang und Gewalt angewendet werden.[156]

Von Hayek argumentiert daher, dass die Wiederherstellung der liberalen internationalen Ordnung nur durch eine internationale Autorität ermöglicht werde. Dies bedeutet nicht notwendigerweise, dass es einen Superstaat oder eine internationale Instanz, sondern lediglich »eine Macht geben muss, die die verschiedenen Nationen von Handlungen zurückhalten kann, die ihren Nachbarn schaden, daß es einen Kodex von Normen geben muss, der festsetzt, was ein Staat tun darf, und eine Instanz, die diese Normen durchsetzen kann.«[157] Von Hayek schlägt vor, ein universales Regelwerk mit Verboten zu entwickeln, das allen nütze und niemanden benachteilige. Befugnisse negativer Art sollen die internationalen Instanzen davor bewahren in eine »totalitäre Demokratie« umzuschlagen. Es sollen nicht Handlungen befohlen, sondern die Durchführung von für andere schädliche Handlungen unterbunden werden. Durch ein festes Regelsystem (festgelegt durch Normen der Rechtsstaatlichkeit, im Original *rule of law*) und ein Minimum an Befugnissen in der Tradition eines ultraliberalen *laissez-faire*-Staates sei die Ausübung von Herrschaft dem Zugriff der Herrschenden weitgehend entzogen[158], eine Nomokratie könne etabliert werden.

Der Aufbau des gesamten Systems müsse, laut von Hayek, föderal ausgestaltet sein. Als Hauptvorzüge föderativer Zusammenschlüsse benennt er die Friedenssicherung, die Begrenzung der Machtbefugnisse durch deren Aufteilung auf mehrere Ebenen, das Erschweren der meisten schädlichen Maßnahmen der Planung bei gleichzeitiger Berücksichtigung des Verlangens nach Selbständigkeit der Nationen.[159]

Durch das föderale System sieht von Hayek die Gefahr der »schädlichen Maßnahmen der Planung« wie bspw. durch Protektionismus oder Diskriminierung mithilfe von Zöllen weitestgehend gebannt. Einerseits sei die übergeordnete Institution aufs Äußerste in seiner Handlungsfreiheit durch selbst auferlegte Rechtsstaatlichkeit limitiert, andererseits begrenze das System die Macht auf verschiedenen Ebenen, innerhalb des Nationalstaats und auch zwischen Staat und internationaler Instanz. Die Bevorzugung einzelner Industrien oder Unternehmen

---

[155] Hayek, The Road to Serfdom, S. 242-244.
[156] Ders., S. 242 f.
[157] Ders., S. 254 Im Original: »The powers which such an authority would need are mainly of a negative kind; it must, above all, be able to say 'No' to all sorts of restrictive measures.«
[158] Ebd.
[159] Ders., S. 255 f.; Hayek, Individualismus, S. 325.

durch schädliche Planungsmaßnahmen würde aufgrund von Widerständen der anderen Marktteilnehmer aus Wettbewerbsgründen nicht die zur Umsetzung notwendige Zustimmung finden. Solidarität über die nationalen Grenzen hinaus bezweifelt er stark, eine internationale Plan- oder Großraumwirtschaft sei somit ohne Zwang in einer internationalen Ordnung, in der es kein privilegiertes »Herrenvolk« gebe, nicht realisierbar.[160] Auch die Umsetzung sozialer Maßnahmen, wie bspw. Arbeitszeitgesetz und Arbeitslosenversicherung oder Umwelt- und Denkmalschutz hält von Hayek nur in dem Außmaß für durchführbar, in dem sie lokal angewendet werden können.[161] Von Hayeks Fazit ist, dass eine internationale Regierung ihre Aufgaben im wesentlichen auf ein liberales Programm beschränken müsse.[162]

Von Hayek erwartet nicht, dass das System auf globaler Ebene implementierbar sei. Am Beispiel des Völkerbunds illustriert er, dass der Versuch, eine weltumspannende Organisation zu bilden, deshalb gescheitert sei, weil dieses Gebilde sich auf die Zahl der Mitglieder konzentriert habe und dabei »nicht stark genug gemacht werden konnte und daß ein kleinerer und gleichzeitig stärkerer Bund ein besseres Werkzeug zur Erhaltung des Friedens hätte sein können.«[163] Stattdessen glaubt von Hayek eher an den Erfolg kleinerer Föderationen, in denen sich einige wenige Einzelstaaten zu einem Verbund zusammenschlössen, welcher sich über den Verlauf der Zeit auf immer mehr Staaten ausweiten könne.[164] Schließlich könne in der Vision von Hayeks in der Tradition des 19. Jahrhunderts aus mehreren Staatenbünden eine einzige Föderation entstehen, die Frieden und Wohlstand fördere.[165] In seinem Aufsatz von 1939 postuliert von Hayek gar die »Abschaffung souveräner Nationalstaaten« als notwendige Ergänzung und logische Vollziehung des liberalen Programms.[166] Von Hayek hat die Vorstellung, ein föderales Rahmenwerk, das die Befugnisse der Akteure genau definiere, führe zu einer Machtverteilung zwischen der internationalen und der nationalen Regierung und auch auf kleinere Einheiten.[167] In ausdrücklicher Anlehnung an Robbins argumentiert von Hayek, der Liberalismus des 19. Jahrhunderts sei gerade deshalb nicht erfolgreicher gewesen, weil nicht erkannt worden sei, »daß die

---

[160] Hayek, The Road to Serfdom, S. 244; Hayek, Individualismus, S. 333.
[161] Ders., S. 334.
[162] Ders., S. 343.
[163] Hayek, The Road to Serfdom, S. 260.
[164] Ebd.
[165] Ders., S. 256.
[166] Hayek, Individualismus, S. 341; Diese Haltung ist den äußeren Umständen jener Zeit geschuldet, dem Nationalsozialismus vor allem in Deutschland aber auch anderen europäischen Ländern und mit dem Ausbruch des Zweiten Weltkriegs, vgl. auch Michael Wohlgemuth, 50 Jahre Europäische Ordnungspolitik: ordnungs- und konstitutionenökonomische Anmerkungen, in: Hans Otto Lenel et al. (Hrsg.), Ordo - Jahrbuch für die Ordnung von Wirtschaft und Gesellschaft, Band 59, Stuttgart: Lucius & Lucius, 2008, S. 385 Fn. 9.
[167] Hayek, Individualismus, S. 339.

Erreichung der erkannten Harmonie der Interessen zwischen den Bewohnern der verschiedenen Staaten nur innerhalb des Rahmens der internationalen Sicherheit« in einem bundesstaatlich organisierten System möglich sei.[168] Stattdessen habe sich der Liberalismus zuerst mit dem Nationalismus und in Folge mit dem Sozialismus verbündet, zwei Kräften, die in klarem Widerspruch zu den Prinzipien des Liberalismus stünden.[169]

### 4.3.3. Röpkes Gegenentwurf eines europäischen dezentralistischen Staatenbundes nach Maßgabe des Subsidiaritätsprinzips

Obgleich Röpke mit von Hayek die Vision einer europäischen, nach liberalen Kriterien gestalteten Föderation teilt, vertritt Röpke eine von von Hayeks Modell grundverschiedene Konzeption, was die Umsetzung dieses Systems betrifft. Während von Hayek der Ansicht ist, ein international funktionsfähiges System müsse von oben nach unten nach föderalem Muster aufgebaut werden, mit einer internationalen übergeordneten Autorität, die gemeinsame Regeln durchsetzt und gleichzeitig die Souveränität der Einzelstaaten gewährleistet,[170] ist Röpke der festen Überzeugung, Föderalismus müsse, wie die Wohltätigkeit zu Hause beginnen, weshalb er einen Aufbau des Systems von der kleinsten zur größten Einheit als den einzig durchführbaren Weg hält. Er baut jede Ordnung, sowohl die nationale als auch die internationale, stets von der Einheit des Individuums auf. Denn es ist sein Anspruch, ein System zu konstruieren, das auf die Bedürfnisse eines jeden Rücksicht nimmt und nicht die Bedürfnisse des Einzelnen zugunsten der Gesamtheit unterschlage.

Röpke macht – anders als von Hayek – nicht das Souveränitätsstreben der Nationalstaaten für die Gesellschaftskrise des 20. Jahrhunderts verantwortlich[171], sondern die Zentralisierungstendenzen und die Politisierung der wirtschaftlichen Sphäre innerhalb der Nationalstaaten, die von innen heraus auf den internationalen Bereich übergegriffen und die internationale Ordnung zerstört hätten. Eine Auflösung der Nationalstaaten, die von Hayek 1939 fordert[172], sei laut Röpke daher keinesfalls die Lösung des Problems. Ihre Bildung und ihr Fortbestehen begreift Röpke vielmehr als logische Konsequenz eines kulturellen geistigpolitischen Prozesses.[173] Der Nationalstaat sei aufgrund der vielen gemeinsamen kulturellen Elemente, die seine Basis bilden (Sprache, Sitten, Gebräuche,

---

[168] Hayek, Individualismus, S. 341 f.; vgl. hierzu ebenfalls, Lionel C. Robbins, Economic Planning and International Order, London: Macmillan, 1937, S. 240-245.
[169] Hayek, Individualismus, S. 342.
[170] Hayek, The Road to Serfdom, S. 254 f.; ?, 325.
[171] Hayek, Individualismus, S. 341 f.
[172] Ders., S. 341.
[173] Röpke, Einheit in der Vielheit, Die politische Meinung, 1959, S. 23; Röpke, Internationale Ordnung, S. 67; Röpke, Heimat, Rheinischer Merkur, 1966, S. 4.

Abstammung, Religion, Rechtssystem, Geschichte, etc.), der geeignete Rahmen nicht nur für gesellschaftliches, sondern auch für wirtschaftliches Handeln.[174] Die Aufgaben des Nationalstaats, die an diesen Rahmen geknüpft seien, dürften und könnten nicht übersprungen oder auf die internationale Ebene übertragen werden. Abgesehen davon zweifelt Röpke daran, dass die Nationalstaaten dazu bereit wären, ihre Souveränität zugunsten einer internationalen Instanz aufzugeben.[175]

Die utopische Vision einer Wirtschaftsunion oder einer internationalen Föderation mit einer supranationalen Organisation als oberster Instanz, die von von Hayek und einigen anderen Ökonomen in der Zwischenkriegszeit vertreten wird[176], lehnt Röpke als falschen Internationalismus ab[177]. Die von von Hayek vertretene Überzeugung, die Wiederherstellung der internationalen Ordnung von oben herab gestalten zu können, würde das Problem der Zentralisierung und Politisierung der Wirtschaft geradezu noch verstärken. Diese Herangehensweise zeuge von einer Ungeduld, die Röpke für einen so wichtigen Bereich, wie es die internationalen Beziehungen darstellen, für verhängnisvoll empfindet. Man dürfe nicht dem Irrglauben verfallen, »es müßten sich doch entscheidende Resultate ergeben, wenn man Vertreter der Nationen um einen Runden Tisch versammelt, sie sich aussprechen und Beschlüsse fassen läßt.«[178] Röpke nennt es eine Verschwendung von Ressourcen und eine Illusion zu glauben, dass dem Verfall der Weltwirtschaft nach den Weltkriegen durch internationale Konferenzen oder Konventionen Einhalt geboten werden könne.[179]

Ebenso vermessen empfindet Röpke es, mit dem Begriff der Föderation so zu hantieren, »als ob es die einfachste Sache der Welt sei«[180]. Man dürfe sich nicht der Illusion hingeben, das föderale System könne einfach auf das bestehende aufgesetzt werden. Vielmehr müsse das gesamte System von der Idee des Föderalismus durchdrungen sein und auf jede Ebene von unten herauf und von innen heraus auf die übergeordneten Glieder übergehen. Röpkes Empfehlung ist daher eine Wiederherstellung der Bedingungen des klassischen Liberalismus Adam Smiths und David Humes auf nationaler Ebene. Statt internationaler Konventionen und Verträge, deren Einhaltung nur durch eine übergeordnete Instanz gewährleistet sei – an deren Durchsetzungsvermögen Röpke jedoch erhebliche Zweifel hegt – sollten auf nationaler Ebene Maßnahmen ergriffen werden[181], die

---

[174] Röpke, Geld und Außenhandel, S. 28.
[175] Röpke, Internationale Ordnung, S. 68.
[176] Hayek, Individualismus, S. 341.
[177] Röpke, Internationale Ordnung, S. 24 ff.
[178] Ders., S. 32.
[179] Ders., S. 28.
[180] Röpke, Grundfragen, Schweizer Monatshefte, 1948, S. 283.
[181] Röpke führt als Paradebeispiel immer wieder die Wiedereinführung des Goldstandards

eine Vorbildfunktion für andere Staaten böten. Der große Vorteil an dieser funktionalen Integration sei, dass sie ein Minimum an geistig-politischer Integration voraussetze, ohne konzertierte intergouvernementale Aktionen auskomme und auf einen großen bürokratischen Überbau, der zu Zentralisierung und Politisierung des Wirtschaftsgeschehens tendiere, vermieden werden könnten. Ein international anerkanntes und durchsetzbares Rechtsstaatlichkeitsprinzip, das von Hayek als Basis für die internationale Föderation einfordert, wird damit hinfällig.

Röpke löst das Problem der internationalen Ordnung damit im Sinne des klassischen Liberalismus nach Adam Smith. Der Nationalstaat ist in diesem Modell eine unverzichtbare Einheit, die nach außen gemäß ihrer eigenen Interessen handelt und sich aufgrund der Vorteilhaftigkeit des Handels nach außen öffnet. Gemäß der Theorie der Klassiker verfolgen die einzelnen Staaten unabhängig voneinander das Konzept des Freihandels, welches sich durch Nachahmung weiterer Staaten, die die Vorteile des Systems erkennen und ebenfalls in den Wettbewerb eintreten wollen, ausweitet. Die Existenz eines souveränen Nationalstaats ist in diesem System unerlässlich. Von Hayek stimmt mit Röpke insoweit überein, als dass er ebenfalls ein ein föderales System souveräner Staaten für die internationale Ordnung vorschlägt. Allerdings ist von Hayek zumindest 1939 der Meinung, dass die letzte Konsequenz der Umsetzung dieser Ordnung in die Auflösung der Nationalstaaten und die Schaffung einer internationalen Rechtsordnung münde, deren Einhaltung von einer internationalen Regierung gewährleistet werde,[182] was im Gegensatz zu Röpkes Ansatz steht.

---

oder die unilaterale Senkung von Zöllen an, vgl. bspw. Röpke, Internationale Ordnung, S. 30 f.; Röpke, EWG, Der Monat, 1952, S. 233.
[182] Hayek, Individualismus, S. 341 ff.

## 5. Europa aus heutiger Perspektive: Wo hat Röpke Recht behalten, wo hat er sich geirrt?

Wilhelm Röpke stirbt bereits 1966 und erlebt deshalb nur die Anfänge des wirtschaftlichen Integrationsprozesses in Europa. Seit seinem Tod sind mehr als vierzig Jahre vergangen und es kann eine rückblickende Bewertung der Entwicklungen seit den Fünfzigerjahren hinsichtlich Röpkes Einschätzung vorgenommen werden. Seine Thesen und die damit im Zusammenhang stehenden Erwartungen für die Integration Europas können dabei folgendermaßen kurz zusammengefasst werden.

Die Idee eines integrierten Europas versteht Röpke nach dem Zweiten Weltkrieg als Leitidee und lebendige Kraft für den gesamten europäischen Kontinent.[1] Durch die Realisierung dieses Projekts sollen die Zerwürfnisse der vergangenen Jahrzehnte überwunden und ein friedvolles und den Wohlstand förderndes Miteinander ermöglicht werden. Daher befürwortet er den Integrationsgedanken ohne Zögern. Er vermutet darüber hinaus, dass das Zusammenwachsen der europäischen Staaten den zentralistischen Nationalstaat zu überwinden vermöge und als Ergebnis eine kontinentale Einheit hervorbringen könne.[2] Die Vereinigung Europas hält er zudem vor dem Hintergrund der kommunistischen Bedrohung aus dem Osten für unerlässlich, um sich als freie Welt gemeinsam zu behaupten und nicht verdrängt zu werden.[3]

Was die Form des politischen Integrationsprozesses betrifft, bevorzugt Röpke eine funktionelle Herangehensweise nach föderativem Muster.[4] Das Subsidiaritätsprinzip spielt dabei in Röpkes Überlegungen eine zentrale Rolle, da es eine effiziente und den Fähigkeiten der jeweiligen Akteure entsprechende Aufgabenverteilung gewährleiste.[5] Diese Form der Integration bewahre die Eigenständigkeit der Individuen, die kulturelle Einzigartigkeit der unterschiedlichen europäischen Nationen, lasse aber behutsam eine Einheit innerhalb einer pluralistischen europäischen Gesellschaft wachsen.[6] Ursprung dieser Einheit sei das gemeinsame

---

[1] Röpke, Internationale Ordnung, S. 72.
[2] Ders., S. 72 f.
[3] Röpke, EWG, Der Monat, 1952, S. 228 ff.
[4] Röpke, Einheit in der Vielheit, Die politische Meinung, 1959, S. 228 ff.
[5] Röpke, Internationale Ordnung, S. 69 f.
[6] Röpke, Einheit in der Vielheit, Die politische Meinung, 1959, S. 16.

europäische Patrimonium, das es zu bewahren gelte.[7] Einen supranational regierten europäischen Zentralstaat, dessen Ergbenis ein dirigistischer, bürokratischer und ökonomokratischer Kolossalstaat sei, wodurch die Verschiedenartigkeit der europäischen Völker verloren gehe, lehnt Röpke daher mit aller Entschiedenheit ab.[8] Er mahnt dabei vor zu großen Erwartungen, denn ein europäisches Gemeinbewusstsein sei noch in weiter Ferne und entstehe meist auch eher durch Druck von außen, um sich selbst zu behaupten, als durch den freien Entschluss von innen.[9] Geduld und eine Politik der kleinen Schritte hält Röpke daher für eine angemessene Vorgehensweise im Integrationsprozess.

Was den wirtschaftlichen Teil des Integrationsprozesses angeht, so empfiehlt Röpke ein nach innen und außen geöffnetes, liberales Wirtschaftssystem, das sich durch freien multilateralen Handel und die Konvertibilität der Währungen auszeichnet.[10] Da er die Wahrscheinlichkeit der Implementierung einer globalen Lösung direkt nach dem Zweiten Weltkrieg für wenig erfolgsversprechend hält, setzt er sich für ein regionales Konzept ein.[11] Dabei müsse ein Weg gefunden werden, der die Möglichkeit einer Transformation von regionalem zu globalem System zulasse.[12] Daher setzt sich Röpke für eine Freihandelszone ein, da sie gegenüber der Zollunion und dem gemeinsamen Markt den Vorteil der Universalisierung besitze, darüber hinaus keine handelsverzerrenden und -verdrängenden Wirkungen entfalte und keine Zolltarifsetzung nach dem Prinzip des Geleitzuges voraussetze.[13]

Röpke erlebt jedoch in den ersten 20 Jahren nach dem Zweiten Weltkrieg, dass im europäischen Integrationsprozess eine völlig andere Richtung eingeschlagen wird, als die, die er selbst empfiehlt. Daher sind seine Prognosen für den europäischen Einigungsprozess skeptisch und bisweilen gar von Pessimismus geprägt. Wegen der – aus seiner Sicht – falschen Herangehensweise an das Projekt Europa berfürchtet er, dass sich die Erfolgschancen für die künftige Weiterentwicklung zu einer gemeinsamen europäischen Wirtschafts- und Gesellschaftsordnung verringern. Die schlechtesten Aussichten hat nach Röpkes Ansicht die EGKS. Von Beginn an hält Röpke die Schaffung der Montanunion sowohl aus kollektivistischer als auch aus marktwirtschaftlicher Sicht für fragwürdig. Es ergebe keinen Sinn, nationalkollektivistische Wirtschaftsinteressen einem kontinentalen Superstaat zu opfern. Auch dürfe in einem marktwirtschaftlichen System die Konsumentensouveränität niemals zu gunsten eines zentralen Planungsorgans aufgegeben werden.[14]

---

[7] Röpke, Die wirtschaftliche Integration, Wissenschaft und Weltbild, 1960, S. 95.
[8] Röpke, Gemeinsamer Markt, S. 118 ff.
[9] Röpke, EWG, Der Monat, 1952, S. 230.
[10] Röpke, Internationale Ordnung, S. 308 f.
[11] Ders., S. 311.
[12] Röpke, Gemeinsamer Markt, S. 126 ff.
[13] Ders., S. 127.
[14] Röpke, Schuman-Plan, Rheinischer Merkur, 1950, S. 11.

Er befürchtet, noch bevor die Hohe Behörde ihre Arbeit aufgenommen hat, die Implementierung des Schuman-Plans werde der erste Schritt zu einem europäischen Superstaat sein.[15] Mit der Montanunion werde eine Herrschaft des Dirigismus auf internationaler Ebene geschaffen, die sich an einer mathematisch abstrakten Planung orientiere und nicht an den Bedürfnissen der Individuen, die dieser Gemeinschaft angehören.[16] Die Konzeption der Montanunion am Reißbrett gemäß saint-simonistischer Vorstellungen, womit eine kolossale Organisation und eine internationale Wirtschaftsbürokratie verbunden seien, werde keine echte Integration der Völker Europas bewirken, sondern die Qualität in Quantität ertränken.[17] Für Röpke ist die Umsetzung des Schuman-Plans mit Investitionslenkung und Kapazitätssteuerung verbunden, die nach innen eine Rssourcenzuteilung und nationale Diskrminierung durch Subventionierung begünstige und nach außen Wettbewerbsverzerrungen und Abschottung fördere.[18]

Ein weiteres Problem im Zusammenhang dieser Teilintegration sieht Röpke darin, dass durch Interventionen zugunsten des Kohle- und Stahlsektors Spannungen und Verzerrungen in anderen Sektoren in kauf genommen würden, die eine Kettenreaktion mit immer umfassenderen Interventionen seitens des Staates bis hin zur Planwirtschaft auslösen würde.[19] Sollten sich jedoch die Nationalstaaten gegen den übergeordneten Superstaat zur Wehr setzen, werde der Schuman-Plan in einem Fiasko enden.[20] Außerdem kritisiert Röpke den Blockcharakter der Montanunion, der Befreiung nach innen mit Spaltung nach außen erkaufe. Er befürchtet, dass die desintegrative Wirkung nach außen die Einigung nach innen bspw. aufgrund des oben angesprochenen Prinzips des Geleitzuges überwiege.[21]

Sind Röpkes Äußerungen zur Montanunion anfangs noch skeptisch und mit Ratschlägen für Verbesserungen versehen, so wird seine Haltung im Laufe der Zeit immer negativer. Daher empfiehlt er auch eindringlich, für die Gründung der EWG nicht die Montanunion als Präzedenzfall heranzuziehen, sondern eher als Mahnmal für Fehler der Vergangenheit zu betrachten.[22] Röpke glaubt offensichtlich nicht mehr an einen Erfolg dieses Integrationsschritts.

Auch die Konzeption der EWG gibt Röpke vom Beginn der Verhandlungen an Anlass zur Kritik. Er moniert, dass wieder nur die Montanunionsländer in

---

[15] Röpke, Schuman-Plan, Rheinischer Merkur, 1950, S. 11.
[16] Röpke, Ökonomisten und Bürokratisten, Die Zeit, 1957, S. 12.
[17] Ebd.
[18] Ebd.
[19] Röpke, Die Gesellschaftskrisis, S. 25 f.
[20] Röpke, Zwischenbilanz der Europäischen Wirtschaftsintegration, S. 84.
[21] Röpke, Europa als wirtschaftliche Aufgabe, Schweizer Monatshefte, 1956, S. 7.
[22] Ebd.

die Verhandlungen einbezogen würden, wodurch sich die Gefahr der regionalen Blockbildung von der Montanunion auf alle Wirtschaftssektoren ausweite.[23] Dass Großbritannien wieder nicht von Beginn an ein Platz in der Gemeinschaft angeboten wird, ist in Röpkes Augen eine schwerwiegende Fehlkonstruktion. Seiner Ansicht nach ist Großbritannien elementarer politischer und kultureller Teil Europas,[24] und sollte daher in einer gemeinsamen europäischen Wirtschaftsordnung nicht außen vor stehen. Röpke bezweifelt auch, dass weitere Länder Interesse an einer Mitgliedschaft in der EWG haben könnten, wenn diese die Souveränität der Nationalstaaten beschränke.[25] Dieser Umstand stellt für Röpke die Sinnhaftigkeit einer solchen Gemeinschaft ernsthaft in Zweifel.

Röpke glaubt auch nicht, dass die im Vertragswerk verankerten Grundfreiheiten mehr als Absichtserklärungen sein würden.[26] Er befürchtet, dass die EWG durch Diskriminierung und Handelshemmnisse den freien internationalen Handel stören werde.[27] Was die Handelshemnisse selbst betrifft, so erwartet er einen Verschiebung von tarifären zu nichttarifären Handelshemmnissen, da diese für Drittstaaten schlechter detektier- und quantifizierbar seien.[28] Das Gesetz des Geleitzuges sieht Röpke auch bei der EWG wieder als Stolperstein für echte internationale Integration.[29]

Wie bereits bei der Montanunion kritisiert Röpke den Versuch, mit jakobinisch-zentralistischen, dirigistischen und bürokratistischen Methoden dem Einigungsprozess einzuleiten, um dann von Brüssel aus einen europäischen Einheitsbrei anzurühren.[30] Dies aber wäre für Röpke der Untergang der vielfältigen europäischen Kulturen – ein Versagen des gesamten Integrationsprozesses.

Röpkes größter Kritikpunkt an den europäischen Integrationsanstrengungen ist jedoch stets, dass versucht werde, über den Weg der wirtschaftlichen Einigung politische Integration zu erzielen.[31] So werde das Pferd von hinten aufgezuzäumt.

---

[23] Röpke, Einheit in der Vielheit, Die politische Meinung, 1959, S. 20; Röpke, Europa als wirtschaftliche Aufgabe, Schweizer Monatshefte, 1956, S. 7.
[24] Röpke, Einheit in der Vielheit, Die politische Meinung, 1959, S. 20.
[25] Röpke, Gemeinsamer Markt und Freihandelszone, S. 88 ff.
[26] Vgl. bspw. Röpke, Gemeinsamer Markt ohne Dirigismus, Die Zeit, 1957; Röpke, Ökonomisten und Bürokratisten, Die Zeit, 1957.
[27] Vgl. bspw. Röpke, Gemeinsamer Markt ohne Dirigismus, Die Zeit, 1957; Röpke, Gemeinsamer Markt und Freihandelszone, S. 55.
[28] Röpke, Die EWG im Zwielicht, Rheinischer Merkur, 1964, S. 4.
[29] Röpke, Gemeinsamer Markt ohne Dirigismus, Die Zeit, 1957; Röpke, Gemeinsamer Markt und Freihandelszone, S. 52.
[30] Röpke, Die EWG im Zwielicht, Rheinischer Merkur, 1964, S. 4.
[31] Vgl. hierzu u.a. Röpke, Widersprüche, NZZ, 1964, S. 4; Röpke, Unbewältigte EWG, Die Aussprache, 1962, S. 115; Röpke, Gestrandete EWG, Die Aussprache, 1963, S. 95; Röpke, Der jähe Sturz, Rheinischer Merkur, 1965, S. 4; Röpke, Die EWG im Zwielicht, Rheinischer Merkur, 1964, S. 4; Röpke, Unorthodoxe Gedanken, NZZ, 1962, S. 7; Röpke, EWG, Der

Er nimmt an, diese Vorgehensweise führe dauerhaft zu Verzerrungen und Fehlentwicklungen, die eine europäische Einigung eher behindere als fördere.[32]

Eine detaillierte, kritische Analyse der gesamten Fortentwicklung der europäischen Institutionen und ihrer Wirtschaftsverfassungen würde allerdings den Rahmen dieser Arbeit sprengen. Daher wird im nächsten Teil des Kapitels die praktische Ausgestaltung der EGKS, deren Verträge zum 23. Juli 2002 ausgelaufen sind,[33] lediglich im Bereich der Stahlindustrie hinsichtlich Röpkes Prognosen und ordnungspolitischen Kriterien analysiert werden. Im zweiten Teil des Kapitels wird der heutige Stand der wirtschaftlichen Integration innerhalb der E(W)G, die seit dem 1. Dezember 2009 vollständig in der Europäischen Union aufgegangen ist,[34] an Röpkes skeptischen und zum Teil pessimistischen Prognosen gemessen. Im dritten Teil wird schließlich das Urteil des Bundesverfassungsgerichts zum Vertrag von Lissabon aus dem Jahre 2009 aus der Perspektive Röpkes betrachtet. Es wird dabei deutlich, dass selbst mehr als vierzig Jahre nach Röpkes Tod sein Europakonzept nicht an Aktualität eingebüßt hat.

## 5.1. Die Stahlpolitik in der Montanunion 1952 bis 2002

In den fünfzig Jahren des Bestehens der EGKS-Verträge haben die sie betreffenden Industrien einen enormen Strukturwandel erlebt. Ist die Stahlindustrie nach dem Zweiten Weltkrieg noch eine Schlüsselindustrie, so hat sich ihre Bedeutung in den Industrieländern über den Verlauf der letzten sechzig Jahre stark reduziert und wird auch von der Kommission bereits seit Anfang der Neunzigerjahre nicht mehr als volkswirtschaftlicher Schlüsselbereich angesehen.[35] Sicherheitspolitische Aspekte sind nicht länger von Interesse und auch die wirtschaftliche Bedeutung der Stahlindustrie ist gesunken. Gründe dafür sind der schwindende Anteil der gesamtwirtschaftlichen Wertschöpfung,[36] der hohe Ent-

---

Monat, 1952, S. 233; Röpke, Einheit in der Vielheit, Die politische Meinung, 1959, S. 14; Röpke, Die wirtschaftliche Integration, Wissenschaft und Weltbild, 1960, S. 93.

[32] Röpke, Die EWG im Zwielicht, Rheinischer Merkur, 1964, S. 4.
[33] Wesentliche Bestimmungen des EGKS-Vertrags sind seit 2002 im EGV festgehalten.
[34] Zuvor war die EWG im Zuge des Vertrags von Maastricht 1993 in Europäische Gemeinschaft (EG) umbenannt worden und hatte zusammen mit der Europäischen Atomgemeinschaft (EURATOM) eine der drei Säulen der EU gebildet, die Säule der Europäischen Gemeinschaften (ebenfalls EG). Die anderen beiden Säulen setzten sich aus der Gemeinsamen Außen- und Sicherheitspolitik (GASP) und der polizeilichen und justiziellen Zusammenarbeit (PJZS) zusammen. Seit dem 1. Dezember 2009 existiert die EG nicht mehr als eigenständige Institution. Alle Funktionen sind durch die Ratifizierung des Vertrags von Lissabon durch alle EU-Staaten von der EU übernommen worden.
[35] Vgl. EG-Kommission, Communication from the Commission to the Council and to the European Parliament, Future of the ECSC Treaty, 15. März 1991, S. 8 f.
[36] Christian Conrad, Europäische Stahlpolitik zwischen politischen Zielen und ökonomischen Zwängen, Baden-Baden: Nomos, 1997 (zugl. Diss., Eberhard Karls Universität Tübingen, 1997), S. 24.

wicklungsgrad der EU-Länder, weshalb der Stahlbedarf sich vor allem auf Ersatzbeschaffungen beschränkt und die zunehmende Substitution von Stahl durch andere Stoffe.[37] Der Anteil der Beschäftigten in der Stahlindustrie ist ebenfalls gesunken. Sind 1973, als noch neun Staaten der EGKS angehören, ca. 780.000 abhängig Beschäftigte in der eisen- und stahlverarbeitenden Industrie tätig,[38] so hat sich diese Zahl in den nächsten 35 Jahren auf ca. 400.000 fast halbiert, obgleich die Anzahl der EU-Staaten sich in dieser Zeit auf 27 verdreifacht hat.[39] Das entspricht lediglich 1,25 v.H. der Beschäftigten des verarbeitenden Gewerbes und 0,2 v.H. der Gesamtbeschäftigten der EU. Im gleichen Zeitraum ist die Produktivität der Stahlindustrie jedoch durch neue Verfahren und energieeffizientere Anlagen stetig gestiegen. Während 1973 ein Beschäftigter rund 170 Jahrestonnen Rohstahl produziert, werden 2008 bspw. in Deutschland mit 480 Jahrestonnen mehr als doppelt so viel Rohstahl pro Mitarbeiter erzeugt.[40] Knapp 60 v.H. der Stahlverbrauchs wird zur Produktion langlebiger Investitionsgüter verwendet. Die wichtigsten Abnehmer von Stahl sind das Baugewerbe, der Automobilbau und der Maschinen- und Schiffsbau.[41]

Der Stahlsektor weist einige Besonderheiten auf, die ihn von anderen Wirtschaftssektoren unterscheiden und teilweise als Rechtfertigungsargumente für die Politik der Europäischen Kommission dienen. Die Stahlindustrie zeichnet sich durch hohe Makrteintrittsbarrieren aus, da die Investitionen in Produktionsanlagen mit hohen *sunk costs*[42] verbunden sind.

Die Stahlindustrie zeichnet sich ferner durch *economies of scale* aus, was einen Anreiz zur Vergrößerung der Produktionsanlagen und zur Auslastung der Kapazitäten bietet.[43] Es ist betriebswirtschaftlich gar sinnvoll trotz sinkender Nach-

---

[37] Uwe Perlitz, EU-Stahlindustrie - Weiter in Richtung High-Tech-Erzeugnisse, EU-Monitor 8. September 2009, Nr. 69, S. 4.
[38] Eurostat, 50 Jahre EGKS-Vertrag. Kohle- und Stahlstatistiken, Eurostat im Auftrag der Europäischen Union, 2002, S. 8.
[39] Perlitz, EU-Stahlindustrie, DB Research, 2009, S. 2.
[40] Helmut Wienert, Strukturwandel in der Stahlindustrie der Europäischen Union, Wirtschaftswissenschaftliches Studium Band 6, 1995, S. 324; Perlitz, EU-Stahlindustrie, DB Research, 2009, S. 5.
[41] Rüdiger Stotz, Die EG-Stahlkrise im Lichte der Wirtschaftsverfassung des EGKS-Vertrages, Baden-Baden: Nomos, 1983 (zugl. Diss., Universität Bayreuth, 1983), S. 23 f.
[42] *Sunk costs* sind irreversible Kosten, die durch (Investitions-)Entscheidungen in der Vergangenheit entstanden sind, d.h. entweder schon zu Auszahlungen geführt haben oder deren gegenwärtiges oder zukünftiges Anfallen durch bereits getroffene Entscheidungen unwiderruflich festgelegt ist. Es kann daher weder in der Gegenwart noch in der Zukunft darauf Einfluss genommen werden. *Sunk costs* dürfen von dem rational agierenden *homo oeconomicus* also nicht in die Berechnung der Opportunitätskosten von Handlungsalternativen einbezogen werden und stellen somit entscheidungsirrelevante Kosten dar.
[43] Vgl. Arne Gieseck, Krisenmanagement in der Stahlindustrie: Eine theoretische und empirische Analyse der europäischen Stahlpolitik 1975 bis 1988, Berlin: Duncker & Humblot,

frage die Produktion nicht zu reduzieren, solange die Markterlöse die variablen Kosten decken.[44] Obgleich auf dem Stahlmarkt mit einer großen Produktvielfalt von ca. 2500 verschiedenen Stahlsorten gehandelt wird, hat eine detaillierte Normierung nicht zuletzt durch die Bestimmungen der EG-Kommission[45] die Homogenisierung des Produktes Stahl erwirkt, wodurch der Stahlmarkt transparent geworden ist.[46] Dies führt zu einer hohen Preiselastizität der Nachfrage und erhöht den Wettbewerbsdruck auf die Produzenten. Die Produktionsanlage muss deshalb schätzungsweise eine Kapazitätsauslastung von ca. 85 v.H. betragen, um Gewinne zu erwirtschaften.[47] All diese Umstände begünstigen das Fortbestehen von Überkapazitäten, die Entstehung großer Unternehmen, meist in Form von Oligopolen oder gar Monopolen und die Bildung von Kartellen.

Eine weitere Eigenschaft der Stahlindustrie ist ihre hohe Konjunkturreagibilität. Der Stahlverbrauch hängt heute maßgeblich vom gesamtwirtschaftlichen Wachstum ab, da stahlintensive Investitionen nur bei hohen Wirtschaftswachstumsraten getätigt werden.

Darüber hinaus steht die Stahlindustrie seit Beginn der Industrialisierung in hohem Maße unter dem Eindruck der politischen Einflussnahme. Stahl ist während der Weltkriege als Rüstungsvorprodukt von großem sicherheitspolitischem Interesse und wird aus diesem Grunde von staatlicher Seite gefördert.[48] Die Abhängigkeit der Arbeitsplätze anderer Industriebranchen (bspw. Bergbau, Baugewerbe, Automobilbau) von der Stahlindustrie[49] und die traditionell hohe gewerkschaftliche Organisation der Stahlindustrie[50] verstärken den politischen Fokus.

Die Aufzählung der Besonderheiten der Stahlindustrie ist wichtig, um den Argumenten der Europäischen Kommission zur Rechtfertigung interventionistischer Eingriffe im Rahmen der EGKS folgen zu können. Neben den Argumenten der Konjunkturempfindlichkeit und der großen wirtschaftlichen Bedeutung des Sektors, der Unteilbarkeit der Produktionsanlagen und der sozialen Schließungs-

---

1995, S. 26 f.
[44] Peter Oberender/Georg Rüter, Stahlindustrie, in: Peter Oberender (Hrsg.), Marktökonomie: Marktstruktur und Wettbewerb in ausgewählten Branchen der Bundesrepublik Deutschland, München: Vahlen, 1989, S. 56; Conrad, Europäische Stahlpolitik, S. 20-21.
[45] Oliver Buntrock, Problemlösung im europäischen Mehrebenensystem: Das Beispiel der Stahlpolitik der Europäischen Gemeinschaft für Kohle und Stahl, 2004, S. 64.
[46] Norbert Berthold, Dauerkrise am europäischen Stahlmarkt - Markt- oder Politikversagen, Frankfurter Institut - Stiftung Marktwirtschaft und Politik, 1994, S. 42.
[47] Ruprecht Vondran, Stahl im Umbruch, in: Peter Oberender (Hrsg.), Branchen im Umbruch, Berlin: Duncker & Humblot, 1995, S. 50.
[48] Oberender/Rüter, Stahlindustrie, S. 34.
[49] Berthold, S. 28.
[50] Conrad, Europäische Stahlpolitik, S. 24.

kosten wird ebenso Marktversagen durch »ruinösen Preiswettbewerb« und der Fortbestand von Überkapazitäten als Interventionsargument in Artikel 5 des EGKS-Vertrags angeführt.[51] Wie sich im nächsten Abschnitt zeigen wird, wird der Marktmechanismus jedoch vor allem in Krisenzeiten des öfteren durch die Kommission außer Kraft gesetzt, was im Widerspruch zu den eigentlichen Zielen der Kommission steht, aber Röpkes Befürchtungen bestätigt und entgegen seine Empfehlungen steht.

Die Gesamtentwicklung der EGKS lässt sich in eine Phase der Expansion und Produktionssteigerungen (Boom) und in eine Phase der Überkapazitäten und Senkung der Produktion (Krise) unterteilen. Gemäß der Intensität der Interventionen seitens der Hohen Behörde bzw. Europäischen Kommission[52] sind ebenfalls zwei Phasen erkennbar, die jedoch zeitlich nicht vollständig mit der Performanz der Stahlindustrie innerhalb der EGKS übereinstimmen. Daher sind in der Literatur unterschiedliche zeitliche Unterteilungen der Performanzphasen auffindbar.[53] Da in diesem Abschnitt nicht so sehr die Stahlindustrie selbst im Fokus der Untersuchung steht, sondern vielmehr die Stahlpolitik der EGKS, richtet sich die Aufteilung der nächsten Abschnitte nach diesem Kriterium in

---

[51] Dem Interventionsargument wegen ruinösen Wettbewerbs wird jedoch entgegengehalten, dass ein Preiskampf unter Herstellungskosten nur einen begrenzten Zeitraum fortgesetzt werden kann, vgl. Gieseck, Krisenmanagement in der Stahlindustrie, S. 45 ff.; Berthold, S. 42 f. Unrentable Anbieter scheiden als erste aus dem Markt aus, spätestens wenn notwendige Ersatzinvestitionen nicht mehr getätigt werden können, worauf ein höherer Marktpreis und eine höhere Kapazitätsauslastung der im Markt verbleibenden Unternehmen resultiert. Das gleiche gilt für den Fortbestand von Überkapazitäten. Der Abbau von Überkapazitäten kann als Kollektivgut verstanden werden, bei dem die Gefahr des Trittbrettfahrens besteht. Denn ein Produzent, der seine Kapazitäten verringert, um für alle einen höheren Marktpreis zu erwirken, kann nicht sicher sein, ob alle anderen Produzenten ebenfalls Überkapazitäten abbauen. Die Situation wird in der Spieltheorie als Gefangenendilemma bezeichnet, deren Ergebnis die Schlechterstellung aller ist, in diesem Fall der Fortbestand von Überkapazitäten. Allerdings ist diese Situation für Unternehmen, die ihre Fixkosten nicht decken können, nur kurzfristig haltbar. Mittelfristig ist auch hier lediglich eine Marktbereinigung zu erwarten. Conrad, Europäische Stahlpolitik, S. 33.

[52] Im folgenden wird in dieser Arbeit auch für die Jahre, in denen die Europäische Kommission noch Hohe Behörde bezeichnet wird (1952-1967), von der Kommission die Rede sein.

[53] Von einigen Autoren wird das Jahr 1963/64, in welchem der Aufbau von Überkapazitäten erstmals einsetzt, als Beginn der Krisenphase, vgl. bspw. Ders.; Dirk Spierenburg/Raymond Poidevin, The History of the High Authority of the European Coal and Steel Community: Supranationality in Operation, London: Weidenfeld & Nicolson, 1994; Buntrock, Problemlösung im europäischen Mehrebenensystem. Einige Autoren sehen den Wendepunkt im Jahr 1974/75, als nach der Ölkrise ein deutlicher Einbruch der Stahlindustrie zu verzeichnen ist und sich die Interventionen seitens der Europäischen Kommission intensivieren, vgl. Berthold; Hannelore Pöschl, Europäische Gemeinschaft für Kohle und Stahl 1952 bis 1987, Wirtschaft und Statistik Band 9, 1988; Anthony Masi, Steel, in: Hussein Kassim/Anand Menon (Hrsg.), The European Union and National Industrial Policy, London: Routledge, 1996; Henry Krägenau, Stahlpolitik und Strukturanpassung in der EG-Stahlindustrie, Hamburg: HWWA-Institut für Wirtschaftsforschung, 1986.

zwei Phasen. In der ersten Phase sind die Interventionsaktivitäten der Kommission sehr begrenzt, während in der zweiten Phase mit dem Ausmaß der Krise im Stahlsektor ebenso die Eingriffe der Kommission zunehmen.

### 5.1.1. Die erste Phase 1952 bis 1974: Geringe Interventionen

#### 5.1.1.1. Die Wiederaufbauphase in Zeiten des Booms 1952 bis 1964

In den ersten zwölf Jahren nach Inkrafttreten des EGKS-Vertrags 1952 steht der Wiederaufbau der Stahlindustrie im Vordergrund der europäischen Stahlpolitik. Die hohe Nachfrage nach Stahl führt zu Produktionssteigerungen bei einer Kapazitätsauslastung von durchschnittlich 90 v.H.,[54] wobei es zuweilen auch zu Produktionsengpässen kommt.[55] Die Kommission sieht infolgedessen in diesen Jahren den Kapazitätsaufbau als ihre Hauptaufgabe an.[56] Die Kommission orientiert sich dabei weitgehend an einem liberalen Ordnungsrahmen,[57] der ihr nach Artikel 4 des EGKS-Vertrags vorgegeben ist.[58] Liberalisierend wirken in diesem Zusammenhang die Maßnahmen zur Schaffung eines einheitlichen Binnenmarktes für Stahl und die Abtretung nationaler Preissetzungsbefugnisse an die Kommission, die schnell und problemlos umgesetzt werden können.[59] Außer-

---

[54] Vgl. Buntrock, Problemlösung im europäischen Mehrebenensystem, S. 78 f.; Jürgen Stehn, Stahlkrisenmanagement: Lehren der Vergangenheit für die Wirtschaftspolitik, Wirtschaftsdienst Band 73, 1993, Nr. 3, S. 148.

[55] Vgl. Pöschl, EGKS, Wirtschaft und Statistik, 1988, S. 638; Dieter Fock, Die Oligopole in der Stahlindustrie der Montanunion, Köln: Heymann, 1967, S. 98, 103.

[56] Vgl. Conrad, Europäische Stahlpolitik, S. 75.

[57] Stehn, Stahlkrisenmanagement, Wirtschaftsdienst, 1993, S. 148; Conrad, Europäische Stahlpolitik, S. 75.

[58] In Artikel 4 ist der Kommission vorgeschrieben, eine Wettbewerbsordnung zu gewährleisten, in der jegliche tarifäre und nicht tarifäre Beschränkungen für Erzeugnisse der Montanindustrie innerhalb der Gemeinschaft unterbunden werden (Art. 4a). Staatliche Maßnahmen bezüglich der Preis- und Lieferbedingungen und der Beförderungstarife, die zu Diskriminierungen zwischen Erzeugern oder Käufern oder Verbrauchern herbeiführen oder die freie Lieferantenwahl der Käufer behindern sind ebenfalls unzulässig (Art. 4b). Ferner sind staatliche Subventionen oder Beihilfen aller Art verboten (Art. 4c). Und schließlich untersagt der Vertrag wettbewerbseinschränkende Praktiken, die auf die Bildung von Kartellen und Monopolen abzielen (Art. 4d).

[59] Vgl. William Diebold, The Schuman Plan: A Study in Economic Cooperation 1950-1959, New York: Praeger, 1959, S. 139; Spierenburg/Poidevin, The History of the High Authority of the ECSC, S. 651; Dieser damals geschaffene gemeinsame Markt kann jedoch lediglich als erster Schritt in die Richtung eines echten Binnenmarktes beurteilt werden. Lediglich die Tarife und Quoten werden zunächst abgeschafft. Diese Maßnahmen stoßen nicht auf Widerstand, da Tarife und Quoten im Stahlsektor nur eine untergeordnete Rolle spielen. Die Hauptgründe für die damals bestehenden Marktverzerrungen jedoch – künstliche Währungsparitäten, offiziell angeordnete Preiskontrollen, Subventionen durch die Regierungen und Unterschiede der Besteuerung und der Fracht- und Kreditpolitik – werden erst über den Verlauf vieler Jahre beseitigt, vgl. John Gillingham, Coal, Steel, and the Rebirth of Europe 1945-1955: The Germans and French from Ruhr Conflict to Economic Community, Cambridge: Cambridge University Press, 1991, S. 319.

dem interveniert die Kommission in Einzelfällen bei Verstößen gegen das Diskriminierungsverbot und die Einhaltung bzw. Veröffentlichung von Listenpreisen (die nach Art. 60 des Vertrags vorgeschrieben sind).[60]

Röpkes Befürchtungen der Investitionslenkung[61] und der Blockbildung[62] bewahrheiten sich somit zu seinen Lebzeiten noch nicht. Die Kommission ergreift in den ersten 12 Jahren des Bestehens der EGKS keine Maßnahmen, die marktwirtschaftliche Prinzipien unterlaufenden. Die Kommission beschränkt sich im Wesentlichen auf Empfehlungen und die Unterstützung der Unternehmen hinsichtlich Modernisierungs- und Rationalisierungsmaßnahmen, um die Wettbewerbsfähigkeit der Unternehmen zu stärken. Die Einführung eines gemeinsamen Binnenmarktes und die damit einhergehende Abgabe nationaler Preissetzungshoheit ohne Einschränkung an die Kommission, ermöglichen den Unternehmen erstmals eine freie Preissetzung nach marktwirtschaftlichen Kriterien, die im Einklang mit den preispolitischen Bestimmungen des EGKS-Vertrags stehen.[63] Damit sind zunächst eine Liberalisierung des Stahlmarktes und eine Erhöhung des Wettbewerbs verbunden.[64] Diese Entwicklung wird von Röpke nicht antizipiert.

### 5.1.1.2. Der Aufbau von Überkapazitäten bei stagnierender Nachfrage 1964 bis 1974

Nachdem sich die Stahlproduktion der EGKS zwischen 1950 und 1960 verdoppelt hatte, bleibt das Produktionsniveau in den Jahren 1960 bis 1963 nahezu konstant. Bereits Anfang der Sechzigerjahre sinkt die Kapazitätsauslastung langsam und für die Jahre 1964 bis 1974 ist ein Kapazitätsrückgang von durchschnittlich 5 v.H. auf 85 v.H. zu beobachten, was im Wesentlichen auf eine Veränderung der Wettbewerbsstruktur zurückzuführen ist. Japan, die UdSSR und andere traditionelle Stahlimportländer bauen eigene Produktionsanlagen auf, womit ein Nachfragerückgang von im EGKS-Raum produziertem Stahl verbunden ist.[65] Der Weltmarktanteil an der Stahlproduktion sinkt in diesem Zeitraum von anfänglich 48,5 v.H. auf 40,3 v.H.[66] Die Überschusskapazitäten werden jedoch nicht von den Unternehmen abgebaut, wie es in einer solchen Situation üblich wäre.[67]

---

[60] Vgl. Buntrock, Problemlösung im europäischen Mehrebenensystem, S. 84.
[61] Röpke, Europäische Investitionsplanung, S. 71-102.
[62] Röpke, Europa als wirtschaftliche Aufgabe, Schweizer Monatshefte, 1956, S. 7 f.
[63] Fock, Die Oligopole in der Stahlindustrie der Montanunion, S. 99.
[64] Conrad, Europäische Stahlpolitik, S. 75.
[65] Krägenau, Stahlpolitik, S. 26.
[66] Heinz-Jürgen Axt, Stahlkrise und westeuropäische Integration. Die Krise - Hemmnis oder Triebkraft der Verflechtung? Politische Vierteljahresschrift Band 19, 1978, Nr. 2, S. 162.
[67] Hohe Behörde, 12. Gesamtbericht über die Tätigkeit der Gemeinschaft. Europäische Gemeinschaft für Kohle und Stahl, Luxemburg: Hohe Behörde 1964, S. 150 f., 175 ff.; Hohe Behörde, 14. Gesamtbericht über die Tätigkeit der Gemeinschaft. Europäische Gemein-

Die Kommission erkennt das Problem der Überkapazitäten relativ schnell und versucht gegenzusteuern. Im Mittelpunkt stehen Maßnahmen zur Einhaltung der Preisvorschriften nach Artikel 60 des EGKS-Vertrags, die Stärkung des Außenschutzes der Zollunion und die Vermeidung von Überkapazitäten sowie die Koordination von Investitionen. In dieser Phase vermeidet die Kommission direkte Eingriffe in den Marktmechanismus und appelliert stattdessen an die Selbstdisziplin der Unternehmen.[68]

Innergemeinschaftlich ist das Ziel der Kommission eine Stabilisierung bzw. Anhebung des Preisniveaus, denn das Sinken der Preise und ein damit einhergehender Rückgang der Gewinne der Unternehmen hat negative Auswirkungen auf die Investitionstätigkeit der Stahlindustrie.[69] Die Lösung des Problems sieht die Kommission in der Modernisierung der Anlagen bei gleichzeitiger Einhaltung der Preisdisziplin.[70] Im Bereich der Preisvorschriften des Artikels 60, der das Verbot diskriminierender Praktiken, die Pflicht der öffentlichen Preisveröffentlichung und die Beachtung des Frachtbasissystems[71] umfasst, werden von der Kommission ab Ende 1963 eine Reihe von Maßnahmen eingeführt, die darauf abzielen die Preisdisziplin zu verstärken.[72]

Trotz des Bestehens einer mit umfassenden Kompetenzen ausgestatteten Institution (sowohl auf die Organisation als auch auf die vertraglich festgelegten

---

schaft für Kohle und Stahl, Luxemburg: Hohe Behörde 1966, S. 170; EG-Kommission, 1. Gesamtbericht über die Tätigkeit der Europäischen Gemeinschaften, Luxemburg: EG-Kommission 1968, S. 218.

[68] Buntrock, Problemlösung im europäischen Mehrebenensystem, S. 88.
[69] Ders., S. 89.
[70] Hohe Behörde, 14. GesBer., S. 170; Hohe Behörde, 15. Gesamtbericht über die Tätigkeit der Gemeinschaft. Europäische Gemeinschaft für Kohle und Stahl, Luxemburg: Hohe Behörde 1967, S. 141, 171.
[71] Das Frachtbasissystem dient der Berechnung des Endpreises von Gütern und findet vor allem in der Stahlindustrie Anwendung. Zur Berechnung des Endpreises für den Konsumenten wird der »Ab-Werk«-Preis eines Gutes an einem bestimmten Referenz-Produktionsstandort der sog. Frachtbasis (Basing Point) herangezogen. Die Frachtbasis ist ein festgelegter geographischer Punkt, der nicht mit dem tatsächlichen Produktionsstandort übereinstimmen muss. Von dort aus werden die Transportkosten dem Käufer berechnet, er zahlt also nicht zwingender Weise die effektiv anfallenden Transportkosten. Die Differenz zwischen den entsprechend des Frachtbasissystems anfallenden und den effektiven Transportkosten trägt das Unternehmen bzw. kommen ihm zugute. Vgl. Stefan Bühler/Franz Jäger, Einführung in die Industrieökonomik, Berlin, Heidelberg: Springer, 2002, S. 106; Fritz Machlup, The Basing-Point-System: An Economic Analysis of a controversial Pricing Practice, Philadelphia: Blakiston, 1949 In Deutschland werden die folgenden Frachtbasen festgelegt: Oberhausen bzw. Saarbrücken für die meisten Stahlsorten; für einige andere Sorten: Essen, Dillingen, Siegen oder Neuwied. Oberender/Rüter, Stahlindustrie, S. 52.
[72] Vgl. Spierenburg/Poidevin, The History of the High Authority of the ECSC, S. 590; Hohe Behörde, 12. GesBer., S. 195 ff.; Hohe Behörde, Entscheidung Nr. 19/63 vom 11. Dezember 1963, Luxemburg: Hohe Behörde, S. 2976 f.

Regeln bezogen) auf supranationaler Ebene bleibt die Stahlindustrie in diesem Zeitraum weitgehend auf nationaler Ebene verankert.[73] Die Kommission beschränkt sich darauf, einerseits Empfehlungen zu geben und an die Selbstdisziplin der Unternehmen zu appellieren und andererseits die zur Verfügung stehenden finanziellen Mittel der EGKS in Prozesse zur Beschleunigung des technischen Fortschritts, der Modernisierung und der Rationalisierung zu investieren.[74] Mit diesen Maßnahmen soll eine Steigerung der Wettbewerbsfähigkeit erreicht werden, wobei jede unerwünschte Kapazitätssteigerung vermieden werden soll, da der Bedarf nach Berechnungen der Kommission mit den vorhandenen Kapazitäten gedeckt werden könne.[75]

Die Durchsetzung der Maßnahmen auf innergemeinschaftlicher Ebene ist in der Frühphase der EGKS wenig erfolgreich. Denn die Unternehmen halten sich nicht an die von der EGKS veröffentlichten Listenpreise und erhalten stattdessen den Preiswettbewerb durch verdeckte Gegenmaßnahmen aufrecht. Es werden Rabatte gewährt, Produkte falsch fakturiert, Frachtbasen zeitweilig verlagert und unerlaubte Zahlungsmodalitäten gewährt.[76] In Konsequenz entsteht ein die Stabilität des Preisniveaus immer mehr ins Wanken bringender Preiswettbewerb auf europäischer Ebene. Die Kommission schätzt die Differenz zwischen den Listen- und Effektivpreisen zum damaligen Zeitpunkt auf bis zu 44 v.H.[77] Dem Preiskampf begegnet die Stahlindustrie mit Kartellbildung, was von der Kommission in den späten Sechzigerjahren unterstützt wird, um den aggressiven Preiswettbewerb zu dämpfen und damit die Einkommenssicherung in der Stahlindustrie zu gewährleisten.[78] Die Empfehlungen der Kommission zur Eindämmung der Überkapazitäten laufen ebenfalls alle ins Leere und es kommt sogar zur Produktionsausweitung, was eine weitere Verschärfung der schlechten Lage der EGKS-Stahlindustrie zur Folge hat, wie die Kommission 1973 selbst feststellt.[79]

Gleichwohl sich die Kommission also mit Interventionsmaßnahmen bis 1974 zurückhält und lediglich einige Hilfestellungen zur Modernisierung der Anlagen

---

[73] Vgl. Axt, Stahlkrise, Politische Vierteljahresschrift, 1978, S. 161; Geoffrey Dudley/Jeremy Richardson, Managing Decline: Govering National Steel Production Under Economic Adversity, in: Mark Bovens/Paul 't Hard/B. Guy Peters (Hrsg.), Success and Failure in Public Governance, Cheltenham: Elgar, 2001, S. 36.
[74] Axt, Stahlkrise, Politische Vierteljahresschrift, 1978, S. 160.
[75] Hohe Behörde, 15. GesBer, S. 171.
[76] Klaus Stegemann, Price Competition and Output Adjustment in the European Steel Market, Tübingen: Mohr, 1977, S. 116 f.; Gieseck, Krisenmanagement in der Stahlindustrie, S. 48.
[77] Hohe Behörde, 12. GesBer., S. 179.
[78] Krägenau, Stahlpolitik, S. 26 f.
[79] EG-Kommission, 6. Gesamtbericht über die Tätigkeit der Europäischen Gemeinschaften, Luxemburg: EG-Kommission 1973, S. 239.

gibt, würde Röpke die von der Kommission nicht unterbundene und teils gar geförderte Kartellbildung in der Stahlindustrie scharf kritisieren. Denn Röpke befürchtet, dass sich die gesamte EGKS zu einem einzigen Kartell entwickeln könnte, wodurch die Konsumenten diskriminiert würden.[80] Denn eine Dämpfung des Preiswettbewerbs durch Preisfestsetzung und Kartellbildung würde Röpke als planwirtschaftlich ablehnen. Stattdessen hätte er sich für eine Marktbereinigung im Sinne Schumpeters[81] eingesetzt, die zum Ausscheiden unwirtschaftlicher Unternehmen und zur Effizienzsteigerung beigetragen hätten.

Die innergemeinschaftlichen Maßnahmen zur Stabilisierung der Preise werden von Außenschutzmaßnahmen flankiert. Um die steigenden Importe von Stahl in die EGKS-Länder aus Drittstaaten einzudämmen, schlägt die Kommission im Oktober 1963 vor, die durchschnittlichen Einfuhrzölle auf 14,5 v.H. anzuheben, was jedoch sowohl vom handelspolitischen Komitee des Europäischen Parlaments als auch von der zu diesem Zeitpunkt noch nicht mit der Hohen Behörde verschmolzenen Kommission der EWG abgelehnt wird.[82] Es kann jedoch eine Einigung über eine Einfuhrzollanhebung für Stahl auf das italienische Niveau erzielt werden – das höchste bestehende Niveau der Gemeinschaft mit durchschnittlich 9 v.H.[83]

Die Maßnahmen der Kommission werden im Bereich des Außenschutzes zufrieden stellend umgesetzt, was darauf zurückzuführen ist, dass die Bestimmungen nur zu Lasten Dritter, außerhalb der EGKS befindlicher Staaten gehen, die jedoch keine Handhabe zur Verhinderung solcher Entscheidungen haben. Im Wesentlichen erzielt die Erhöhung des Außenschutzes die gewünschte Wirkung und die Importe von Stahlprodukten nehmen daraufhin ab.[84] Röpke behält daher mit seiner These des Gesetzes des Geleitzuges recht, da die Zölle, sobald die erste Boomphase abflaut, auf das höchste bestehende Niveau innerhalb der Gemeinschaft angehoben werden.[85] Damit werden die von Röpke geforderten

---

[80] Röpke, EWG, Der Monat, 1952, S. 251.
[81] Joseph A. Schumpeter, Konjunkturzyklen: Eine theoretische, historische und statistische Analyse des kapitalistischen Prozesses, Band 1, Göttingen: Vandenhoeck & Ruprecht, 1961, S. 139 ff.
[82] Grund dafür ist der im gleichen Jahr bereits ausgetragene sogenannte Hähnchenkrieg mit den USA, bei dem es um den Widerstand Washingtons gegen Zollerhöhungen durch die EWG auf aus den USA importierte Hähnchen geht. Eine substantielle Zollerhöhung im Stahlsektor, so wird befürchtet, könnte einen noch gravierenderen Handelskrieg zwischen der EGKS und den USA anfachen, da der Stahlsektor auch in Amerika eine Schlüsselindustrie darstellt, vgl. Spierenburg/Poidevin, The History of the High Authority of the ECSC, S. 591.
[83] Hohe Behörde, Empfehlung Nr. 1/64 vom 15.1.1964, Luxemburg: Hohe Behörde 1964, S. 99.
[84] Krägenau, Stahlpolitik, S. 25.
[85] Röpke, Gemeinsamer Markt ohne Dirigismus, Die Zeit, 1957; Röpke, Gemeinsamer Markt und Freihandelszone, S. 52.

Voraussetzungen für Freihandel nicht geschaffen und es entsteht die von ihm antizipierte Gefahr der Blockbildung.

### 5.1.2. Die zweite Phase 1975 bis 2002: Zunehmende Interventionen

In den Jahren von 1974/75 bis 1994 befindet sich die europäische Stahlindustrie mit wenigen kurzfristigen Verschnaufpausen durchgehend in der Krise.[86] Erst in den Jahren 1995 bis zur Weltwirtschaftskrise 2008/09 kann ein im Vergleich zum durchschnittlichen Weltstahlmarktwachstum von 6 v.H. zwar geringes, aber positives Wachstum von durchschnittlich 1 v.H. bei der Rohstahlproduktion der nunmehr 27 EU-Staaten verzeichnet werden.[87] In den Jahren 1973/74 befindet sich die weltweite Stahlindustrie nach dem ständigen Aufbau von Überkapazitäten und Nachfragerückgängen trotz der Ölkrise noch in einer kurzen Boomphase mit steigenden Preisen und einer Kapazitätsauslastung der europäischen Stahlproduktion von ca. 87 v.H.[88] Als jedoch die Auswirkungen der Ölkrise sich durch steigende Rohstoffpreise in Verbindung mit gleichzeitig fallender Nachfrage bemerkbar machen, fällt die Kapazitätsauslastung innerhalb eines Jahres auf 66 v.H. und das Preisniveau um annähernd 50 v.H.[89], was einer Abnahme der Rohstahlproduktion von 155,6 Mio. t auf 125,2 Mio. t entspricht.[90] Verschärft werden die konjunkturell bedingten Nachfragerückgänge durch strukturelle und damit langfristig angelegte Veränderungen (Verlangsamung des pro Kopf Zuwachses des Stahlverbrauchs in Industrieländern, Markteintritt neuer Wettbewerber, Verschiebung der Nachfrage von Industrie- in Schwellenländer), die ihre Auswirkungen auf dem europäischen Stahlmarkt haben.[91]

Ein weiterer Grund für die sinkende Nachfrage nach Stahl in Europa ist der Einsatz neuer Produkte, die substituiv für Stahl verwendet werden können, bspw. Beton oder Aluminium, aber auch Kunststoffe.[92] Zusätzlich sehen sich die euro-

---

[86] Der Zeitraum von 1974 bis 1994 wird in der Literatur auch öfters in zwei Krisen eingeteilt(1974 bis 1985 und 1986 bzw. 1990 bis 1993/94), vgl. bspw. Buntrock, Problemlösung im europäischen Mehrebenensystem; Conrad, Europäische Stahlpolitik; Buntrock, Problemlösung im europäischen Mehrebenensystem. Die Lage auf dem Stahlmarkt bessert sich jedoch auch Mitte bis Ende der Achtzigerjahre nicht deutlich, weshalb in dieser Arbeit der gesamte Zeitraum als eine Einheit betrachtet wird.
[87] Perlitz, EU-Stahlindustrie, DB Research, 2009, S. 2.
[88] Vgl. Buntrock, Problemlösung im europäischen Mehrebenensystem, S. 87.
[89] Vgl. Conrad, Europäische Stahlpolitik, S. 87; Pöschl, EGKS, Wirtschaft und Statistik, 1988, S. 148.
[90] Axt, Stahlkrise, Politische Vierteljahresschrift, 1978, S. 162.
[91] Vgl. hierzu Ders., S. 161; Stotz, Die EG-Stahlkrise im Lichte der Wirtschaftsverfassung des EGKS-Vertrages, S. 30, 34; Conrad, Europäische Stahlpolitik, S. 44 ff.; EG-Kommission, Allgemeine Ziele Stahl 1995, KOM (90) 201 endg. Luxemburg: EG-Kommission 1990, S. II/4 f.; ders., S. II/3 f.
[92] Mioche, Fünfzig Jahre Kohle und Stahl, S. 60; Wienert, Wirtschaftswissenschaftliches Studium, 1995, Wirtschaftswissenschaftliches Studium 1995, S. 325; Stotz, Die EG-

päischen Stahlhersteller aufgrund von Prozessinnovationen neuen Konkurrenten ausgesetzt, da sich die Stahlerzeugungstechnik mithilfe des technischen Fortschritts einer grundlegenden Wandlung unterzieht.[93] Außerdem führt die Entstehung und Weiterentwicklung von Ministahlwerken (oder Elektroöfen) nach Gründung der EGKS immer wieder zu erneuten Produktivitätssteigerungen.[94] Die traditionellen integrierten Stahlwerke verlieren aufgrund ihrer inflexiblen kostenintensiven Produktionsweise stetig an Konkurrenzfähigkeit und müssen den Verlust großer Marktanteile an Ministahlwerke hinnehmen.[95] Die Produktionsmindestmenge, die für ein gewinnbringendes Ergebnis notwendig ist, kann stark reduziert werden, weshalb die *economies of scale* für diese Stahlwerke von geringerer Bedeutung sind.[96] Ein weiterer großer Vorteil der Elektroöfen gegenüber den Hochöfen ist die Möglichkeit der Verwendung von Schrott anstelle von Roheisen zur Erstellung von Stahl.[97]

Durch die strukturelle Veränderung der gesamten Stahlbranche vollzieht sich in den Siebzigerjahren ein Prozess der schöpferischen Zerstörung im Schumpeterschen Sinne.[98] Es findet also ein Marktreinigungsprozess statt, in dem veraltete Methoden im Zuge von technologischem Fortschritt und Innovation durch verbesserte Methoden ersetzt werden, wobei zuweilen Unternehmen vom Markt verdrängt werden, im Gegenzug jedoch Raum für Neues geschaffen wird. In vielen Fällen wird jedoch seitens der Politik der Prozess der schöpferischen Zerstörung aufgehalten oder eingedämmt, da die Befürchtung besteht, die daraus resultierenden Veränderungen könnten von der Gesellschaft nicht akzeptiert werden.[99] Auch im Falle der Stahlindustrie sieht sich die Kommission verpflichtet, einzugreifen und rechtfertigt dies mit beschäftigungs-, regional- und industriepolitischen Zielen sowie, sozial-, integrations- und versorgungspolitischen Aspekten.[100]

---

Stahlkrise im Lichte der Wirtschaftsverfassung des EGKS-Vertrages, S. 33.

[93] Werden 1952 noch ca. 92 v.H. des Rohstahls mit traditionellen Verfahren hergestellt, so sind es 1981 noch lediglich 1,4 v.H., während sich das Elektro- und vor allem das Sauerstoffblasverfahren mit einem Anteil von knapp 24 v.H. bzw. 75 v.H. fest etabliert haben, vgl. Eurostat, 50 Jahre EGKS-Vertrag, S. 34.

[94] Berthold, S. 44.

[95] Stotz, Die EG-Stahlkrise im Lichte der Wirtschaftsverfassung des EGKS-Vertrages, S. 221.

[96] Vgl. Anthony Cockerill, The Steel Industry: International Comparisons of Industrial Structure and Performance, Cambridge: Cambridge University Press, 1974, S. 72.

[97] Filip Kubani/Korbinian von Blanckenburg, Der deutsche Stahlmarkt nach der Krise: Eine wettbewerbspolitische Untersuchung, Wirtschaftsdienst. Zeitschrift für Wirtschaftspolitik Band 87, 2007, Nr. 4, S. 248.

[98] Conrad, Europäische Stahlpolitik, S. 46.

[99] Meist herrscht in solchen Fällen weder in der Politik noch in der Wissenschaft Einigkeit über die richtigen Instrumente und Methoden, da die Zukunft nicht antizipiert werden kann.

[100] Vgl. Krägenau, Stahlpolitik, S. 39 ff.

Da Kommission versucht zunächst, die sich ab Herbst 1974 abzeichnende Krise durch eine freiwillige Reduktion des Angebots seitens der Unternehmen zu beseitigen und mithilfe von durch die Kommission erstellten Vorausschätzungsprogrammen und Produktionsorientierungswerten zu einer nachfrageorientierten Produktion zurückzukehren, allerdings ohne Erfolg.[101] Auch der im März 1977 eingeführte *Simonet*-Plan,[102] der vorsieht durch detaillierte Informationen und Einzelprognosen für Produktion und Lieferquoten eine freiwillige Selbstbeschränkung der Unternehmen auch mithilfe des im Dezember 1976 gegründeten Stahlverbands EUROFER zu erwirken, hat nicht den gewünschten Erfolg.[103]

Nachdem diese kurzfristigen indirekten und zum Großteil fakultativ angelegten Maßnahmen nicht die gewünschten Erfolge erzielen, schlägt die Kommission eine härtere Gangart an. Unter Simonets Nachfolger, Etienne Davignon wird 1977 ein Plan ausgearbeitet, dessen Ziel die Wiederherstellung des kostendeckenden Absatzes in der Stahlindustrie durch Anhebung der Preise ist. Zu diesem Zweck sieht der Plan die Erweiterung der bisherigen Maßnahmen durch direkte Markteingriffe vor: die Kommission setzt nicht nur Orientierungspreise sondern zum ersten Mal verbindliche Mindestpreise.[104] Des weiteren sieht der Plan eine mittelfristige Umstrukturierung und Modernisierung der europäischen Stahlindustrie vor, um Überkapazitäten abzubauen und wieder internationale Wettbewerbsfähigkeit zu erreichen.[105] Die Konzepte zum Abbau von Überkapazitäten werden ab 1980 von Zusatzmaßnahmen, die eine sozialverträgliche Gestaltung des Beschäftigungsabbaus gewährleisten sollen flankiert.[106] Die Kommission betrachtet den Marktmechanismus als ungeeignetes Mittel zum Abbau von Überkapazitäten und sieht daher ihre Aufgabe darin, die Unternehmenspläne zu koordinieren und nicht den Ausleseprozess i.S. Schumpeters wirken zu lassen.[107]

---

[101] EG-Kommission, Bulletin der EG, Jg. 9, Heft 12, Luxemburg: EG-Kommission 1976, S. 17.
[102] Der Plan ist nach dem belgischen Kommissar für Industriepolitik Henri Simonet benannt.
[103] Vgl. bspw. Axt, Stahlkrise, Politische Vierteljahresschrift, 1978, S. 185; Stotz, Die EG-Stahlkrise im Lichte der Wirtschaftsverfassung des EGKS-Vertrages, S. 59; Thomas Howell et al., State and Steel: Government Intervention and Steel's Structural Crisis, Boulder: Westview Press, 1988, S. 75 f.
[104] Vgl. Stotz, Die EG-Stahlkrise im Lichte der Wirtschaftsverfassung des EGKS-Vertrages, S. 61; Franz Fendel, Industriepolitik der Europäischen Wirtschaftsgemeinschaft: Entwicklungen, Bestimmungsfaktoren und Beispielfälle: Stahl (EGKS), Schiffbau und Kunstfaser, Frankfurt am Main: Lang, 1981, S. 409 ff. Das System der Mindestpreise ist nur als kurzfristiges Instrument gedacht und wird 1980 wieder ausgesetzt. Nachdem 1983 jedoch ein weiterer Preiseinbruch die Ertragslage der europäischen Stahlindustrie gefährdet, wird das Mindestpreissystem 1984-85 wiederbelebt.
[105] Vgl. Buntrock, Problemlösung im europäischen Mehrebenensystem, S. 117; Conrad, Europäische Stahlpolitik, S. 90.
[106] Etienne Davignon, Die Zukunft der europäischen Stahlindustrie, Annalen der Gemeinwirtschaft Band 49, 1980, S. 508.
[107] Conrad, Europäische Stahlpolitik, S. 98.

In Deutschland trifft der Davignon-Plan auf Widerstand. Vor allem Alfred Müller-Armack und Ludwig Erhard stehen einer »dirigistischen«, »bürokratischen« supranationalen Regulierungsbehörde, von der sie befürchten, sie werde ihre Politik im Sinne der »Planification« nach französischem Muster ausrichten, äußerst skeptisch und kritisch gegenüber.[108] Auch Röpke hätte den Plan aus den gleichen Gründen abgelehnt und eine marktwirtschaftliche Gestaltung, die möglicherweise schmerzhafte Anpassungsprozesse mit sich gezogen hätte, woraus langfristig jedoch eine effizient funktionierende, wettbewerbsfähige Industriebranche erwachsen wäre vorgezogen.

Die Durchsetzung der verbindlichen Quoten und Mindestpreise, die der Kommission ab 1977 und mit immer größerem Erfolg trotz Boykotten[109] bis 1985 gelingt, würde Röpke als nicht-konforme Marktintervention klassifizieren. Charakteristisch für nicht-konforme Marktinterventionen ist nach Röpke der durch sie in Gang gesetzte *circulus vitiosus* einer Interventionsspirale. Der Staat oder in diesem Falle die Kommission setzt mit seinen Maßnahmen den Marktmechanismus in einem Teilbereich außer Kraft. Dies geschieht im konkreten Fall der EGKS 1977 bei einigen Stahlprodukten. Nach einiger Zeit sieht sich die Kommission aufgrund von Interdependenzen zwischen dem reglementierten und anderen Teilbereichen gezwungen, ihre Interventionsmaßnahmen auf weitere Bereiche auszuweiten.[110] Dieser Mechanismus ist auch in der Stahlindustrie zu beobachten. Die Kommission erhebt die Quoten zunächst auf einige wenige Produkte, sukzessive muss sie die Quoten jedoch auf immer mehr Güter ausdehnen, da die Unternehmen, um die Quotierung zu umgehen, ihre Produktion auf quotenfreie Stahlgüter verlagert.[111] Da durch die Mindestpreissetzung, Quotierung und Importrestriktionen in der Stahlindustrie, die vornehmlich Vorprodukte produziert, ebenfalls nachgelagerte Industrien von diesen Maßnahmen betroffen sind, müssen von der Kommission ebenfalls Forderungen der benachteiligten nachge-

---

[108] Vgl. Axt, Stahlkrise, Politische Vierteljahresschrift, 1978, S. 188; Müller-Armack, Auf dem Weg, S. 66.
[109] Rudolf Judith, Zur Situation in der Eisen- und Stahlindustrie, in: Industriegewerkschaft Metall (Hrsg.), Zur Situation bei Eisen und Stahl: Zur Neuordnung der Stahlindustrie in der BRD, Frankfurt am Main: Schriftenreihe der IG Metall, 1983, Konferenz der IG Metall, 24. Februar 1983, Dortmund, S. 13 f.
[110] Vgl. Jörg Lüttge, Reaktive Wettbewerbsbeschränkungen: Auswirkungen hoheitlicher Marktinterventionen auf das Kartellverbot im Europäischen und deutschen Recht, Frankfurt am Main: Lang, Europäische Hochschulschriften, 1989 (zugl. Diss., Universität Bielefeld, 1989), S. 18; Peter Oberender, Die Krise der deutschen Stahlindustrie: Folge öffentlicher Regulierung? Eine markttheoretische Analyse, in: Gottfried Bombach/Bernhard Gahlen/Alfred Ott (Hrsg.), Industrieökonomik: Theorie und Empirie, Tübingen: Mohr Siebeck, 1985, S. 239.
[111] Vgl. Jens Evers, Der EGKS-Vertrag und die europäische Industriepolitik: Versuch einer Außenwirkungsanalyse auf die deutsche Stahlindustrie, Berlin: Mensch & Buch Verlag, 2001 (zugl. Diss., Westfälische Wilhelms-Universität Münster, 2001), S. 102; Stotz, Die EG-Stahlkrise im Lichte der Wirtschaftsverfassung des EGKS-Vertrages, S. 54.

lagerten Industriebranchen erfüllt werden. In Deutschland ist davon vor allem die Schiffsbranche betroffen, die zum Ausgleich erhebliche Subventionszahlungen erhält.[112]

Die sukzessive zwischen 1978 und 1988 in Aktion tretenden EUROFER-Kartelle, deren Fortbestand aufgrund der unterschiedlichen Interessenlagen der darin zusammengefassten Unternehmen stets äußerst unsicher ist, tragen ebenso zu Marktverzerrungen bei. Gleichwohl bereits vor und auch nach Bestehen der Kartelle aufgrund der speziellen Marktstruktur der Stahlindustrie – den oligopolistischen Tendenzen und der preisunelastischen Nachfrage – keine perfekte Konkurrenz besteht, kann die Kommission mit der Unterstützung der Forderungen der Kartelle bezüglich Kooperationen, Fusionen und abgestimmten Spezialisierungen eine Teilverantwortung für die Vergrößerung der Produktionsanlagen und die Verringerung des Wettbewerbs angelastet werden.[113]

Die Billigung der Kartellbildung im Zusammenhang mit der Durchsetzung von Quoten und Mindestpreisen, die im EGKS-Vertrag ausdrücklich untersagt wird, würde von Röpke als weiteres nicht-konformes Interventionsinstrument eingestuft und scharf kritisiert. Wie bereits weiter oben angemerkt, befürchtet bereits zum Vertragsbeginn, dass sich die gesamte Montanunion zu einem einzigen großen Kartell entwickeln könnte, das die Konsumenten diskriminiere.[114] Die Rationalisierungs- und Spezialisierungsvereinbarungen und Produktionsverzichte, die ab 1976 mit den DENELUX- und EUROFER-Kartellen abgestimmt werden, zielen darauf ab, den Preiswettbewerb der Unternehmen so weit wie möglich einzuschränken.[115] Röpke hätte diese, allen Regeln der Marktwirtschaft widersprechende Politik als Teil der Interventionsspirale rigoros abgelehnt. Er hätte sicherlich mit einer gewissen Genugtuung zur Kenntnis genommen, dass die Versuche der Wettbewerbsbe- und verhinderung nur in begrenztem Maße und mit großen Schwierigkeiten realisiert werden können und bei weitem nicht den gewünschten Erfolg erbringen.

Zum Schutz des gemeinsamen Stahlmarktes vor zu großem Importdruck nach der Mindestpreissetzung greift die Kommission wiederum in das Marktgeschehen ein. Drittländer werden von der Kommission zu Selbstdisziplin angehalten bzw. durch Selbstbeschränkungsabkommen zur Reduzierung und Festlegung von Importen verpflichtet. Die Abkommen umfassen ca. 85 v.H. aller Stahlimporte in den EKS-Raum.[116] Zur Überwachung der Importe werden automatische Li-

---

[112] Conrad, Europäische Stahlpolitik, S. 96.
[113] Vgl. Ders., S. 103.
[114] Röpke, EWG, Der Monat, 1952, S. 251.
[115] Gieseck, Krisenmanagement in der Stahlindustrie, S. 51.
[116] Ebd.

zenzen[117] eingeführt. Außerdem werden Antidumpingmaßnahmen zum Schutz gegen Dumping, Prämien und Subventionen und zur Reduzierung der Importe eingeführt,[118] die jedoch relativ aufwendig sind und deshalb nur als flankierende Maßnahme zu den Selbstbeschränkungsabkommen gesehen werden können.[119]

Somit werden im Bereich des Außenschutzes ebenso wenig Röpkes freihändlerische Ideale realisiert, wobei Röpke wohl kurzfristige Importrestriktionen wegen eines weltweiten Überangebots, wie es Mitte der Siebzigerjahre aufgebaut worden war, kurzfristig befürwortet hätte, um ein Preisdumping zu verhindern. Jedoch werden die Restriktionen über die darauf folgenden Jahre ausgebaut und durch Selbstbeschränkungsabkommen erweitert, die den Dumpingtatbestand nicht einmal mehr überprüfen.[120] Ohne den Rahmen der EGKS wären diese oder ähnliche Maßnahmen jedoch sicherlich ebenfalls implementiert worden, mit dem Unterschied, dass sich die EGKS-Staaten ohne den Binnenmarkt auch innerhalb Europas gegeneinander abgeschottet hätten, womit der Protektionismus mit großer Wahrscheinlichkeit nicht geringer ausgefallen wäre.

Als sich ab 1985 die Lage auf dem Stahlmarkt zusehends entspannt und die Nachfrage wieder ansteigt, hebt die Kommission *peu à peu* die Quotierungen und Mindestpreissetzungen auf. Diese Trendwende wird von dem Nachfolger Davignons, Karl-Heinz Narjes beschlossen und energisch vorangetrieben. Sein Ziel ist es, die Stahlindustrie wieder der Selbststeuerung durch den Markt zu übergeben und Überkapazitäten abzubauen. 1988 wird das Quotensystem vollends abgeschafft, da Narjes aufgrund der verbesserten allgemeinen Lage auf dem Stahlmarkt dafür keine Rechtfertigung mehr sieht.[121] Was den Außenschutz angeht, werden ebenfalls ab 1988 Maßnahmen zur schrittweisen Öffnung der Märkte nach außen eingeleitet. Die EG verpflichtet sich darüber hinaus 1989, sämtliche Vereinbarungen über Importbeschränkungen bis Ende März 1992 gänzlich abzuschaffen.[122] Die Rückkehr zu einer liberalen Wettbewerbsordnung bei gleichzeitigem Abbau interventionistischer Maßnahmen wird von der EG-Kommission 1990 als neue Zielrichtung bekanntgegeben.[123] Allerdings verschlechtert sich die Lage auf dem europäischen Stahlmarkt noch im gleichen Jahr, was auf die Marktöffnung und einen allgemeinen Nachfragerückgang zurückzuführen ist. So sinken

---

[117] Es muss ein Einfuhrdokument für bestimmte Stahlerzeugnisse beantragt werden, das für jede beantragte Menge innerhalb von fünf Tagen ausgestellt werden muss. Der Kommission werden dabei alle Einfuhrmengen mitgeteilt. Diese Art von Lizenz dient nicht der Regulierung, sondern lediglich der Information.
[118] Axt, Stahlkrise, Politische Vierteljahresschrift, 1978, S. 185.
[119] Conrad, Europäische Stahlpolitik, S. 92 f.
[120] Ders., S. 183.
[121] Vgl. Ders., S. 118.
[122] EG-Kommission, 25. Gesamtbericht über die Tätigkeit der Europäischen Gemeinschaften, Luxemburg: EG-Kommission 1991, S. 359.
[123] EG-Kommission, KOM (90) 201 endg. vom 7.5.1990, S. 20.

die Preise von 1989 bis 1992 um durchschnittlich 20 v.H., während die Gewinne im gleichen Zeitraum um etwa 65 v.H. noch dramatischer einbrechen.[124] In den Jahren 1991/92 steigen dafür die Stahlimporte aus den osteuropäischen Ländern um 34 v.H. in die EGKS-Zone.[125] Die Stahlunternehmen fordern die Kommission daraufhin auf, Maßnahmen zu ergreifen, die die Markttransparenz erhöhen, Umstrukturierungshilfen zu bewilligen, den Außenschutz wieder zu erhöhen und Fusionen zu koordinieren und zu erleichtern. Ein Strukturkrisenkartell zum finanziellen Lastenausgleich zwischen nicht-kapazitätsstilllegenden und kapazitätsstilllegenden Unternehmen wird außerdem von den Unternehmen gefordert, jedoch von der Kommission unter Hinweis auf die Wettbewerbsvorschriften nach Artikel 58 des EGKS-Vertrag abgelehnt.[126]

Was die Stilllegung von Produktionskapazitäten in den Achtzigerjahren angeht, kann das in »Allgemeine Ziele Stahl 1985« festgelegte Ziel einer Verringerung von 30 Mio.t zwar erreicht werden, allerdings nicht unter der Prämisse der Marktkonformität. Die finanziellen Unterstützungen stehen in vielen Ländern in einem deutlichen Missverhältnis zu den tatsächlich durchgeführten Anpassungen.[127] Erschwerend kommt hinzu, dass der Abbau der Kapazitäten, gleichwohl substanziell, nicht ausreicht, um die Probleme zu beseitigen und auch nur gegen den erbitterten Widerstand der Mitgliedstaaten durchgesetzt werden kann.[128] Weitere Pläne über den Kapazitätsabbau bis 1994/95, bei denen es um eine erneute Anpassung um ca. 26 Mio.t geht, scheitern jedoch aufgrund der günstigen Konjunkturentwicklung in diesen Jahren. Die nach dem Beauftragten der Kommission Fernand Braun benannte *Braun-Mission*, deren Ziel ein koordinierter Kapazitätsabbau ist, wird zuvor ins Leben gerufen, um das beim Kapazitätsabbau bestehende Gefangenendilemma aufzulösen. Die *Braun-Mission* hätte ein geeigneter Lösungsansatz sein können, wenn gleichzeitig ein Subventionsverbot gegenüber den nationalen Regierungen durchgesetzt hätte werden können.[129]

---

[124] Conrad, Europäische Stahlpolitik, S. 133.
[125] Die Importe steigen vor allem in Deutschland, da ca. 60 v.H. der osteuropäischen Exporte dorthin gerichtet sind. Im Vordergrund stehen dabei nicht Gewinne für die osteuropäischen Produzenten. Vielmehr werden die Exporte zur Erwirtschaftung von harten Devisen eingesetzt. Wirtschaftlichkeit und Umweltschutz haben dabei keine Priorität, weshalb unter Weltmarktpreisen angeboten werden kann, vgl. Vondran, Stahl, S. 50.
[126] Buntrock, Problemlösung im europäischen Mehrebenensystem, S. 140.
[127] Evers, Der EGKS-Vertrag und die europäische Industriepolitik, S. 100.
[128] Howell et al., Steel and State, S. 82.
[129] Von 1975 bis zum Ende des Bestehens der EGKS werden von den nationalen Regierungen teils mit Wissen und Zustimmung der Kommission durch einen Subventionskodex, häufig aber auch gegen die Vereinbarungen des EGKS-Vertrags enorme Subventionszahlungen an die Stahlindustrie geleistet. Als Anfang der Achtzigerjahre deutlich wird, dass die kaum eingeschränkten Subventionierungen durch die Einzelstaaten eine Hauptschuld an den aufgebauten Überkapazitäten und dem Fortbestand von Unternehmen ohne ausreichende Wettbewerbsfähigkeit tragen, wird 1981 der 2. Subventionskodex erlassen, der bis 1985 das vollständige Auslaufen jeglicher Beihilfe vorsieht. Da die Subventionspraxis der Länder jedoch auch über das Ende des zweiten Subventionskodex in fast unveränderter Intensität

Da dies jedoch versäumt wird und die Kommission zusätzlich ihre Glaubwürdigkeit verspielt, indem sie soziale Unterstützung im Rahmen der *Braun-Mission* gewährt, ohne von den betroffenen Unternehmen zuvor eine Stilllegungszusage erhalten zu haben, sehen sich die Unternehmen in Folge der sich verbessernden Lage im Laufe des Jahre 1994 nicht verpflichtet, Kapazitäten abzubauen.

Was die Lenkung von Investitionen angeht, treten vor allem die Nationalregierungen durch Subventionierung, aber auch die Kommission, deren Ziel in den Achtzigerjahren der Erhalt möglichst aller europäischen Stahlproduzenten ist, in Aktion. Allein in den Jahren 1980 bis 1985 werden enorme Beihilfen an französische (60,6 Mrd. DM), italienische (64,9 Mrd. DM), britische (48,9 Mrd. DM), luxemburgische (44,9 Mrd. DM), belgische (25,4 Mrd. DM), niederländische (17,9 Mrd. DM) und deutsche (11,1 Mrd. DM) Stahlunternehmen für Investitionen ausgegeben.[130] Auf diese Weise ist es den Unternehmen möglich, mit Steuermitteln die Modernisierung ihrer Anlagen voranzutreiben, woraufhin vor allem deutsche Stahlunternehmen, die geringere Subventionszahlungen von ihrer vergleichsweise stärker marktwirtschaftlich orientierten Regierung erhalten,[131] ihren Wettbewerbsvorsprung bis Ende der Achtzigerjahre graduell verlieren. Die Investitionslenkung wird, anders als von Röpke vermutet, ab 1975 in immer höherem Maße vor allem von den Landesregierungen und nicht von der Kommission selbst implementiert. Die Kommission hat dagegen kaum eine Handhabe, wie sich vor allem im Zuge des Beschlusses des 2. Subventionskodex, der eine starke Einschränkung der Beihilfeaktivitäten der Mitgliedstaaten enthält, offenbart. Die Subventionszahlungen werden erst gegen Ende des Bestehens

---

weiterhin ausgeübt wird, verschärft die Kommission mit einem weiteren Kodex der 1988 bis 1991 läuft und danach um weitere fünf Jahre verlängert wird, die Beihilferegeln. Subventionen werden von dort an nur noch für Forschungs-, Entwicklungs-, Umweltschutz- und Schließungsvorhaben gestattet, während Betriebs- und Investitionsbeihilfen ab 1985 untersagt sind. Die geleisteten Subventionen der EGKS-Länder Deutschland, Frankreich, Italien, Großbritannien, Belgien, Luxemburg und Niederlande belaufen sich in den Jahren 1975 bis 1979 23,9 Mrd. DM und für die Jahre 1980 bis 1993 weitere 87,7 Mrd. DM, wobei Italien über 40 Mrd. DM aufwendet und Frankreich an zweiter Stelle knapp 22 Mrd. DM seiner heimischen Stahlindustrie zuwendet. Die Subventionen werden in vielen Fällen nicht nur für Investitionen, die die Wettbewerbsfähigkeit der Unternehmen stärken sollen, eingesetzt, sondern später auch für Schließungen, Erhaltungen und Anpassungen. Die Subventionspolitik der Mitgliedstaaten ist zwischen 1975 und 1995 mitverantwortlich für fortbestehende Wettbewerbsverzerrungen, Überkapazitäten und Preiskämpfe, da die Unternehmen sich staatlicher Hilfen sicher sein können, was einerseits mit der Verstaatlichung von Stahlunternehmen vor allem in Frankreich, Italien und Großbritannien, aber andererseits auch mit der Perzeption des Stahlsektors als Schlüsselindustrie zusammenhängt. Erst zum Ende der Laufzeit der EGKS-Verträge werden die Beihilfezahlungen spürbar zurückgeschraubt und der größte Teil der Unternehmen, die vor allem in den Krisenjahren verstaatlicht worden waren, wieder privatisiert. Vgl. hierzu Buntrock, Problemlösung im europäischen Mehrebenensystem, S. 143 f.; Conrad, Europäische Stahlpolitik, S. 105-115; Berthold, S. 64-72; Gieseck, Krisenmanagement in der Stahlindustrie, S. 61-64.

[130] Conrad, Europäische Stahlpolitik, S. 113.
[131] Axt, Stahlkrise, Politische Vierteljahresschrift, 1978, S. 188.

der EGKS-Verträge reduziert und abgeschafft. Durch die Subventionspolitik der Mitgliedstaaten, an der die Kommission eine gewisse Mitschuld trägt, da sie sie anfangs duldet, teilweise nachträglich legalisiert und später nicht zu unterbinden vermag, entstehen Überkapazitäten, wird der Prozess der schöpferischen Zerstörung unterbunden, werden exzessive Preiskämpfe finanziert und wettbewerbsfähige Produzenten teilweise verdrängt. Es entsteht genau die Marktverzerrung, vor der Röpke bereits in den Fünfzigerjahren eindringlich warnt.

**5.1.3. Fazit**

Zusammenfassend kann festgehalten werden, dass die Politik der Kommission während der gesamten 50 Jahre des Bestehens der EGKS-Verträge, unabhängig ob sie zurückhaltend oder interventionistisch, marktwirtschaftlich oder planwirtschaftlich orientiert agiert, meist nur bruchstückhaft oder durch Überwindung großer Widerstände der Nationalstaaten und der Unternehmen umgesetzt werden kann. Erst zum Ende der Vertragslaufzeit gelingt es der Kommission, die Präferenzen der Akteure durch die Schaffung bzw. Eliminierung von Optionen zu kanalisieren und Wirkung zu zeigen.[132] Genau dieses Problem spricht Röpke bei seinen Überlegungen zur europäischen Integration bereits an. Er warnt vor der Hypertrophie des Nationalstaates, der sich gegen jede supranationale Gewalt auflehnt und stattdessen versucht, soviel Macht wie möglich an sich zu ziehen und sich über Weisungen »von oben« hinwegzusetzen.[133] Die Kommission ist außerdem in vielen Fällen gegenüber den Unternehmen nicht mit adäquaten Sanktionsmechanismen ausgestattet, weshalb die Stahlproduzenten oft verdeckt, aber teilweise auch ganz offen, die von der Kommission aufgestellten Regeln mißachten.

Der Schumanplan kann somit im Nachhinein nicht als ökonomische Erfolgsgeschichte angesehen werden. Der Organisation der EGKS war es nicht möglich, ein adäquates Rahmenwerk für eine funktionsfähige supranationale Regierung zu formen. Die von der Kommission über ein halbes Jahrhundert verfolgte Wirtschaftspolitik kann nicht als konsistent gewertet werden. Liberale, marktkonforme Maßnahmen wechseln sich, je nach wirtschaftlicher Lage und ideologischer Überzeugung der Kommissionsführung mit interventionistischen, marktverzerrenden Eingriffen ab. Eine konsequente Zielverfolgung ist dabei nicht immer erkennbar und angedrohte Sanktionen werden teilweise nicht ausgeführt. Diese Faktoren tragen zu einer Verunsicherung der beteiligten Akteure bei und untergraben die Glaubwürdigkeit der Kommission. Die nicht eindeutig markt- bzw. planwirtschaftliche Ausgestaltung der EGKS wird bereits durch zweideutige For-

---

[132] Vgl. Buntrock, Problemlösung im europäischen Mehrebenensystem, S. 162.
[133] Vgl. Röpke, Internationale Ordnung, S. 68.

mulierungen im Vertragswerk deutlich. Röpke moniert dies schon früh und antizipiert dabei die später eintretende Verunsicherung.[134] Die wenig stringente Wirtschaftspolitik der Kommission kann somit sowohl der Kommission selbst, aber auch den Regierungen der Mitgliedstaaten, die den Vertrag ausgehandelt hatten, vorgeworfen werden. Die Politik der Kommission und die Subventionszahlungen der Mitgliedstaaten führen zu schweren Marktverwerfungen im Stahlsektor, die die europäische Stahlindustrie von einer Krisensituation in die nächste führen. Erst mit dem Auslaufen des EGKS-Vertrags 2002, wodurch der Stahlsektor in den alle anderen Wirtschaftsbereiche umfassenden EGV miteinbezogen wird, werden der Europäischen Kommission interventionistische Instrumente, wie es das Quotensystem und die Mindestpreissetzung oder die Implementierung von Sonderbedinungen für den Stahlbereich darstellen undurchsetzbar. Aufgrund von technologischen Innovationen, die zu einer größeren Wettbewerbsfähigkeit und Reaktionsfähigkeit auf Marktschwankungen der gesamten europäischen Stahlindustrie beigetragen haben und der abnehmenden Bedeutung der gesamten Branche, sind auch Funktionsstörungen durch interventionistisches Verhalten der Einzelstaaten weniger wahrscheinlich geworden.[135]

Allerdings gibt die Gründung der Montanunion den ersten echten Anstoß zu einem Neuorganisations- und Integrationsprozess des europäischen Kontinents, die aufgrund nationaler Dominierungsbestrebungen in der Schwerindustrie seit 1918 immer wieder gescheitert waren.[136] Die mit dieser Teilintegration begonnene Westintegration ist außerdem Ausdruck der Wünsche und Hoffnungen einer Generation, die die Grauen des Krieges erfahren hatte und sich mit großer Entschlossenheit dem Aufbau einer dem Frieden zugewandten Gesellschaft widmet. Diesen Aspekt erkennt Röpke auch ausdrücklich an und akzeptiert ihn und die notwendige Versöhnung zwischen Deutschland und Frankreich als Rechtfertigungsgrund für ein Vorhaben, an dessen wirtschaftlichem Erfolg er von Anfang an zweifelt und auch nicht recht an die positive Wirkung eines spill-over-Effektes vom wirtschaftlichen auf den politischen Integrationsprozess glaubt.[137]

### 5.2. Der wirtschaftliche Integrationsstand der EU fünf Dekaden nach Gründung der EWG

Röpke widmet sich in seinen Schriften zu Europa den Kernthemen der Integration im Rahmen der EWG. Seine übergeordnete Frage betrifft den Integrati-

---

[134] Vgl. Röpke, Europäische Investitionsplanung, S. 73 ff.
[135] Vgl. hierzu auch Kubani/von Blanckenburg, Der deutsche Stahlmarkt, Wirtschaftsdienst, 2007, S. 248.
[136] Vgl. Gillingham, Coal, Steel, and the Rebirth of Europe 1945-1955, S. 364.
[137] Vgl. Röpke, Internationale Ordnung, S. 313; Röpke, Europa als wirtschaftliche Aufgabe, Schweizer Monatshefte, 1956, S. 7 f.

onsfahrplan. Er bezweifelt, dass die wirtschaftliche Integration, die aus Gründen der schnelleren Durchsetzbarkeit der politischen Integration vorgezogen wird, die politische Integration begünstigen könne. Da jedoch der wirtschaftlichen Integration zu seinen Lebzeiten der Vorrang eingeräumt wird, ist für den Freihändler Röpke, der stets den freien Waren-, Dienstleistungs-, Personen-, Kapital- und Zahlungsverkehr sowohl innerhalb der EWG als auch nach außen fordert, die wirtschaftliche Entwicklung von zentraler Bedeutung. Daher wird in diesem Teil des Kapitels 50 Jahre nach Gründung der ersten umfassenden supranationalen Institution eine Bilanz ihrer wirtschaftlichen Integration gezogen. Es soll geklärt werden, wie weit der wirtschaftliche Integrationsprozess fortgeschritten ist, wobei sowohl der Integrationsprozess des Binnenmarktes – der in erster Linie das Wirtschaften innerhalb der EU betrifft – als auch die Annäherung der EU an den Rest der Welt analysiert wird. In diesem Zusammenhang wird geklärt, ob Röpkes Befürchtungen, eine Handelsbefreiung nach innen werde mit einer Abschließung und Wirtschaftsblockbildung nach außen erkauft, eingetreten sind.

Die EU mit ihren 27 Mitgliedstaaten (EU-27) ist heute der Wirtschaftsraum mit dem größten Weltwarenhandelsanteil von ca. 17 v.H. ohne den Handel der EU-Mitgliedstaaten untereinander mit einzubeziehen. Wenn man den intra-EU-Handel hinzu addiert, erhöht sich der Anteil gar auf 38 v.H. (sowohl Exporte als auch Importe, die interne Handelsbilanz ist dabei nahezu ausgeglichen).[138] Betrachtet man den Anteil des Handels im Bereich von Dienstleistungen sind die Anteile noch höher. Drei Einzelmitglieder der EU sind jeweils separat betrachtet unter den zehn größten Handelsnationen der Welt (Deutschland, Frankreich, Großbritannien). Der bedeutendste Handelspartner der EU-27 ist heute Europa und vor allem die EU-27 selbst. 2008 liegt der Anteil des intra-EU-Handels bei 67,4 v.H., weshalb die Verwirklichung des Binnenmarktes und der Abbau der Handelshemmnisse innerhalb der EU für die Mitgliedstaaten von zentraler Bedeutung ist. Der extra-EU Handel ist, wenn er auch nur knapp ein Drittel der gesamten Exporte und Importe der EU-27 ausmacht, ebenfalls von Bedeutung vor allem vor dem Hintergrund eines Exportanstiegs von 191 v.H. in den Jahren 1999-2008 und eines Importanstiegs von gar 211 v.H. im gleichen Zeitraum.

Die Analyse der Entwicklung der gesamten Wirtschaftsverfassung würde an dieser Stelle zu weit führen.[139] Die beiden folgenden Abschnitte gliedern sich

---

[138] 2008 liegen die Warenexporte der EU 27 bei 4.011,02 Mrd. Euro und die Warenimporte bei 4.188,27 Mrd. Euro (beides einschließlich intra-EU-Handel) Vgl. auch für die folgenden Statistiken in diesem Abschnitt Eurostat, Außenhandel Haupttabellen, ⟨URL: http://epp.eurostat.ec.europa.eu/portal/page/portal/external\_tra\-de/da\-ta/main\_tables⟩; aufgerufen am 8.1.2010.

[139] Eine umfassende Analyse der Wirtschaftsverfassung der EU und ihrer Entwicklung liefern bspw. Werner Mussler, Die Wirtschaftsverfassung der Europäischen Gemeinschaft im Wandel, Baden-Baden: Nomos, 1998 (zugl. Diss., Friedrich-Schiller-Universität Jena,

dementsprechend in die Betrachtung der wirtschaftlichen Integration der EU am Beispiel des Binnenmarktes und des Ausbaus der Wirtschaftsbeziehungen zu Drittstaaten, der sich an der Qualität der Handelsabkommen verdeutlicht. Die vier Grundfreiheiten sind jedoch zentraler Bestandteil der Wirtschaftsverfassung der EU und Voraussetzung für den Binnenmarkt. Im nächsten Abschnitt wird daher ihre Entwicklung in groben Zügen analysiert. Der darauf folgende Abschnitt setzt sich mit der wirtschaftlichen Integration der EU im globalen Handelssystem auseinander, wobei zunächst aktuelle Trends der Handelspolitik der EU im Bereich des Warenverkehrs betrachtet werden.[140] Dem schließt sich eine Betrachtung der Auswirkungen der gemeinsamen Agrarpolitik als Spezialfeld der gemeinsamen Handelspolitik an.

### 5.2.1. Die Verwirklichung der »vier Grundfreiheiten« im EU-Binnenmarkt

In den Römischen Verträgen (Artikel 3 lit. a und lit. c) werden die sogenannten »vier Grundfreiheiten«[141] des Waren- (Artikel 9-37), Dienstleistungs- (Artikel 59-66), Personen- (Artikel 48-58) und Kapitalverkehrs (Artikel 67-73) als zentrale Voraussetzungen zur Erreichung des Ziels eines Gemeinsamen Marktes und damit der Gewährleistung offener Märkte innerhalb der EWG verankert. Der damit einhergehende Wettbewerb soll nach Artikel 3 lit. f durch die Errichtung von Wettbewerbsregeln den Markt vor Verfälschungen schützen. Unterstützend ist eine Koordinierung der Wirtschaftspolitiken vorgesehen. Über Jahrzehnte hinweg nähert sich die Europäische Wirtschaftsgemeinschaft nur sehr zögerlich diesem Ziel[142] und konzentriert sich stattdessen auf eine gemeinsame Position nach außen durch die Schaffung gemeinsamer Außenzölle. Erst ab den Siebzigerjahren führen wegweisende Urteile des EuGH zum Abbau nationaler Handelshemmnisse und Wettbewerbsbeschränkungen, die grenzüberschreitende Wirtschaftsaktivitäten behindern (»negative Integration«). Der Entwicklung gemeinsamer Regeln (»positive Integration«), die die Verwirklichung der vier Grundfreiheiten garantieren und schützen, widmen sich die dafür zuständigen Gemeinschaftsorgane sogar erst ab den Achtzigerjahren.[143]

---

1997) und Berthold Busch, in: Institut der Deutschen Wirtschaft Köln (Hrsg.), Zur Wirtschaftsverfassung der Europäischen Union: Grundlagen, Entwicklungen und Perspektiven, Köln: Deutscher Institutsverlag, 2008.

[140] Der Dienstleistungs- und Kapitalverkehr werden lediglich, wenn sinnvoll und notwendig erwähnt.

[141] In den Verträgen selbst taucht das Wort Grundfreiheiten überhaupt nicht auf und auch in der Rechtsprechung des EuGH wird es eher beiläufig verwendet. Dennoch hat sich der Begriff im deutschsprachigen Raum im europarechtlichen Repertoire mittlerweile etabliert; Vgl. Thorsten Kongreen, Grundfreiheiten, in: Armin von Bogdandy/Jürgen Bast (Hrsg.), Europäisches Verfassungsrecht: Theoretische und dogmatische Grundzüge, Berlin: Springer, 2009, S. 705 f.

[142] Vgl. Wohlgemuth, 50 Jahre Europäische Ordnungspolitik, S. 387.

[143] Mittag, Kleine Geschichte der EU, S. 195.

## 5.2.1.1. »Negative Integration« durch die Rechtsprechung des EuGH

In den Siebzigerjahren wächst in den Mitgliedstaaten die Überzeugung darüber, dass die Marktfragmentierung des Gemeinsamen Marktes ein Hindernis für den freien Wettbewerb darstellt. Der Europäische Gerichtshof (EuGH) nimmt dabei eine Schlüsselrolle ein und trägt wesentlich zur Weiterentwicklung des europäischen Integrationsprozesses bei.[144] Vor allem das als »Cassis-de-Dijon«-Entscheidung bekannte Urteil des EuGH aus dem Jahre 1979 setzt einen Meilenstein für die Verwirklichung des Binnenmarktes. Gegenstand der Klage der Rewe-Zentral AG gegen die Bundesmonopolverwaltung für Branntwein vor dem EuGH ist das staatliche Verbot der Einfuhr des französischen Johannisbeerlikörs »Cassis-de-Dijon« mit der Begründung, dieser unterschreite den Mindestalkoholgehalt für Liköre von mindestens 25 v.H. nach dem deutschen Branntweinmonopolgesetz. Der Gerichtshof gibt der Klage der Rewe-Unternehmensgruppe mit der Begründung statt, dass die deutsche Gesetzgebung den Bestimmungen des Artikels 28 EWGV (im später folgenden EGV sind die entsprechenden Bestimmungen wegen Umnummerierung in Artikel 30 zu finden) zuwider handle. Die darin verankerte Warenverkehrsfreiheit könne nur durch »zwingende Erfordernisse« (konkret sind diese eine wirksame steuerliche Kontrolle, der Schutz der öffentlichen Gesundheit und die Lauterkeit des Handelsverkehrs und des Verbraucherschutzes) außer Kraft gesetzt werden.[145] Der EuGH sieht jedoch in diesem Fall keines der zwingenden Erfordernisse als gegeben und fordert daher die Einhaltung des EWGV. Diese Entscheidung hat grundlegenden Charakter für die Entwicklung des Gemeinsamen Marktes, da sie die Übertragung der im jeweiligen Exportland geltenden Gesetze und Bestimmungen auf alle Mitgliedsländer implizit durch gegenseitige Anerkennung festlegt. Die handelshemmende Wirkung nationaler Rechtsunterschiede wird durch dieses Urteil erheblich gemindert. Das Diskriminierungsverbot des Artikel 28 EWGV, das von einer Ungleichbehandlung importierter Waren gegenüber Inlandsprodukten ausgeht, wird auf eine allgemeines Beschränkungsverbot des innergemeinschaftlichen Handelsverkehrs erweitert.[146] Gleichzeitig weicht das Bestimmungslandprinzip, nach welchem der Waren-, Dienstleistungs-, Personen- und Kapitalverkehr im zwischenstaatlichen Wirtschaftsverkehr dem Regulierungssystem desjenigen Staates unterliegt, in dem sie verkauft werden sollen, bzw. in dem sie tätig werden, durch die Rechtsprechung des EuGH dem Ursprungslandprinzip.[147] Die Anerkennung

---

[144] Der EuGH übernimmt in dieser Zeit die Rolle des Integrationsmotors und kompensiert damit das Versäumnis der Rechtssetzungsorgane, im Wesentlichen des Rates, dem die politische Fähigkeit zur Erfüllung des Integrationsauftrags fehlt; Vgl. Kongreen, Grundfreiheiten, S. 711.
[145] EuGH, Rs. 120/78, Urt. v. 20.02.1979, Slg. 1979, 649 (REWE-Zentral AG ./. Bundesmonopolverwaltung für Branntwein), Rn. 8.
[146] Vgl. Mussler, Die Wirtschaftsverfassung der EG, S. 101.
[147] Peter Behrens, Die Konvergenz der wirtschaftlichen Freiheiten im europäischen Gemein-

der Vorschriften und Kontrollen des Herkunftslands durch das Bestimmungsland erweisen sich für die EU-Integration als hilfreich, da damit eine ansonsten erforderliche gemeinschaftsweite Harmonisierung der unterschiedlichen nationalen Regulierungen umgangen werden kann.[148]

Mit diesem und weiteren Urteilen im Zusammenhang mit den vier Grundfreiheiten werden die im EWGV angelegten Rechtsqualitäten der vier Grundfreiheiten konkretisiert und als einklagbare Rechte privater Individuen gesichert. Vor allem das »Cassis-de-Dijon«-Urteil markiert ein klares Bekenntnis des EuGH zu einer Handelsliberalisierung und Marktöffnung im Inneren der Gemeinschaft mit Hilfe von negativen Integrationsimpulsen,[149] durch die der mühsame Harmonisierungsprozess der nationalstaatlichen Gesetzgebung erheblich vereinfacht wird.[150] Neben der Warenverkehrsfreiheit bekennt sich der EuGH auch im Bereich des Dienstleistungsvekehrs in einer Reihe von Entscheidungen zu dem Prinzip des Beschränkungsverbots.[151]

In die gleiche Richtung gehen die Entscheidungen des EuGH bezüglich der Personenfreizügigkeit und Niederlassungsfreiheit, die prinzipiell von einer Inländergleichbehandlung ausgehen.[152] Die Niederlassungsfreiheit dürfe »nur durch Regelungen beschränkt werden, die im Rahmen der Verhältnismäßigkeit schutzwürdigen Zwecken des Allgemeinwohls dienen«.[153] Es ist jedoch umstritten, ob die nationalen Gesetzgebungskompetenzen über das Gebot der Gleichbehandlung hinaus wie im Bereich der Warenverkehrs- und Dienstleistungsfreiheit generell an die gemeinschaftsrechtlichen Vorgaben gebunden ist.[154] Jedoch gerade

---

schaftsrecht, Europarecht Band 27, 1992, Nr. 2, S. 156 f.; Mussler, Die Wirtschaftsverfassung der EG, S. 104.
[148] Vgl. Busch, Wirtschaftsverfassung der EU, S. 13.
[149] Bezüglich des freien Warenverkehrs vgl. außerdem bspw. die Dassonville-Entscheidung (EuGH Rs. 8/74, Urt. v. 11.07.1974, Slg. 1974, 837) und die Keck-Entscheidung (EuGH Rs. C-267 u. 268/91, Urt. v. 24.11.1993, Slg. 1993, I-6097).
[150] Vgl. Mittag, Kleine Geschichte der EU, S. 196.
[151] Urteile des EuGH, die den freien Dienstleistungsverkehr betreffen und ein Beschränkungsverbot für diesen Bereich verfassen, vgl. die Van-Binsbergen-Entscheidung (EuGH Rs. 33/74, Urt. v. 3.12.1974, Slg. 1974, 1299) und das Webb-Urteil (EuGH, Rs. 279/80, Urt. v. 12.12.1981, Slg. 1981, 3305).
[152] Der Inländerbehandlungsgrundsatz schreibt die Gleichstellung von In- und Ausländern (Assimiliationsprinzip) vor. Die Verschiedenheit der nationalen Rechtssysteme wird von diesem Grundsatz jedoch nicht berührt oder gar überwunden, sondern es wird lediglich eine Kollision verhindert. Zu Urteilen des EuGH im Zusammenhang mit diesem Grundsatz, vgl. die Klopp-Entscheidung (EuGH, Rs. 107/83, Urt. v. 12.7.1984, Slg. 1984, 2971) oder das Urteil in der Sache Republik Frankreich gegen die Kommission (EuGH, Rs. 96/85, Urt. v. 40.4.1986, Slg. 1986, 1475).
[153] Behrens, Wirtschaftliche Freiheiten, Europarecht, 1992, S. 152.
[154] Vgl. Ernst Steindorff, Reichweite der Niederlassungsfreiheit, Europarecht Band 22, 1988, Nr. 1, S. 19 ff.; Ulrich Everling, Das Niederlassungsrecht in der Europäischen Gemeinschaft, Der Betrieb: Wochenschrift für Betriebswirtschaft, Steuerrecht, Wirtschaftsrecht und Arbeitsrecht. Band 43, 1990, Nr. 37, S. 1853 ff.; Peter Behrens, Niederlassungsfreiheit

im Bereich der Arbeitnehmerfreizügigkeit sind bereits durch den EWGV (Artikel 48 Abs. 3) konkrete Beschränkungsverbote jenseits des allgemeinen Diskiminierungsverbots angelegt. Sie beziehen sich auf die Möglichkeit eines Arbeitnehmers, in allen Mitgliedstaaten ein Beschäftigungsverhältnis einzugehen und sich im Zuge dessen auch auf Dauer dort aufzuhalten und zu bewegen.[155] Auch in Fällen, in denen der Gerichtshof aus dem EWGV Pflichten der einzelnen Mitgliedstaaten gegenüber ihren eigenen Bürgern abgeleitet hat, wird der Übergang vom Diskriminierungsverbot zum Beschänkungsverbot deutlich.[156] Mittlerweile wird die Grundfreiheit der Personenfreizügigkeit und Niederlassungsfreiheit ebenso als Beschränkungsverbot aufgefasst. Die Rechtsbegriffe »Inländer« und »Ausländer« sind im Gemeinschaftsrecht, das Bevorzugungen wie Diskriminierungen von Inländern fast überall verbietet, weitgehend obsolet geworden.[157]

Die Kapitalverkehrsfreiheit und die mit ihr in engem Zusammenhang stehende Zahlungsverkehrsfreiheit bilden einen Sonderfall im Quartett der Grundfreiheiten.[158] Im EWGV wird die Kapitalverkehrsfreiheit anders als die anderen drei Grundfreiheiten nicht durch primärrechtliche Beschränkungsverbote abgesichert. Positive Liberalisierungsmaßnahmen sollen laut Artikel 67 Abs. 1 EWGV lediglich unter der Prämisse, dass sie »für das Funktionieren des Gemeinsamen Marktes notwendig« sind, durchgeführt werden. Durch diesen Unterschied wird die Möglichkeit der nationalen Kontrolle des Kapitalverkehrs als wesentliches Element des wirtschafts- und währungspolitischen Instrumentariums der Mitgliedstaaten bewahrt.[159] Erst mit dem Inkrafttreten der Maastrichter Verträge am 1. Januar 1994 vollzieht sich anerkannter maßen ein Übergang zum primärrechtlichen Beschränkungsverbot im Bereich der Kapital- und Zahlungsverkehrsfreiheit.[160] Die grundsätzliche Freiheit des Kapitalverkehrs kann gemäß Artikel 58

---

und Internationales Gesellschaftsrecht, Rabels Zeitschrift für ausländisches und internationales Privatrecht Band 52, 1988, S. 498 ff.

[155] Vgl. Behrens, Wirtschaftliche Freiheiten, Europarecht, 1992, S. 153 f.

[156] Ders., S. 154. Ein Beispiel hierfür ist die Anerkennung gemeinschaftsrechtlich geregelter, im Ausland erworbener Berufsqualifikationen. Vgl. hierzu das Knoors-Urteil (EuGH, Rs. 115/78, Urt. v. 7.2.1979, Slg. 1979, 399) und das Broekmeulen-Urteil (EuGH, Rs. 246/80, Urt. v. 6.10.1981, Slg. 1981, 2311).

[157] Axel Kämmerer, Inländer im Europarecht - Obsoleszenz oder Renaissance eines Rechtsbegriffs? Europarecht Band 43, 2008, Nr. 1, S. 54 f.

[158] Kapitalverkehr ist als grenzüberschreitende Übertragung von Geld- oder Sachmitteln (z.B. Direktinvestitionen, Immobilieninvestitionen, Wertpapierkäufe), welche primär zu Anlagezwecken bewegt werden, definiert. Die Zahlungsverkehrsfreiheit (nach Artikel 67 Abs. 2 EWGV bzw. Artikel 56 Abs. 2 EGV) dient dem Austausch von Gegenleistungen (z.B. Ware gegen Geld) und dem Transfer von Erlösen aus Geschäften im Rahmen der Kapitalverkehrsfreiheit. Die Zahlungsverkehrsfreiheit wird nicht als eigene Grundfreiheit verstanden, sondern als Ergänzung zu den vier Grundfreiheiten. Denn könnte der freie Zahlungsverkehr für die Begleichung von Waren- oder Dienstleistungskäufen nicht gewährleistet werden, blieben diese aus.

[159] Behrens, Wirtschaftliche Freiheiten, Europarecht, 1992, S. 155.

[160] Vgl. Mussler, Die Wirtschaftsverfassung der EG, S. 103; Nina Wunderlich/Christoph

EGV jedoch weiterhin aus mehreren Gründen bzw. durch einige Vorschriften eingeschränkt werden: durch Vorschriften des nationalen Steuerrechts, zum Schutz gegen innerstaatliche Rechts- und Verwaltungsvorschriften, wenn der Zweck der Vorschrift nur in der Regelung der näheren Umstände des freien Kapitalverkehrs besteht und zum Schutz der öffentlichen Sicherheit und Ordnung (bspw. vor Terrorismus, Geldwäsche oder Drogenhandel). Dabei haben die Mitgliedstaaten gemäß Artikel 58 Abs. 3 EGV stets ein Willkür- sowie Umgehungsverbot zu beachten.

### 5.2.1.2. »Positive Integration« durch Abkommen und Verträge

Im Bereich der positiven Integration gehen die Anregungen zur Vervollständigung des europäischen Binnenmarktes auf die Initiative der Europäischen Kommission unter dem Präsidenten Jacques Delors zurück, die kurz vor dem Gipfeltreffen des Europäischen Rates im Juni 1985 in Mailand ein insgesamt 282 konkrete Maßnahmen und Rechtsakte umfassendes Weißbuch zur schrittweisen »Vollendung des Binnenmarktes« vorlegt. Es handelt sich dabei vorwiegend um Harmonisierungsbestimmungen zur Angleichung nationaler Rechts- und Verwaltungsvorschriften, die nicht mittels gegenseitiger Anerkennung zu verwirklichen sind. Auf der Regierungskonferenz des Rates in Mailand wird die Binnenmarktinitiative der Kommission aufgegriffen und mit Fragen hinsichtlich der Befugnisse der Institutionen und neuer Zuständigkeitsbereiche der Gemeinschaft verknüpft. Ziel der darauf folgenden Verhandlungen soll die Ausarbeitung einer Revision der Römischen Verträge und einer vertraglichen Grundlage für die bestehende Europäische Politische Zusammenarbeit (EPZ) werden. Das Ergebnis der folgenden Verhandlungen, die bereits im September 1985 beginnen, ist die Einheitliche Europäische Akte (EEA), die am 17. und 26. Februar 1986 von den insgesamt zwölf Mitgliedstaaten unterzeichnet wird. In der EEA ist nicht mehr von einem Gemeinsamen Markt, sondern von einem Binnenmarkt die Rede, der bis zum 31. Dezember 1993 verwirklicht werden soll.[161]. An der Voraussetzung der vier Grundfreiheiten zur Erreichung dieses Ziels ändert sich jedoch nichts. Inhaltlich weisen beide Konzepte keine wesentlichen Unterschiede auf.[162] Ein ebenfalls zentraler Bestandteil der EEA ist die Aufweichung des Einstimmigkeitsprinzip,

---

Blaschke, Die Gewährleistung der Kapitalverkehrsfreiheit in Bezug auf Drittstaaten: Neuere Entwicklungen in der Rechtsprechung des EuGH, Internationales Steuerrecht Band 17, 6. November 2008, Nr. 21, S. 755.

161 Weitere Ziele der EEA sind die Stärkung der Rolle des Europäischen Parlaments zur Beseitigung des demokratischen Defizits im gemeinschaftlichen Beschlussfassungssystem, die Verbesserung der Beschlussfähigkeit des Rates und Bildung einer Gesamtorganisation in Form der EPZ.

162 Daher können die Begriffe Gemeinsamer Markt und Binnenmarkt in diesem Zusammenhang auch als Synonym verstanden werden. Vgl. Walter Frenz, Handbuch Europarecht: Europäische Grundfreiheiten, Band 1, Berlin, Heidelberg u.a.: Springer, 2004, S. 16 f., Rn. 34-37.

indem der Anteil der qualifizierten Mehrheitsentscheide im Rat ausgeweitet wird. Bspw. ist Einstimmigkeit für Maßnahmen, die der Realisierung des Binnenmarktes dienen, nicht mehr erforderlich. Eine Ausnahme bilden Bestimmungen über Steuern, Freizügigkeit und Rechte und Interessen der Arbeitnehmer. Gerade die Änderung der Abstimmungsmodalitäten hat erheblichen Einfluss auf das Tempo der Verwirklichung des Binnenmarktprogramms. Es gelingt bis zum 31. Dezember 1992, 90 v.H. der insgesamt anfänglich in 287 und später in insgesamt 302 unterteilten, im Weißbuch avisierten Rechtsakte zu realisieren.[163] Bis 2002 sind schließlich 98,2 v.H. der Maßnahmen in die Tat umgesetzt, wobei sich die großen Volkswirtschaften Deutschland, Frankreich und Italien in der Umsetzung als schwerfälliger erweisen, als Schweden, Dänemark, Finnland, Spanien und Großbritannien, die die Umsetzung am schnellsten und umfassendsten implementieren.[164]

Einen weiteren Integrationsschritt bildet das 1985 von Frankreich, Deutschland, Belgien, den Niederlanden und Luxemburg geschlossene Schengener Abkommen, durch das zum 26. März 1995 die Grenzkontrollen dieser fünf Länder wegfallen. Nach und nach folgen immer mehr Mitgliedsländer dem Beispiel und seit dem Vertrag von Amsterdam ist das Schengener Abkommen in das EU-Recht integriert. Neue Mitglieder der EU seit dem 1. Mai 1999 sind verpflichtet, dem Schengener Abkommen beizutreten. Heute umfasst der Schengen-Raum 28 europäische Staaten (alle EU-Mitgliedstaaten außer dem Vereinigten Königreich und Irland plus Island, Norwegen und die Schweiz), in dem auf Personenkontrollen an den gemeinsamen Grenzen vollständig verzichtet wird.[165]

Mit dem Maastrichter Vertrag nimmt der Integrationsprozess eine neue Qualität an, die als Konstitutionalisierung bezeichnet werden kann.[166] Denn gleichzeitig mit der Vertiefung der wirtschaftlichen Integration durch die Wirtschafts- und Währungsunion reift die Erkenntnis, Europa müsse ebenso als politisches Gemeinwesen erfasst werden. Als Konsequenz werden der EG- und EU-Vertrag zu einer verfassungsrechtlichen Ordnung angehoben, wodurch die traditionelle Verbindung zwischen Staat, Staatsvolk und Verfassung aufgeweicht[167] und »den Mitgliedstaaten und Gemeinschaftsorganen die Autonomie über die Auslegung und Anwendung des primärrechtlichen Gemeinschaftsrechts« entzogen wird.[168]

---

[163] Kongreen, Grundfreiheiten, S. 715.
[164] Larry Neal, The Economics of Europe and the European Union, Cambridge: Cambridge University Press, 2007, S. 138 f.
[165] Ausnahmezeiträume, in denen vorübergehend Grenzkontrollen eingerichtet werden, sind bspw. besondere Sportereignisse wie die Fußballeuropa- und weltmeisterschaften oder internationale politische Gipfel, wie bspw. der G-8 oder der NATO.
[166] Vgl. Kongreen, Grundfreiheiten, S. 716.
[167] Ebd.
[168] Vgl. Ernst-Joachim Mestmäcker, Zur Wirtschaftsverfassung in der Europäischen Union, in: Rolf Hasse/Josef Molsberger/Christian Watrin (Hrsg.), Ordnung in Freiheit: Festgabe

Trotz grundlegender verfassungsrechtlicher Reformen hat sich die Ausgestaltung und Struktur der Grundfreiheiten, die durch die Rechtsprechung des Gerichtshofes in den Siebzigerjahren gestaltet worden ist, praktisch kaum verändert.[169] Es hat sich eine Konvergenz in den Bereichen der Waren-, Dienstleistungs-, Personen- und Kapitalverkehrsfreiheit von einem Diskriminierungsverbot zu einem Beschränkungsverbot und vom Bestimmungslandprinzip zum Ursprungslandprinzip vollzogen.[170]

### 5.2.1.3. Fazit

Heute mehr als 20 Jahre nach Inkrafttreten der EEA ist der Binnenmarkt mit den ihm zugrunde liegenden Grundfreiheiten längst nicht mehr erklärtes Ziel, sondern weitgehend Realität geworden. Die in Verträgen wie der EEA oder dem Maastrichter Vertrag festgehaltenen positiven Liberalisierungsmaßnahmen werden in weiten Teilen von den Mitgliedstaaten und dem EuGH umgesetzt. Eine Vielzahl von Entscheidungen des EuGH haben eine Transformation völkerrechtlicher Pflichten der einzelnen Mitgliedstaaten zu subjektiven Rechten der Bürger der Gemeinschaft gemacht, die vor dem EuGH einklagbar und, was noch viel wichtiger ist, durchsetzbar sind.[171] Denn der EuGH geht bei seinen Entscheidungen von der Eigenständigkeit und dem Vorrang des Rechts der Europäischen Gemeinschaften aus.[172]

Im Zuge dessen sind die Freiverkehrsregeln von rein »traditionellen Interventionsverboten zu unmittelbar anwendbaren Entscheidungsnormen umfunktioniert [worden], die von den nationalen Gerichten gerade dann anzuwenden sind, wenn sie über den Umfang der wirtschaftlichen Betätigungsfreiheit zu urteilen haben, den die Behörden der Mitgliedstaaten ihren Bürgern nach dem EWGV einräumen müssen«.[173]

---

für Hans Willgerodt zum 70. Geburtstag, Stuttgart u.a.: Gustav Fischer Verlag, 1994, S. 272.
[169] Kongreen, Grundfreiheiten, S. 717.
[170] Behrens, Wirtschaftliche Freiheiten, Europarecht, 1992, S. 148-157 Zur Frage ob diese Rechtsentwicklung verfassungspolitische und -rechtliche Legitimität besitzt, vgl. Mestmäcker, Zur Wirtschaftsverfassung in der EU, S. 275 f.
[171] Ders., S. 269.
[172] Diese Auffassung entwickelt der EuGH in der »Van-Gend-&-Loos«-Entscheidung 1963. Die entsprechende Stelle lautet im Urteilstext: »Aus alledem ist zu schließen, dass die Gemeinschaft eine neue Rechtsordnung des Völkerrechts darstellt, zu deren Gunsten die Staaten, wenn auch in begrenztem Rahmen, ihre Souveränitätsrechte eingeschränkt haben, eine Rechtsordnung, deren Rechtssubjekte nicht nur die Mitgliedstaaten, sondern auch die einzelnen sind. Das von der Gesetzgebung der Mitgliedstaaten unabhängige Gemeinschaftsrecht soll daher den einzelnen, ebenso wie es ihnen Pflichten auferlegt, auch Rechte verleihen. Solche Rechte entstehen nicht nur, wenn der Vertrag dies ausdrücklich bestimmt, sondern auch auf Grund von eindeutigen Verpflichtungen, die der Vertrag den einzelnen wie auch den Mitgliedstaaten und den Organen der Gemeinschaft auferlegt.« EuGH Rs. 26/62, Urt. v. 5.02.1963, Slg. 1963, 1, S. 5, 25.
[173] Behrens, Wirtschaftliche Freiheiten, Europarecht, 1992, S. 147.

Röpkes Befürchtungen, die im EWGV formulierten Grundfreiheiten würden lediglich Absichtserklärungen bleiben und anstatt einer liberalen Wirtschaftsordnung werde sich eine internationale Planwirtschaft durchsetzen, da kein Land bereit sei, schmerzende Reformprozesse in Gang zu bringen, um dem innergemeinschaftlichen Wettbewerb standzuhalten,[174] haben sich nicht bewahrheitet. Der europäische Binnenmarkt wird durch die ordnungspolitisch konsequente Rechtssprechung des Gerichtshofs und die Auslegung durch die Kommission durchgesetzt und bewahrt.[175] Die vier Grundfreiheiten sind heute für die EU-Bürger einklagbare primärrechtliche Gemeinschaftsgüter, die der einzelstaatlichen Kontrolle weitgehend entzogen sind. Der EuGH, die Kommission und der Rat sind als wesentliche Antriebsmotoren für diese Entwicklung verantwortlich.

Röpke würde die Verwirklichung des Binnenmarkts für mittlerweile 27 europäische Länder begrüßen, da er den weltweit größten zusammenhängenden Wirtschaftsraum darstellt. Ein mittlerweile zu beachtlicher Größe herangewachsener Wirtschaftsraum nähert sich mit großen Schritten einer liberalen Wirtschaftsverfassung innerhalb seiner Grenzen an. Durch die Verwirklichung des Binnenmarktes hat sich auch die Handelsstruktur der Gemeinschaft verändert. Werden zum Zeitpunkt der Gründung der EWG noch zwei Drittel des Warenhandels mit Drittländern getätigt, so nimmt der intra-EU-Handel seit den Neunzigerjahren diesen Anteil des gesamten EU-Handels ein.

Damit haben sich auch Röpkes Befürchtung, die Abschließungseffekte der Zollunion könnten die Befreiungseffekte nach innen – gemäß der Zollunionstheorie nach Viner – überlagern, nicht erfüllt. Bela Balassa kommt bereits in den Siebzigerjahren zu dem Schluss, dass die Befreiungseffekte die Abschließungseffekte bei weitem übersteigen. In einer Studie beziffert er die positiven Effekte mit 11,3 Mrd. US-Dollar und die negativen mit 0,3 Mrd. US-Dollar.[176] Da die die Berechnungen einer statischen Analyse entstammen, die Veränderungen des Systems durch die EWG im Verlauf der Zeit ignorieren, kann davon ausgegangen werden, dass die tatsächlichen Gewinne der Zollunion durch diese Berechnungen gar unterbewertet werden.[177]

Neue Technologien wie bspw. das Internet erleichtern für die Unionsbürger die Inanspruchnahme der vier Grundfreiheiten. Es ist heute ein Leichtes, Waren und Dienstleistungen aus anderen EU-Staaten per Mausklick zu beziehen, ohne

---

[174] Vgl. bspw. Röpke, Gemeinsamer Markt ohne Dirigismus, Die Zeit, 1957; Röpke, Ökonomisten und Bürokratisten, Die Zeit, 1957.
[175] Das zeigen die bereits zitierten Urteile des EuGH.
[176] Vgl. Bela Balassa, Trade Creation and Trade Diversion in the European Common Market: An Appraisal of the Evidence, in: Bela Balassa (Hrsg.), European Economic Integration, Amsterdam: North-Holland, 1975.
[177] Vgl. Neal, The Economics of Europe, S. 56.

mit weiteren Abgaben wie Zöllen oder Mehrwertsteuernachzahlungen rechnen zu müssen. Als Unionsbürger ist es möglich, in anderen EU-Staaten zu leben und zu arbeiten, ein Studium in Gänze oder in Teilen durchzuführen und sich die Qualifikationen auch im Heimatland anerkennen zu lassen. Auch Kapitalanlagen sind für einen Unionsbürger außerhalb seines Heimatlandes innerhalb der EU mit einigen Ausnahmen[178] möglich und bergen für die Bewohner der Mitgliedländer der Eurozone kein Wechselkursrisiko mehr.

Die Schaffung einer Währungsunion, die für Röpke zu seinen Lebzeiten außerhalb jeder Vorstellungskraft liegt, hat zur Erleichterung der Gewährung der Grundfreiheiten beigetragen. Darüber hinaus ist die Konvertibilität des Euro und der anderen europäischen Währungen heute auch ohne den Goldstandard eine Realität, die sich Röpke nur wünschen konnte. Einzig im Bereich der Geldwertstabilität hinkt der Euro dem Goldstandard hinterher, denn einer expansiven Geldpolitik der Europäischen Zentralbank (EZB) wird ohne die disziplinierende Bindung an die vorhandenen Goldreserven kein Einhalt geboten.[179] Gerade in der jüngsten Weltwirtschafts- und Weltfinanzkrise von 2007-2009 sind die Folgen von Liquiditätsschwemmen durch die Zentralbanken deutlich geworden. Denn die dadurch entstehende Blasenbildung kann sich zu einem gefährlich destabilisierenden Element für die gesamte Welt entwickeln.[180] Auch was die Währungsstabilität angeht, ist vom Euro eine höhere Volatilität zu erwarten als vom Goldstandard. Dabei müssen zwei Ebenen – innerhalb und außerhalb der EU – unterschieden werden. Durch die Einführung des Euro sind Wechselkursschwankungen zwischen den Teilnehmerstaaten ausgeschlossen worden, die das Risiko der Konjunkturvolatilität erheblich eingeschränkt haben.[181] Die meisten anderen EU-Staaten haben außerdem ihre Währungen an die Euro-Leitwährung gekoppelt (mit der wichtigen Ausnahme von Großbritannien), so dass ist innerhalb der

---

[178] Bspw. ist der Erwerb von landwirtschaftlich oder forstwirtschaftlich genutzter Fläche noch nicht in allen seit jüngerer Zeit in der EU integrierten Mitgliedstaaten möglich. In Estland, Lettland, Littauen, der Slowakei, Tschechien und Ungarn gilt eine siebenjährige, in Polen sogar eine zwölfjährige Übergangsfrist.
[179] Petersen/Wohlgemuth, Wilhelm Röpke und die Europäische Integration, S. 195.
[180] Seit der Einführung des Euros als Buchgeld zum 1. Januar 1999 hat sich die Geldmenge M3 von ca. 4.500 Mrd. Euro bis Ende 2009 auf über 9.300 Mrd. mehr als verdoppelt. Damit ist der Referenzwert, der ein Wachstum von 4,5 v.H. vorsieht, systematisch überschritten worden. Damit orientiert sich die EZB nicht mehr an der monetären Säule. Daten vgl. Deutsche Bundesbank, Zeitreihe TUS303: Geldmenge M3 im Euro-Währungsgebiet / saisonbereinigt, ⟨URL: http://www.bundesbank.de/statistik/statistik\_zeitreihen.php?graph\_diff=year\&graph\_begin=\&graph\_end=\&open=ewu\&func=row\&tr=TUS303\&showGraph=1⟩, aufgerufen am 5.1.2010 und Busch, Wirtschaftsverfassung der EU, S. 15.
[181] Vgl. Christof Römer, Makroökonomische Bestandsaufnahme, in: Institut der eutschen Wirtschaft Köln (Hrsg.), Zehn Jahre Euro: Erfahrungen, Erfolge und Herausforderungen, Köln: Deutscher Institutsverlag, 2008, S. 28; Werner Becker, Der Euro wird zehn: Den Kinderschuhen entwachsen, EU-Monitor 17. Juni 2008, Nr. 57, S. 13.

EU eine hohe Währungsstabilität gegeben ist. Gegenüber den restlichen Währungen hingegen bewegt sich der Euro als frei schwankende Währung, weshalb eine gewisse Wechselkursvolatilität stets besteht. Trotz nicht zu vernachlässigender Schwankungen des Euro gegenüber dem US-Dollar[182] hat der Euro allerdings auch im internationalen Währungssystem an Bedeutung hinzu gewonnen und hat sich sowohl als Reservewährung als auch weltweit bei privaten Anlegern[183] weitgehend etabliert.[184] Aufgabe der EZB ist es daher, mithilfe der ihr zur Verfügung stehenden Maßnahmen eine makroökonomisch stabilisierende Geldpolitik zu betreiben. Auch die einzelnen Mitgliedstaaten haben für den dauerhaften Erfolg der Währungsunion ihren Beitrag zu leisten. Denn die Stabilität des Euro hängt maßgeblich von der Konvergenz der Ordnungs- und Wirtschaftspolitik der Mitgliedstaaten vor allem im Bereich der Fiskal- und Sozialpolitik ab. Asymmetrische Schocks innerhalb der Union, die bspw. aus unterschiedlichen Technologie- oder Marktentwicklungen resultieren, müssen in den betroffenen Ländern durch Anpassungs- und Weiterentwicklungsmechanismen aufgefangen werden. An der Fähigkeit der Mitgliedstaaten, ihre Politik durch einen Grundkonsens aufeinander abzustimmen – wobei nicht zwingend eine Harmonisierung notwendig ist – wird sich die Stabilität und das Fortbestehen der Währungsunion messen lassen. Röpke allerdings würde selbst heute aufgrund der »natürlichen Lebenskräfte der einzelnen Nation«, die sich stets gegen einen gesamteuropäischen Staat wehre, dem Euro keine allzu lange Lebensdauer zusprechen.[185] Trotz Einführung der Konvergenz-Kriterien, die den finanz- und wirtschaftspolitischen Spielraum der Mitgliedstaaten erheblich eindämmen, wäre Röpke nicht allzu optimistisch, was das Fortbestehen der Währungsunion angeht.[186]

---

[182] Seit dem ersten Handelstag des Euro am 4. Januar 1999, als der Euro mit 1,1789 US-Dollar notiert wurde, hat der Euro einen Tiefststand von 0,8252 US-Dollar am 26. Oktober 2000 und einen Höchststand von 1,599 US-Dollar am 15. Juli 2008 erlebt; European Central Bank, Euro exchange rates USD, ⟨URL: http://www.ecb.int/stats/exchange/eurofxref/html/eurofxref-graph-usd.en.html⟩; aufgerufen am 5.1.2010.

[183] Römer, Makroökonomische Bestandsaufnahme, S. 29.

[184] In den Jahren 1999-2007 ist bspw. der Anteil der weltweiten Euroreserven von 18,2 v.H. auf 26,5 v.H. gestiegen, während im gleichen Zeitraum der Anteil der weltweiten US-Dollarreserven von 71, 2 v.H. auf 63,9 v.H. gesunken ist. Vgl. Becker, Der Euro wird Zehn, DB Research, 2008, S. 20.

[185] Röpke, Widersprüche, NZZ, 1964, S. 4.

[186] Die Konvergenzkriterien werden keineswegs von allen Mitgliedstaaten durchweg eingehalten. Manche Kandidaten manipulieren bspw. im konvergenzrelevanten Jahr, in dem sie sich um den Beitritt zur Währungsunion bewerben, ihr Haushaltsdefizit. Italien führte bspw. eine rückzahlbare Eurosteuer ein und senkte damit das Haushaltsdefizit um 0,6 Prozentpunkte auf 3,0 v.H. Frankreich hingegen übernahm von der zuvor privatisierten France Télécom die gesamten Pensionsverpflichtungen wofür dem französischen Staat eine Zahlung zufloss, die das Haushaltsdefizi um 0,6 v.H. senkte. Auch in späteren Jahren verstoßen bereits in der Währungsunion eingebundene Länder, darunter auch Deutschland in den Jahren 2002 und 2003, immer wieder gegen die Konvergenzkriterien. Im Zuge der Weltfinanz- und Weltwirtschaftskrise 2008/09 werden gar gegen 13 der 16 Eurostaaten und insgesamt 20 der 27 EU-Mitgliedstaaten Defizitverfahren wegen Überschreitung der Nettoneuverschuldungsgrenze von 3,0 v.H. des Bruttoinlandsprodukts eingeleitet. Vgl. Han-

## 5.2.2. Die Außenhandelspolitik der EU: Festung Europa oder multilateraler Freihandel?

Röpkes Fokus liegt nicht nur auf der Verwirklichung des Binnenmarktes, sondern auch auf der Handelsliberalisierung des europäischen Wirtschaftsraumes nach außen. Das entscheidende Merkmal einer Zollunion ist neben der Abschaffung von Handelshemmnissen nach innen ihr gemeinsamer Außenzoll. Im Gegensatz dazu können die einzelnen Mitglieder in einer Freihandelszone ihre Außenzölle unabhängig voneinander festlegen. Röpke zieht die Freihandelszone der Zollunion vor, da er gemäß des »Gesetzes des Geleitzuges« erwartet, dass die Zölle sich eher nach einem höheren Niveau als nach einem niedrigeren orientieren. Röpke hegt somit Zweifel an der Umsetzung des EWGV, der eine schrittweise Beseitigung der Beschränkungen im internationalen Handelsverkehr sowie den Abbau von Zollschranken (Artikel 110 EWGV) vorsieht. Um das angestrebte Ziel einer Zollunion zu erreichen, ist politische Koordiniation von Nöten, die in Form einer zentralisierten gemeinsamen Handelspolitik (GHP) bereits in den Römischen Verträgen verankert ist. Im nächsten Abschnitt sollen die Ergebnisse der GHP heute kurz dargestellt werden, um festzustellen, inwieweit sich Wilhelm Röpkes Befürchtungen einer »Festung Europa« bewahrheitet haben oder ob diese nicht zu pessimistisch gewesen sind.

Ein weiterer wichtiger Politikbereich der EU, den Röpke zu seinen Lebzeiten bereits als Problemherd angesehen hat, ist die gemeinsame Agrarpolitik der EU (GAP), von der ebenfalls Drittstaaten – unter ihnen vornehmlich Entwicklungsländer – in hohem Maße betroffen sind. Agrargüter genießen schon bei der Gründung der EWG einen anderen Status als sonstige Waren, die unter die Regelungen der GHP fallen. Die Einführung der GAP ist also historisch bedingt. Nach dem Zweiten Weltkrieg sind im EWG-Raum ca. 20 v.H. der Beschäftigten im Landwirtschaftssektor beschäftigt, was ihn zu einem bedeutenden Wirtschaftsbereich macht. Hinzu kommt die Überzeugung nach den Erfahrungen von zwei großen Kriegen innerhalb von dreißig Jahren – die Hungersnöte und Versorgungsengpässe zur Folge haben – eine vom Ausland unabhängige Nahrungsmittelversorgung und in der Konsequenz der bäuerliche Stand sei ein öffentliches Gut und rechtfertige eine staatliche Landwirtschaftspolitik.[187] Bereits in den Fünfzigerjahren kommt es daher auf nationaler Ebene in allen sechs EWG-Gründungsstaaten zu Interventionen im Agrarbereich.[188]

---

    delsblatt, Deutschland hat Frist bis 2013, ⟨URL: http://www.handelsblatt.com/politik/international/defizitverfahren-eroeffnet-deutschland-hat-frist-bis-2013;2492928⟩; aufgerufen am 5.1.2010.

[187] Hans-Jürgen Wagener/Thomas Eger, Europäische Integration: Wirtschaft und Recht, Geschichte und Politik, 2. Auflage. München: Franz Vahlen, 2009, S. 506.

[188] Baldwin/Wyplosz, The Economics of European Integration, S. 205.

Gleichwohl sich in den vergangenen 50 Jahren ein elementarer Strukturwandel vollzogen hat, infolge dessen Arbeitskräfte innerhalb der EU von der Landwirtschaft in die Industrie- und Dienstleistungssektoren abgewandert sind, bleibt die GAP ein wichtiges Umverteilungsinstrument.[189] Die Auswirkungen dieser Politik entfachen in der EU eine Vielzahl an kontroversen Debatten und sollen daher in einem weiteren Abschnitt betrachtet werden.

### 5.2.2.1. Die gemeinsame Handelspolitik der EU

#### 5.2.2.1.1. Formelle Kriterien und Instrumente der gemeinsamen Handelspolitik

Wie bereits angesprochen ist das Ziel der GHP der Abbau tarifärer und nichttarifärer Handelshemmnisse, um »im gemeinsamen Interesse zur harmonischen Entwicklung des Welthandels« (Artikel 110 EWGV, Artikel 206 AEUV) beizutragen. Gemeinsam mit Artikel 112 Abs. 1 EWGV (Artikel 101 Abs. 1 AEUV), der eine Verfälschung des Wettbewerbs zwischen den Unternehmen der Gemeinschaft untersagt, und Artikel 113 Abs. 1 EWGV (Artikel 207 Abs. 1 AEUV), der eine »gemeinsame Handelspolitik nach einheitlichen Grundsätzen« vorschreibt, ist der EWGV in diesem Punkt deutlich nach einer einheitlichen, liberalen, dem fairen Wettbewerb verpflichteten Grundhaltung ausgerichtet.[190] Durch diese Bestimmungen soll protektionistischem Verhalten auf Gemeinschaftsebene vorgebeugt werden. Im Zuge der Kompetenzübertragung der Handelspolitik von den Mitgliedstaaten an die Gemeinschaft, wodurch die einzelnen Mitgliedstaaten nur mit ausdrücklicher Genehmigung durch die EWG/EU tätig werden können,[191] wird auch nationaler Protektionismus stark beschränkt. Allerdings berücksichtigt bereits der EWGV die Wettbewerbsfähigkeit der Unternehmen explizit (Artikel 110 S. 2 EWGV). Der Vollständigkeit halber sei daher erwähnt, dass sich daraus eine enge Beziehung zwischen Industrie- und Handelspolitik ergibt. Im Bereich der Industriepolitik erhält die Gemeinschaft im Zuge von »Maastricht« gar eine Kompetenznorm (Artikel 130 EGV), die ausdrücklich Verfassungsrang erhält.[192] Artikel 130 EGV – der aufgrund der Neunummerierung im Vertrag

---

[189] 2006 sind noch 5,9 v.H. der Beschäftigten in der EU-27 im Agrarsektor tätig. Der Wertschöpfungsanteil beträgt allerdings für den gleichen Zeitraum nur 1,7 v.H., d.h. das durchschnittliche Produktivitätsniveau in diesem Sektor ist weit unterdurchschnittlich, vgl. Directorate-General for Agriculture and Rural Development, Rural Development in the European Union: Statistical and Economic Information, EU-Kommission 2009, S. 86 ff.

[190] Vgl. Ali Sait Yüksel, Welthandelsorganisation WTO (GATT): Aufgaben, Aktivitäten, EU-Beziehungen, Frankfurt am Main u.a.: Peter Lang, 2001, S. 271.

[191] Vgl. Georg Koopmann, Nationaler Protektionismus und gemeinsame Handelspolitik, in: Bodo Gemper (Hrsg.), Protektionismus in der Weltwirtschaft: Verstöße gegen die Spielregeln der Marktwirtschaft und das Freihandelsprinzip, Hamburg: Verlag Weltarchiv, 1984, S. 26.

[192] Mussler, Die Wirtschaftsverfassung der EG, S. 169.

über die Arbeitsweise der Europäischen Union (AEUV) die Nummer 173 erhält – veranschaulicht besonders deutlich, dass im Zuge der europäischen Integration die unterschiedlichen Interessen der Mitgliedstaaten zu zweideutigen Formulierungen der Vertragstexte führen. Denn Artikel 130 EGV enthält nicht nur die industriepolitische Kompetenznorm, die auf Druck Frankreichs eingefügt wird, sondern enthält ebenso die Verpflichtungserklärung der Gemeinschaft für ein System offener wettbewerbsorientierter Märkte zu sorgen (Artikel 130 Abs. 1 Satz 2 EGV).[193] Die Formulierung des Vertrags erlaubt somit, wie Wernhard Möschel es treffend beschreibt, sowohl eine »Kassandra«- als auch eine »Gesundbeter«-Interpretation und es bleibt der Gemeinschaft überlassen, in welche Richtung die Integration fortgesetzt wird.[194]

Die Ambivalenz zeigt sich auch in dem Bekenntnis der EU in Artikel 2 Abs. 5 des »Vertrags von Lissabon zur Änderung des Vertrags über die Europäische Union und des Vertrags zur Gründung der Europäischen Gemeinschaft« (EUV) zu »freiem und gerechtem Handel«, was die Frage nach dem konkreten Gehalt dieser Aussage aufwirft. Gerechter Handel, wird meist mit protektionistischen Maßnahmen oder Maßnahmen zugunsten der Entwicklungsländer verlangt oder verteidigt.[195] Beide Fälle stehen jedoch in direktem bzw. partiellem Widerspruch zu freiem Handel, der ebenfalls von der EU proklamiert wird. Offen bleibt die Frage, wie der Ansatz konkret umgesetzt werden soll. Durch die Abkommen mit der WTO verpflichtet sich die EU einerseits zu »freiem Handel« und auch die grundsätzlich marktwirtschaftlich ausgerichtete Grundlinie der Verträge deutet darauf hin. Dennoch räumt sich die EU durch die Selbstverpflichtung zu »gerechtem Handel« die Möglichkeit ein, politisch motivierte Abweichungen vom Freihandel sowohl auf Gemeinschaftsebene als auch für einzelne Mitgliedstaaten zur Stärkung der eigenen Volkswirtschaften zuzulassen.[196]

Die Kompetenz der GHP beschränkt sich seit dem Inkrafttreten des Vertrags von Nizza nicht mehr allein auf den Warenverkehr, sondern erstreckt sich auch

---

[193] Matthias Ruffert, Industriepolitik: Staatsdirigismus oder Marktwirtschaft? in: Jürgen Bauer et al. (Hrsg.), Festschrift für Gunther Kühne zum 70. Geburtstag, Frankfurt am Main: Verlag Recht und Wirtschaft, 2009, S. 1026 f.
[194] Vgl. Wernhard Möschel, EG-Industriepolitik nach Maastricht, in: Hans Otto Lenel et al. (Hrsg.), Ordo - Jahrbuch für die Ordnung von Wirtschaft und Gesellschaft, Band 43, Stuttgart: Lucius & Lucius, 1992, S. 418 f. Ähnlich argumentieren Joachim Starbatty, Europäische Industriepolitik und die Folgen - Zur Immanenz industriepolitischer Dynamik, Wirtschaftswissenschaftliche Fakultät Tübingen, 1993 und Manfred Streit, Europäische Industriepolitik nach Maastricht - Eine ordnungspolitische Analyse, in: Wernhard Möschel/Manfred Streit/Ulrich Witt (Hrsg.), Marktwirtschaft und Rechtsordnung, Baden-Baden: Nomos, 1994.
[195] Vgl. Piet Eeckhout, External Relations of the European Union: Legal and Constitutional Foundations, Oxford: Oxford University Press, 2004, S. 53.
[196] Vgl. auch Peter Hilpold, Die EU im GATT/WTO-System, 3. Auflage. Innsbruck: Innsbruck University Press, 2009, S. 250 f.

über Dienstleistungen, Schutzaspekte des geistigen Eigentums und seit Lissabon ebenfalls auf ausländische Direktinvestitionen. Ziel der GHP ist eine an einheitlichen Grundsätzen orientierte Gestaltung der Zollpolitik, die Aushandlung von Zoll- und Handelsabkommen, Angleichung von Liberalisierungsmaßnahmen, Ausfuhrpolitik und Festlegung von handelspolitischen Schutzmaßnahmen, zum Beispiel im Fall von Dumping und Subventionen (Artikel 207 Abs. 1 AEUV). Die Gemeinschaft beitzt die ausschließliche Kompetenz zur Gestaltung der Handelspolitik.[197] Die Erteilung der ausschließlichen Kompetenz an die Gemeinschaft ist Voraussetzung für die Zollunion, um eine einheitliche Politik gegenüber Drittstaaten zu gewährleisten und notwendig, um die Funktionsfähigkeit des gemeinsamen Marktes zu gewährleisten.[198]

Der Rat ist das für die GHP der EU grundsätzlich zuständige Organ nach Artikel 207 Abs. 2 AEUV. Entscheidungen über Abkommen trifft der Rat im Allgemeinen mit qualifizierter Mehrheit.[199] Der Rat wird nach Artikel 207 Abs. 3, Uabs. 2 und 3 AEUV durch Empfehlungen der Kommission tätig, wobei die Kommission bzw. deren Handelskommissar auf Basis einer Ermächtigung des Rates die erforderlichen Verhandlungen mit Drittstaaten nach Maßgabe der Richtlinien führt (unterstützt durch einen vom Rat bestellten Sonderausschuss). Die Kommission stellt zudem sicher, dass Drittländer sich an mit der EU geschlossene Abkommen halten.[200]

---

[197] Thomas Oppermann/Claus Dieter Classen/Martin Nettesheim, Europarecht - Ein Studienbuch, 4. Auflage. München: Beck, 2009, S. 669. Der EuGH hat dies in mehreren Urteilen bestätigt, vgl. EuGH, Gutachten 1/75, v. 11.11.1975, Slg. 1975, 1355; EuGH, Rs. 41/76, Urt. v. 15.12.1976, Slg. 1976, 1921; EuGH, Gutachten 1/78, v. 4.10.1979, Slg. 1979, 2871; EuGH, Rs. 804/79, Urt. v. 5.5.1981, Slg. 1981, 1045.

[198] Vgl. Dagmar Siebold, Die Welthandelsorganisation und die Europäische Gemeinschaft, Berlin: Duncker & Humblot, 2003 (zugl. Diss., Friedrich-Alexander Universität Erlangen-Nürnberg, 2001), S. 230.

[199] Eingeschränkt wird diese allgemeine Regel durch Artikel 207 Abs. 4 Uabs. 2 AEUV. Dieser besagt, dass der Rat in bestimmten Fällen den Abschluss eines Abkommens über den Dienstleistungsverkehr, über Handelsaspekte des geistigen Eigentums oder über ausländische Direktinvestitionen einstimmig beschließen muss, sofern »das betreffende Abkommen Bestimmungen enthält, bei denen für die Annahme interner Vorschriften Einstimmigkeit erforderlich ist.« Die Mitgliedstaaten werden jedoch frühzeitig in die Entscheidungsprozesse der GHP miteinbezogen, da die Staats- und Regierungschefs der Mitgliedstaaten die stimmberechtigten Mitglieder des Rates darstellen und die Zustimmung zu verhandelten Abkommen der EU von der Zustimmung der Mehrheit ihre Mitgliedstaaten abhängt.

[200] Während der Geltungsdauer des EGV war das Europäische Parlament vor dem Erlass handelspolitischer Maßnahmen nicht einmal anzuhören und daher im Wesentlichen beschränkt auf seine allgemeinen Informations- und Initiativrechte (bspw. Art. 192 Uabs. 2 EGV). Durch das Inkrafttreten des AEUV verbessert sich die Stellung des Parlaments im Bereich der Handelspolitik deutlich. Fortan erlassen das Europäische Parlament und der Rat gemeinsam die Verordnungen für die Umsetzung der GHP gemäß dem ordentlichen Gesetzgebungsverfahren. Nach dem ordentlichen Gesetzgebungsverfahren kann ein Rechtsakt ohne die Zustimmung des Parlaments nicht in Kraft treten. Zusätzlich besteht die Möglichkeit, formelle Abänderungsvorschläge zu beschließen.

Der EU stehen für die Regulierung des Handelsverkehrs zweierlei Steuerungsinstrumente zur Verfügung. Zum einen hat die EU die Möglichkeit autonome Maßnahmen zu ergreifen. Importe können dabei durch Einfuhrzölle, Antidumpingzölle[201], Abschöpfungen[202], Mindestpreise und nicht-tarifäre Handelshemmnisse (bspw. technische Vorschriften, rechtliche Vorschriften, Einfuhrsteuern, Einfuhrquoten und -beschränkungen) reguliert werden. Genauso kann die EU im Bereich der Exporte bspw. durch Exportsubventionen und Ausfuhrbeschränkungen regulierend eingreifen.[203]

Zum anderen steht der Kommission im Zusammenhang mit der GHP neben den autonomen Maßnahmen die Möglichkeit des Abschlusses von bi- oder multilateralen Verträgen mit Drittstaaten zur Verfügung.[204] Die Souveränität der Handelspolitik der EU gegenüber Drittstaaten bleibt sowohl bei autonomen Maßnahmen als auch bei vertraglichen Regelungen grundsätzlich unberührt. Eingeschränkt wird diese Freiheit lediglich durch die primärrechtliche Selbstverpflichtung zum Freihandel nach Artikel 206 AEUV (bzw. Artikel 110 EWGV) und vertragliche Verpflichtungen gegenüber anderen Staaten und Organisationen.[205]

---

[201] Als »Dumping« wird der Verkauf von Gütern außerhalb des Herstellungslandes zu Preisen, die unter im Heimatmarkt des Exporteurs geltenden Preisen liegen, verstanden.

[202] In der EU werden Abschöpfungen bei Agrargütern vorgenommen. Es werden Einfuhrabgaben auf die Einfuhr von Agrarprodukten erhoben, um den Preis für die Ware vom niedrigen Weltmarktniveau auf das Niveau des Preises auf dem EU-Binnenmarkt anzuheben. Die Abschöpfung garantiert, dass innerhalb der EU produzierte Agrargüter, deren Herstellungskosten weit über Weltmarktniveau liegen, zu den gleichen Preisen angeboten werden können, wie von außerhalb des Binnenmarktes importierte Güter.

[203] Hierbei sei angemerkt, dass Exportsubventionen fast ausschließlich im Agrarsektor zulässig sind und mengenmäßige Ausfuhrbeschränkungen nach Art. 1 der EU Verordnung (VO) 2603/69 aus dem Gemeinschaftsgebiet grundsätzlich nicht bestehen. Nur in Krisensituationen kann nach Art. 5-8 der VO die Mitgliedstaaten die Ausfuhr lebenswichtiger Güter beschränkt werden. Zusätzlich gibt es Verordnungen, nach denen der Ausfuhr militärischer Güter (VO 1334/00) und Kulturgüter (VO 3911/92) genehmigungspflichtig ist.

[204] Darüber hinaus nehmen handelshemmende Grauzonenmaßnahmen (Grey Area Trade Policy) eine gewisse Sonderrolle bei den vertraglichen Abkommen ein. Darunter fallen u.a. freiwillige Exportbeschränkugen, *Gentlemen's Agreements* und zulässige Marktabsprachen. In solchen Abkommen verpflichten sich die Unterzeichner »freiwillig« mit unterschiedlichem Grad der Rechtsverbindlichkeit zur Einhaltung bestimmter Handelspraktiken oder gar zur Selbstbeschränkung. Als Druckmittel steht dem Initiator meist die Androhung von verschärften Schutzmaßnahmen zur Verfügung. Die EU und die USA verfügen als größte Wirtschaftsräume über bedeutendes Drohpotential gegenüber kleinen Drittstaaten. Insofern muss die Freiwilligkeit der Vertragspartner, in solche Abkommen einzuwilligen, in Frage gestellt werden.

[205] Zusätzlich hatte der EuGH in seinem Gutachten 1/94 explizit die Reichweite der ausschließlichen Kompetenz im Bereich der Handelspolitik der EU – bezugnehmend auf Artikel 133 EGV – auf den Warenverkehr begrenzt. Die Bereiche geistiges Eigentum und Dienstleistungen blieben somit im Einflussbereich der Mitgliedstaaten. Daher traten in der Vergangenheit beim Abschluss von Abkommen, die diese Bereiche betrafen, nicht die Gemeinschaft allein, sondern zusätzlich die einzelnen Mitgliedstaaten als Vertragspartner auf. Mit Inkrafttreten des Vertrags von Nizza erhält die Kommission jedoch die – bereits im Rahmen der Amsterdamer Verträge geforderte – Kompetenz ebenso Abkommen

Im Rahmen vertraglicher Regelungen muss zwischen reinen Handelsabkommen, sogenannten gemischten Abkommen oder Kooperationsabkommen[206] und Assoziierungsabkommen[207] in ihrem jeweiligen Grad der gegenseitigen Einbindung unterschieden werden. Jedes dieser Abkommen, die meist eine Vielzahl von Regelungen beinhalten, bindet die EU und das Drittland oder die Drittländer an eine Reihe von reziproken Verpflichtungen.

Ein Großteil wichtiger multilateraler Abkommen schließt die EU im Rahmen ihrer Mitgliedschaft bei der *Welthandelsorganisation (World Trade Organisation,* WTO), der momentan 153 Staaten angehören.[208] Nach Artikel 218 AEUV ist das Welthandelsabkommen WTO ein von der Gemeinschaft und den Mitgliedstaaten geschlossener völkerrechtlicher Vertrag. Da Völkervertragsrecht Vorrang vor sekundärem Gemeinschaftsrecht besitzt, können keine Richtlinien, Verordnungen und Entscheidungen in der Gemeinschaft verbindlich werden, die im Widerspruch zu Gemeinschaftsabkommen, wie sie die völkerrechtlichen Verträge im Rahmen der WTO-Abkommen darstellen, stehen.[209] Insofern ist der Handlungsspielraum der Gemeinschaft gegenüber Drittstaaten auf den durch die multilateralen WTO-Abkommen gesteckten Rahmen begrenzt. Ein wichtiges Instrument der WTO ist in diesem Zusammenhang das Streitschlichtungsgremium (*dispute settlement body* – Artikel IV Abs. 3, WTO-Abkommen). Das Gremium kann einstimmig von den beteiligten Parteien angerufen werden, wenn zwischen Mitgliedstaaten Uneinigkeit über die Auslegung von WTO-Regeln besteht. Der Schiedsspruch des Gremiums ist bindend und kann von der siegreichen Partei auch mit Zwangsmaßnahmen durchgesetzt werden.

---

über die Bereiche geistiges Eigentum, Dienstleistungen und ausländische Direktinvestition durch Abstimmung (grundsätzlich mit qualifizierter Mehrheit) zu schließen, vgl. Siebold, Die WTO und die EG, S. 227 f.

[206] Diese Art von Abkommen zeichnet sich neben Vereinbarungen über Vergünstigungen und Beseitigungen von tarifären und nicht-tarifären Handelshemmnissen, die Gegenstand von klassischen Handelsabkommen sind, durch das breite Spektrum an Sachthemen der Zusammenarbeit die den Bereich der Handelspolitik deutlich übersteigen. Diese betreffen bspw. die Bereiche Wirtschafts-, Verkehrs-, Forschungs- und Entwicklungspolitik. Vgl. Christian Tietje, Die Gemeinsame Handelspolitik der EU im System des Welthandelsrechts: Ein Spannungsverhältnis zwischen fortschreitender Liberalisierung und zunehmendem Protektionismus, in: Eckhard Pache/Frank Schorkopf (Hrsg.), Die Europäische Union nach Lissabon, Baden-Baden: Nomos, 2009, S. 37.

[207] Die EU hat ein Assoziierungsabkommen mit der Türkei abgeschlossen und strebt nach Artikel 198 AEUV weitere Assoziierungsabkommen mit Staaten und Hoheitsgebieten, die mit Dänemark, Frankreich, den Niederlanden und dem Vereinigten Königreich besondere Beziehungen unterhalten, an. Grundsätzlich dienen solche Abkommen als Basis für Beitrittsverhandlungen.

[208] Die WTO löst zum 1. Januar 1995 als internationale Organisation den 1947 geschlossenen völkerrechtlichen Vertrag GATT 1947 (General Agreement on Tariffs and Trade, Allgemeines Zoll- und Handelsabkommen) ab. Das GATT ist somit der Grundstein der WTO und die heutige Fassung von 1994 (GATT 1994) als Teilbereich in die WTO eingegliedert.

[209] Siebold, Die WTO und die EG, S. 261.

Die WTO-Regeln können in vier Grundprinzipien unterteilt werden:

1. Im Rahmen des *Nichtdiskriminierungsprinzips* wird der Grundsatz der Meistbegünstigung (*most favoured nationprinciple*, (MFN)) (Art. 1 GATT) geregelt. Räumt ein Mitgliedstaat einem anderen gegenüber Vorteile oder Begünstigungen ein, so müssen diese den anderen WTO-Mitgliedern ebenfalls gewährt werden. Außerdem gilt der Grundsatz der Inländergleichbehandlung (*international treatment obligation* (ITO)) (Art. 3 GATT). Ausländische Produkte dürfen gegenüber inländischen Produkten nicht benachteiligt werden. Sofern die Staaten den Markt für einen Dienstleistungssektor geöffnet haben, gilt das Prinzip auch in diesem Sektor.

2. Das *Reziprozitätsprinzip* gewährleistet als Ergänzung zum Meistbegünstigungsprinzip, dass alle WTO-Mitglieder symmetrisch verteilte Rechte und Pflichten haben und von einer gegenseitig begünstigenden Reduktion der Zollbarrieren profitieren.

3. Das *Tarifbindungsprinzip* garantiert, dass verbindlich vereinbarte Tarifsenkungen nicht wieder rückgängig gemacht werden können.

4. Das *Konsensprinzip* bedeutet, dass alle Entscheidungen innerhalb der WTO einstimmig beschlossen werden. Damit dieser vor dem Hintergrund der Vielzahl von Mitgliedstaaten höchst ineffizient anmutende Grundsatz praktikabel bleibt, bilden sich in der Regel um Haupthandelspartner gruppierte Koalitionen.

Die Verhandlungsführung gegenüber der WTO übernimmt für die EU der Kommissar für Außenhandel. Alle Mitgliedstaaten der EU sind selbst Einzelmitglieder der WTO und mit eigenen Delegationen bei den Verhandlungen vertreten. Damit vertreten die EU-Mitgliedstaaten ihre Partikularinteressen, die teilweise nicht mit der gemeinsamen EU-Position deckungsgleich sind. Die Beschlussfassung in der WTO erfolgt üblicherweise nach dem Einstimmigkeitsprinzip. Für den Fall, dass ein Beschluss nicht durch Konsens gefasst werden kann, werden auf Basis eines Mehrheitsentscheids Beschlüsse gefasst. Die EU übt als Vollmitglied das Stimmrecht für alle ihre Mitglieder aus und hat somit 27 Stimmen. Die Stimme der EU als eigenständiges WTO-Mitglied entfällt in solchen Fällen.

Verhandlungen erfolgen innerhalb der WTO meist über sogenannte Welthandelsrunden, die eine Vielzahl von Themen berühren. Durch die Multilateralisierung der Verhandlungen seit der Kennedy-Runde und des immer größer werdenden Themenspektrums hat sich die Dauer der Verhandlungsrunden ausgeweitet. Der bereits weitgehend liberalisierte Warenverkehr hat dabei an Bedeutung verloren, dafür nehmen die Themenbereiche Dienstleistungs- und Agrargüterverkehr heute einen größeren Stellenwert in den Verhandlungen ein. Die jüngsten, noch nicht abgeschlossenen Verhandlungen werden im Rahmen der Doha-Runde geführt. Dabei haben sich vor allem geplante Liberalisierungsbestimmungen im Agrarsektor als neuralgischer Punkt und hauptverantwortlich für das mehrfache Scheitern der Verhandlungen erwiesen.

Neben multilateralen Abkommen schließt die EU auch bilaterale Abkommen mit einzelnen Drittstaaten. Die EU begründet solche Verhandlungen mit dem Argument, bilaterale Abkommen stellten eine notwendige Ergänzung in einem Policy-Mix dar, der die internationalen Wettbewerbsfähigkeit der europäischen Unternehmen fördern solle.[210] Inhalt solcher Abkommen sind einerseits Handelsliberalisierungen, die über das Niveau der WTO-Abmachungen hinausgehen sollen und andererseits Themen, die bislang nicht in ausreichendem Maße auf einer multilateralen Ebene in Regelungen einbezogen werden. Dazu gehören beispielsweise nichttarifäre Handelshemmnisse, öffentliche Beschaffung, Investitionen, Wettbewerbsregeln und der Schutz geistigen Eigentums (sogenannte WTO-Plus Themen).[211]

### 5.2.2.1.2. Aktuelle Entwicklungen in der praktischen Ausgestaltung der gemeinsamen Handelspolitik

Aufgrund der Verschiedenheit der Abkommen ist ein komplexes Präferenzsystem entstanden, das oft als Präferenzpyramide bezeichnet wird, da die Präferenzbehandlung mit zunehmendem Umfang der in den Abkommen geregelten Bestimmungen zunimmt.[212] Die maximale Begünstigung haben selbstverständlich die Mitgliedstaaten der EU selbst, die auf Grundlage des *acquis communautaire*, welcher vertraglich den gemeinsamen Binnenmarkt festlegt, beruht. Auf der nächst niedrigeren Stufe stehen Assoziierungsabkommen, die in der Regel mit der Schaffung einer Zollunion oder Freihandelszone einhergehen. Die EU unterhält ein solches Abkommen bspw. mit der Türkei, wobei der Beitritt der Türkei zur EU seit Oktober 2005 verhandelt wird. Häufiger sind jedoch Kooperationsabkommen, die eine weitere Stufe darunter liegen. Auch im Rahmen solcher Abkommen ist die Schaffung einer Freihandelszone möglich, jedoch reichen die Freihandelsbestimmungen und technischen Kooperationsvereinbarungen weder

---

[210] Christina Langhorst, Die bilateralen Handelsabkommen der Europäischen Union: Risiko und Chance für Multilateralismus und weltwirtschaftliche Integration, Konrad Adenauer Stiftung: Analysen & Argumente Oktober 2007, Nr. 45, S. 3.
[211] Tietje, Die GHP der EU, S. 37.
[212] Vgl. bspw. Carlo Almonte/Mario Nava, Economics and Policies of an Enlarged Europe, Cheltenham u.a.: Edward Elgar, 2005, S. 361 f.; Jacques Pelkmans, European Integration: Methods and Economic Analysis, 3. Auflage. Harlow u.a.: Pearson Education, 2006, S. 280 f.

an Umfang noch an Tiefe an die Vereinbarungen eines Assoziierungsabkommen heran. Auf der zweit untersten Stufe der Präferenzpyramide steht das allgemeine Präferenzsystem, dessen Kernstück ein reduzierter gemeinsamer Außentarif für bestimmte Güter oder Länder ist. Mit Ländern, die auf der untersten Stufe der Präferenzpyramide eine Verbindung mit der EU besitzen, sind außer der im Rahmen der GATT/WTO-Abkommen vereinbarten Begünstigungen keine zusätzlichen Konzessionen ausgehandelt.

Die EU ist heute aufgrund der multilateralen Verträge im Rahmen der WTO und zusätzlich durch weitere multilaterale und bilaterale individuelle Handelsverträge mit mehr als 120 Ländern verbunden. Eine Einzelbetrachtung aller Beziehungen der EU zu Drittländern würde den Rahmen dieser Arbeit sprengen, daher werden die Drittländer hier in Gruppen zusammengefasst, um die aktuellen Entwicklungen der GHP zu veranschaulichen.

Die engste Verbindung der EU zu Drittländern, die eine Zwischenstufe zwischen Mitgliedstatus und Assoziierungskandidat bildet, ist der Europäische Wirtschaftsraum (EWR). Durch das Abkommen über den EWR, das seit dem 1. Januar 1994 in Kraft ist und seitdem mehrmals aufgrund des Beitritts weiterer Staaten zur EU erweitert wurde, dehnt sich ein großer Teil der Binnenmarktvorschriften über die EU hinaus auch auf alle übrigen EFTA-Staaten mit Ausnahme der Schweiz aus. Der EWR ist allerdings keine Zollunion, da kein gemeinsamer Außenzoll festgelegt wird. Mit der Schweiz, die das Abkommen nicht unterzeichnet hat, wurden gesonderte Verträge geschlossen, die am 1. Juni 2002 in Kraft getreten sind. Darin enthalten sind Bestimmungen über den freien Personenverkehr, den Handel von Agrargütern, das Vergaberecht, Konformitätsbewertungen, den Luftverkehr, den Straßen- und Schienenverkehr und die Teilnahme der Schweiz an den Forschungsrahmenprogrammen der EU. Außerdem ist die Schweiz im Rahmen einer zweiten Verhandlungsrunde, deren Verträge 2004 unterzeichnet wurden, durch die Teilnahme an weiteren Projekten mit der EU verbunden. Diese beinhalten die Unterzeichnung des Schengenabkommens, ein Steuerabkommen, im Rahmen dessen Doppelbesteuerung verhindern werden soll, und die Schweiz einen Beitrag zur Bekämpfung von Steuerhinterziehung leisten soll, die Mitgliedschaft in der Europäischen Umweltagentur, die Teilnahme am Europäischen Umweltinformations- und Umweltbeobachtungsnetz, am Dublin-System (Bestimmung des Mitgliedstaats, der für die Durchführung des Asylverfahrens zuständig ist) und am Medienprogramm der EU. Die EFTA-Staaten und die Türkei verbindet somit die engste Partnerschaft mit der EU.

Im Zuge der jüngsten Erweiterungen der EU haben sich neue Herausforderungen mit den nun direkt angrenzenden Staaten ergeben. Da eine Abschottung sowohl von seiten der EU als auch der Nachbarstaaten als Nachteil angesehen wird, legte die EU-Kommission im Mai 2004 ein Strategiepapier vor, dessen Ziel die Etablierung eines »Rings stabiler, befreundeter Staaten« ist. Die offiziell sogenannte »Europäische Nachbarschaftspolitik« (ENP) sieht keine Beitrittsverhandlungen mit den Nachbarstaaten vor, sondern vielmehr eine privilegierte Partnerschaft auf Basis der gegenseitigen Verpflichtung zur Einhaltung gemeinsamer Werte (u.a. Rechtstaatlichkeit, *good governance*, die Einhaltung von Menschen- und Minderheitsrechten, die Implementierung von marktwirtschaftlichen Prinzipien und die gemeinsame Verfolgung bestimmter außenpolitischer Ziele). Die EU plant im Wesentlichen, im Rahmen der ENP den angrenzenden Staaten verbesserten Zugang zum Binnenmarkt zu gewähren, um im Gegenzug Einfluss auf deren innen- und außenpolitischen Kurs zu erhalten.[213] Das Programm richtet sich am östlichen Rand von Europa an die Ukraine, Weißrussland und Moldawien und im südlichen Kaukasus an Armenien, Aserbaidschan und Georgien. Mit jedem der Länder gibt es bilaterale Verhandlungen, um landesspezifische, individuelle Verträge zu schließen.[214] Im Mai 2009 wurde das ENP für die osteuropäischen und südlichen Kaukasusstaaten zusätzlich durch die »östliche Partnerschaft«, ein Assoziierungsabkommen das den Beitritt zur EU grundsätzlich in Aussicht stellt, verstärkt. Da alle sechs ehemaligen Sowjetrepubliken der östlichen Partnerschaft momentan unterschiedliche politische, ökonomische und soziale Reformprozesse durchlaufen, sieht die EU intensiveren Handlungsbedarf. Ziel des Abkommens ist es, die Umsetzung der gemeinsamen Werte zu fördern, die Energiesicherheit zu stärken und mithilfe von zusätzlichen Mitteln Projekte zu finanzieren, um sozio-ökonomische Ungleichgewichte zu reduzieren.

Ebenfalls in das Programm der ENP einbezogen sind die Länder der »euromediterranen Partnerschaft« (EUROMED). EUROMED wurde bereits im Jahr 1995 im Zuge der euro-mediterranen Konferenz in Barcelona als bilaterales Freihandelsabkommen ins Leben gerufen. Mitgliedstaaten sind neben der EU die sogenannten MED-10: Ägypten, Algerien, Israel, Jordanien, Libanon, Marokko, die Palästinensischen Autonomiegebiete, Syrien, Tunesien und die Türkei.[215] 2004 wird die Partnerschaft durch die Instrumente der ENP ergänzt. Im Gegensatz zur östlichen Partnerschaft ist im Rahmen der EUROMED jedoch kein Assoziierungsabkommen vorgesehen.[216] Die EU hat bereits alle Tarife auf industrielle Güter noch vor der vertraglichen Frist 2010 einseitig abgeschafft und senkte die

---

[213] Vgl. Almonte/Nava, Economics and Policies of Europe, S. 361.
[214] Russland nimmt nicht am ENP teil, sondern ist durch das 1997 in Kraft getretene Partnerschafts- und Kooperationsabkommen (PKA) mit der EU verbunden. Außerdem werden seit 2008 Verhandlungen über die Zusammenarbeit in den sogenannten »vier gemeinsamen Räumen« Wirtschaft, Freiheit, Sicherheit und Recht, äußere Sicherheit sowie Forschung, Bildung und Kultur geführt.
[215] Ursprünglich gehören Zypern und Malta ebenfalls zu den Mitgliedstaaten, durch ihren EU-Beitritt zum 1. Mai 2004 entfallen sie jedoch als Einzelmitglieder. Libyen verfügt seit 1999 über einen Beobachterstatus, ist dem Abkommen jedoch bisher nicht beigetreten.
[216] Europäische Kommission, Bilateral Relations, ⟨URL: http://ec.europa.eu/trade/creating-opportunities/bilateral-relations/regions/⟩; aufgerufen am 12.1.2010.

Einfuhrschranken für die meisten Lebensmittel spürbar.²¹⁷ Die vorzeitige einseitige Abschaffung der Tarife auf Industriegüter aus den MED-10 Staaten in die EU ist auf die relativ geringe Bedeutung der MED-10 als Handelspartner zurückzuführen. Die EU exportierte 2008 in alle zehn Länder insgesamt ca. 10 v.H. ihrer Ausfuhren (extra-EU), wobei allein 4 v.H. in die Türkei gingen. Der Ausfuhranteil der MED-10 Länder ist größtenteils erheblich höher, und die EU stellt für die meisten Länder den wichtigsten Handelspartner dar.²¹⁸ Insofern besteht eine gewisse einseitige Abhängigkeit der MED-10 von der EU. Die MED-10 haben daher ebenfalls die Abschaffung der Zolltarife auf Industriegüter für 2010 zugesagt.

Ein weiterer Trend der letzten zehn Jahre sind bilaterale Freihandelsabkommen der EU mit Staaten außerhalb Europas. Es existieren Freihandelsabkommen mit Mexiko (seit 2000), mit Südafrika (seit 2000) und mit Chile (seit 2002).²¹⁹ Mit dem Mercosur²²⁰ und dem Golf-Kooperationsrat²²¹ werden ebenfalls seit Jahren Verhandlungen über eine Freihandelszone geführt, bislang noch ohne Abschluss. Die EU ist prinzipiell Freihandelsabkommen gegenüber aufgeschlossen, so lange diese den Landwirtschaftssektor nicht einbeziehen. Sie hat jedoch angekündigt, dass sie in keine weiteren Verhandlungen eintreten wird, solange die noch andauernde Doha-Runde nicht abgeschlossen ist.²²²

Mit der Gruppe der afrikanischen, karibischen und pazifischen Staaten (AKP-Staaten) die sich großteils aus ehemaligen Kolonien Frankreichs, Großbritanniens und Belgiens zusammen setzt und heute 78 Staaten umfasst,²²³ unterzeich-

---

[217] Baldwin/Wyplosz, The Economics of European Integration, S. 283.
[218] 2008 betragen die Ausfuhranteile der MED-10 in die EU folgende Werte: Marokko 72,4 v.H., Tunesien 72,1 v.H., Türkei 48,8 v.H., Algerien 43,6 v.H., Syrien 43,5 v.H., Ägypten 35,6 v.H., Israel 29,0 v.H., Libanon 10,6 v.H., Jordanien weniger als 1 v.H., keine Angaben für die palästinensischen Autonomiegebiete, vgl. WTO, Trade Profiles, ⟨URL: http://stat.wto.org/CountryProfile/WSDBCountryPFReporter.aspx?Language=E⟩, aufgerufen am 10.1.2010.
[219] Europäische Kommission, http://ec.europa.eu/trade/creating-opportunities/bilateral-relations/regions/; aufgerufen am 12.1.2010.
[220] Der Mercosur (*Mercado Commún del Sur/Mercado Comum do Sul*) bildet für die Länder Argentinien, Brasilien, Paraguay und Uruguay einen gemeinsamen Markt. Venezuela trat dem Mercosur 2006 bei, die formelle Aufnahme ist jedoch bislang nicht vollzogen. Ferner sind die Länder Chile, Bolivien, Ecuador, Peru und Kolumbien durch Assoziierungsabkommen mit dem Mercosur verbunden. Mit Mexiko sind momentan Verhandlungen über ein Assoziierungsabkommen im Gange.
[221] Der 1981 gegründete Kooperationsrat der Arabischen Staaten des Golfes (engl. kurz *Gulf Cooperation Council* (GCC)), dessen Ziel die Zusammenarbeit der Mitgliedstaaten in der Außen- und Sicherheitspolitik sowie im kulturellen und wirtschaftlichen Bereich ist. Mitglieder des GCC sind: Bahrain, Katar, Kuweit, Oman, Saudi-Arabien und die VAE. Mit dem Jemen werden momentan Beitrittsverhandlungen geführt.
[222] Baldwin/Wyplosz, The Economics of European Integration, S. 287.
[223] Die AKP-Gruppe setzt sich folgendermaßen zusammen: 48 afrikanische Staaten, lediglich die dem EUROMED-Abkommen angehörenden afrikanischen Mittelmeerstaaten und

net die EU im Juni 2000 das Cotonou-Abkommen, das 2002 für eine Laufzeit von 20 Jahren in Kraft tritt.[224] Da wie im Falle der MED-10 Staaten für die AKP-Staaten die EU vorwiegend den wichtigsten Handelspartner darstellt, die AKP-Staaten als Absatzmarkt für EU jedoch nur von marginaler Bedeutung sind, ist das Abkommen von Seiten der EU vor allem entwicklungspolitisch motiviert. Verdeutlicht wird dies zusätzlich durch die Tatsache, dass 41 der AKP-Staaten unter den 50 weltweit am wenigsten entwickelten Ländern sind.[225] Das Abkommen sieht im Kern – im Einklang mit den WTO-Abkommen – vor, die unilateralten Handelspräferenzen, die die EU den AKP-Staaten im Rahmen des Lomé-Abkommens gewährt hatte, durch reziproke Handelspräferenzen mithilfe von Wirtschaftspartnerschaftsabkommen (WPA) zu ersetzen. Ziel des Cotonou-Abkommens ist die Integration der Entwicklungsländer in die Weltwirtschaft. Die Berücksichtigung des Differentiationsprinzips macht es der EU möglich, die Länder je nach Entwicklungsstand unterschiedlich zu behandeln.

Darüber hinaus hat die EU im Rahmen eines allgemeinen Präferenzsystems gegenüber den 49 am wenigsten entwickelten Ländern der Welt, also einem Großteil der AKP-Staaten und einigen asiatischen Ländern (Afghanistan, Bangladesch, Bhutan, Jemen, Kambodscha, Laos, Myanmar und Nepal) die Initiative »Everything But Arms« (EBA) gestartet. Das EBA-Programm gewährt prinzipiell zollfreien Zugang auf den EU-Markt für alle Industriegüter dieser Länder mit Ausnahme von Waffen und Munition. Ausgenommen sind auch die meisten landwirtschaftlichen Güter. Da die am wenigsten entwickelten Länder jedoch gerade in der Produktion landwirtschaftlicher Erzeugnisse konkurrenzfähig sind, ist der Effekt dieser Initiative fragwürdig.[226]

Lediglich mit neun Staaten hat die EU bislang keine umfassenden Handels- oder Kooperationsabkommen geschlossen. Allerdings sind darunter industrialisierte Staaten wie Australien, Japan, die Volksrepublik China und die USA.[227]

---

Libyen gehören nicht dazu, 15 karibische Staaten und 15 Staaten im Südpazifik.

[224] Das Cotonou-Abkommen löst das Lomé-Abkommen ab, das in den Siebzigerjahren geschlossen und bis 2000 dreimal modifiziert wird. Die beiden Abkommen unterscheiden sich in ihrer Ausrichtung, da das ältere Abkommen sich vorwiegend auf die einseitige Tarifsenkung für Industriegüter aus den AKP-Staaten konzentriert, um Industrialisierung und Wachstum zu fördern. Da im Laufe der Zeit jedoch deutlich wird, dass diese Ziele von lateinamerikanischen und asiatischen Staaten, die nicht die Förderung des Abkommens genießen, vergleichsweise schneller erreicht werden, einigen sich die EU und die AKP-Staaten auf eine Modernisierung des Abkommens, vgl. Baldwin/Wyplosz, The Economics of European Integration, S. 285.

[225] Europäische Kommission, http://ec.europa.eu/trade/creating-opportunities/bilateral-relations/regions/; aufgerufen am 12.1.2010.

[226] Die Zölle für Zucker, Bananen und Reis sind im Rahmen von Übergangsabkommen gesenkt und bis 2009 gänzlich abgeschafft worden, jedoch verbleiben bilaterale Importquoten, die die Einfuhr agrarischer Güter aus den betreffenden Ländern weiterhin limitieren.

[227] Hinzu kommen Hong Kong, Neuseeland, Singapur, Südkorea und Taiwan.

Der Warenhandel mit diesen Ländern macht allein ein Drittel des gesamten extra-EU Handels aus. Für die Handelsbeziehungen mit diesen Ländern finden die WTO-Abkommen mit ihren Regelungen und der gemeinsame Außenzoll der EU Anwendung.

Zusammenfassend kann festgehalten werden, dass die EU in den letzten Jahren vor allem Abkommen mit Staaten, die in unmittelbarer Nähe zu den EU-Grenzen liegen, geschlossen hat. Sowohl der EWR als auch die EUROMED-Abkommen und die ENP-Initiative sind Belege für diese Politik. Die Regionalisierungstendenzen haben bereits im Zuge der jüngsten Regionalisierungswelle in den Neunzigerjahren begonnen und halten bis heute an. Darüber hinaus hat die EU im neuen Millenium mehrere Freihandelsabkommen mit Staaten abgeschlossen, die nicht in unmittelbarer geographischer Nähe zur EU liegen und ist mit dem Mercosur und dem GCC noch in Verhandlungen. Mit weniger entwickelten Staaten sind die Abkommen teilweise asymmetrisch ausgestaltet, zielen jedoch auf die Etablierung einer gleichwertigen Partnerschaft ab. Bei wenigen, allerdings umso wichtigeren Handelspartnern verfährt die EU nach den ihr im Rahmen der multilateralen WTO-Abkommen auferlegten Regeln und es werden in näherer Zukunft auch keine umfassenden Abkommen mit diesen Ländern erwartet.

### 5.2.2.1.3. Fazit

Mehr als fünfzig Jahre nach Beginn einer gemeinsamen Handelspolitik in Europa kann zweierlei in Bezug auf Röpkes Ansichten festgehalten werden. Zum einen hat sich Röpkes Prognose, die Entwicklung der Zollsätze im Industriegüterbereich werde in den Hintergrund treten, erfüllt.[228] Röpke hatte bereits zu Zeiten der Kennedy-Runde angenommen, dass die EWG-Staaten im Laufe der Zeit den Widerstand gegen die Senkung von Einfuhrzöllen aufgeben würden und eine allgemeine Zollsenkung von Zöllen auf Industriegüter auf ein erträgliches Niveau, realistisch sei.[229] Der durchschnittliche Zollsatz für nichtagrarische Güter liegt seit 2007 bei 4,0 v.H.[230] Die EU bedient sich heute vor allem nichttarifärer Handelshemmnisse, Antidumpingmaßnahmen und Schutzmaßnahmen. Ein großer Teil der Güter, die von Schutzmaßnahmen der EU betroffen sind, kommen aus Fernost (China, Thailand, Indien und Vietnam) und betreffen in vielen Fällen Textilien und Schuhe.[231] Prinzipiell wird der EU jedoch von der WTO bescheinigt, sich im Industriegütersektor generell für die fortlaufende Liberalisierung des Handels vorbildlich einzusetzen.[232]

---

[228] Vgl. S. 138.
[229] Röpke, Die EWG im Zwielicht, Rheinischer Merkur, 1964, S. 4; Röpke, Agrarintegration, Agri Forum, 1964, S. 8.
[230] WTO, Trade Policy Review, WTO 2007, S. 45.
[231] Ders., S. 55 f.
[232] Ders., S. xii.

Röpke erwartet des weiteren, dass sich eine Verschiebung von tarifären zu nichttarifären Handelshemmnissen ergeben werde,[233] was sich ebenfalls als richtig herausgestellt hat. Denn durch diese Maßnahmen lassen sich Diskriminierungen meist besser verschleiern und in komplexen Regelungen verstecken.

Zum anderen befürchtet Röpke, dass sich durch die europäische Integration eine regionale Blockbildung ergebe, die ein freies universelles Handelssystem verhindere und auch innerhalb Europas eine Spaltung herbeiführe, zwischen den Ländern, die dem Integrationsklub angehören und solchen, die außen vor seien.[234] Die Befürchtung der Spaltung Europas ist heute, da bereits 27 Länder der EU angehören und im Rahmen des ENP privilegierte Partnerschaften auch mit Ländern, die geographisch außerhalb des europäischen Raums liegen, nicht mehr aktuell. Die Einbeziehung der EFTA-Länder und der Fall des Eisernen Vorhangs, der einen Beitritt der osteuropäischen Staaten zur EG ermöglicht hat, sind nicht zuletzt das Ergebnis des europäischen Integrationsprozesses, eine Entwicklung, die sich Röpke gewünscht hätte. Allerdings sind weiterhin Regionalisierungstendenzen zu beobachten, gleichwohl sich dies im europäischen Kontext nicht mehr auf die kleine Gruppe der sechs Gründerstaaten bezieht, die Röpke auch heute noch mit kritischem Blick betrachten würde. Denn seine Maxime ist der universelle, nach allen Seiten geöffnete und damit niemanden diskriminierende Freihandel, zum dem er sich ohne Einschränkungen bekennt.[235] Daher würde er sich auf die bestmögliche Umsetzung der WTO-Regeln einsetzen, da sie eine geringstmögliche Diskriminierung anderer Staaten zur Maxime hat.

### 5.2.2.2. Die gemeinsame Agrarpolitik der EU

Während die EU in den vergangenen 15 Jahren seit Bestehen der WTO Tarifsenkungen im Industriegüterbereich durchgeführt hat und mit einem durchschnittlichen Zollsatz von 4 v.H. bei nichtlandwirtschaftlichen Gütern von der WTO als Vorbild bezeichnet wird, liegt der durchschnittliche MFN-Zollsatz von Agrargütern gemäß den im Rahmen der WTO Trade Policy Review (TPR) 2007 erhobenen Statistiken mit 18,6 v.H. mehr als viermal so hoch wie der Durchschnittszoll aller sonstigen importierten Waren.[236] Gleichwohl die Produktionspreise von Agrargütern innerhalb der EU erheblich über dem Weltmarktpreisniveau liegen, ist die Handelsbilanz für die Produktgruppe Nahrungsmittel, Getränke und Tabak fast ausgeglichen.[237] Dass die EU kein bedeutenderer Nettoim-

---

[233] Röpke, Die EWG im Zwielicht, Rheinischer Merkur, 1964, S. 4;
[234] Röpke, Kraftproben, Rheinischer Merkur, 1964, S. 19.
[235] Röpke, Integration, Centre d'Etudes Industrielles, 1950, S. 6.
[236] WTO, WT/TPR/S/177, S. 45.
[237] 2008 liegen die Exporte der EU in dieser Produktgruppe bei 68,35 Mrd. Euro und die Importe bei 80,81 Mrd. Euro. Eurostat, Extra-EU-Handel nach Produktgruppen, ⟨URL: http://epp.eurostat.ec.europa.eu/tgm/refreshTableAction.do?tab=

porteur von Agrargütern ist, liegt an der stark protektionistischen und subventionistischen Agrarpolitik der EU. Die marktverzerrende Agrarpolitik der EU zieht sich wie ein roter Faden durch die gesamte Integrationsgeschichte seit Beginn ihrer Implementierung im Jahre 1962 bis heute. Unter Ökonomen besteht kein Zweifel, dass die GAP zu negativen Wohlfahrts- und Effizienzeffekten führt.[238] Um zu verstehen, worauf die problematischen Auswirkungen der GAP beruhen, müssen zuerst die Ziele und Instrumente der GAP beleuchtet werden, was im nächsten Abschnitt passiert. Im Anschluss werden die wichtigsten Auswirkungen dieser Politik analysiert.

### 5.2.2.2.1. Ziele, Prinzipien und Instrumente der gemeinsamen Agrarpolitik

Als die Römischen Verträge verhandelt werden, in denen die GAP verankert wird, ist die Landwirtschaft in Europa noch ein bedeutender Wirtschaftssektor. Drei Überlegungen liegen der Einbeziehung der GAP zugrunde. Erstens ist die Versorgungssicherheit für alle EWG-Staaten von großer Bedeutung, weshalb geeignete Maßnahmen zur Stabilisierung und Stützung der Landwirtschaft als angemessen erscheinen. Auch diejenigen der sechs Gründungsmitglieder, die prinzipiell marktwirtschaftliche orientiert sind, nehmen als Preis für agrarische Unabhängigkeit Marktverzerrungen und zusätzliche Kosten in Kauf.[239] Zweitens soll der gemeinsame Markt sich auf alle Güter und Dienstleistungen beziehen, damit nicht nur Produzenten von Industriegütern komparative Kostenvorteile optimal nutzen können, sondern auch landwirtschaftliche Produzenten von der Zollunion profitieren. Dieses Argument wird vor allem von Frankreich und Italien angeführt. Drittens – eine weitere Forderung Frankreichs, an die es seinerzeit den Beitritt zur EWG koppelt – soll mit Hilfe der GAP eine Umverteilung innerhalb der EWG stattfinden. Die Umverteilung erfolgt über zwei Kanäle: einerseits direkt über die Preispolitik, die Konsumenten Mindestpreise vorgibt, wobei EU-interne Exporte zusätzlichen Gewinn bedeuten, und andererseits indirekt über Subventionen der Landwirtschaft aus dem EU-Budget.[240]

---

table\&plugin=1\&pcode=tet00061\&language=de); aufgerufen am 14.1.2010.
[238] Vgl. bspw. Neal, The Economics of Europe, S. 78 ff.; Wagener/Eger, Europäische Integration, S. 525; Pelkmans, European Integration, S. 241; Baldwin/Wyplosz, The Economics of European Integration, S. 210 ff.; Almonte/Nava, Economics and Policies of Europe, S. 262 ff.
[239] Pelkmans, European Integration, S. 220.
[240] Wagener/Eger, Europäische Integration, S. 507.

Aus diesen Überlegungen haben sich drei Prinzipien ergeben, nach welchen die GAP ausgestaltet wird:

1. Die EWG bildet einen einheitlichen gemeinsamen Markt für Agrargüter.
2. Es existiert eine »Gemeinschaftspräferenz« für Agrargüter, d.h. in der EWG produzierte Agrargüter erhalten eine Vorzugsbehandlung, die durch Zölle gewährleistet wird.
3. Durch die finanzielle Solidarität unter den Mitgliedstaaten werden die Kosten der GAP von allen Teilnehmern gemeinschaftlich getragen.

Auf Basis dieser Prinzipien, die einen strukturellen Rahmen für die Implementierung der GAP geben, werden in den Römischen Verträgen mehrere Ziele für den Landwirtschaftssektor festgelegt. Bemerkenswert ist dabei, dass sich die Ziele der GAP seit dem EWGV nicht geändert haben. Sie sind in alle Folgeverträge übernommen worden, so auch in den aktuellen AEUV. »Die Steigerung der Produktivität der Landwirtschaft durch die Entwicklung des technischen Fortschritts, durch die rationelle Entwicklung der landwirtschaftlichen Produktion sowie durch bestmöglichen Einsatz der Produktionsfaktoren, insbesondere der Arbeitskräfte« (Artikel 39 Abs. 1, lit. a EWGV/AEUV) ist als Mittel vorgegeben. Damit soll die Sicherung eines »angemessenen Lebensstandards der landwirtschaftlichen Bevölkerung«, die »Stabilisierung der Märkte«, die »Sicherheit der Versorgung« und die »Belieferung der Verbraucher zu angemessenen Preisen« (Artikel 39 Abs. 1, lit. b-e EWGV/AEUV) gewährleistet werden. Bemerkenswert ist dabei, dass sich die Ziele der GAP seit dem EWGV nicht geändert haben. Sie sind in alle Folgeverträge übernommen worden, so auch in den aktuellen AEUV.

Ein gleichzeitiges Erreichen aller fünf Ziele hat sich als nicht durchführbar herausgestellt, da die Hinwendung zu einem der Ziele in einigen Fällen die Vernachlässigung anderer Ziele bedeutet. Bspw. kann sich durch technologischen Fortschritt die Angebotsmenge für Agrargüter erhöhen, wodurch das Autarkieziel erreicht wird, aber nicht gleichzeitig *per se* die Stabilität der Märkte gewährleistet werden kann, da die erhöhte Produktion den Bedarf übersteigen und in Folge das Überschussangebot zu einem Preisverfall führen könnte. Auch ist mit einer Produktionssteigerung nicht gewährleistet, dass sich das Einkommen der im Agrarsektor beschäftigten Individuen erhöht. Die Sicherung der bäuerlichen Einkommen hat sich bei der Ausgestaltung der GAP als das Ziel mit der höchsten Priorität erwiesen.[241]

---

[241] Vgl. Pelkmans, European Integration, S. 221; Wagener/Eger, Europäische Integration, S. 517; Neal, The Economics of Europe, S. 73 ff.

Der Politik stehen für die Erreichung ihrer Ziele verschiedene Instrumente und mehrere Ansatzpunkte zur Verfügung. An der Grenze kann die Politik durch tarifäre Handelshemmnisse wie Abschöpfungszölle und Importquoten (diese sind allerdings mit den WTO-Regularien nicht vereinbar und werden nur im Zusammenhang mit präferentiellen Importen aus AKP-Staaten eingesetzt) und nichttarifäre Handelshemmnisse wie Importverbote, Qualitäts- und Kontrollvorschriften Importe begrenzen. Auf der Exportseite kann die Politik außerdem durch Subventionierungen der Agrarprodukte dafür sorgen, dass teure, in der EU hergestellte Güter zu Weltmarktpreisen außerhalb der EU abgesetzt werden können und damit künstlich wettbewerbsfähig gehalten werden. Seit den jüngsten Welthandelsrunden (Uruguay- und Doha-Runde) wird jedoch durch zunehmenden Druck auf die Industrieländer teilweise erfolgreich versucht, die Marktverzerrung zugunsten der Agrargüter aus Industrieländern einzudämmen.[242]

Auf dem heimischen Markt können ebenfalls Interventionen zugunsten des Landwirtschaftssektors durchgeführt werden. Am einfachsten ist der Aufkauf überschüssiger Produktion durch den jeweiligen Mitgliedstaat direkt von den landwirtschaftlichen Betrieben. Die eingelagerten Überschüsse können entweder durch die angesprochene Exportsubvention abgebaut werden oder durch Konsumsubventionen wie bspw. die Senkung von Steuern.[243] Darüber hinaus kann der heimische Markt Impulse durch Bildungs- sowie Forschungs- und Entwicklungspolitik erhalten, um den technologischen Fortschritt zu stimulieren.

Der dritte mögliche Ansatzpunkt der GAP liegt bei den landwirtschaftlichen Betrieben selbst. Hier kann ein preispolitisches Instrument eingesetzt werden, die sogenannten Preisausgleichszahlungen, die auf *ex ante* festgesetzten Preisgarantien für ein bestimmtes Produkt für alle EU-Landwirte basieren. Die Landwirte erhalten nach diesem Verfahren für die Differenz zwischen Marktpreis und festgesetztem Mindestpreis eine Ausgleichszahlung. Die Wirkung der Preisausgleichszahlungen entspricht in etwa der handelsbeschränkenden Wirkung einer Zollerhebung. Der Vorteil gegenüber dem Zoll ist das Ausbleiben des Wohlfahrtsverlusts einer Zollerhebung. Die landwirtschaftlichen Betriebe werden jedoch auch mit diesem Instrument produktionsabhängig bezuschusst.

---

[242] David Colman, The Common Agricultural Policy, in: Mike Artis/Frederick Nixson (Hrsg.), The Economics of the European Union, 4. Auflage. Oxford: University Press, 2007, S. 85.

[243] Ein Beispiel hierfür ist die vergleichsweise niedrige allgemeine Besteuerung von Dieselkraftstoff. Dies hat zu einer höheren Nachfrage von Kraftfahrzeugen mit Dieselmotor auch außerhalb des Agrarsektors geführt und damit zu einer strukturellen Verschiebung im Fahrzeugbau. Um dem entgegenzuwirken sind kompensatorische Steuern für die Nutzung von dieselbetriebenen Fahrzeugen außerhalb des Landwirtschaftssektors eingeführt worden, vgl. Wagener/Eger, Europäische Integration, S. 518. Dieses Beispiel belegt aufs Neue Röpkes These im Hinblick auf nicht-konforme Marktinterventionen, die Interventionsspiralen auch in anderen Bereichen auslösen können, vgl. S. 33 f.

Die bisher beschriebenen Instrumente der GAP, zielen fast ausschließlich auf die produktionsabhängige Bezuschussung der landwirtschaftlichen Betriebe ab. Die Förderung der Landwirtschaft hat jedoch drei Akteursgruppen höhere Kosten aufgebürdet. Konsumenten müssen höhere Preise für Nahrungsmittel bezahlen, die Kosten der GAP werden auf Steuerzahler umgelegt, die damit bspw. Exportsubventionen in Form von Ausfuhrerstattungen finanzieren. Die dritte Gruppe der durch die GAP Benachteiligten sind die Produzenten der Drittländer, die vom EU-Markt ausgeschlossen werden und teilweise auf ihrem Heimatmarkt mit den aus der EU stammenden, dort angebotenen und exportsubventionierten Agrargütern nicht wettbewerbsfähig sind.

Das wichtigste Instrument der GAP ist in diesem Zusammenhang das Setzen von Interventionspreisen durch die Gemeinschaft. Jedes Jahr – für Getreide meist im April – wird ein Mindest- oder Interventionspreis für bestimmte landwirtschaftliche Güter festgelegt, der nicht unterschritten werden soll. Wenn die Gefahr besteht, dass der Marktpreis unter den festgelegten Mindestpreis fallen könnte, werden die davon betroffenen Produkte von der EU aufgekauft, um den Preisverfall zu stoppen. In jedem Mitgliedstaat gibt es eine übergeordnete Stelle, meist eine halbamtliche Produzentenorganisation, die als »buyer of last resort« auftritt und und die aufgekauften Waren lagert oder anderweitig verwertet. Diese Stützungskäufe sorgen für die Preisstabilität der Agrargüter und verhindern Überschüsse auf den Märkten. Für die Einfuhr der Güter mit Mindestpreisen werden sogenannte Schwellenpreise festgelegt, die über den Mindestpreisen liegen und zu denen die Güter aus Drittländern importiert werden. Die Schwellenpreise liegen über den Mindestpreisen, damit diese Güter nicht von der intervenierenden Instanz aufgekauft werden müssen. Diese Preis- und Abnahmegarantie fördert jedoch die Überproduktion landwirtschaftlicher Erzeugnisse innerhalb der EU.

Um die Überproduktion einzudämmen sind, in den letzten 20 Jahren mit zunehmendem Nachdruck Reformprozesse angestoßen worden. Die MacSharry-Agrarreform 1992 ist die erste einer Reihe von Reformen, die einen Paradigmenwechsel in der GAP einläuteten. Ziel der Reform ist die Eindämmung der Überproduktion, die die GAP durch Stützungskäufe und Preisausgleichszahlungen provoziert hatte. Da die Einkommenssicherung der Landwirtschaftsbetriebe weiterhin zentrales Ziel der GAP bleibt, werden mit Hilfe eines Übergangsprozesses die Preisausgleichszahlungen graduell durch direkte Einkommenszahlungen abgelöst. Der Prozess ist allerdings bis heute nicht abgeschlossen.[244]

---

[244] Die Zahlung der Beihilfen wird dabei an die Stilllegung von Flächen gekoppelt, da die Überproduktion in den Achtziger- und Neunzigerjahren, die zu den sogenannten Butterbergen und Milchseen geführt und hohe Lagerhaltungskosten provoziert hatte, eingedämmt werden sollte.

1999 folgt eine weitere Reform unter dem Namen Agenda 2000, im Rahmen derer die Senkung der Stützpreise für Rindfleisch um etwa 30 v.H., für Getreide um 20 v.H. und Milch um 15 v.H. beschlossen werden. Außerdem wird die Entkopplung der Preise bis zum 1. Januar 2007 festgelegt. Der entstehende Einkommensverlust soll durch Direktzahlungen, die unabhängig von der produzierten Menge sind, weitgehend ausgeglichen werden. In der Agenda 2000 werden außerdem erstmals Umweltziele formuliert und die Grundlagen zu einer *cross-compliance*-Regelung gelegt. Die Regelung schreibt den von den Direktzahlungen der GAP profitierenden landwirtschaftlichen Betrieben die Einhaltung von bestimmten Standards in den Bereichen Umweltschutz, bei der Lebensmittel- und Futtermittelsicherheit, bei Tiergesundheit und im Tierschutz vor. Bei Nichtbefolgung der Vorgaben können die Mitgliedstaaten Zahlungen kürzen oder widerrufen. Außerdem wird im Zuge der Reform die sogenannte obligatorische Modulation eingeführt. Damit können die EU-Mitgliedstaaten Betriebsprämien an die Landwirte kürzen. Die einbehaltenen EU-Mittel – ergänzt durch zusätzliche nationale Kofinanzierungsmittel – können für bestimmte Maßnahmen zur Förderung der ländlichen Entwicklung wieder den Landwirten zugeteilt werden.

Weitere Richtlinien für die Jahre 2007 bis 2013 werden in den vom Rat im September 2003 festgelegten, sogenannten Luxemburger Beschlüssen vorgegeben, die eine weitere Entkopplung der Subventionen von der tatsächlichen Produktion landwirtschaftlicher Güter vorsehen. Die produktionsgebundenen Direktzahlungen[245] werden graduell bis 2013 auf betriebsbezogene entkoppelte, also produktionsunabhängige Direktzahlungen umgestellt. Die Maßnahme zielt auf eine Rückkehr zur Marktorientierung, mit Preisen, die auf dem Gleichgewicht von Angebot und Nachfrage beruhen und ein Überschussangebot vermeiden. Für Produzenten außerhalb der EU bedeutet dies *per se* nicht mehr den Ausschluss vom europäischen Markt[246] und wird daher in internationalen Verhandlungen als Politikinstrument den Ausgleichszahlungen vorgezogen.

Die jüngsten Reformmaßnahmen wurden im Rahmen des »Health Check 2009« beschlossen. Das zentrale Element dieser Reform ist die sogenannte progressive Modulation der Direktzahlungen. Nach einer fünfprozentigen Kürzung der Betriebsprämien im Jahr 2007 sind für das Jahr 2009 Modulationskürzun-

---

[245] In der EU hat sich bis 2004 ein komplexes System an produktionsgebundenen Direktzahlungen etabliert, dementsprechend bis heute Beihilfen in Form von Saatgutbeihilfen, Ackerprämien, Stärkekartoffelprämien, Schlachtprämien, Mutterkuh- und Mutterschafprämien, Sonderprämien für männliche Rinder, Milchprämien, nationalen Ergänzungsbeträgen und Extensivierungszuschlägen für Rinder, Trockenfutterbeihilfe, Tabakprämie u.v.m. geleistet werden.

[246] Allerdings würden höhere Importtarife gleichzeitig höhere Gleichgewichtspreise auf dem EU-Binnenmarkt bedeuten, wodurch das Niveau der Subventionszahlungen, die den Bauern ein gerechtes Einkommen garantieren, geringer ausfallen dürften.

gen von sieben v.H., 2010 von acht v.H., 2011 von neun v.H. und 2012 von zehn v.H. vorgesehen.[247] Die Kommission beabsichtigt, die frei werdenden Mittel zur Finanzierung bspw. von ökologischen Projekten in den Bereichen Klimawandel, Wassermanagement, Schutz der biologischen Vielfalt und Erzeugung von Bioenergie zu verwenden. Außerdem werden Maßnahmen zur Abschaffung der Flächenstilllegung, zur schrittweisen Anhebung der Milchquoten bis zu ihrem endgültigen Wegfall im Jahr 2015 und zur Umwandlung der Marktintervention in ein reines Sicherheitsnetz ergriffen.[248]

Seit der Gründung der WTO wird in den WTO-Runden auch von außen Druck auf die EU ausgeübt, ihre Subventions- und Protektionspraxis zu überdenken. Die Verhandlungen haben ihren Teil dazu beigetragen, dass die EU sich auf Konzessionen im Agrargüterbereich eingelassen hat, um im Gegenzug weiterhin auf offene Industriegütermärkte in Drittländern zählen zu können.[249] In der Uruguay-Runde verpflichtet sich die Gemeinschaft bspw., die variablen Abschöpfungen durch feststehende Zolläquivalente zu ersetzen. Außerdem wurde eine Einschränkung der Stützungsmaßnahmen vereinbart, und die unbegrenzte Ausgabe von direkten Einkommenszahlungen an die Umsetzung von produktionsbeschränkenden Programmen gebunden. Da die EU jedoch eine vergleichsweise starke Verhandlungsposition in den WTO-Runden besitzt, sind Abkommen, die eine Änderung der GAP erwirken können mit langwierigen Verhandlungen und einer Politik der kleinen Schritte verbunden. Dies zeigt sich auch darin, dass die Außenzölle der EU in den zehn Jahren von 1997 bis 2007 lediglich von durchschnittlich 20,8 v.H.[250] auf durchschnittlich 18,6 v.H.[251] gesenkt werden konnten. Somit sind Reformen der GAP auch in Zukunft eher von innen heraus als von außen zu erwarten.

### 5.2.2.2.2. Auswirkungen der gemeinsamen Agrarpolitik

In den knapp 50 Jahren des Bestehens der GAP hat sich an der Begründung für ihre Existenzberechtigung kaum etwas geändert. Nach wie vor herrscht darüber Einigkeit, dass die Politik auf zentraler Ebene die sichere und qualitativ hochwertige Versorgung mit Lebensmitteln gewährleisten müsse, landwirtschaftlich genutzte und unbebaute Flächen erhalten und die Attraktivität ländlicher Regionen bewahrt werden müssten.[252] Die Zustimmung in der EU-Bevölkerung

---

[247] Verordnung (EG) Nr.73/2009 des Rates vom 19. Januar 2009.
[248] Europäische Kommission, "Gesundheitscheck" der Gemeinsamen Agrarpolitik, ⟨URL: http://ec.europa.eu/agriculture/healthcheck/index\_de.htm⟩; aufgerufen am 15.1.2010.
[249] Wagener/Eger, Europäische Integration, S. 523.
[250] WTO, Trade Policy Review, WTO 1997, S. 44.
[251] WTO, WT/TPR/S/177, S. 46.
[252] Directorate-General for Agriculture and Rural Development, Why Do We Need a Common Agricultural Policy? EU-Kommission 2009, S. 1.

zu diesem Ziel ist nach wie vor mit 89 v.H. überwältigend hoch,[253] weshalb die Bereitschaft, dafür zu zahlen ebenfalls relativ hoch ist. Nur 17 v.H. der befragten Bevölkerung halten das für die GAP verwendete EU-Budget von 43 v.H. im Jahr 2007 für zu hoch angesetzt. Der fehlende Druck von innen trägt erheblich dazu bei, dass Reformen der GAP nur sehr schleppend vorankommen.[254] Die Reformen der letzten 15 bis 20 Jahre (die MacSharry-Reform, die Uruguay- und Doha-Runde und die Luxemburger Beschlüsse im Zuge der Osterweiterung der EU) haben Bewegung in die GAP gebracht, die einige Verbesserungen mit sich geführt haben.[255] Dennoch bleiben einige der Probleme im Zusammenhang mit der Subventions- und Protektionspolitik des Agrarsektors durch die EU weiterhin bestehen. Die Auswirkungen der aktuellen GAP sollen im Folgenden beleuchtet werden.

Obwohl es das Hauptziel der GAP bleibt, den Landwirten ein angemessenes Einkommen zu verschaffen, wird dieses Ziel weiterhin verfehlt. Die relative Produktivität im Agrarsektor ist für das Jahr 2007 in 24 der 27 EU-Länder im Vergleich zur Produktivität im Industriesektor unterdurchschnittlich, in Irland, Griechenland, Luxemburg, Polen und der Slowakei liegt sie unter 30 v.H. und innerhalb der EU-15 hat sie nur in Deutschland, Frankreich und den Niederlanden seit 1955 zugenommen.[256] Das Einkommen in ländlichen Gegenden liegt 2007 in der EU-27 zwischen 20 und 60 v.H. unter dem Durchschnitt, wobei die Diskrepanz in den neuen Mitgliedstaaten höher ist als in der EU-15.[257] Die Einkommensunterschiede haben seit den Fünfzigerjahren einen Abwanderungsprozess in Gang gesetzt, der bis heute nicht abgeschlossen ist. 2006 sind lediglich 5,9 v.H. der in allen EU-Staaten Beschäftigten im Agrarsektor tätig, wobei zwischen den Jahren 2000 und 2006 ein jährlicher Rückgang der Beschäftigung in landwirtschaftlichen Betrieben von 2,2 v.H. stattgefunden hat.[258]

Grund für die teilweise geringen Einkommen ist neben der niedrigen Produktivität der Verteilungsmechanismus der EU-Gelder. Zum einen zeigen die Zahlen eine sehr ungleichmäßige Verteilung der Subventionen über alle Landwirtschafts-

---

[253] Directorate-General for Agriculture and Rural Development, Europeans, Agriculture and the Common Agricultural Policy, EU-Kommission 2008, S. 4.
[254] Vgl. Baldwin/Wyplosz, The Economics of European Integration, S. 210; Pelkmans, European Integration, S. 234 f.; Colman, The CAP, S. 82 f.
[255] Carsten Daugbjerg/Alan Swinbank, Curbing Agricultural Exceptionalism: The EU's Response to External Challenge, 2006.
[256] Wagener/Eger, Europäische Integration, S. 509.
[257] Directorate-General for Agriculture and Rural Development, Rural Development in the EU, S. 9.
[258] Ders., S. 86; Dabei ist bemerkenswert, dass in Belgien, Deutschland, Schweden und Großbritannien weniger als 2 v.H. im primären Sektor tätig sind, während in Griechenland, Bulgarien, Lettland, Ungarn und Polen zwischen 12 und 15 v.H. ihr Geld mit der Arbeit in der Landwirtschaft verdienen. In Rumänien sind es sogar 28 v.H.

betriebe. Berechnungen haben ergeben, dass ca. 80 v.H. der Bauern ein unterdurchschnittliches Einkommen erhalten, während die restlichen 20 v.H. teilweise erheblich über dem Durchschnitt liegen.[259] Die Zahlungen korrespondieren mit der Menge des Outputs und damit mit der Größe der Landwirtschaftsbetriebe. Insgesamt werden 80 v.H. der Agrargüterproduktion in 20 v.H. der Betriebe hergestellt.[260] Die Größe dieser produktiven Betriebe liegt in der Regel weit über dem Durchschnitt.

Die durchschnittliche Größe der landwirtschaftlichen Betriebe und Bauernhöfe beträgt in der EU 12,6 Hektar, mit einer Spanne zwischen weniger als einem Hektar und 89 Hektar.[261] Insgesamt sind 70,4 v.H. der Betriebe kleiner als fünf Hektar und lediglich 5,1 v.H. größer als 50 Hektar.[262] Zwei Drittel der Großbauern sind in Deutschland, Frankreich, Großbritannien und Spanien ansässig. Der Anteil der Großbetriebe liegt in diesen Ländern bei ca. 25 v.H. Dagegen befinden sich zwei Drittel aller Betriebe mit einer Größe von weniger als 5 Hektar in Italien, Polen und Rumänien. Der Anteil der Kleinstbetriebe in diesen Ländern liegt bei 70 bis 80 v.H. und in Bulgarien, Rumänien und der Slowakei sogar über 90 v.H.[263]

43,3 Mrd. Euro des gesamten EU-Budgets von 2008 sind agrarmarktbezogene Ausgaben und Direktzahlungen. Dies entspricht 37 v.H. des Gesamtbudgets.[264] Durchschnittlich profitiert jeder der 13,7 Mio. landwirtschaftlichen Betriebe mit ca. 3160 Euro von diesen Zahlungen. Allerdings gibt es große Diskrepanzen der Subventionen im mitgliedstaatlichen Vergleich: Während in Frankreich (18.989 Euro), Deutschland (17.831 Euro)[265] und Belgien (17.038 Euro) die durchschnittliche Bezuschussung weit über dem Durchschnitt liegt, erhält der polnische (mit 1108 Euro) und rumänische Bauer (mit 270 Euro) weit we-

---

[259] Baldwin/Wyplosz, The Economics of European Integration, S. 209.
[260] Ebd.
[261] Directorate-General for Agriculture and Rural Development, Rural Development in the EU, S. 11.
[262] Ders., S. 96.
[263] Eurostat, Struktur Landwirtschaftlicher Betriebe, ⟨URL: http://epp.eurostat.ec.europa.eu/por\-tal/page/por\-tal/agri\-culture/data/main\_tables⟩; aufgerufen am 15.1.2010.
[264] Europäische Kommission, EU-Haushaltsausgaben 2000-2008, ⟨URL: http://ec.europa.eu/budget/library/publications/fin\_reports/fin\_report\_08\_data\_de.pdf⟩; aufgerufen am 15.1.2010.
[265] Auch innerhalb Deutschlands gibt es große Ungleichgewichte. So erhalten die insgesamt 370.480 landwirtschaftlichen Betriebe insgesamt 6.606 Mio. Euro. Die 1.500 Meistbegünstigten, die 0,4 v.H. aller Betriebe ausmachen, erhalten insgesamt eine Summe von 1.138 Mio. Euro, was ca. 17,2 v.H. der Gesamtsumme ausmacht. Allein 205 dieser Landwirtschaftsbetriebe erhalten Zahlungen von über einer Million Euro. Die Südzucker AG steht mit 34,4 Mio. Euro an erster Stelle. Die GAP-bezogenen Zahlungen an deutsche Agrarbetriebe sind auf der Webseite der Bundesanstalt für Landwirtschaft und Ernährung unter http://www.agrar-fischerei-zahlungen.de/Suche frei für Jedermann zugänglich. Auch alle anderen EU-Mitgliedstaaten sind verpflichtet, die Zahlungen offenzulegen.

niger als der Durchschnitt.²⁶⁶ Die Höhe der Zahlungen korreliert dabei mit der Größe der Betriebe.

Zum anderen profitieren neben den Bauern, die ihr eigenes Land bewirtschaften, auch Großgrundbesitzer, die ihr Land nicht selbst bewirtschaften, sondern bspw. verpachten, und große Nahrungsmittelkonzerne in erheblichem Umfang von den Subventionszahlungen der EU. Von Direktzahlungen, die auf der Anzahl der Hektar beruhen, profitieren oft nicht die bewirtschaftenden Personen, sondern die Eigentümer des Landes. Im Jahr 2000 stehen 40 v.H. der landwirtschaftlichen Fläche in der EU-15 nicht im Eigentum der Bewirtschafter und die OECD hat berechnet, dass 45 Cents jedes Euro an Direktzahlungsbezügen an Landbesitzer fließt, die ihr Land nicht selbst bewirtschaften.²⁶⁷ Noch ungünstiger ist die Lage für die Bauern im Bereich der Preisstützungspolitik. Große Unternehmen, wie bspw. Zuckerfabriken oder nahrungsmittelverarbeitende Unternehmen erhalten mehr als die Hälfte der für dieses Politikinstrument ausgegebenen Mittel.²⁶⁸

Die GAP der EU hat dazu geführt, dass heute kleine Bauernhöfe wegen ihrer geringen Produktion und der damit verbundenen geringen Zahlungen nicht allein von der Arbeit in der Landwirtschaft leben können, weshalb seit vielen Jahren eine Verschiebung von vielen Kleinbauern zu wenigen Großbauern zu beobachten ist.²⁶⁹ Das ursprüngliche Ziel der EWG, den traditionsreichen kleinbäuerlichen Familienbetrieb zu erhalten, verschwindet daher in immer weitere Ferne. Stattdessen profitieren vor allem Großbetriebe, die teilweise nicht von den Beihilfen der EU abhängig sind, von den Steuergeldern der EU-Bürger.

---

[266] Directorate-General for Agriculture and Rural Development, Rural Development in the EU, S. 92; Europäische Kommission, http://ec.europa.eu/budget/library/publications/fin_reports/fin_report_08_data_de.pdf; aufgerufen am 15.1.2010 und eigene Berechnungen.

[267] Cahterine Moreddu/Bong Hwan Cho, Farm Household Income Issues in OECD Countries: A Synthesis Report, ⟨URL: http://www.olis.oecd.org/olis/2002doc.nsf/LinkTo/NT00002952/\$FILE/JT00134300.PDF⟩; aufgerufen am 18.1.2010.

[268] Ebd; aufgerufen am 18.1.2010. Auf der von mehreren Journalisten gepflegten Webseite http://www.farmsubsidy.org ist der Umfang von Subventionszahlungen an große Unternehmen zusammengetragen. Um einige der größten Beispiele zu nennen: Zuckerfabrikanten in Frankreich erhalten ca. 103 Mio. Euro jährlich, das Hähnchen-Verarbeitungsunternehmen Groupe Doux, ebenfalls in Frankreich erhält 2008 knapp 63 Mio. Euro von der EU, die britische Firma Tate & Lyle Europe, die hauptsächlich mit der Verarbeitung von Mais und Zuckerrohr ihr Geld verdient, sogar 134 Mio. Euro. In Deutschland erhält HARIBO im gleichen Jahr 332.000 Euro für den in Gummibärchen verarbeiteten Zucker. Selbst die Königin von England und andere Adelige erhalten für den gleichen Zeitraum Bezuschussungen in Millionenhöhe. Bruno Waterfield, EU Farm Subsidies Paid to Big Business, ⟨URL: http://www.telegraph.co.uk/news/worldnews/europe/eu/5852319/EU-farm-subsidies-paid-to-big-business.html⟩; aufgerufen am 18.1.2010.

[269] Baldwin/Wyplosz, The Economics of European Integration, S. 217.

Ein weiteres Problem der Landwirtschaftspolitik der EU hängt mit dem prinzipiell wünschenswerten technologischen Fortschritt zusammen. Sowohl die Umwelt als auch die zur Nahrungsmittelproduktion gezüchteten Tierarten leiden unter den Auswirkungen der sogenannten »grünen Revolution«, die sich erst nach dem Abschluss der Römischen Verträge und der Implementierung der GAP entfaltet. In den ursprünglichen Verträgen und Bestimmungen findet der Umwelt- und Tierschutz daher noch keine Erwähnung. Im Zuge der Effizienzsteigerungen im Landwirtschaftssektor werden heute in der Landwirtschaft moderne Maschinen, Kunstdünger, Herbizide und Pestizide eingesetzt, die die Umwelt erheblich belasten. Ebenso ist durch den Fortschritt und den Einsatz von krankheitshemmenden und wachstumsfördernden Antibiotika, der optimalen, wissenschaftlich erprobten Berechnung des Futters, der Züchtung von ertragreicheren Arten und der Berechnung der höchstmöglichen räumlichen Konzentration in der Viehwirtschaft die Effizienz in der Viehwirtschaft enorm gesteigert worden.[270] Das Resultat ist einerseits, dass innerhalb der letzten fünfzig Jahre bspw. der Weizenertrag pro Hektar um das Dreifache gestiegen ist, und eine Kuh im Tagesdurchschnitt nicht mehr sieben, sondern über 20 Liter Milch gibt. Andererseits haben diese Effizienzerhöhungen auch in der Natur ihre Spuren hinterlassen. Einige der schwerwiegenden Folgen sind Überdüngung, Grundwasserverseuchung (bspw. durch Überanreicherung von Nährstoffen, wie Stickstoff und Phosphat), Luftverschmutzung, Bodenverdichtung, Beschädigung der Bodenmikrofauna, Reduzierung der Artenvielfalt, Überzüchtung und zunehmende Resistenz gegen Antibiotika. Viele dieser Umweltfolgen können im Zusammenhang mit der bedingungslosen Wachstumspolitik der ersten drei Dekaden in der E(W)G gesehen werden.

Gleichwohl die EU seit Beginn der Neunzigerjahre begonnen hat, den Umwelt- und Tierschutz in die GAP miteinzubeziehen, kommen 2006 lediglich 2 v.H. der gesamten Aufwendungen für den Agrarbereich direkt in die Förderung einer umweltfreundlichen landwirtschaftlichen Produktion zugute.[271] Die allein in Deutschland durch die Agrarproduktion hervorgerufenen Umwelt- und Gesundheitsschäden verursachen nach einer unvollständigen Schätzung externe Kosten von jährlich mindestens 2,5 Mrd. Euro.[272] Allerdings hat auch der Übergang von produktionsbezogener Bezuschussung zu direkten Einkommenszahlungen den Anreiz zur extensiven und intensiven Bewirtschaftung verringert. Außerdem wird 2005 die *cross-compliance*-Regelung eingeführt, die seit 2007 vollständig in Kraft ist. Das bedeutet, dass seitdem insgesamt 19 Grundanforderungen im Bereich

---

[270] Wagener/Eger, Europäische Integration, S. 233.
[271] Tanja Dräger de Teran, Status quo der WTO: Umweltschädliche Landwirtschaft, 2006, S. 2.
[272] Hartmut Brandt, Kosten und Auswirkungen der Gemeinsamen Agrarpolitik (GAP) in Deutschland, 2004, S. III.

Umweltschutz und artgerechte Tierhaltung erfüllt werden müssen. Umfangreiche Auswertungen der *cross-compliance*-Regelung liegen derzeit noch nicht vor. Vorläufige Ergebnisse einer unabhängigen Studie der *cross-compliance*-Regelung durch die Organisation *Alliance Environnement* weisen allerdings darauf hin, dass deren Umsetzung zur Einführung systematischer Kontrollen hinsichtlich der Einhaltung der Rechtsvorschriften und zu einer Bewusstseinssteigerung der Landwirte bezüglich ihrer Pflichten geführt hat. Es wird erwartet, dass sie zu einer verbesserten Erfüllung der Grundanforderungen führen wird.[273] Der WWF ist ebenfalls der Ansicht, dass eine Fortsetzung der *cross-compliance*-Regelung sinnvoll ist.[274] Ob die GAP fähig ist, Umweltschutz und artgerechte Tierhaltung nachhaltig zu erwirken wird sich jedoch erst noch in den nächsten Jahren zeigen.

Die EU-Agrarpolitik belastet nicht nur Steuerzahler, Konsumenten und Umwelt, sondern auch in erheblichem Maße den Außenhandel. Drittstaaten und insbesondere Entwicklungs- und Schwellenländern, die sich teilweise bis heute ausschließlich im Agrarsektor komparative Kostenvorteile gegenüber der EU verschaffen können, haben hohe Abschöpfungszölle und andere Importrestriktionen eine Verbesserung ihrer wirtschaftlichen Situation durch Agrarexporte unmöglich gemacht. Die Subventionen der GAP und anderer Industrienationen tragen außerdem zu Preisverzerrungen der Weltmarktpreise von Nahrungsmitteln und Baumwolle bei. Das von den Industrieländern betriebene Dumping führt zu einer durchschnittlichen Preisverzerrung von ca. -20 v.H. des Niveaus echter Markträumungspreise.[275] Auch durch diese Politik werden die Ausfuhrmöglichkeiten der Entwicklungsländer verringert und teilweise gar der eigene Binnenmarkt nachhaltig gestört.

Vor allem in internationalen Verhandlungen werden seit vielen Jahren Bemühungen unternommen, die protektionistische Agrarpolitik der EU zu entschärfen. Der Übergang von der Preisstützungspolitik zu direkten Einkommenszahlungen ist in diesem Zusammenhang ein Schritt in diese Richtung. Dennoch sind weiterhin die durchschnittlichen Zölle von 18,6 v.H. auf Agrargüter mehr als viermal so hoch wie auf Industriegüter, wobei die höchsten Zölle bei Milchprodukten (42,4 v.H.), Getreide (55,2 v.H.) sowie Tieren und Tierprodukten (27,3 v.H.) anfallen.[276] Die EU hält außerdem Importquoten auf insgesamt 98 Güter aufrecht, von denen 91 Agrarprodukte sind.[277]

---

[273] Alliance Environnement, Evaluation of the Application of Cross Compliance as Forseen Under Regulation 1782/2003, ⟨URL: http://ec.europa.eu/agriculture/eval/reports/cross\_compliance/full\_text\_en.pdf⟩; aufgerufen am 20.1.2010.
[274] WWF, Öffentliche Anhörung zum Gesundheitscheck der Gemeinsamen Agrarpolitik, ⟨URL: http://www.wwf.de/fileadmin/fm-wwf/pdf\_neu/GAP\_Stellungnahme\_WWF.pdf⟩; aufgerufen am 20.1.2010.
[275] Brandt, S. 19.
[276] WTO, WT/TPR/S/177, S. 46.
[277] Die Quoten werden durch Importlizenzen verwaltet und umfassen unter anderem Rinder, Schafe, Ziegen, Hähnchen, Truthahn, Milchprodukte, Eier, Kartoffeln, mehrere Obst- und Gemüsearten, Weizen, Gerste, Mais, Stärke, Pilze, Wurstprodukte, Zucker und Trauben-

Die zähen Verhandlungen im Rahmen der Doha-Runde, die bereits seit Jahren andauert und aufgrund von ungenügender Kompromissbereitschaft vor allem der Industriestaaten mehrere Male an Agrarfragen gescheitert ist, lassen jedoch nicht auf schnelle Reformen von und nach außen hoffen. Nur wenn die Industriestaaten sich durch die Öffnung der Entwicklungs- und Schwellenländer für Industriegüter genügend große Vorteile erhoffen können, werden sie im Austausch bereits sein, ihre eigenen Märkte für Agrargüter zu öffnen. Nichtregierungsorganisationen wie ATTAC beklagen darüber hinaus, dass die Industriestaaten und die sich darin befindenden Wirtschaftsinteressengruppen die multilateralen WTO-Verhandlungen dominieren und die Ungleichgewichte der Welt noch weiter verschieben würden.[278]

Was die Entwicklung der GAP für den EU-Binnenmarkt angeht, wird sich die EU trotz bereits begonnener Reformen mit einigen Herausforderungen konfrontiert sehen. Der Gemeinschaft sind durch die EU-Osterweiterung einige Staaten mit hohem landwirtschaftlichen Beschäftigungsanteil beigetreten, die jedoch vermehrt nur kleine Betriebsgrößen aufweisen (Tschechien bildet hier eine Ausnahme). Nur ein weit unterdurchschnittlicher Anteil der EU-Agrarmittel kommt bei den Bauern dieser Länder an. Die Verteilung der Mittel, die bereits von produktionsbezogenen Direktzahlungen auf Betriebsprämien umgestellt wird – um Überproduktion zu vermeiden und ökologisch nachhaltige Landwirtschaft zu fördern – orientiert sich weitgehend an der Betriebsgröße, weshalb weiterhin Großbetriebe, die hocheffizient arbeiten, begünstigt werden. Der Druck auf die EU, die Verteilung gleichmäßiger zu gestalten, wird von Seiten der Staaten mit einem hohen Anteil an Kleinbetrieben weiter zunehmen. Zusätzlich hat das wachsende ökologische Bewusstsein der Bürger und politischen Entscheidungsträger dazu beigetragen, Nachhaltigkeitsaspekte mit in das Kalkül der GAP einzubeziehen. Die Umsetzung und Ausweitung der bestehenden ökologischen Programme durch Anreize und Sanktionen wird daher ebenfalls eine Herausforderung für die Gemeinschaft sein.

Der Erhalt kleinerer und mittlerer Landwirtschaftsbetriebe und die Einkommenssicherung der Bauern ist weiterhin erklärtes Ziel der GAP. Daher wird es die Aufgabe der GAP sein, einen Kompromiss zwischen der Erhaltung des traditionsreichen landwirtschaftlichen Familienbetriebs und einem produktivitätssteigernden, ökologisch nachhaltigen Strukturwandel zu finden.

---

saft, vgl. WTO, WT/TPR/S/177, S. 53.
[278] Vgl. Daniela Setton et al., WTO - IWF - Weltbank, die unheilige Dreifaltigkeit der Weltherrschaft, Hamburg: VSA-Verlag, 2008.

## 5.2.2.2.3. Fazit

Auch im Agrargüterbereich hat sich Röpkes Prognosefähigkeit unter Beweis gestellt. Röpke ist die besondere strukturelle Beschaffenheit des Agrarsektors bewusst, der sich durch unterdurchschnittliche Wertschöpfung und Einkommen kennzeichnet, jedoch um Versorgungssicherheit zu gewährleisten von zentraler Bedeutung bleibt. Daher befürwortet er eine vitalpolitisch motivierte Unterstützungspolitik. Über das genaue Maß einer seiner Meinung nach richtigen Bezuschussung und Stützung der heimischen Landwirtschaft äußert sich Röpke nicht, jedoch ist seinen Ausführungen zu entnehmen, dass er es nicht ablehnt, wenn ein Volk sich die Unterstützung der Landwirtschaft etwas kosten lassen wolle.[279] Allerdings zieht er es vor, die Agrarpolitik auf nationaler Ebene zu belassen, um den Einzelstaaten die Liberalisierung im Agrarbereich möglich zu machen. Die bis in die Gegenwart implementierte protektionistische, subventionistische und dirigistische Autarkiepolitik der EU würde Röpke schon allein wegen ihres enormen Ausmaßes, aber auch wegen der mit ihr einhergehenden Lenkungseffekte ablehnen. Die Verwendung fast der Hälfte des EU-Budgets für distributive Zwecke im Landwirtschaftssektor, die mit hohem bürokratischem verbunden sind Aufwand, entsprechen nicht den Vorstellungen Röpkes. Auch die von Röpke prognostizierte Verdrängung des traditionellen Familienbetriebs – an dem Röpke so viel liegt – durch amerikanisch anmutende Großfarmen ist ein Effekt der Subventionspraxis der GAP.

Die ökologischen Nebeneffekte der GAP treten erst nach dem Tod Röpkes in vollem Umfang in Erscheinung. Auch die Entwicklung der Umweltökonomie in den Wirtschaftswissenschaften erlebt er nicht mehr.[280] Allerdings erkennt er bereits zu seinen Lebzeiten einige Probleme der modernen Zivilisation, wie Bevölkerungswachstum, Verstädterung und Massenproduktion, die als Vorzeichen für die bald entstehenden Umweltprobleme gesehen werden können. Röpke hätte sich dem Thema gemäß seiner Selbstwahrnehmung als Ökonom, dem auf geistig-ethischer Grundlage die Rolle des Mahners und Wächters zukommt, angenommen.

Bereits zu seinen Lebzeiten gilt es für Röpke, im Bereich des Umweltschutzes einen Widerspruch durch ordnungspolitische Rahmensetzung aufzulösen. Denn die existierenden Umweltmedien (Wasser, Luft und Boden) werden einerseits durch anhaltende Verschmutzung zu einem knappen Gut, andererseits weisen sie die Charakteristika öffentlicher Güter oder zumindest von Allmendegütern auf. Von der Nutzung der Güter können die Aktuere also nicht oder nur durch Aufwendung unverhältnismäßig hoher Kosten ausgeschlossen werden. Ohne den ent-

---

[279] Vgl. Röpke, Europa muß sich entscheiden, Wirtschaftsrevue, 1964, S. 14.
[280] Vgl. Peukert, Das sozialökonomische Werk Wilhelm Röpkes, S. 1298.

sprechenden wirtschaftspolitischen Rahmen können die Kosten der Verschmutzung jedoch nicht den Verursachern zugerechnet werden. Hierdurch besteht der Anreiz, Raubbau an der Natur zu betreiben, wenn dies betriebswirtschaftlich sinnvoll ist, da die Kosten externalisiert werden können bzw. es besteht die Möglichkeit eine *free rider*-Position einzunehmen.

Dieses zunächst ökonomisch rational anmutende Verhalten erkennt Röpke sehr früh als potenzielle Gefahr für die Umwelt.[281] Es widerspricht Röpkes Weltanschauung diametral. Denn sein Motto lautet: »Das Maß der Wirtschaft ist der Mensch. Das Maß des Menschen ist sein Verhältnis zu Gott.«[282] Das Wirtschaften des Menschen soll sich also nach Ansicht Röpkes an christlichen Werten orientieren. Hierzu würde er die Bewahrung der Schöpfung und das Verantwortungsbewusstsein gegenüber Anderen, insbesondere Schwächeren – also nachfolgenden Generationen, die keine Möglichkeit haben, sich in der Gegenwart zur Wehr zu setzen – zählen. Dementsprechend würde sich Röpke für eine politische Lösung des heute offensichtlichen Problems aussprechen, da der Markt nicht in der Lage ist, den Widerspruch selbst zu lösen. Röpkes Ansatz würde sich auf marktkonforme Interventionen stützen und nicht an technokratisch und szientistisch perfektionistischen Maßnahmen orientieren.[283]

Umso entschiedener würde Röpke auf gesamtwirtschaftlicher europäischer Ebene die heute wohl noch intensivere Neigung zur »Ökonomokratie« – wie er den interventionistischen Versuch, die Konstruktion Europas auf dem Reissbrett zu vollziehen, bezeichnet – und die damit einhergehende Bürokratisierung strikt ablehnen. Im Zuge des Integrationsprozesses haben die Organe der Europäischen Union die Kompetenz erhalten, immer mehr und weitreichendere verbindliche Entscheidungen zu treffen, die wesentliche Bereiche des wirtschaftlichen, sozialen und politischen Lebens berühren. Der Unionsbürger sieht sich heute mit einer Vielzahl überwiegend wirtschaftsregulierenden – also die vier Grundfreiheiten betreffenden – aber auch die Regional- und Sozialpolitik zunehmend mit einbeziehenden rechtlichen Bestimmungen konfrontiert, die die Gestaltung der Leben-

---

[281] Wilhelm Röpke, Staatsinterventionismus, in: Johannes Conrad et al. (Hrsg.), Handwörterbuch der Staatswissenschaften, 4. Auflage. Jena: Fischer, 1929, S. 867.

[282] Albert Hunold, Ein Leben im Kampf um Freiheit und Würde des Menschen, in: Martin Hoch (Hrsg.), Wort und Wirkung: Reden aus den Jahren 1947-1964, Ludwigsburg: Martin Hoch, 1964, S. 333, 355 Mach Wissen der Verfasserin taucht in keiner der Schriften Röpkes dieser Satz auf. Die zitierte Stelle stammt aus der Laudatio für Röpke bei der Verleihung der Willibald-Pirkheimer-Medaille.

[283] Für eine ausführliche Diskussion der möglichen ordnungspolitischen Instrumente zur Lösung des Ökologie-Dilemmas aus Röpkescher Perspektive, vgl. Peukert, Das sozialökonomische Werk Wilhelm Röpkes, Kapitel VI und Helge Peukert, Wilhelm Röpke als Pionier einer ökologischen Ökonomik, in: Heinz Rieter/Joachim Zweynert (Hrsg.), Wort und Wirkung: Wilhelm Röpkes Bedeutung für die Gegenwart, Marburg: Metropolis-Verlag, 2009, S. 150 ff.

sumstände nachhaltig beeinflusst und die Entscheidungsräume auf kommunaler, regionaler und landesweiter Ebene erheblich eingrenzt.[284] Die Anpassung und Vereinheitlichung auf EU-weit geltende Normen hat ein umfassendes Regelwerk entstehen lassen, das Röpke als wesentlicher Teil eines zentral organisierten Kolossalstaats ohne Berücksichtigung des Subsidiaritätsprinzips betrachten würde. Die mit den zusätzlichen Kompetenzen einhergehende Zunahme an Bürokratisierung wird heute selbst seitens der EU-Organe kritisch betrachtet. In einer im Dezember 2003 verabschiedeten interinstitutionellen Vereinbarung kommen das Europäische Parlament, der Rat und die Kommission überein, »die Qualität der Rechtsvorschriften durch eine Reihe von Initiativen und Verfahren, die in dieser interinstitutionellen Vereinbarung enthalten sind,« verbessern zu wollen.[285] Im Rahmen dieser Vereinbarung soll Bürokratieabbau mit Hilfe eines Verfahrens zur Gesetzesfolgenabschätzung betrieben werden.[286] Dabei werden in einer *ex ante* Betrachtung Folgenabschätzungen wirtschaftlicher, sozialer und ökologischer Aspekte in EU-Rechtsetzungsvorhaben durchgeführt. Zusätzlich sollen im Rahmen eines Mehrjahresprogramms die bestehenden Rechtsvorschriften aktualisiert, verringert und vereinfacht werden.[287] 2007 hat sich der Rat auf Vorschlag der Kommission im Rahmen des Programms darauf geeinigt, die Verwaltungslasten der EU, die aus EU-Regelungen resultieren, um 25 v.H. bis zum Jahr 2012 abzubauen.[288] Der Erfolg des Programms ist heute allerdings noch nicht abzuschätzen, obwohl man in Brüssel sehr zuversichtlich gestimmt ist.[289]

### 5.3. Das Urteil des Bundesverfassungsgerichts zum Vertrag von Lissabon im Lichte Röpkes

Röpkes Forderung, die europäische Integration mithilfe eines föderalen Systems auszugestalten, in dem die Aufgaben nach dem Prinzip der Subsidiarität übertragen werden, hat bis heute nicht an Aktualität verloren. Das beweist das Urteil des Bundesverfassungsgerichts vom 30. Juni 2009 zum Vertrag von Lissabon.[290]

---

[284] Wolfgang Wessels, Das politische System der Europäischen Union, Wiesbaden: VS Verlag für Sozialwissenschaften, 2008, S. 20.
[285] Europäisches Parlament, Rat und Kommission, Mitteilung über die Interinstitutionelle Vereinbarung "Bessere Rechtsetzung", C321/2003,, S. 1.
[286] Ders., S. 4.
[287] Ebd.
[288] EG-Kommission, Aktionsprogramm zur Verringerung der Verwaltungslasten in der Europäischen Union, Luxemburg: EG-Kommission 2007, S. 1.
[289] Europäische Kommission, Bürokratieabbau im Eilzugstempo bringt Bürgern und Unternehmen Einsparungen in Milliardenhöhe, ⟨URL: http://europa.eu/rapid/pressReleasesAction.do?reference=IP/08/115\&format=HTML\&aged=1\&language=DE\&guiLanguage=en⟩; aufgerufen am 27.1.2010.
[290] Urteil des Bundesverfassungsgerichts vom 30.6.2009, 2 BvE 2/08, zitiert nach Randnummer.

Das Bundesverfassungsgericht setzt sich in seinem Urteil mit den Klagen gegen den Vertrag von Lissabon und der deutschen Begleitgesetzgebung von insgesamt sechs Antragstellern bzw. Beschwerdeführern[291] aus unterschiedlichsten politischen Lagern auseinander, die hauptsächlich eine Ausweitung der Kompetenzen Brüssels ohne demokratische Legitimierung und damit einen Souveränitätsverlust der Nationalstaaten befürchten.

Zu Verhandlungen über den Vertrag von Lissabon kommt es, nachdem der Vertrag über eine Verfassung für Europa (VVE) an den ablehnenden Referenden in Frankreich und den Niederlanden scheitert.[292] Er entspricht zu großen Teilen dem gescheiterten VVE. Im Mittelpunkt steht die Änderung und Ablösung der bestehenden völkerrechtlichen Vertragsgrundlagen des europäischen Integrationsverbandes (EG-, EU- und Euratom-Vertrag), wodurch das politische System der Europäischen Union reformiert wird. Der EU soll durch den Vertrag eine einheitliche Struktur und Rechtspersönlichkeit gegeben werden. Gegenüber dem bisher gültigen Vertrag von Nizza werden der EU zusätzliche Kompetenzen zugeteilt, außerdem soll ihr institutionelles Gefüge geändert werden, um sie demokratischer und handlungsfähiger zu machen. In der Außen- und Sicherheitspolitik sieht der Vertrag ebenfalls eine Ausweitung der Zusammenarbeit der Mitgliedstaaten vor. Das Vertragswerk enthält darüber hinaus Regelungen über den freiwilligen Austritt von Mitgliedstaaten aus der EU. Anders als der VVE enthält der Vertrag von Lissabon nicht mehr den Terminus »Verfassung«, die Kompetenzverteilung durch den Vertrag von Lissabon entspricht jedoch derjenigen, die in der Verfassung vorgesehen war.

Bei der Abstimmung im Deutschen Bundestag am 24. April 2008 wird der Vertrag mit großer Mehrheit (515 von 574 Stimmen) angenommen.[293] Der Bundesrat ratifiziert den Vertrag einen Monat später mit 66 Ja-Stimmen bei drei

---

[291] Im einzelnen sind dies: Peter Gauweiler (CSU), der sowohl eine Individual- als auch Organklage eingereicht hat, die Organklage der Bundestagsfraktion Die Linke, die Verfassungsbeschwerde weiterer Bundestagabgeordneter und Einzelpersonen.

[292] Unter der Ratspräsidentschaft Deutschlands in der ersten Hälfte des Jahres 2007 werden die Grundzüge des Vertrags ausgearbeitet und am 21. und 22. Juni 2007 in Brüssel beschlossen. Daraufhin erfolgt unter der portugiesischen Ratspräsidentschaft im Rahmen der Regierungskonferenz die Ausarbeitung eines Vertragsentwurfs. Nach der Einigung aller Staats- und Regierungschefs der EU-Staaten auf den endgültigen Vertragstext, wird der Vertrag von ihnen am 13. Dezember 2007 in Lissabon unterzeichnet. Da bis zum 1. Januar 2009 nicht alle EU-Staaten den Vertrag durch Abstimmung ihrer nationalen Parlamente ratifiziert hatten, tritt der Vertrag nunmehr am ersten Tag des auf die Hinterlegung der letzten Ratifikationsurkunde folgenden Monats in Kraft.

[293] Die Linke stimmt als Fraktion geschlossen mit »nein« (was 49 Stimmen entspricht) und reicht in Folge Verfassungsbeschwerde beim Bundesverfassungsgericht ein, von der CDU/CSU-Fraktion stimmen sieben Abgeordnete gegen die Ratifizierung des Vertrags, unter ihnen Peter Gauweiler, der ebenfalls Verfassungsbeschwerde und ein Organstreitverfahren beantragt und zwei fraktionslose Abgeordnete. Ferner gibt es bei der Partei Bündnis 90/Die Grünen eine Stimmenthaltung.

Enthaltungen.²⁹⁴ Nachdem jedoch Klage gegen die Ratifizierung beim Bundesverfassungsgericht eingereicht wird, teilt das Bundespräsidialamt am 30. Juni 2008 mit, dass auf die formale Bitte des Bundesverfassungsgerichts die Ratifizierungsurkunde vor einer Urteilsverkündung durch den Bundespräsidenten Horst Köhler nicht unterzeichnet werde.

### 5.3.1. Wahrung einzelstaatlicher Souveränitätsrechte

In seinem Urteil, das am 30. Juni 2009 ergeht, setzt sich der zweite Senat des Bundesverfassungsgerichts mit dem Zielkonflikt zwischen dem vom Grundgesetz vorgesehenen demokratischen System auf Bundesebene und der durch den Lissabon-Vertrag zunehmenden Gestaltungsmacht der Europäischen Union auseinander. Er kommt zu dem Schluss, dass der Vertrag von Lissabon verfassungskonform sei, da sein Inkrafttreten für die Union kein staatsanaloges Konzept vorsehe, das – wäre es gegeben – dem Legitimationsniveau einer staatlich verfassten Demokratie entsprechen müsse.²⁹⁵ Das Gericht wertet die in den Antrags- und Beschwerdeschriften als zentrales Argument aufgestellte Behauptung, mit Inkrafttreten des Lissabon-Vertrags werde das »demokratische Legitimationssubjekt« ausgetauscht, als unzutreffend.²⁹⁶ Die Souveränitätsrechte der Einzelstaaten seien nach wie vor unberührt. Vielmehr ziele der Vertrag auf eine Erweiterung des im Grundgesetz verankerten Föderalmodells um eine überstaatlich kooperative Dimension.²⁹⁷ In diesem Zusammenhang stelle das Europäische Parlament ein supranationales Vertretungsorgan der Völker der Mitgliedstaaten und kein Repräsentationsorgan eines souveränen europäischen Volkes dar. Diese Funktion werde weiterhin von den nationalen Parlamenten, die im Mittelpunkt eines verflochtenen demokratischen Systems der jeweiligen Einzelstaaten stünden, wahrgenommen.²⁹⁸ Auch nach dem Inkrafttreten des Vertrages von Lissabon bleibe die deutsche Staatsgewalt in ihrer Substanz somit geschützt.²⁹⁹ Das Bundesverfassungsgericht sieht sich damit in der Tradition Jean-Jacques Rousseaus, der die Behauptung aufstellt: »daß die Souveränität nicht veräußert werden kann, weil sie nichts als die Ausübung des Gemeinwillens ist, und daß der Souverän ein kollektives Wesen ist, das nur durch sich selbst repräsentiert werden kann. Die Macht kann noch übertragen werden, der Wille aber nicht.«³⁰⁰

---

²⁹⁴ Die Enthaltungen stammen von den drei Bundesratsmitgliedern der Partei 'die Linke' in Berlin.
²⁹⁵ BVerfG, Urt. v. 30.06.2009, 2 BvE 2/08 Rn. 276.
²⁹⁶ BVerfG, Urt. v. 30.06.2009, 2 BvE 2/08 Rn. 278.
²⁹⁷ BVerfG, Urt. v. 30.06.2009, 2 BvE 2/08 Rn. 277.
²⁹⁸ BVerfG, Urt. v. 30.06.2009, 2 BvE 2/08 Rn. 277.
²⁹⁹ BVerfG, Urt. v. 30.06.2009, 2 BvE 2/08 Rn. 298.
³⁰⁰ Jean-Jacques Rousseau, Vom Gesellschaftsvertrag oder Prinzipien des Staatsrechts, in: Martin Fontius (Hrsg.), Kulturkritische und -politische Schriften, Band 1, Berlin: Rütten & Loening, 1989, S. 400.

In wichtigen Bereichen wie der inneren und äußeren Sicherheit, dem Budgetrecht, dem Strafrecht ebenso wie bei kulturellen Fragen (Bildung, Erziehung, Sprache, Religion) und der Sozialpolitik habe die Bundesrepublik Deutschland daher ihre alleinige Entscheidungskompetenz zu wahren.[301] Damit solle der nationalstaatliche Identitätskern erhalten werden. Denn das Gericht ist der Auffassung, dass ungeachtet der Bildung einer europäischen Öffentlichkeit nicht zu übersehen sei, dass »die öffentliche Wahrnehmung von Sachthemen und politischem Führungspersonal in erheblichem Umfang an nationalstaatliche, sprachliche, historische und kulturelle Identifikationsmuster angeschlossen« bleibe.[302] Die Identifizierung mit einer Europäischen Nation sieht der zweite Senat somit noch in weiter Ferne.

Die vom Bundesverfassungsgericht hervorgehobene Bewahrung nationalstaatlicher historisch gewachsener Identität spielt auch in Röpkes Überlegungen eine zentrale Rolle.[303] Der Entwicklung einer »aus Schicksalsgemeinschaft erwachsenden Charaktergemeinschaft«[304] sei ein Verschmelzungsprozess vorausgegangen, der lange Zeit angedauert und ab dem späten 18. Jahrhundert die Idee der Bildung von Nationalstaaten hervorgebracht habe.[305] Röpke befürwortet diese Entwicklung, da der souveräne Einzelstaat den geeigneten Rahmen bilde, um das Eigenleben der verschiedenen Nationen zu bewahren und zu fördern.[306] Die Achtung des Mannigfaltigen, des Eigenständigen und der Buntheit, wobei gerade die Kleinen und Schwachen als schützenswert herausgestellt werden, sind für ihn von entscheidender Bedeutung, um einer gesellschaftlichen Verklumpung zu entgehen.[307]

Das Bundesverfassungsgericht erkennt die Wichtigkeit und Aktualität der historisch gewachsenen Identität innerhalb des Nationalstaats, die zur Bildung echter Gemeinschaften fähig gewesen ist. Röpke würde diese Ansicht teilen und bekräftigen, dass der Nationalstaat auch im 21. Jahrhundert seine Existenzberechtigung nicht eingebüßt habe. Daher müssten auch der Nation übergeordnete Institutionen dergestalt entwickelt werden, dass weder bewusst noch unbewusst die auf der Kulturgeschichte basierenden gemeinschaftsstiftenden Entwicklungen eines Nationalstaates behindert oder gar beseitigt werden könnten.[308] Vielmehr

---

[301] BVerfG, Urt. v. 30.06.2009, 2 BvE 2/08 Rn. 249, 252-260.
[302] BVerfG, Urt. v. 30.06.2009, 2 BvE 2/08 Rn. 251.
[303] Röpke, Internationale Ordnung, S. 68.
[304] Röpke zitiert hier selbst Otto Bauer, Marx-Studien, Band 2: Die Nationalitätenfrage und die Sozialdemokratie, 2. Auflage. Wien: Brand, 1924, S. 90; vgl. Röpke, Geld und Außenhandel, S. 28.
[305] Röpke, Internationale Ordnung, S. 67 ff.
[306] Ders., S. 67.
[307] Röpke, Grundfragen, Schweizer Monatshefte, 1948, S. 283; Röpke, Einheit in der Vielheit, Die politische Meinung, 1959, S. 16.
[308] Röpke, Internationale Ordnung, S. 67 ff.

müssten das Eigenleben der Nation und die internationale Gemeinschaft in gleichem Maße zu ihrem Recht kommen.[309] Dieses Postulat richtet Röpke an beide Einheiten, die nationale und die supranationale, damit diese einander die Waage halten und sich nicht in Konkurrenz zueinander sehen.

Darüber hinaus würde Röpke dem Nationalstaat nicht nur aus soziologischer und historischer, sondern auch aus ökonomischer Perspektive große Bedeutung beimessen. Für Wirtschaftsabläufe biete die Nation einen geeigneten Rahmen. Denn alle Komponenten, aus denen sich die Nation bilde, »Sprache, Abstammung, gemeinsame Sitten und Gebräuche, gemeinsames Schicksal, gemeinsame Gesetze und Religion, [werden] zu einem gemeinsamen Element des wirtschaftlichen Handelns jedes einzelnen Angehörigen der Nation.«[310] Es entstehe ein Zusammengehörigkeitsgefühl gegenüber anderen Ländern, das einerseits Wettbewerb fördere, andererseits jedoch nicht in übersteigerten Nationalismus oder gar Imperialismus münden dürfe.

### 5.3.2. Anforderungen des Grundgesetzes an den Integrationsprozess

Das Bundesverfassungsgericht kommt in seinem Urteil außerdem zu dem Schluss, dass die allgemeine Regelung über Abgrenzung und Verteilung von Zuständigkeiten zwischen den Mitgliedstaaten und der EU im Vertragswerk ebenfalls die souveräne Staatsgewalt der Einzelstaaten wahre. Sie erfolgt nach dem »Prinzip der begrenzten Einzelermächtigung«[311], d.h. die EU kann nur durch die Übertragung von Zuständigkeiten durch die Mitgliedstaaten in einer bestimmten Angelegenheit tätig werden, also »delegierte Verantwortung für die ihr übertragenen Aufgaben« übernehmen.[312] Die auffällig häufige Erwähnung des Prinzips der begrenzten Einzelermächtigung[313] zeigt, welchen Stellenwert dieses Konzept im Urteil des Bundesverfassungsgerichts einnimmt. Das Prinzip der Einzelermächtigung werde zudem von Zuständigkeitsausübungsregeln unterstützt, von denen das Subsidiaritätsprinzip hervorgehoben wird.[314] Die Anforderungen des Grundgesetzes an die Übertragung von Hoheitsrechten auf die EU werde im Vertrag von Lissabon auch durch Einzelvorschriften nicht angetastet. Denn die im Vertrag aufgeführten Abstimmungsverfahren[315] gewähren den Organen der

---

[309] Röpke, Internationale Ordnung, S. 79 ff.
[310] Röpke, Geld und Außenhandel, S. 28.
[311] BVerfG, Urt. v. 30.06.2009, 2 BvE 2/08 Rn. 300 f.
[312] BVerfG, Urt. v. 30.06.2009, 2 BvE 2/08 Rn. 301.
[313] BVerfG, Urt. v. 30.06.2009, 2 BvE 2/08 Rn. 226, 234, 236, 237, 238, 239, 262, 265, 272, 275, 278, 298, 300, 301, 303, 331, 332, 409.
[314] BVerfG, Urt. v. 30.06.2009, 2 BvE 2/08 Rn. 304 f.
[315] Hier sind insbesondere die Regelung der doppelt-qualifizierten Mehrheit im Rat (Art. 16 Abs. 4 EUV-Lissabon, Art. 238 Abs. 2 des Vertrages über die Arbeitsweise der Europäischen Union), das ordentliche (Art. 48 Abs. 2) und vereinfachte Änderungsverfahren (Art. 48 Abs. 6 EUV-Lissabon) und die Brückenklausel (Art. 48 Abs. 7 EUV-Lissabon)

EU keine Möglichkeit, selbständig die »vertraglichen Grundlagen der Europäischen Union und die Zuständigkeitsordnung gegenüber den Mitgliedstaaten zu ändern.«[316]

Das Gericht stellt gleichzeitig die Anforderungen des Grundgesetzes klar. Die deutsche Verfassung sei auf eine Öffnung nach außen, die Frieden und Kooperation fördere, ausgerichtet. Dies gelte in Bezug auf die Integration Europas aber auch auf globaler Ebene. Das Gericht betont, dass die Einfügung der Bundesrepublik Deutschland in die EU keine Unterwerfung unter fremde Mächte bedeute, sondern eine »freiwillige, gegenseitige und gleichberechtigte Bindung, die den Frieden sichert und die politischen Gestaltungsmöglichkeiten durch gemeinsames koordiniertes Handeln stärkt.«[317] Das Souveränitätsverständnis des Grundgesetzes wende sich seit ehedem von einer »selbstgenügsamen und selbstherrlichen Vorstellung souveräner Staatlichkeit« ab, die durch politischen Machiavellismus noch bis ins 20. Jahrhundert propagiert worden sei.[318] Stattdessen fasse es Souveränität als »völkerrechtlich geordnete und gebundene Freiheit« auf.[319]

Dementsprechend hat Röpke das gleiche Souveränitätsverständnis des Einzelstaates wie das Grundgesetz, nämlich das eines durch Gesetze beschränkten und durch das Volk legitimierten Staates, dessen Aufgabe die Garantie der Freiheit seiner Bürger ist.[320] Der Respekt vor der staatsfreien Sphäre erhalte indes die Gesundheit, Kraft und Stabilität des Staates.[321] Eine rigide Souveränitätsvorstellung mit allmächtiger Instanz, die nach dem Vorbild eines Leviathans oder des politischen Machiavellismus eine absolutistische Herrschaftsform sowohl nach innen als auch in imperialistischer Weise nach außen ausübt, lehnt Rökpe ab.[322] Denn die Auswirkungen eines Souveränitätsverständnisses, das einen Prozess der zunehmenden Nationalisierung, Verstaatlichung und Politisierung des Menschen in Kauf nehme, und im Zuge dessen in einen Totalitarismus auszuarten drohe, seien verheerend. Diese Warnung vor »Supernationalismus« und »Supersouveränität« ist keine leere Floskel. Aus ihr spricht die Erfahrung eines Mannes, der als Leidtragender beide Weltkriege miterlebt und als Ursache der Kriege die Hypertrophie des Nationalstaates identifiziert hat. In Konsequenz plädiert er dafür, systemische Veränderungen auf innerstaatlicher Ebene zu implementieren, um die erhaltenswerten Kennzeichen des Nationalstaats herauszukehren. Der Natio-

---

gemeint.
[316] BVerfG, Urt. v. 30.06.2009, 2 BvE 2/08 Rn. 306.
[317] BVerfG, Urt. v. 30.06.2009, 2 BvE 2/08 Rn. 220.
[318] BVerfG, Urt. v. 30.06.2009, 2 BvE 2/08 Rn. 223.
[319] BVerfG, Urt. v. 30.06.2009, 2 BvE 2/08 Rn. 223.
[320] Röpke, Civitas Humana, S. 171-179.
[321] Ders., S. 179.
[322] Ders., S. 210-214; Röpke, Internationale Ordnung, S. 52-56.

nalstaat sei geeignet, als friedens- und wohlstandsförderndes Bindeglied zwischen den kleinsten ihm untergeordneten Einheiten einerseits und der internationalen Ebene andererseits zu wirken.[323] Diese Doppelfunktion könne auf keine andere Ebene übertragen werden, sondern müsse vom Nationalstaat erfüllt werden.[324]

### 5.3.3. Ein geeintes Europa nach föderalem Prinzip

Das Bundesverfassungsgericht stellt mit seinem klaren Bekenntnis für ein geeintes Europa (»Das Grundgesetz will eine europäische Integration [...].«[325]) den deutschen Verfassungsorganen gleichwohl keinen Blankoscheck zur Übertragung von Hoheitsrechten an die EU aus.[326] Vielmehr habe die Bundesrepublik Deutschland ihre Entscheidungskompetenz in wichtigen, bereits oben erwähnten Bereichen zu wahren.[327] Darüber hinaus hätten der deutsche Bundestag und gegebenenfalls der Bundesrat unter Berücksichtigung ihrer »Integrationsverantwortung«[328] dafür Sorge zu tragen, dass in allen Angelegenheiten, in denen die Europäische Union in die nationale Souveränität eingreife, indem bspw. Abstimmungsmodalitäten abgeändert oder weitere Zuständigkeitsbereiche übertragen werden sollen, vorher der Bundestag die Gelegenheit wahrnimmt, darüber jeweils »nach dem Prinzip der begrenzten Einzelermächtigung« abzustimmen.[329] Das Grundgesetz untersage ferner die Übertragung der so genannten Kompetenz-Kompetenz, also eine Abtretung von Hoheitsrechten dergestalt, dass aus deren Ausübung ohne weitere Zustimmung zusätzliche Zuständigkeiten begründet werden können.[330]

In diesem Zusammenhang befindet das Gericht die Begleitgesetzgebung über die Beteiligungsrechte von Bundestag und Bundesrat für nicht in erforderlichem Umfang ausgearbeitet und damit teilweise für verfassungswidrig.[331] Das sogenannte »Gesetz über die Ausweitung und Stärkung der Rechte des Bundestages und des Bundesrates in Angelegenheiten der Europäischen Union«[332] habe zur Aufgabe, die innerstaatlichen Voraussetzungen zu schaffen, nach denen Bundestag und Bundesrat die ihnen durch den Vertrag von Lissabon eingeräumten Rechte wahrnehmen können.[333] Daher dürfe der Gesetzgeber mithilfe des Ausweitungsgesetzes die ihm durch das Grundgesetz erteilte Abstimmungspflicht

---

[323] Röpke, Heimat, Rheinischer Merkur, 1966, S. 4.
[324] Röpke, Internationale Ordnung, S. 67 ff..
[325] BVerfG, Urt. v. 30.06.2009, 2 BvE 2/08 Rn. 225.
[326] BVerfG, Urt. v. 30.06.2009, 2 BvE 2/08 Rn. 226.
[327] BVerfG, Urt. v. 30.06.2009, 2 BvE 2/08 Rn. 249, 252-260.
[328] BVerfG, Urt. v. 30.06.2009, 2 BvE 2/08 Rn. 238 f.
[329] BVerfG, Urt. v. 30.06.2009, 2 BvE 2/08 Rn. 226.
[330] BVerfG, Urt. v. 30.06.2009, 2 BvE 2/08 Rn. 233.
[331] BVerfG, Urt. v. 30.06.2009, 2 BvE 2/08 Rn. 406.
[332] Bundestagsdrucksache 16/8489 vom 11. März 2008.
[333] BVerfG, Urt. v. 30.06.2009, 2 BvE 2/08 Rn. 407.

über Vertragsänderungen nicht aufgeben oder seine Zustimmung »in abstrakter Vorwegnahme 'auf Vorrat' erteilen«. Das Gesetz ersetze nicht das Prinzip der begrenzten Einzelermächtigung. Eine schleichende Kompetenzerweiterung der Europäischen Union durch Zustimmung auf Vorrat oder durch zustimmendes Schweigen sei nicht verfassungskonform.[334] Der Bundestag genügt dem Subsidiaritätsprinzip – laut Bundesverfassungsgericht – insoweit nicht, als dass er seine ihm durch den Vertrag von Lissabon zugesicherte Souveränität durch die Begleitgesetzgebung selbst beschneidet. Die Begleitgesetzgebung muss nach dem Urteil neu ausgearbeitet werden, denn solange diese den Anforderungen des Bundesverfassungsgerichts nicht genügt, kann der Lissabon-Vertrag nicht ratifiziert werden.

Das Bundesverfassungsgericht begründet sein Urteil damit, dass die Europäische Union kein Bundesstaat sei. Es müsse gewährleistet werden, dass sie lediglich ein funktionsfähiger Staatenbund bleibe, der den nationalstaatlichen Identitätskern seiner Mitgliedstaaten unangetastet lasse. Der Staat sei »weder Mythos noch Selbstzweck, sondern die historisch gewachsene, global anerkannte Organisationsform einer handlungsfähigen politischen Gemeinschaft.«[335] Lediglich ein Volksentscheid nach Art. 146 GG könne das Grundgesetz außer Kraft setzen und den Weg zu einem europäischen Bundesstaat ebnen.[336] Solange das nunmehr 60-jährige, anfangs provisorisch angelegte deutsche Grundgesetz jedoch seine Gültigkeit besitzt, behält sich das Bundesverfassungsgericht das Recht vor, letztinstanzlich in Verfassungsfragen (auch gegenüber dem Europäischen Gerichtshof) zu entscheiden, »wenn Rechtsschutz auf EU-Ebene nicht zu erlangen ist«.[337]

Die allgemeine Bedeutung einer Öffnung des Nationalstaats nach außen wird von Röpke vor allem mit Argumenten der Wirtschaftlichkeit untermauert. Für ein geeintes Europa hingegen, das Röpke damals – wie das Bundesverfassungsgericht noch heute – als Leitidee und lebendige Kraft des Nachkriegseuropas begreift, steht nicht die wirtschaftliche Integration im Vordergrund, sondern die Annäherung eines Kontinents, der nicht allein wegen seiner geographischen Anordnung oder ethnologischen Zusammensetzung Zusammengehörigkeit schaffe. Vielmehr verbinde er sich zu einer echten Einheit »[...] im Sinne eines Kulturkreises, einer der großen Zivilisationen der Weltgeschichte, eines gemeinsamen Patrimoniums religiös-moralischer Art, eines eigentümlichen und die Europäer verbindenden Wertesystems.«[338] Röpke erkennt gerade nach dem Zweiten Welt-

---

[334] BVerfG, Urt. v. 30.06.2009, 2 BvE 2/08 Rn. 413.
[335] BVerfG, Urt. v. 30.06.2009, 2 BvE 2/08 Rn. 224.
[336] BVerfG, Urt. v. 30.06.2009, 2 BvE 2/08 Rn. 179, 232.
[337] BVerfG, Urt. v. 30.06.2009, 2 BvE 2/08 Rn. 240.
[338] Röpke, Einheit in der Vielheit, Die politische Meinung, 1959, S. 16; vgl. hierzu S. 61 ff.

krieg das kontinentale Sehnen der Völker nach Einheit. Er würde mehr als fünfzig Jahre nachdem er selbst die Integration Europas postuliert hat, begrüßen, dass das Grundgesetz – in der Lesart des Bundesverfassungsgerichts – weiterhin an diesem Ziel festhält.

Allein das Erkennen des Ziels reicht für Röpke jedoch nicht aus, um sich diesem zu nähern. Er identifiziert nur einen gangbaren Weg zum Erreichen des Ziels, was aus seinen zahlreichen Schriften klar hervorgeht. Ein 'melting pot' nach amerikanischem Vorbild, der nationale Unterschiede nivelliere, Pluralismus, Individualismus und kulturelle Vielfalt beschneide, dürfe im Falle Europas nicht der Preis sein, den seine Einwohner für Integration zu zahlen hätten. Vielmehr müsse die »Einheit in der Vielheit« mithilfe eines föderalen Systems erhalten werden.[339] Wie das Urteil zum Vertrag von Lissabon zeigt, sind sich Röpke und das Bundesverfassungsgericht hinsichtlich dieser Lösung einer Meinung. Denn das so häufig erwähnte Prinzip der begrenzten Einzelermächtigung enthält die Forderung nach Anwendung des Subsidiaritätsprinzips in der föderalistisch aufgebauten Europäischen Union. Es soll gewährleistet werden, dass das ursprüngliche Recht der Wahrnehmung von Aufgaben auf der jeweils untersten Stufe stattfindet und die jeweils höhere Stufe des Gesamtsystems nur dann subsidiär an die Stelle der nächstniedrigeren tritt, wenn die Aufgabe sich als zu universal herausgestellt hat. Der Auftrag an die höheren Stufen in einer bestimmten Angelegenheit tätig zu werden, muss deshalb stets von den unteren und dies jeweils für einen konkreten Fall gegeben werden.[340] Die Rüge des Gerichts an den deutschen Bundestag, nicht pauschal weitreichende Entscheidungen abzunicken und sorglos Hoheitsrechte auf die europäische Ebene zu übertragen, hätte Röpke aus dem Herzen gesprochen.

Dass der Bundestag seiner Verpflichtung gegenüber seinen Bürgern, die nationale Eigenständigkeit nach Maßgabe des Subsidiaritätsprinzips zu wahren, laut Bundesverfassungsgericht nicht nachkommt, hätte dem deutschen Parlament auch von Röpkes Seite Krtik eingebracht. Von dem Fall eines trägen und unterwürfigen Nationalstaats geht Röpke zunächst in seiner Analyse jedoch nicht aus. Vielmehr vermutet er eine Tendenz der Hypertrophie des Nationalstaats, der seine bereits akkumulierte Macht verteidigt und weitere Kompetenzen an sich zieht. Auf diese Weise übergehe er einerseits die kleinen Einheiten, welche der Gefahr ausgesetzt würden, zu bloßen Verwaltungsbezirken degradiert zu werden. Andererseits wehre er sich aus falschem Nationalismus gegen die Unter-

---

[339] Röpke, Europa in der Welt von heute, S. 301.
[340] Das Bundesverfassungsgericht beschäftigt sich in seinem Urteil lediglich mit der nationalstaatlichen und supranationalen Ebene. Röpke legt jedoch auch großen Wert darauf, dass ein föderales System von der kleinsten bis zur größten Einheit nach dem Subsidiaritätsprinzip arbeitet, vgl. bspw. Röpke, Civitas Humana, S. 179; Röpke, Internationale Ordnung, S. 83.

werfung unter ein absolut bindendes und durchsetzbares Recht auf internationaler Ebene.[341] Der Föderalismus biete als einziges System in Verbindung mit dem Subsidiaritätsprinzip die Möglichkeit, dieser Problematik entgegenzuwirken. Zum einen sei hierdurch den jeweils untergeordneten Gliedern eine gewisse Souveränität zugestanden, und die übergeordneten Stufen stünden den unteren zur Seite, wenn Fragen von Einheit und Bestand des gesamten Systems gelöst werden müssten.

Röpke belegt als Ökonom seine Forderung nach Subsidiarität vor allem mit effizienztheoretischen und marktwirtschaftlichen Argumenten. Aber auch die Auslegung des Gerichts, das sich vornehmlich auf demokratietheoretische Prinzipien beruft, wäre ganz im Sinne Röpkes.[342] Sein Unbehagen gegenüber einem Zentralstaat, einem »imperialen Großraum« oder einem »Kolossalstaat« mit ausgeklügeltem bürokratischen und technokratischen Überbau mit Hang zu Totalitarismus wurzelt in ökonomischen Überlegungen. Röpke kritisiert an einer derartigen Organisationsform, sie würde sich vornehmlich an Planvorgaben und nicht an den individuellen Wünschen und Interessen ihrer Bürger ausrichten und damit Wettbewerb, Fortschritt, Privateigentum, freie Allokation der Ressourcen und damit im Endeffekt die Maximierung der Gesamtwohlfahrt behindern. Röpkes Ablehnung gegenüber einen zentralistisch geplanten Staat ist bereits auf nationalstaatlicher Ebene absolut. Mit zunehmender Größe des Wirtschaftsraumes nimmt jedoch die Bedeutung des einzelnen Individuums ab. Daher überrascht es nicht, dass Röpke gerade auch für die Integration auf internationaler Ebene dem Föderalismus- und Subsidiaritätsprinzip imperative Bedeutung zumisst.[343] Wenn bereits der Nationalstaat unmöglich in der Lage sein könne, die Wünsche seiner Bürger zu erahnen und dementsprechende Planvorgaben zu machen, um ein wievielfaches komplizierter werde dieser Prozess erst auf der internationalen Ebene?[344]

---

[341] Röpke, Internationale Ordnung, S. 67 ff.
[342] Röpke erkennt neben der aristokratisch-monarchischen Herrschaft, die er im 20. Jahrhundert als Auslaufmodell betrachtet, lediglich die »durch Volkswahl und Repräsentation bestimmte demokratische Republik« als einzige legitime Herrschaft, die über einen inneren moralischen Rechtstitel verfüge, an. Röpke, Civitas Humana, S. 173, 176 Nur dieses Herrschaftssystem sei fähig, »dieses höchste Kunstwerk menschlicher Zivilisation – der freie Staat, welcher Gehorsam, Disziplin, Ordnung und Zwang mit der freien und willigen Zustimmung der Regierten verbindet und die gegenseitige Furcht der Regierenden und Regierten in Freiheit und Sicherheit aufhebt – [...]« auf Dauer zu gewährleisten. ders., S. 173.
[343] Vgl. bspw. Röpke, Internationale Ordnung, S. 69 f.
[344] Am Beispiel der Montanunion und deren Investitionslenkung verdeutlicht Röpke, dass auf internationaler Ebene zusätzlich zu Planungsunsicherheiten der Widerstand der anderen Nationen zu berücksichtigen sei, die nicht in den Genuss der zur Verfügung stehenden Investitionsmittel kämen, vgl. Röpke, Europäische Investitionsplanung. Vgl. hierzu auch S. 114 ff.

Europa als Bundesstaat kann Wilhelm Röpke sich vor 50 Jahren ebenso wenig vorstellen wie die Karlsruher Verfassungsrichter heute. Er schreibt hierzu: »Mag man immerhin mit Montesquieu von Europa als einer *'nation de nations'* reden und mit einem wachsenden europäischen Gemeinbewußtsein rechnen, so wäre es doch rein visionär, irgendwelche Pläne auf der Erwartung aufzubauen, daß dieses kontinentale Gemeinbewußtsein allgemein und auf die Dauer stärker als das nationale sein oder ihm auch nur die Waage halten könnte, sobald und sooft beide miteinander in ernstlichen Konflikt geraten.«[345] Jedoch glaubt Röpke damals auch nicht an eine gemeinsame europäische Währung[346], die heute für die Bürger von 16 Ländern der Europäischen Union Realität ist und mittlerweile innerhalb der Euro-Zone mehrheitlich Akzeptanz gefunden hat. Es bleibt abzuwarten, in welche Richtung die Europäische Union sich weiterentwickeln wird.

---

[345] Röpke, EWG, Der Monat, 1952, S. 230; Röpke, Internationale Ordnung, S. 79.
[346] Röpke, Widersprüche, NZZ, 1964, S. 4.

# Literaturverzeichnis

**John Emerich Edward Dalberg Lord Acton:**
▷ History of Freedom and Other Essays, London: Macmillan, 1907

**Konrad Adenauer:**
▷ Gründe für und wider den Beitritt zum Europarat, in: **Bundesregierung der BRD (Hrsg.)**: Denkschrift der Bundesregierung zur Frage des Beitritts zum Europarat, Bonn: Scheur, 1950, S. 19–20

**Alliance Environnement:**
▷ Evaluation of the Application of Cross Compliance as Forseen Under Regulation 1782/2003, ⟨URL: http://ec.europa.eu/agriculture/eval/reports/cross\_compliance/full\_text\_en.pdf⟩

**Carlo Almonte/Mario Nava:**
▷ Economics and Policies of an Enlarged Europe, Cheltenham u.a.: Edward Elgar, 2005

**Uwe Andersen:**
▷ Das internationale Währungssystem zwischen nationaler Souveränität und supranationaler Integration: Entwicklungstendenzen seit Bretton Woods im Spannungsfeld der Interessen, Berlin: Duncker & Humblot, 1977

**Heinz-Jürgen Axt:**
▷ Stahlkrise und westeuropäische Integration. Die Krise - Hemmnis oder Triebkraft der Verflechtung? Politische Vierteljahresschrift Band 19, 1978, Nr. 2, S. 157–201

**Bela Balassa:**
▷ The Theory of Economic Integration, London: Irwin, 1961 (zitiert: Balassa, The Theory of Economic Integration)
▷ Trade Creation and Trade Diversion in the European Common Market: An Appraisal of the Evidence, in: **Derselbe: (Hrsg.)**: European Economic Integration, Amsterdam: North-Holland, 1975, S. 79–118 (zitiert: Balassa, Trade Creation and Trade Diversion)

**Richard Baldwin/Charles Wyplosz:**
▷ The Economics of European Integration, 2. Auflage. Berkshire: McGraw Hill, 2006

**Oliver Bange:**
- Deutschland und die britische Beitrittsfrage, 1960-1963, in: **Rudolf Hrbek/Volker Schwarz (Hrsg.):** 40 Jahre Römische Verträge: Der deutsche Beitrag, Baden-Baden: Nomos Verlagsgesellschaft, 1998, S. 278–290 (zitiert: Bange, Deutschland und die britische Beitrittsfrage)
- The Crisis of 1963: Kennedy, Macmillan, de Gaulle and Adenauer in Conflict, Houndsmill u.a.: Macmillan Press Ltd., 2000 (zitiert: Bange, The Crisis of 1963)

**Benjamin R. Barber:**
- Jihad vs. McWorld, New York: Times Books, 1995

**Robert J. Barro:**
- Money and the Price Level Under the Gold Standard, The Economic Journal Band 89, März 1979, Nr. 353, S. 13–33

**Otto Bauer:**
- Marx-Studien, Band 2: Die Nationalitätenfrage und die Sozialdemokratie, 2. Auflage. Wien: Brand, 1924

**Werner Becker:**
- Der Euro wird zehn: Den Kinderschuhen entwachsen, EU-Monitor 17. Juni 2008, Nr. 57, S. 1–44

**Peter Behrens:**
- Niederlassungsfreiheit und Internationales Gesellschaftsrecht, Rabels Zeitschrift für ausländisches und internationales Privatrecht Band 52, 1988, S. 498–525
- Die Konvergenz der wirtschaftlichen Freiheiten im europäischen Gemeinschaftsrecht, Europarecht Band 27, 1992, Nr. 2, S. 145–162

**Alexander Berens:**
- Der Weg der Europäischen Wirtschaftsgemeinschaft zur Politik des leeren Stuhls und zum Luxemburger Kompromiss, 2002 (zugl. Diss., Johann Wolfgang Goethe-Universität Frankfurt am Main, 2002)

**Henri Bergson:**
- Die beiden Quellen der Moral, Jena: Diedrichs, 1933

**Norbert Berthold:**
- Dauerkrise am europäischen Stahlmarkt - Markt- oder Politikversagen, Frankfurter Institut - Stiftung Marktwirtschaft und Politik, 1994, Kleine Handbibliothek, Band 12

**Thomas Bittner:**
▷ Das westeuropäische Wirtschaftswachstum nach dem Zweiten Weltkrieg: Eine Analyse unter besonderer Berücksichtigung der Planification und der Sozialen Marktwirtschaft, Münster, Hamburg: Lit Verlag, 2001 (zugl. Diss., Westfälische Wilhelms-Universität Münster, 1999)

**Eugen von Böhm-Bawerk:**
▷ Unsere passive Handelsbilanz (1914), in: **Franz X. Weiss (Hrsg.)**: Gesammelte Schriften von Eugen von Böhm-Bawerk, Band 1, Wien, Leipzig: Holder-Pichler-Tempsky, 1924

**Franz Böhm/Eva Röpke:**
▷ Wilhelm Röpke (1899-1966)/ Nationalökonom. Lebensgang, in: **Ingeborg Schnack (Hrsg.)**: Marburger Gelehrte in der ersten Hälfte des 20. Jahrhunderts, Marburg: N. G. Elwert Verlag (Kommissionsverlag), 1977, S. 419–430

**Michael D. Bordo:**
▷ The Gold Standard and Related Regimes, Cambridge: Cambridge University Press, 1999

**Hartmut Brandt:**
▷ Kosten und Auswirkungen der Gemeinsamen Agrarpolitik (GAP) in Deutschland, 2004, Gutachten im Auftrag von Oxfam Deutschland e.V.

**Gabriele Brenke:**
▷ Europakonzeptionen im Widerstreit: Die Freihandelszonenverhandlungen 1956-1958, Vierteljahrshefte für Zeitgeschichte Band 42, 1994, Nr. 4, S. 595–633

**Ulrich Brückner:**
▷ Europäische Integrationstheorien und ihre Erklärungsleistungen, Brandenburg: Hochschulverbund Distance Learning, 2005

**Gerhard Brunn:**
▷ Die Europäische Einigung von 1945 bis heute, Stuttgart: Philipp Reclam, 2002

**Georg Büchner:**
▷ Aus für Subventionsbiotop - Die EU korrigiert teure Fehlentwicklungen, ⟨URL: http://www.bundestag.de/dasparlament/2007/12/thema/14327241.html⟩

**Stefan Bühler/Franz Jäger:**
▷ Einführung in die Industrieökonomik, Berlin, Heidelberg: Springer, 2002

**Oliver Buntrock:**
▷ Problemlösung im europäischen Mehrebenensystem: Das Beispiel der Stahlpolitik der Europäischen Gemeinschaft für Kohle und Stahl, 2004

**Michael Burgess:**
▷ Federalism and Federation, in: **Michelle Cini (Hrsg.):** European Union Politics, Oxford: Oxford University Press, 2003, S. 65–79

**Berthold Busch:**
▷ in: **Institut der Deutschen Wirtschaft Köln (Hrsg.):** Zur Wirtschaftsverfassung der Europäischen Union: Grundlagen, Entwicklungen und Perspektiven, Köln: Deutscher Institutsverlag, 2008

**Bruce Caldwell:**
▷ Hayek's Challenge: Intellectual Biography of Friedrich August von Hayek, Chicago: University Press of Chicago, 2004

**Philipp von Carlowitz:**
▷ Regionalismus in der Weltwirtschaft, Hamburg: Dr. Kovač, 2003 (zugl. Diss., Universität Trier, 2003)

**Frank Castigliola:**
▷ The Failed Design: Kennedy, de Gaulle and the Struggle for Europe, Diplomatic History: The Journal of the Society for Historians of American Foreign Relations Band 8, Juli 1984, Nr. 3, S. 227–252

**Philip Cerny:**
▷ The Politics of Grandeur: Ideological Aspects of de Gaulle's Foreign Policy, Cambridge: Cambridge University Press, 1980

**Gabriele Clemens/Alexander Reinfeldt/Gerhard Wille:**
▷ Geschichte der europäischen Integration, Verlag Ferdinand Schöningh: Paderborn, 2008

**Anthony Cockerill:**
▷ The Steel Industry: International Comparisons of Industrial Structure and Performance, Cambridge: Cambridge University Press, 1974

**David Colman:**
▷ The Common Agricultural Policy, in: **Mike Artis/Frederick Nixson (Hrsg.):** The Economics of the European Union, 4. Auflage. Oxford: University Press, 2007, S. 77–104

**Christian Conrad:**
▷ Europäische Stahlpolitik zwischen politischen Zielen und ökonomischen Zwängen, Baden-Baden: Nomos, 1997 (zugl. Diss., Eberhard Karls Universität Tübingen, 1997)

**Thomas Conzelmann:**
▷ Neofunktionalismus, in: **Siegfried Schieder/Manuela Spindler (Hrsg.):** Theorien der Internationalen Beziehungen, Opladen: Leske + Budrich, 2003

**Eckart Conze:**
▷ Die gaullistische Herausforderung: Die deutsch-französischen Beziehungen in der amerikanischen Europapolitik 1958 - 1963, München: Oldenbourg, 1995 (zugl. Diss., Alexander-Friedrich-Universität Nürnberg-Erlangen, 1992/93)

**C. A. Cooper/B. F. Massell:**
▷ A New Look At Customs Union Theory, The Economic Journal Band 75, 1965, S. 742–747

**Robert A. Dahl:**
▷ Polyarchy: Participation and Opposition, New Haven: Yale University Press, 1971

**Carsten Daugbjerg/Alan Swinbank:**
▷ Curbing Agricultural Exceptionalism: The EU's Response to External Challenge, 2006, Presented at the Inaugural Meeting of the International Political Economy Society, Princeton University, 17-18 November 2006

**Etienne Davignon:**
▷ Die Zukunft der europäischen Stahlindustrie, Annalen der Gemeinwirtschaft Band 49, 1980, S. 507–520

**Ernst Deuerlein:**
▷ Föderalismus: Die historischen und philosophischen Grundlagen des föderativen Prinzips, München: List, 1972

**Deutsche Bundesbank:**
▷ Zeitreihe TUS303: Geldmenge M3 im Euro-Währungsgebiet / saisonbereinigt, ⟨URL: http://www.bundesbank.de/statistik/statistik\_zeitreihen.php?graph\_diff=year\&graph\_begin=\&graph\_end=\&open=ewu\&func=row\&tr=TUS303\&showGraph=1⟩

**Larry Diamond/Juan Linz/Martin Seymour Lipset:**
▷ Politics in Developing Countries, in: **Larry Diamond/Juan Linz/Martin Seymour Lipset (Hrsg.):** Politics in Developing Countries: Comparing Experiences with Democracy, 2. Auflage. Boulder Colorado: Lynne Rienner Publishers, Inc., 1995

**William Diebold:**
▷ Trade and Payments in Europe, New York: Harper and Row, 1952 (zitiert: Diebold, Trade and Payments in Europe)

▷ The Schuman Plan: A Study in Economic Cooperation 1950-1959, New York: Praeger, 1959 (zitiert: Diebold, The Schuman Plan)

**Directorate-General for Agriculture and Rural Development:**
▷ Europeans, Agriculture and the Common Agricultural Policy, EU-Kommission 2008, Special Eurobarometer (zitiert: Directorate-General for Agriculture and Rural Development, Europeans and CAP)

**Directorate-General for Agriculture and Rural Development (Forts.):**
▷ Rural Development in the European Union: Statistical and Economic Information, EU-Kommission 2009 (zitiert: Directorate-General for Agriculture and Rural Development, Rural Development in the EU)
▷ Why Do We Need a Common Agricultural Policy? EU-Kommission 2009, Discussion Paper (zitiert: Directorate-General for Agriculture and Rural Development, Why a Common Agricultural Policy?)

**Friedrich-Wilhelm Dörge:**
▷ Europäische Gemeinschaft, atlantische und weltweite Partnerschaft, in: **Heinz-Dietrich Ortlieb/Friedrich-Wilhelm Dörge (Hrsg.):** Wirtschafts- und Sozialpolitik: Modellanalysen politischer Probleme, Opladen: C. W. Leske Verlag, 1967

**Geoffrey Dudley/Jeremy Richardson:**
▷ Managing Decline: Govering National Steel Production Under Economic Adversity, in: **Mark Bovens/Paul 't Hard/B. Guy Peters (Hrsg.):** Success and Failure in Public Governance, Cheltenham: Elgar, 2001

**Alan Ebenstein:**
▷ Friedrich Hayek. A Biography, New York: Palgrave for St. Martin's Press, 2001

**Piet Eeckhout:**
▷ External Relations of the European Union: Legal and Constitutional Foundations, Oxford: Oxford University Press, 2004

**EG-Kommission:**
▷ Communication from the Commission to the Council and to the European Parliament, Future of the ECSC Treaty, 15. März 1991, SEC (91) 407 final (zitiert: EG-Kommission, Communication from the Commission to the Council and to the European Parliament, Future of the ECSC Treaty)
▷ 1. Gesamtbericht über die Tätigkeit der Europäischen Gemeinschaften, Luxemburg: EG-Kommission 1968 (zitiert: EG-Kommission, 1. GesEGen)
▷ 6. Gesamtbericht über die Tätigkeit der Europäischen Gemeinschaften, Luxemburg: EG-Kommission 1973 (zitiert: EG-Kommission, 6. GesEGen)
▷ Bulletin der EG, Jg. 9, Heft 12, Luxemburg: EG-Kommission 1976 (zitiert: EG-Kommission, Bulletin der EG, Jg. 9, Heft 12)

**EG-Kommission (Forts.):**
▷ Allgemeine Ziele Stahl 1995, KOM (90) 201 endg. Luxemburg: EG-Kommission 1990 (zitiert: EG-Kommission, KOM (90) 201 endg. vom 7.5.1990)
▷ 25. Gesamtbericht über die Tätigkeit der Europäischen Gemeinschaften, Luxemburg: EG-Kommission 1991 (zitiert: EG-Kommission, 25. GesEGen)
▷ Aktionsprogramm zur Verringerung der Verwaltungslasten in der Europäischen Union, Luxemburg: EG-Kommission 2007 (zitiert: EG-Kommission, KOM (2007) 23 endg. vom 24.1.2007)

**Barry Eichengreen:**
▷ Editor's Introduction, in: **Barry Eichengreen (Hrsg.):** The Gold Standard in Theory and History, New York: Methuen, 1985 (zitiert: Eichengreen, Introduction)
▷ Reconstructing Europe's Trade and Payments: The European Payments Union, Manchester: Manchester University Press, 1993 (zitiert: Eichengreen, Reconstructing Europe's Trade and Payments)
▷ Globalizing Capital: A History of the International Monetary System, Princeton, New Jersey: Princeton University Press, 1996 (zitiert: Eichengreen, Globalizing Capital)

**Ludwig Erhard:**
▷ Deutschlands Rückkehr zum Weltmarkt, Düsseldorf: Econ-Verlag GmbH, 1953 (zitiert: Erhard, Deutschlands Rückkehr zum Weltmarkt)
▷ Die Londoner Gespräche über die Konvertierbarkeit, Bulletin des Presse- und Informationsamtes der Bundesregierung 22. September 1954, Nr. 178, S. 1565–1566, 1568–1570
▷ Die wirtschaftlichen Aspekte, in: **Karl Brunner (Hrsg.):** Die Integration des europäischen Westens: Vorträge gehalten an der Handels-Hochschule St. Gallen, Band 11, Zürich: Polygraph Verlag, 1954, S. 103–124 (zitiert: Erhard, Die wirtschaftlichen Aspekte)
▷ EWG und die 'kleine Freihandelszone', Bulletin des Presse- und Informationsamtes der Bundesregierung 8. Juli 1959, Nr. 120, S. 1225–1226
▷ Die Freihandelszone beschäftigt das Europäische Parlament, Bulletin des Presse- und Informationsamtes der Bundesregierung 20. Januar 1959, Nr. 12, S. 107–110
▷ Das ganze Europa ist für uns ein unverlierbarer Wert, Bulletin des Presse- und Informationsamtes der Bundesregierung 5. Mai 1959, Nr. 81, S. 773–774, 777–778
▷ Glückwunschadressen zu Wilhelm Röpkes 60. Geburtstag, in: Gegen die Brandung, Erlenbach-Zürich, Stuttgart: Eugen Rentsch Verlag, 1959, S. 12–19 (zitiert: Erhard, Glückwunschadressen)

**Ludwig Erhard (Forts.):**
- Vom Gemeinsamen Markt zur 'Atlantischen Gemeinschaft', Bulletin des Presse- und Informationsamtes der Bundesregierung 27. Oktober 1961, Nr. 203, S. 1905
- Deutsche Wirtschaftspolitik: Der Weg der Sozialen Marktwirtschaft, Düsseldorf, Frankfurt am Main: Econ-Verlag GmbH, Knapp, 1962 (zitiert: Erhard, Deutsche Wirtschaftspolitik)
- Mein Lieblingskind: Europa, in: **Martin Hoch (Hrsg.):** Wirken und Reden: 19 Reden aus den Jahren 1952 bis 1965, Ludwigsburg: Martin Hoch, 1966, S. 229–246 (zitiert: Erhard, Mein Lieblingskind)
- Gedenkrede, in: In Memoriam Wilhelm Röpke: Reden gehalten anläßlich der akademischen Gedenkfeier der Rechts- und Staatswissenschaftlichen Fakultät der Philipps-Universität Maburg zu Ehren ihres Mitglieds am 3. Juli 1967, Marburg: N.G. Elwert Verlag, 1968 (zitiert: Erhard, Gedenkrede)
- Darf man über «Europa» sprechen? in: **Karl Hohmann (Hrsg.):** Ludwig Erhard: Gedanken aus fünf Jahrzehnten, Düsseldorf u.a.: ECON Verlag, 1988, S. 657–661 (zitiert: Erhard, Darf man über «Europa» sprechen?)
- Die deutsche Wirtschaftspolitik im Blickfeld europäischer Politik, in: **Derselbe: (Hrsg.):** Ludwig Erhard: Gedanken aus fünf Jahrzehnten, Düsseldorf u.a.: ECON Verlag, 1988, S. 318–338 (zitiert: Erhard, Deutsche Wirtschaftspolitik)
- Planification - kein Modell für Europa, in: **Derselbe: (Hrsg.):** Ludwig Erhard: Gedanken aus fünf Jahrzehnten, Düsseldorf u.a.: ECON Verlag, 1988, S. 770–780 (zitiert: Erhard, Planification)
- Was wird aus Europa? in: **Derselbe: (Hrsg.):** Ludwig Erhard: Gedanken aus fünf Jahrzehnten, Düsseldorf u.a.: ECON Verlag, 1988, S. 653–656 (zitiert: Erhard, Was wird aus Europa?)
- Wer ist ein guter Europäer? in: **Derselbe: (Hrsg.):** Ludwig Erhard: Gedanken aus fünf Jahrzehnten, Düsseldorf u.a.: ECON Verlag, 1988, S. 442–445 (zitiert: Erhard, Wer ist ein guter Europäer?)
- Zu Fragen der Europäischen Zahlungsunion, in: **Derselbe: (Hrsg.):** Ludwig Erhard: Gedanken aus fünf Jahrzehnten, Düsseldorf u.a.: ECON Verlag, 1988, S. 387–392 (zitiert: Erhard, Zu Fragen der EZU)

**Amitai Etzioni:**
- A Grand Design? A Review, The Journal of Conflict Resolution Band 7, Juni 1963, Nr. 2, S. 155–163

**Walter Eucken:**
- Die Grundlagen der Nationalökonomie, 4. Auflage. Jena: Gustav Fischer, 1944 (zitiert: Eucken, Die Grundlagen der Nationalökonomie)

▷ Grundsätze der Wirtschaftspolitik, 4. Auflage. Tübingen: Mohr Siebeck, 1968 (zitiert: Eucken, Grundsätze der Wirtschaftspolitik)

**Europäisches Parlament, Rat und Kommission:**
▷ Mitteilung über die Interinstitutionelle Vereinbarung "Bessere Rechtsetzung", C321/2003, , 1-5 Seiten

**Europäische Kommission:**
▷ Bilateral Relations, ⟨URL: http://ec.europa.eu/trade/creating-opportunities/bilateral-relations/regions/⟩ (zitiert: Europäische Kommission, http://ec.europa.eu/trade/creating-opportunities/bilateral-relations/regions/)
▷ Bürokratieabbau im Eilzugstempo bringt Bürgern und Unternehmen Einsparungen in Milliardenhöhe, ⟨URL: http://europa.eu/rapid/pressReleasesAction.do?reference=IP/08/115\&format=HTML\&aged=1\&language=DE\&guiLanguage=en⟩ (zitiert: Europäische Kommission, http://europa.eu/rapid/pressReleasesAction.do?reference=IP/08/115&format=HTML&aged=1&language=DE&guiLanguage=en)
▷ EU-Haushaltsausgaben 2000-2008, ⟨URL: http://ec.europa.eu/budget/library/publications/fin\_reports/fin\_report\_08\_data\_de.pdf⟩ (zitiert: Europäische Kommission, http://ec.europa.eu/budget/library/publications/fin_reports/fin_report_08_data_de.pdf)
▷ "Gesundheitscheck" der Gemeinsamen Agrarpolitik, ⟨URL: http://ec.europa.eu/agriculture/healthcheck/index\_de.htm⟩ (zitiert: Europäische Kommission, http://ec.europa.eu/agriculture/healthcheck/index_de.htm)

**European Central Bank:**
▷ Euro exchange rates USD, ⟨URL: http://www.ecb.int/stats/exchange/eurofxref/html/eurofxref-graph-usd.en.html⟩

**Eurostat:**
▷ 50 Jahre EGKS-Vertrag. Kohle- und Stahlstatistiken, Eurostat im Auftrag der Europäischen Union, 2002 (zitiert: Eurostat, 50 Jahre EGKS-Vertrag)
▷ Außenhandel Haupttabellen, ⟨URL: http://epp.eurostat.ec.europa.eu/portal/page/portal/external\_tra\-de/da\-ta/main\_tables⟩ (zitiert: Eurostat, http://epp.eurostat.ec.europa.eu/portal/page/portal/external_trade/data/main_tables)
▷ Extra-EU-Handel nach Produktgruppen, ⟨URL: http://epp.eurostat.ec.europa.eu/tgm/refreshTableAction.do?tab=table\&plugin=1\&pcode=tet00061\&language=de⟩ (zitiert: Eurostat, http://epp.eurostat.ec.europa.eu/tgm/refreshTableAction.do?tab=table&plugin=1&pcode=tet00061&language=de)

**Eurostat (Forts.):**
▷ Struktur Landwirtschaftlicher Betriebe, ⟨URL: http://epp.eurostat.ec.europa.eu/por\-tal/page/por\-tal/agri\-culture/data/main\_tables⟩ (zitiert: Eurostat, http://epp.eurostat.ec.europa.eu/portal/page/portal/agriculture/data/main_tables)

**Ulrich Everling:**
▷ Das Niederlassungsrecht in der Europäischen Gemeinschaft, Der Betrieb: Wochenschrift für Betriebswirtschaft, Steuerrecht, Wirtschaftsrecht und Arbeitsrecht. Band 43, 1990, Nr. 37, S. 1853–1859

**Jens Evers:**
▷ Der EGKS-Vertrag und die europäische Industriepolitik: Versuch einer Außenwirkungsanalyse auf die deutsche Stahlindustrie, Berlin: Mensch & Buch Verlag, 2001 (zugl. Diss., Westfälische Wilhelms-Universität Münster, 2001)

**Fritz Ulrich Fack:**
▷ Ludwig Erhard und das Wirtschaftswunder im Zerrbild eines Historikers. Kritische Anmerkungen zu einer neuen Biographie, Frankfurter Allgemeine Zeitung 2. Oktober 1996

**Werner J. Feld:**
▷ West Germany and the European Community: Changing Interests and Competing Policy Objectives, New York: Praeger Publishers, 1981

**Franz Fendel:**
▷ Industriepolitik der Europäischen Wirtschaftsgemeinschaft: Entwicklungen, Bestimmungsfaktoren und Beispielfälle: Stahl (EGKS), Schiffbau und Kunstfaser, Frankfurt am Main: Lang, 1981

**Marcus Fleming:**
▷ Domestic Financial Policies Under Fixed and Under Floating Exchange Rates, IMF Staff Papers Band 9, November 1962, S. 369–80

**Dieter Fock:**
▷ Die Oligopole in der Stahlindustrie der Montanunion, Köln: Heymann, 1967

**Walter Frenz:**
▷ Handbuch Europarecht: Europäische Grundfreiheiten, Band 1, Berlin, Heidelberg u.a.: Springer, 2004

**Constanze Fröhlich:**
▷ Europäische Entwicklungen und Ereignisse, in: **Ploetz (Hrsg.):** Europa Ploetz - Ereignisse und Entwicklungen seit 1945, Freiburg im Breisgau: Ploetz im Verlag Herder, 1999, S. 17–78

**Edgar S. Furniss:**
▷ The Grand Design of Charles de Gaulle, in: **James T. Watkins (Hrsg.):** The Grand Design, Band 39, Los Angeles: University of Southern California, 1964

**Alexander Gallus/Eckhard Jesse:**
▷ Was sind Dritte Wege? Eine vergleichende Bestandsaufnahme, Aus Politik und Zeitgeschichte - Beilage zur Wochenzeitung Das Parlament 2001, Nr. 16-17, S. 6–15

**Eduard Gans:**
▷ in: **Johann Braun (Hrsg.):** Naturrecht und Universalrechtsgeschichte: Vorlesungen nach G.W.F. Hegel, Band 14, Tübingen: Mohr Siebeck, 2005

**Curt Gasteyger:**
▷ Europa von der Spaltung zur Einigung, Bonn: Bundeszentrale für politische Bildung, 2001

**Hans-Dietrich Genscher:**
▷ Erinnerungen, Berlin: Siedler-Verlag, 1995

**Heinrich Gerken:**
▷ Die Sozial- und Wirtschaftslehre Wilhelm Röpkes in ihrer Bedeutung für die Pädagogik, Mühlheim (Ruhr): Setzkorn-Schleifhacken, 1958 (zugl. Diss., Rheinische Friedrich-Wilhelms-Universität Bonn, 1957)

**Claus Giering:**
▷ Europa zwischen Zweckverband und Superstaat: Die Entwicklung der politikwissenschaftlichen Integrationstheorie im Prozeß der europäischen Integration, Band 1, Bonn: Europa Union Verlag, 1997

**Arne Gieseck:**
▷ Krisenmanagement in der Stahlindustrie: Eine theoretische und empirische Analyse der europäischen Stahlpolitik 1975 bis 1988, Berlin: Duncker & Humblot, 1995

**John Gillingham:**
▷ Coal, Steel, and the Rebirth of Europe 1945-1955: The Germans and French from Ruhr Conflict to Economic Community, Cambridge: Cambridge University Press, 1991

**Constantin Goschler/Christoph Buchheim/Werner Bührer:**
▷ Der Schumanplan als Instrument französischer Stahlpolitik. Zur historischen Wirkung eines falschen Kalküls, Vierteljahresschrift für Zeitgeschichte 37 1989, Nr. 2, S. 171–206

**Peter Alexis Gourevitch:**
▷ International Trade, Domestic Coalitions and Liberty: The Crisis of 1873-1896, Journal of Interdisciplinary History Band 8, Herbst 1977, Nr. 2, S. 281–313

**David Gowland/Arthur Turner/Alex White:**
▷ Britain and European Integration Since 1945, Oxon: Routledge, 2010

**Hans von der Groeben:**
▷ Die Europäische Wirtschaftsgemeinschaft als Motor der gesellschaftlichen und politischen Integration, Tübingen: Mohr Siebeck, 1970 (zitiert: von der Groeben, EWG als Motor der Integration)
▷ Aufbaujahre der Europäischen Gemeinschaft: Das Ringen um den Gemeinsamen Markt und die Politische Union (1958 - 1966), Baden-Baden: Nomos, 1982 (zitiert: von der Groeben, Aufbaujahre der Europäischen Gemeinschaft)
▷ Deutschland und Europa in einem unruhigen Jahrhundert, Baden-Baden: Nomos, 1995 (zitiert: von der Groeben, Deutschland und Europa)

**Ernst Haas:**
▷ The Uniting of Europ: Political, Social and Economic Forces, Stanford: Standford University Press, 1958

**Gottfried Haberler:**
▷ Economic Aspects of a European Union, World Politics: a quarterly journal of international relations Band 1, 1949, Nr. 4, S. 431–441
▷ Die wirtschaftliche Integration Europas, in: **Erwin von Beckerath (Hrsg.)**: Wirtschaftsfragen der freien Welt: Zum 60. Geburtstag von Bundeswirtschaftsminister Ludwig Erhard, Frankfurt am Main: Knapp, 1957, S. 521–530 (zitiert: Haberler, Integration Europas)
▷ Amerika und die Europäische Integration, Außenwirtschaft: Zeitschrift für internationale Wirtschaftsbeziehungen 1961, Nr. III/IV, S. 49–66

**Handelsblatt:**
▷ Deutschland hat Frist bis 2013, ⟨URL: http://www.handelsblatt.com/politik/international/defizitverfahren-eroeffnet-deutschland-hat-frist-bis-2013;2492928⟩

**Wolfgang Harbrecht:**
▷ Die Europäische Gemeinschaft, 2. Auflage. Stuttgart: Gustav Fischer, 1984

**Karl-Günther von Hase:**
▷ Ludwig Erhard - ein unermüdlicher Kämpfer für die Stärkung Europas, in: **Gerhard Schröder et al. (Hrsg.)**: Ludwig Erhard: Beiträge zu seiner politischen Biographie. Festschrift zum 75. Geburtstag, Frankfurt am Main u.a.: Propyläen Verlag, 1972, S. 292–302

**Friedrich August von Hayek:**
- Individualismus und wirtschaftliche Ordnung, Erlenbach-Zürich: Eugen Rentsch Verlag, 1939/1952 (zitiert: Hayek, Individualismus)
- The Road to Serfdom, Chicago: Chicago Universtiy Press, 1944/1994 (zitiert: Hayek, The Road to Serfdom)
- Missbrauch und Verfall der Vernunft, Tübingen: Mohr Siebeck, 1952/2004 (zitiert: Hayek, Missbrauch und Verfall der Vernunft)
- Glückwunschadressen zu Wilhelm Röpkes 60. Geburtstag, in: Gegen die Brandung, Erlenbach-Zürich, Stuttgart: Eugen Rentsch Verlag, 1959, S. 25–28 (zitiert: von Hayek, Glückwunschadressen)
- Die Wirkung in Amerika und England. Leserbrief, Frankfurter Allgemeine Zeitung 4. Februar 1963
- Historians and the Future of Europe, in: **Peter G. Klein (Hrsg.):** The Fortunes of Liberalism, Band 4, London: Routledge, 1992 (zitiert: von Hayek, The Future of Europe)
- The Rediscovery of Freedom: Personal Recollections, in: **Derselbe: (Hrsg.):** The Fortunes of Liberalism, Band 4, London: Routledge, 1992 (zitiert: von Hayek, Personal Recollections)
- Wirtschaftstheorie und Wissen, in: **Viktor Vanberg (Hrsg.):** Wirtschaftstheorie und Wissen: Aufsätze zur Erkenntnis- und Wissenschaftslehre, Tübingen: Mohr Siebeck, 2007, S. 137–158 (zitiert: von Hayek, Wirtschaftstheorie)

**Anthony Heartley:**
- John Kennedy's Foreign Policy, Foreign Policy Herbst 1971, Nr. 4, S. 77–87

**Georg Paul Heftye:**
- "Neoliberalismus" Das Wort als Waffe, ⟨URL: http://www.faz.net/s/Rub7FC5BF30C45B402F96E964EF8CE790E1/Doc~E2E0C044E0F844833907133D578DE4905~ATpl~Ecommon~Sspezial.html⟩

**Hans Jörg Hennecke:**
- Friedrich August von Hayek: Die Tradition der Freiheit, Düsseldorf: Verlag Wirtschaft und Finanzen, 2000 (zugl. Diss., Universität Rostock, 1999) (zitiert: Hennecke, Hayek)
- Wilhelm Röpke. Ein Leben in der Brandung, Stuttgart: Schäffer Poeschel Verlag, 2005 (zitiert: Hennecke, Ein Leben in der Brandung)
- Friedrich August von Hayek - Zur Einführung, Hamburg: Junius Verlag, 2008 (zitiert: Hennecke, Hayek zur Einführung)

**Volker Hentschel:**
- Ludwig Erhard - Ein Politikerleben, München und Landsberg am Lech: Olzog, 1996

**Peter Hilpold:**
▷ Die EU im GATT/WTO-System, 3. Auflage. Innsbruck: Innsbruck University Press, 2009

**Hohe Behörde:**
▷ Entscheidung Nr. 19/63 vom 11. Dezember 1963, Luxemburg: Hohe Behörde , 2969–2979 Seiten (zitiert: Hohe Behörde, Amtsblatt der EG Nr. 187 vom 24.12.1963)

▷ 12. Gesamtbericht über die Tätigkeit der Gemeinschaft. Europäische Gemeinschaft für Kohle und Stahl, Luxemburg: Hohe Behörde 1964 (zitiert: Hohe Behörde, 12. GesBer.)

▷ Empfehlung Nr. 1/64 vom 15.1.1964, Luxemburg: Hohe Behörde 1964 (zitiert: Hohe Behörde, Amtsblatt der EG Nr. 8)

▷ 14. Gesamtbericht über die Tätigkeit der Gemeinschaft. Europäische Gemeinschaft für Kohle und Stahl, Luxemburg: Hohe Behörde 1966 (zitiert: Hohe Behörde, 14. GesBer.)

▷ 15. Gesamtbericht über die Tätigkeit der Gemeinschaft. Europäische Gemeinschaft für Kohle und Stahl, Luxemburg: Hohe Behörde 1967 (zitiert: Hohe Behörde, 15. GesBer)

**Erich Hoppmann:**
▷ Ansprache des Dekans, in: In Memoriam Wilhelm Röpke: Reden gehalten anläßlich der akademischen Gedenkfeier der Rechts- und Staatswissenschaftlichen Fakultät der Philipps-Universität Marburg zu Ehren ihres Mitglieds am 3. Juli 1967, Marburg: N.G. Elwert Verlag, 1968

**Thomas Hörber:**
▷ The Foundations of Europe: European Integration Ideas in France, Germany and Britain, Wiesbaden: Verlag für Sozialwissenschaften, 2006

**Thomas Howell et al.:**
▷ State and Steel: Government Intervention and Steel's Structural Crisis, Boulder: Westview Press, 1988

**David Hume:**
▷ Essays, Moral, Political and Literary, Band 1, 1898. Auflage. London: Longmans, Green, 1752

**Albert Hunold:**
▷ Ein Leben im Kampf um Freiheit und Würde des Menschen, in: **Martin Hoch (Hrsg.):** Wort und Wirkung: Reden aus den Jahren 1947-1964, Ludwigsburg: Martin Hoch, 1964, S. 329–356

**Rudolf Judith:**
▷ Zur Situation in der Eisen- und Stahlindustrie, in: **Industriegewerkschaft Metall (Hrsg.)**: Zur Situation bei Eisen und Stahl: Zur Neuordnung der Stahlindustrie in der BRD, Frankfurt am Main: Schriftenreihe der IG Metall, 1983, Konferenz der IG Metall, 24. Februar 1983, Dortmund

**Peter Kalmbach:**
▷ Oppenheimer und der »dritte Weg« zwischen Kapitalismus und Kommunismus, in: **Volker Caspari/Bertram Schefold (Hrsg.)**: Franz Oppenheimer und Adolph Lowe: Zwei Wirtschaftswissenschaftler der Frankfurter Universität, Erlenbach-Zürich, Stuttgart: Eugen Rentsch Verlag, 1976

**Axel Kämmerer:**
▷ Inländer im Europarecht - Obsoleszenz oder Renaissance eines Rechtsbegriffs? Europarecht Band 43, 2008, Nr. 1

**Immanuel Kant:**
▷ Zum ewigen Frieden: Ein philosophischer Entwurf, Königsberg, 1795

**Reinhard Kapferer:**
▷ Charles de Gaulle: Umrisse einer politischen Biographie, Stuttgart: Deutsche Verlags-Anstalt, 1985

**Paul Kennedy:**
▷ Aufstieg und Fall der großen Mächte: ökonomischer Wandel und militärischer Konflikt von 1500 bis 2000, Frankfurt am Main: Fischer Taschenbuch Verlag, 1991

**John Maynard Keynes:**
▷ A Treatise on Money, London: Macmillan, 1930

**Kurt Klotzbach:**
▷ Die deutsche Sozialdemokratie und der Schuman-Plan, in: **Klaus Schwabe (Hrsg.)**: Die Anfänge des Schuman-Plans 1950/51, Baden-Baden: Nomos Verlagsgesellschaft, 1988, S. 333–344

**Daniel Koerfer:**
▷ Kampf ums Kanzleramt. Erhard und Adenauer, Stuttgart: Deutsche Verlags-Anstalt, 1987

**Wolfgang Köhler:**
▷ Die Mission des Liberalismus, Die Zeit 7. August 2008, Nr. 33

**Ljuba Kokalj/Horst Albach:**
▷ Industriepolitik in der Marktwirtschaft - Ein internationaler Vergleich, Stuttgart: Poeschel, 1987

**Thorsten Kongreen:**
▷ Grundfreiheiten, in: **Armin von Bogdandy/Jürgen Bast (Hrsg.)**: Europäisches Verfassungsrecht: Theoretische und dogmatische Grundzüge, Berlin: Springer, 2009, S. 705–748

**Georg Koopmann:**
▷ Nationaler Protektionismus und gemeinsame Handelspolitik, in: **Bodo Gemper (Hrsg.)**: Protektionismus in der Weltwirtschaft: Verstöße gegen die Spielregeln der Marktwirtschaft und das Freihandelsprinzip, Hamburg: Verlag Weltarchiv, 1984, S. 26–33

**János Kornai:**
▷ The Road to a Free Economy: Shifting From a Socialist System: The Example of Hungary, New York: Norton, 1993

**Rolf Kowitz:**
▷ Alfred Müller-Armack - Wirtschaftspolitik als Berufung: Zur Entstehungsgeschichte der Sozialen Marktwirtschaft und dem politischen Wirken des Hochschullehrers, New York: Norton, 1993

**Joseph Kraft:**
▷ The Grand Design: From Common Market to Atlantic Partnership, New York: Harper, 1962

**Henry Krägenau:**
▷ Stahlpolitik und Strukturanpassung in der EG-Stahlindustrie, Hamburg: HWWA-Institut für Wirtschaftsforschung, 1986, HWWA-Report 72

**Hans-Günter Krüsselberg:**
▷ Wilhelm Röpkes Lehre von der Politischen Ökonomie, in: **Hans Otto Lenel et al. (Hrsg.)**: Ordo - Jahrbuch für die Ordnung von Wirtschaft und Gesellschaft, Band 50, Stuttgart: Lucius & Lucius, 1999, S. 3–19

**Filip Kubani/Korbinian von Blanckenburg:**
▷ Der deutsche Stahlmarkt nach der Krise: Eine wettbewerbspolitische Untersuchung, Wirtschaftsdienst. Zeitschrift für Wirtschaftspolitik Band 87, 2007, Nr. 4, S. 243–248

**Ludger Kühnhardt:**
▷ Europäische Union und föderale Idee: Europapolitik in der Umbruchzeit, München: C.H. Beck, 1993

**Hanns Jürgen Küsters:**
▷ Die Gründung der Europäischen Wirtschaftsgemeinschaft, Baden-Baden: Nomos, 1982 (zitiert: Küsters, Die Gründung der EWG)

**Hanns Jürgen Küsters (Forts.):**
▷ Die Verhandlungen über das institutionelle System zur Gründung der Europäischen Gemeinschaft für Kohle und Stahl, in: **Klaus Schwabe (Hrsg.):** Die Anfänge des Schuman-Plans 1950/51, Baden-Baden: Nomos Verlagsgesellschaft, 1988, S. 73–102 (zitiert: Küsters, Gründung der EGKS)

**Christina Langhorst:**
▷ Die bilateralen Handelsabkommen der Europäischen Union: Risiko und Chance für Multilateralismus und weltwirtschaftliche Integration, Konrad Adenauer Stiftung: Analysen & Argumente Oktober 2007, Nr. 45, S. 1–8

**Ulrich Lappenküper:**
▷ Der Schuman-Plan: mühsamer Durchbruch zur deutsch-französischen Verständigung, Vierteljahresschrift für Zeitgeschichte Band 42, 1994, Nr. 3, S. 403–445

**Michael Lemke:**
▷ Die parlamentarische Auseinandersetzung um Schumanplan und Montanunion in der BRD (1950-1952), in: **Dietmar Stübler (Hrsg.):** Vom Schumanplan zur Montanunion: Parlamentarische Aueinandersetzungen in Frankreich, in der BRD und in Großbritannien (1950/51), Karl-Marx-Universität Leipzig: Interdisziplinäres Zentrum für Vergleichende Revolutionsforschung, 1988

**Walter Lippmann:**
▷ Western Unity and the Common Market, 1. Auflage. Boston, Toronto: Atlantic Monthly Press/Little, Brown And Co., 1962

**Wilfried Loth:**
▷ Die Franzosen und die deutsche Frage, in: **Claus Scharf/Jans-Jürgen Schröder (Hrsg.):** Die Deutschlandpolitik Frankreichs und die französische Zone, Wiebaden: Steiner, 1983, S. 27–48 (zitiert: Loth, Die Franzosen und die deutsche Frage)
▷ Die Deutsche Frage in französischer Perspektive, in: **Ludolf Herbst (Hrsg.):** Westdeutschland 1945-1955. Unterwerfung, Kontrolle, Integration, München: Oldenbourg, 1986, S. 37–49 (zitiert: Loth, Die Deutsche Frage in französischer Perspektive)
▷ Einleitung, in: **Wilfried Loth (Hrsg.):** Die Anfänge der europäischen Integration 1945-1950, Bonn: Europa Union Verlag, 1990 (zitiert: Loth, Einleitung)
▷ De Gaulle und die europäische Einigung, in: **Derselbe: /Robert Picht (Hrsg.):** De Gaulle, Deutschland und Europa, Opladen: Leske + Budrich, 1991 (zitiert: Loth, De Gaulle)
▷ Der Weg nach Europa, 2. Auflage. Göttingen: Vandenhoeck und Ruprecht, 1992 (zitiert: Loth, Der Weg)

**Hans-Dieter Lucas:**
▷ Europa vom Atlantik bis zum Ural? Europapolitik und Europadenken im Frankreich der Ära de Gaulle (1958 - 1969), Bonn: Bouvier, 1992

**Jörg Lüttge:**
▷ Reaktive Wettbewerbsbeschränkungen: Auswirkungen hoheitlicher Marktinterventionen auf das Kartellverbot im Europäischen und deutschen Recht, Frankfurt am Main: Lang, Europäische Hochschulschriften, 1989 (zugl. Diss., Universität Bielefeld, 1989)

**Jorge Braga de Macedo/Barry Eichengreen/Jaime Reis:**
▷ Introduction: Currency Convertibility in Historical Perspective - the Gold Standard and Beyond, in: **Jorge Braga de Macedo/Barry Eichengreen/ Jaime Reis (Hrsg.):** Currency Convertibility: The Gold Standard and Beyond, London, New York: Routledge, 1996

**Fritz Machlup:**
▷ The Basing-Point-System: An Economic Analysis of a controversial Pricing Practice, Philadelphia: Blakiston, 1949

**Erin Mahan:**
▷ Kennedy, de Gaulle, and Western Eruope, Hampshire, New York: Palgrave MacMillan Ltd., 2002

**Hans Karl von Mangoldt:**
▷ Die Europäische Zahlungsunion und ihre Aufgaben bei der Neuordnung des internationalen Zahlungsverkehrs, Kieler Vorträge Neue Folge 3, 1953

**Alfred Marshall:**
▷ Principles of Economics, 8. Auflage. London: MacMillan and Co., Ltd., 1949

**Karl Marx:**
▷ Das Kapital Bd. 1 (MEW Bd. 23), Berlin: Dietz Verlag, 1996

**Anthony Masi:**
▷ Steel, in: **Hussein Kassim/Anand Menon (Hrsg.):** The European Union and National Industrial Policy, London: Routledge, 1996, S. 70–87

**Donald N. McKloskey/J. Richard Zecher:**
▷ How the Gold Standard Worked, 1880-1913, in: **Jacob Frenkel/Harry Johnson (Hrsg.):** The Monetary Approach to the Balance of Payments, Toronto: Toronto University Press, 1976

**Kathrin Meier-Rust:**
▷ Alexander Rüstow: Geschichtsdeutung und liberales Engagement, Stuttgart: Klett-Cotta, 1993

**Ernst-Joachim Mestmäcker:**
▷ Zur Wirtschaftsverfassung in der Europäischen Union, in: **Rolf Hasse/Josef Molsberger/Christian Watrin (Hrsg.)**: Ordnung in Freiheit: Festgabe für Hans Willgerodt zum 70. Geburtstag, Stuttgart u.a.: Gustav Fischer Verlag, 1994, S. 263–292

**Ulrich Meyer-Cording:**
▷ Planung oder Ordnungsdenken in Europa, in: **Gerhard Schröder et al. (Hrsg.)**: Ludwig Erhard: Beiträge zu seiner politischen Biographie. Festschrift zum 75. Geburtstag, Frankfurt am Main u.a.: Propyläen Verlag, 1972, S. 315–319

**Alfred C. Mierzejewski:**
▷ Ludwig Erhard: Der Wegbereiter der Sozialen Marktwirtschaft, München: Siedler Verlag, 2005

**Philippe Mioche:**
▷ Fünfzig Jahre Kohle und Stahl in Europa 1952-2002, Luxemburg: Amt für amtliche Veröffentlichungen der Europäischen Gemeinschaften, 2002

**Ludwig von Mises:**
▷ Gemeinwirtschaft: Untersuchungen über den Sozialismus, Jena: Fischer, 1922 (zitiert: von Mises, Gemeinwirtschaft)
▷ Interventionismus, Archiv für Sozialwissenschaften und Sozialpolitik Band 56, 1926, S. 610–653

**David Mitrany:**
▷ A Working Peace System, Chicago: Quadrangle Books, 1966

**Jürgen Mittag:**
▷ Kleine Geschichte der Europäischen Union: Von der Europaidee bis zur Gegenwart, Münster: Aschendorff Verlag, 2008

**Jean Monnet:**
▷ Erinnerungen eines Europäers, München/Wien: Hanser, 1978

**Cahterine Moreddu/Bong Hwan Cho:**
▷ Farm Household Income Issues in OECD Countries: A Synthesis Report, ⟨URL:  http://www.olis.oecd.org/olis/2002doc.nsf/LinkTo/NT00002952/\$FILE/JT00134300.PDF⟩

**Wernhard Möschel:**
▷ EG-Industriepolitik nach Maastricht, in: **Hans Otto Lenel et al. (Hrsg.)**: Ordo - Jahrbuch für die Ordnung von Wirtschaft und Gesellschaft, Band 43, Stuttgart: Lucius & Lucius, 1992, S. 415–421

**Alfred Müller-Armack:**
▷ Wirtschaftslenkung und Marktwirtschaft, Hamburg: Verlag für Wirtschaft und Sozialpolitik, 1947 (zitiert: Müller-Armack, Wirtschaftslenkung und Marktwirtschaft)

▷ Fragen der Europäischen Integration, in: **Erwin von Beckerath (Hrsg.)**: Wirtschaftsfragen der freien Welt: Zum 60. Geburtstag von Bundeswirtschaftsminister Ludwig Erhard, Frankfurt am Main: Knapp, 1957, S. 531–540 (zitiert: Müller-Armack, Fragen der Europäischen Integration)

▷ Die Wirtschaftsordnung des Gemeinsamen Marktes, Wirtschaftspolitische Chronik Band 13, 1964, Nr. 3, S. 7–20, Vortrag auf der Tagung des Vereins für Socialpolitik - Gesellschaft für Wirtschafts- und Sozialwissenschaften - in Travemünde am 23. September 1964

▷ Die französischen Vorschläge prüfen! Rheinischer Merkur 10. Dezember 1965, S. 4

▷ Wilhelm Röpke in memoriam, KYKLOS, International Review for Social Sciences Band 19, 5. Juni 1966, Nr. 3, S. 379–384

▷ Auf dem Weg nach Europa: Erinnerungen und Ausblicke, Tübingen: Rainer Wunderlich, 1971 (zitiert: Müller-Armack, Auf dem Weg)

▷ Wirtschaftspolitiker zwischen Wisenschaft und Politik, in: **Gerhard Schröder et al. (Hrsg.)**: Ludwig Erhard: Beiträge zu seiner politischen Biographie. Festschrift zum 75. Geburtstag, Frankfurt am Main u.a.: Propyläen Verlag, 1972, S. 472–483 (zitiert: Müller-Armack, Wirtschaftspolitiker)

▷ Adenauer, die Wirtschaftspolitik und die Wirtschaftspolitiker, in: **Dieter Blumenwitz et al. (Hrsg.)**: Konrad Adenauer und seine Zeit: Beiträge von Weg- und Zeitgenossen, Stuttgart: Deutsche Verlags-Anstalt, 1976, S. 204–228 (zitiert: Müller-Armack, Adenauer)

▷ Die europäische Universität. Idee und Wirklichkeit, in: **Arbeitskreis Europäische Integration (Hrsg.)**: Wirtschafts- und gesellschaftspolitische Ordnungsprobleme der Europäischen Gemeinschaften, Baden-Baden: Nomos, 1978, S. 9–17 (zitiert: Müller-Armack, Die europäische Universität)

**Alfred Müller:**
▷ Über den Sinn und die Aussichten des Naturrechts, Die christliche Welt Band 39, 1925, Nr. 7/8, S. 147–155

**Robert Mundell:**
▷ Capital Mobility and Stabilization Policy Under Fixed and Flexible Exchange Rates, Canadian Journal of Economic and Political Science Band 29, November 1963, Nr. 4, S. 475–485

**Werner Mussler:**
▷ Die Wirtschaftsverfassung der Europäischen Gemeinschaft im Wandel, Baden-Baden: Nomos, 1998 (zugl. Diss., Friedrich-Schiller-Universität Jena, 1997)

**Anne Christine Nagel; Anne Christine Nagel (Hrsg.):**
▷ Die Philipps-Universität Marburg im Nationalsozialismus: Dokumente zu ihrer Geschichte, Stuttgart: Steiner, 2000

**Takeshi Nakai:**
▷ Die deutsche Sozialdemokratie zwischen Nationalismus und Internationalismus 1945-1952, [Fotodr.], 1975 (zugl. Diss., Rheinische Friedrich-Wilhelms-Universität Bonn, 1975)

**George Nash:**
▷ The Conservative Intellectual Movement in America since 1945, New York: Basic Books, 1976

**Egon Edgar Nawroth:**
▷ Die Sozial- und Wirtschaftsphilosophie des Neoliberalismus, Heidelberg: Kerle, 1962

**Larry Neal:**
▷ The Economics of Europe and the European Union, Cambridge: Cambridge University Press, 2007

**Beate Neuss:**
▷ Geburtshelfer Europas? Baden-Baden: Nomos, 1999

**Ragnar Nurkse:**
▷ The Problem of the Currency Convertibility Today, International Economic Outlook Band 25, May 1953, Nr. 3, S. 61–78

**Peter Oberender/Georg Rüter:**
▷ Stahlindustrie, in: **Peter Oberender (Hrsg.):** Marktökonomie: Marktstruktur und Wettbewerb in ausgewählten Branchen der Bundesrepublik Deutschland, München: Vahlen, 1989

**Derselbe: :**
▷ Die Krise der deutschen Stahlindustrie: Folge öffentlicher Regulierung? Eine markttheoretische Analyse, in: **Gottfried Bombach/Bernhard Gahlen/ Alfred Ott (Hrsg.):** Industrieökonomik: Theorie und Empirie, Tübingen: Mohr Siebeck, 1985

**Thomas Oppermann/Claus Dieter Classen/Martin Nettesheim:**
▷ Europarecht - Ein Studienbuch, 4. Auflage. München: Beck, 2009

**Talcott Parsons:**
▷ A General Statement, in: **Talcott Parsons/Edward Shils (Hrsg.)**: Toward a General Theory of Action, Cambridge, Massachussets: Harvard University Press, 1951

**Jacques Pelkmans:**
▷ European Integration: Methods and Economic Analysis, 3. Auflage. Harlow u.a.: Pearson Education, 2006

**Uwe Perlitz:**
▷ EU-Stahlindustrie - Weiter in Richtung High-Tech-Erzeugnisse, EU-Monitor 8. September 2009, Nr. 69, S. 1–16

**Tim Petersen/Michael Wohlgemuth:**
▷ Wilhelm Röpke und die Europäische Integration, in: **Heinz Rieter/ Joachim Zweynert (Hrsg.)**: Wort und Wirkung: Wilhelm Röpkes Bedeutung für die Gegenwart, Marburg: Metropolis-Verlag, 2009, S. 165–200

**Helge Peukert:**
▷ Das sozialökonomische Werk Wilhelm Röpkes, Frankfurt am Main: Lang, Europäische Hochschulschriften, 1992 (zugl. Diss., Johann Wolfgang Goethe-Universität Frankfurt am Main, 1992), zwei Bände (zitiert: Peukert, Das sozialökonomische Werk Wilhelm Röpkes)

▷ Wilhelm Röpke als Pionier einer ökologischen Ökonomik, in: **Heinz Rieter/ Joachim Zweynert (Hrsg.)**: Wort und Wirkung: Wilhelm Röpkes Bedeutung für die Gegenwart, Marburg: Metropolis-Verlag, 2009, S. 123–163 (zitiert: Peukert, Ökologische Ökonomik)

**Dieter Plehwe:**
▷ WZB Mitteilungen Nr. 110: Quellen des Neoliberalismus, ⟨URL: http://www.wzb.eu/publikation/pdf/wm110/25.pdf⟩

**Philip Plickert:**
▷ Wandlungen des Neoliberalismus. Eine Studie zu Entwicklung und Ausstrahlung der "Mont Pèlerin Society", Stuttgart: Lucius & Lucius, 2008 (zugl. Diss., Eberhard Karls Universität Tübingen, 2007)

**Werner Polster:**
▷ Europäische Währungsintegration: Von der Zahlungsunion zur Währungsunion, Marburg: Metropolis-Verlag, 2002

**Hannelore Pöschl:**
▷ Europäische Gemeinschaft für Kohle und Stahl 1952 bis 1987, Wirtschaft und Statistik Band 9, 1988, S. 638–646

**Alain Prate:**
▷ Les batailles économiques du Général de Gaulle, Paris: Plon, 1978

**Andreas Predöhl/Harald Jürgensen:**
▷ Europäische Integration, in: **Erwin von Beckerath et al. (Hrsg.):** Handwörterbuch der Sozialwissenschaften, Band 3, Stuttgart, Tübingen, Göttingen: Gustav Fischer, J.C.B. Mohr (Paul Siebeck), Vanadenhoeck & Ruprecht, 1961

**Heinz G. Preuße:**
▷ The New American Regionalism, Cheltenham, Northampton: Edward Elgar, 2004

**F. W. Putzger:**
▷ Historischer Weltatlas, Bielefeld, Berlin, Hannover: Velhagen und Klasing, 1969

**Neal Riemer:**
▷ Kennedy's Grand Democratic Design, The Review of Politics Band 27, Januar 1965, Nr. 1, S. 3–16

**Lionel C. Robbins:**
▷ Economic Planning and International Order, London: Macmillan, 1937

**Wolfgang Röd:**
▷ Philosophie als Gesellschafts- und Religionskritik, in: **Wolfgang Röd/ Stefano Poggi (Hrsg.):** Geschichte der Philosophie - Die Philosophie der Neuzeit: Positivismus, Sozialismus und Spiritualismus im 19. Jahrhundert, Band X, München: C.H. Beck Verlag, 2002, S. 155–250

**Christof Römer:**
▷ Makroökonomische Bestandsaufnahme, in: **Institut der eutschen Wirtschaft Köln (Hrsg.):** Zehn Jahre Euro: Erfahrungen, Erfolge und Herausforderungen, Köln: Deutscher Institutsverlag, 2008, S. 25–43

**Eva Röpke:**
▷ Briefe 1934-1966, in: **Eva Röpke (Hrsg.):** Der innere Kompaß, Erlenbach-Zürich, Stuttgart: Eugen Rentsch Verlag, 1976

**Wilhelm Röpke:**
▷ Rede zur Eiswette, 15. Januar 1966 (zitiert: Röpke, Rede zur Eiswette)
▷ Geld und Außenhandel, Jena: Verlag von Gustav Fischer, 1925 (zitiert: Röpke, Geld und Außenhandel)
▷ Das Agrarproblem der Vereinigten Staaten I, Archiv für Sozialwissenschaften und Sozialpolitik Band 58, 1927, S. 478–516
▷ Das Agrarproblem der Vereinigten Staaten II, Archiv für Sozialwissenschaften und Sozialpolitik Band 59, 1928, S. 96–130

**Wilhelm Röpke (Forts.):**
- Staatsinterventionismus, in: **Johannes Conrad et al. (Hrsg.):** Handwörterbuch der Staatswissenschaften, 4. Auflage. Jena: Fischer, 1929 (zitiert: Röpke, Staatsinterventionismus)
- Praktische Konjunkturpolitik: Die Arbeit der Brauns-Kommission, Weltwirtschaftliches Archiv Band 34, 1931, Nr. 2, S. 423–464
- Weltwirtschaft und Außenhandel, Berlin und Wien: Industrieverlag Spaeth & Linde, 1931 (zitiert: Röpke, Weltwirtschaft und Außenhandel)
- German Commercial Policy, London, New York, Toronto: Longmans, Green & Co., 1934 (zitiert: Röpke, German Commercial Policy)
- Crises and Cycles, William Hodge & Company, Ltd.: London, 1936 (zitiert: Röpke, Crises and Cycles)
- Die Gesellschaftskrisis der Gegenwart, 1. Auflage. Erlenbach-Zürich: Eugen Rentsch Verlag, 1942 (zitiert: Röpke, Die Gesellschaftskrisis)
- International Economic Disintegration, London: William Hodge and Company, 1942 (zitiert: Röpke, Disintegration)
- Civitas Humana: Grundfragen der Gesellschafts- und Wirtschaftsreform, Erlenbach-Zürich: Eugen Rentsch Verlag, 1944 (zitiert: Röpke, Civitas Humana)
- Europaföderation und Sozialismus, Freie Presse Hamburg Band 2, 9. September 1946, Nr. 36
- The Key to the Marshall-Plan, Time and Tide Band 20, 1947, Nr. 35, S. 978–979
- Das Kulturideal des Liberalismus, Frankfurt am Main: G. Schulte-Bulmke, 1947 (zitiert: Röpke, Das Kulturideal des Liberalismus)
- Voraussetzungen des Marshall-Plans, Neue Zürcher Zeitung 9. Juli 1947, Nr. 1335
- Die deutsche Frage, 3. Auflage. Erlenbach-Zürich: Eugen Rentsch, 1948 (zitiert: Röpke, Die deutsche Frage)
- Europa zwischen Russland und Amerika, Freie Presse Hamburg Band 2, 24. März 1948, Nr. 12
- Grundfragen der europäischen Wirtschaftsunion, Schweizer Monatshefte: Zeitschrift für Politik, Wirtschaft, Kultur Band 28, August 1948, S. 282–288
- Der Marshall-Plan - Irrtümer und Möglichkeiten, Neue Zürcher Zeitung 11. März 1949, Nr. 501
- Sozialismus und Europa-Union, Blätter der Freiheit: Zeitschrift für natürliche Ordnung von Kultur, Gesellschaft und Wirtschaft 1. Augustheft 1949, S. 5–6
- The Economic Integration of Europe, The Measure - A critical Journal Herbst 1950, Nr. 4, S. 386–398

**Wilhelm Röpke (Forts.):**
- European or international Integration, Centre d'Etudes Industrielles 13. Februar 1950, S. 1–13
- Für und wider den Schuman-Plan, Rheinischer Merkur 22. Juli 1950, Nr. 29, S. 11
- Ist die deutsche Wirtschaftspolitik richtig? Analyse und Kritik, Stuttgart: Kohlhammer, 1950 (zitiert: Röpke, Ist die deutsche Wirtschaftspolitik richtig?)
- Maß und Mitte, Erlenbach-Zürich: Eugen Rentsch Verlag, 1950 (zitiert: Röpke, Maß und Mitte)
- »Vollbeschäftigung«, eine trügerische Losung, Zeitschrift für das gesamte Kreditwesen Band 3, 1950, Nr. 6, S. 7–10
- Die Wirtschaftslogik der Europäischen Integration II, Neue Zürcher Zeitung 14. Juli 1950, Nr. 191, S. 5–6
- Der deutsche Probefall, Zeitschrift für das gesamte Kreditwesen Band 4, 1951, Nr. 1, S. 20–21
- Europäische Wirtschaftsintegration - ein ungelöstes Problem, Die Zeit 27. Dezember 1951, S. 11
- Europa als geistige, politische und wirtschaftliche Aufgabe, Wirtschaft und Erziehung 1951, S. 478–484
- Europa als geistige, politische und wirtschaftliche Aufgabe, Wirtschaft und Erziehung 1951, Nr. 3, S. 478–484
- Wirtschaftssystem und internationale Ordnung, in: **Franz Böhm/ Friedrich A. Lutz/Fritz W. Meyer (Hrsg.):** Ordo - Jahrbuch für die Ordnung von Wirtschaft und Gesellschaft, Band IV, Düsseldorf und München: Helmut Küpper, 1951, S. 261–297 (zitiert: Röpke, Wirtschaftssystem)
- Zu spät und nicht zu spät. Europa als geistige, politische und wirtschaftliche Aufgabe, Rheinischer Merkur 21. September 1951, Nr. 38, S. 4–5
- Europäische Wirtschaftsgemeinschaft, Der Monat Band 4, Juni 1952, Nr. 45, S. 227–253
- Internationale Ordnung - heute, Erlenbach-Zürich, Stuttgart: Eugen Rentsch Verlag, 1954 (zitiert: Röpke, Internationale Ordnung)
- Wege zur Konvertibilität, in: **Albert Hunold (Hrsg.):** Die Konvertibilität der europäischen Währungen, Erlenbach-Zürich: Eugen Rentsch Verlag, 1954, S. 76–122 (zitiert: Röpke, Wege zur Konvertibilität)
- Europäische Investitionsplanung: Das Beispiel der Montanunion, in: **Franz Böhm/Friedrich A. Lutz/Fritz W. Meyer (Hrsg.):** Ordo - Jahrbuch für die Ordnung von Wirtschaft und Gesellschaft, Band VII, Düsseldorf und München: Helmut Küpper, 1955, S. 71–102 (zitiert: Röpke, Europäische Investitionsplanung)

**Wilhelm Röpke (Forts.):**
- Europa als wirtschaftliche Aufgabe, Schweizer Monatshefte: Zeitschrift für Politik, Wirtschaft, Kultur Band 36, April 1956, Nr. 1, S. 1–9
- Europa als wirtschaftliche Aufgabe, in: **Albert Hunold (Hrsg.):** Europa - Besinnung und Hoffnung, Erlenbach-Zürich, Stuttgart: Eugen Rentsch Verlag, 1957, S. 159–184 (zitiert: Röpke, Europa - Besinnung und Hoffnung)
- Gemeinsamer Markt: ja - aber ohne Dirigismus, Die Zeit 12. Dezember 1957
- Integration und Desintegration der internationalen Wirtschaft, in: **Erwin von Beckerath (Hrsg.):** Wirtschaftsfragen der freien Welt: Zum 60. Geburtstag von Bundeswirtschaftsminister Ludwig Erhard, Frankfurt am Main: Knapp, 1957, S. 493–501 (zitiert: Röpke, Integration und Desintegration)
- Wehret beizeiten den Ökonomisten und den Bürokraten, Die Zeit 4. Juli 1957, S. 12 und 14
- European Free Trade - The Great Divide, The Banker. Global Financial Intelligence September 1958, S. 580–588
- Gemeinsamer Markt und Freihandelszone: 28 Thesen und Richtpunkte, in: **Franz Böhm/Friedrich A. Lutz/Fritz W. Meyer (Hrsg.):** Ordo - Jahrbuch für die Ordnung von Wirtschaft und Gesellschaft, Band X, Düsseldorf und München: Helmut Küpper, 1958, S. 31–62 (zitiert: Röpke, Gemeinsamer Markt und Freihandelszone)
- Jenseits von Angebot und Nachfrage, Erlenbach-Zürich, Stuttgart: Eugen Rentsch Verlag, 1958 (zitiert: Röpke, Jenseits von Angebot und Nachfrage)
- Eine Ansprache in Rom, in: Gegen die Brandung, Erlenbach-Zürich, Stuttgart: Eugen Rentsch Verlag, 1959, S. 379–389 (zitiert: Röpke, Ansprache Rom)
- Europa - Einheit in der Vielheit, Die politische Meinung. Monatsschrift zu Fragen der Zeit Januar 1959, Nr. 32, S. 13–24
- Die Intellektuellen und der "Kapitalismus", in: Gegen die Brandung, Erlenbach-Zürich, Stuttgart: Eugen Rentsch Verlag, 1959, S. 87–109 (zitiert: Röpke, Die Intellektuellen und der "Kapitalismus")
- Konvertibilität und Wirtschaftsgemeinschaft, Frankfurter Allgemeine Zeitung 28. Januar 1959
- Ein Weg aus der Krise, in: Gegen die Brandung, Erlenbach-Zürich, Stuttgart: Eugen Rentsch Verlag, 1959, S. 54–60, Nachdruck des am 9. April 1931 unter dem Titel »Die Angst vor der Produktion« in der »Frankfurter Zeitung« erschienen Aufsatzes über die Ergebnisse der Brauns-Kommission. (zitiert: Röpke, Weg aus der Krise)
- Der wirtschaftliche Wiederaufbau Europas, Wissenschaft und Weltbild. Zeitschrift für Grundfragen der Forschung 1959, Nr. 3, S. 481–492

**Wilhelm Röpke (Forts.):**
▷ Zwischenbilanz der Europäischen Wirtschaftsintegration - Kritische Nachlese, in: **Franz Böhm/Friedrich A. Lutz/Fritz W. Meyer (Hrsg.):** Ordo - Jahrbuch für die Ordnung von Wirtschaft und Gesellschaft, Band XI, Düsseldorf und München: Helmut Küpper, 1959, S. 69–94 (zitiert: Röpke, Zwischenbilanz der Europäischen Wirtschaftsintegration)

▷ Die wirtschaftliche Integration Europas, Wissenschaft und Weltbild. Zeitschrift für Grundfragen der Forschung 1960, Nr. 13, S. 92–102

▷ Die Fruchtbarmachung des Vetos de Gaulles, Neue Zürcher Zeitung 31. Januar 1962, S. 2

▷ Unbewältigte EWG, Die Aussprache Band 12, 1962, Nr. 1, S. 115–119

▷ Unorthodoxe Gedanken über die EWG, Neue Zürcher Zeitung 8. April 1962, Nr. 96, S. 7–8

▷ Wirrnis und Wahrheit - Ausgewählte Aufsätze, Zürich: Eugen Rentsch Verlag, 1962 (zitiert: Röpke, Wirrnis und Wahrheit)

▷ Die beiden Hauptquellen der Inflation: Kennedys währungspolititsche Flickarbeit bringt keinen Stabilisierungsfortschritt, Rheinischer Merkur 2. August 1963, Nr. 31, S. 14

▷ Deutschlands Rückendeckung: die Solidarität mit Frankreich, Rheinischer Merkur 16. August 1963, Nr. 33, S. 1–2

▷ Deutung der Regierung Kennedy, Schweizer Monatshefte: Zeitschrift für Politik, Wirtschaft, Kultur Band 43, März 1963, S. 1231–1239

▷ Europas wirtschaftliche Kraft und polititsches Gewicht (Leserbrief), Frankfurter Allgemeine Zeitung 25. Februar 1963

▷ Europa - von Genf aus gesehen, Frankfurter Allgemeine Zeitung 7. März 1963, S. 3

▷ Gestrandete EWG, Die Aussprache Band 13, 1963, Nr. 3, S. 93–96

▷ Die innere Bedrohung der westlichen Kultur, Aus Politik und Zeitgeschichte - Beilage zur Wochenzeitung Das Parlament 5. Juni 1963, S. 13–22

▷ Die Nationalökonomie des 'New Frontier', in: **Franz Böhm/Friedrich A. Lutz/Fritz W. Meyer (Hrsg.):** Ordo - Jahrbuch für die Ordnung von Wirtschaft und Gesellschaft, Band XIV, Düsseldorf und München: Helmut Küpper, 1963, S. 79–107 (zitiert: Röpke, Die Nationalökonomie des 'New Frontier')

▷ Die Planifikation: Ein neues Etikett für eine überholte Idee, Frankfurter Allgemeine Zeitung 20. Juli 1963, Nr. 165, S. 5

▷ Washington's Economics: A German Scholar Sees Nation Moving Into Fiscal Socialism, Wall Street Journal 1. April 1963

▷ Wenn man mich fragt... Vorteile liberaler Wirtschaftspolitik, Der Schweizer Arbeiter 17. Januar 1963, S. 1

**Wilhelm Röpke (Forts.):**

▷ Ein Wort für de Gaulle (Leserbrief), Frankfurter Allgemeine Zeitung 12. Februar 1963

▷ Worum es in Wahrheit geht, Freiheitskämpfer (Nemzetör) April 1963, S. 3

▷ Worum es in Wahrheit geht, Rheinischer Merkur 22. März 1963, S. 1–2

▷ Zwischen Kennedy und de Gaulle, Welt am Sonntag 18. August 1963, S. 3

▷ Agrarintegration und EWG, Agri Forum: Monatsschrift für internationale Agrar- und Handelspolitik 1964, Nr. 2, S. 7–10

▷ Europa in der Welt von heute, in: **Martin Hoch (Hrsg.):** Wort und Wirkung: Reden aus den Jahren 1947-1964, Ludwigsburg: Martin Hoch, 1964, S. 292–309 (zitiert: Röpke, Europa in der Welt von heute)

▷ Europa muß mehr Selbstvertauen haben, Welt am Sonntag 27. Dezember 1964, Nr. 52

▷ Europa muß sich entscheiden, Wirtschaftsrevue 1964, Nr. 68, S. 11–14

▷ EWG im Zwielicht: Wirtschaftsorganisatorische Konstruktionen führen noch nicht zur politischen Einigung Europas, Rheinischer Merkur 6./7. Februar 1964, S. 4–5

▷ Gemeinsamer Markt und Freihandelszone, in: **Derselbe: (Hrsg.):** Wort und Wirkung: Reden aus den Jahren 1947-1964, Ludwigsburg: Martin Hoch, 1964, S. 114–135 (zitiert: Röpke, Gemeinsamer Markt)

▷ Kraftproben der Marktwirtschaft, Rheinischer Merkur 9. Oktober 1964, Nr. 41, S. 19

▷ Die Widersprüche der EWG, Neue Zürcher Zeitung 11. April 1964, S. 4–5

▷ Marburger Dozenten- und Professorenjahre, Alma mater Philippina WS 1965/1966, S. 18–23

▷ Fronten der Freiheit: Wirtschaft, internationale Ordnung und Politik, Stuttgart: Seewald Verlag, 1965 (zitiert: Röpke, Fronten der Freiheit)

▷ Der jähe Sturz in die europäische Wirklichkeit. Zur Überwindung der EWG-Krise: Revision oder Neu-Interpretation der Verträge, Rheinischer Merkur 22. Oktober 1965, Nr. 43, S. 4–5

▷ Heimat - Nation - Welt, Rheinischer Merkur 25. Februar 1966, Nr. 9, S. 4

▷ Nation und Weltwirtschaft, in: **Franz Böhm/Friedrich A. Lutz/Fritz W. Meyer (Hrsg.):** Ordo - Jahrbuch für die Ordnung von Wirtschaft und Gesellschaft, Band XVII, Düsseldorf und München: Helmut Küpper, 1966, S. 37–56 (zitiert: Röpke, Nation und Weltwirtschaft)

▷ Rundfunkansprache anlässlich des 60. Geburtstags Ludwig Erhards, in: **Martin Hoch (Hrsg.):** Wirken und Reden: 19 Reden aus den Jahren 1952 bis 1965, Ludwigsburg: Martin Hoch, 1966, S. 374–376 (zitiert: Röpke, Rundfunkansprache)

**Wilhelm Röpke (Forts.):**
- Vom Antigaullismus zum Antigallismus: Eine Mahnung an die allzu eifrigen Kritiker des französischen Staatspräsidenten, Rheinischer Merkur 14. Januar 1966, Nr. 3, S. 4–5
- Die Lehre von der Wirtschaft, 11. Auflage. Erlenbach-Zürich, Stuttgart: Eugen Rentsch Verlag, 1968 (zitiert: Röpke, Die Lehre von der Wirtschaft)
- Briefe 1934-1966, in: **Eva Röpke (Hrsg.):** Der innere Kompaß, Erlenbach-Zürich, Stuttgart: Eugen Rentsch Verlag, 1976 (zitiert: Röpke, Der innere Kompaß)
- Jugendjahre auf dem Dorfe, in: **Werner Pries (Hrsg.):** Der Cicero auf dem Dorfe: Wunderliche Geschichten zwischen Stade, Schwarmstedt und dem Genfer See, Horb am Neckar: Geiger-Verlag, 2002, S. 25–31 (zitiert: Röpke, Jugendjahre auf dem Dorfe)
- Die Problematik von der Schweiz aus gesehen, in: Die Schweiz und die Integration des Westens, (zitiert: Röpke, Die Problematik von der Schweiz aus gesehen)

**H. Roth:**
- Vorsicht im Umgang mit Strategie (Leserbrief), Frankfurter Allgemeine Zeitung 27. Februar 1963

**Jean-Jacques Rousseau:**
- Vom Gesellschaftsvertrag oder Prinzipien des Staatsrechts, in: **Martin Fontius (Hrsg.):** Kulturkritische und -politische Schriften, Band 1, Berlin: Rütten & Loening, 1989, S. 381–505

**Matthias Ruffert:**
- Industriepolitik: Staatsdirigismus oder Marktwirtschaft? in: **Jürgen Bauer et al. (Hrsg.):** Festschrift für Gunther Kühne zum 70. Geburtstag, Frankfurt am Main: Verlag Recht und Wirtschaft, 2009, S. 1021–1036

**Alexander Rüstow:**
- Europas politisches Gewicht? Frankfurter Allgemeine Zeitung 27. Februar 1963, S. 8

**Razeen Sally:**
- Wilhelm Röpke and International Economic Order: 'Liberalism from below', in: **Hans Otto Lenel et al. (Hrsg.):** Ordo - Jahrbuch für die Ordnung von Wirtschaft und Gesellschaft, Band 50, Stuttgart: Lucius & Lucius, 1999, S. 47–51 (zitiert: Sally, Wilhelm Röpke and International Economic Order)
- Hayek and International Economic Order, in: **Derselbe: et al. (Hrsg.):** Ordo - Jahrbuch für die Ordnung von Wirtschaft und Gesellschaft, Band 51, Stuttgart: Lucius & Lucius, 2000, S. 97–118 (zitiert: Sally, Hayek and International Economic Order)

**Rolf Sannwald/Jacques Stohler:**
▷ Wirtschaftliche Integration, 2. Auflage. Tübingen: J.C.B. Mohr (Paul Siebeck) Verlag, 1961

**Arthuer M. Schlesinger:**
▷ Die tausend Tage Kennedys, Bern u.a.: Scherz, 1965

**Heinrich Schneider:**
▷ Leitbilder der Europapolitik, Band 1, Bonn: Europa Union Verlag, 1977

**Alfred Schüller:**
▷ Wilhelm Röpke - Werk und Wirken in Marburg: Lehren für Gegenwart und Zukunft, in: **Hans Otto Lenel et al. (Hrsg.):** Ordo - Jahrbuch für die Ordnung von Wirtschaft und Gesellschaft, Band 54, Stuttgart: Lucius & Lucius, 2003, S. 21–48 (zitiert: Schüller, Wilhelm Röpke)
▷ Saint-Simonismus als Integrationstheorie: Idee und Wirklichkeit - Lehren für die EU, in: **Derselbe: et al. (Hrsg.):** Ordo - Jahrbuch für die Ordnung von Wirtschaft und Gesellschaft, Band 57, Stuttgart: Lucius & Lucius, 2006, S. 285–314 (zitiert: Schüller, Saint-Simonismus als Integrationstheorie)

**Reiner Schulze:**
▷ Anfänge und Ausbau der europäischen Integration - zu den Konzepten der frühen fünfziger Jahre, in: **Rudolf Hrbek/Volker Schwarz (Hrsg.):** 40 Jahre Römische Verträge: Der deutsche Beitrag, Baden-Baden: Nomos Verlagsgesellschaft, 1998, S. 278–290

**Robert Schuman:**
▷ France and Europe, Foreign Affairs Band 31, April 1953, Nr. 3, S. 349–360
▷ Presseerklärung, ⟨URL: http://www.le9eneurope.eu/deut/spip.php?article4⟩ (zitiert: Schuman, http://www.le9eneurope.eu/deut/spip.php?article4)

**Joseph A. Schumpeter:**
▷ Konjunkturzyklen: Eine theoretische, historische und statistische Analyse des kapitalistischen Prozesses, Band 1, Göttingen: Vandenhoeck & Ruprecht, 1961

**Daniela Setton et al.:**
▷ WTO - IWF - Weltbank, die unheilige Dreifaltigkeit der Weltherrschaft, Hamburg: VSA-Verlag, 2008, ATTAC Basistext 25

**Dagmar Siebold:**
▷ Die Welthandelsorganisation und die Europäische Gemeinschaft, Berlin: Duncker & Humblot, 2003 (zugl. Diss., Friedrich-Alexander Universität Erlangen-Nürnberg, 2001)

**Heinrich von Siegler:**
▷ Kennedy oder de Gaulle? Probleme der Atlantik- und der Europapolitik, Bonn, Wien, Zürich: Siegler & Co. KG Verlag für Zeitarchive, 1963

**Sylvia Skwiercz:**
▷ Der Dritte Weg im Denken Wilhelm Röpkes, Würzburg: Creator, 1988 (zugl. Diss., Julius-Maximilian-Universität Würzburg, 1987)

**Adam Smith:**
▷ in: **John Ramsey McCulloch (Hrsg.):** An Inquiry into the Nature and Causes of the Wealth of Nations, Edinburgh: Adam and Charles Black, 1861

**Paul-Henry Spaak:**
▷ The Continuing Battle. Memoirs of a European, London: Weidenfeld & Nicolson, 1971

**Dirk Spierenburg/Raymond Poidevin:**
▷ The History of the High Authority of the European Coal and Steel Community: Supranationality in Operation, London: Weidenfeld & Nicolson, 1994

**Joachim Starbatty:**
▷ Europäische Industriepolitik und die Folgen - Zur Immanenz industriepolitischer Dynamik, Wirtschaftswissenschaftliche Fakultät Tübingen, 1993, Diskussionsbeitrag Nr. 28 (zitiert: Starbatty, Europäische Industriepolitik und die Folgen - Zur Immanenz industriepolitischer Dynamik)

▷ Soziale Marktwirtschaft als Forschungsgegenstand: Ein Literaturbericht, in: **Bonn Ludwig-Erhard-Stiftung e.V. (Hrsg.):** Soziale Marktwirtschaft als historische Weichenstellung - Bewertungen und Ausblicke. Eine Festschrift zum 100. Geburtstag von Ludwig Erhard, Düsseldorf: ST Verlag, 1996, S. 63–98 (zitiert: Starbatty, Soziale Marktwirtschaft)

▷ ‚Das Beste ist das, was er nicht getan hat'. Wie ein Biograph an Ludwig Erhard vorbeischreibt, Neue Zürcher Zeitung 21. Januar 1997

▷ Röpkes Beitrag zur Sozialen Marktwirtschaft, Wirtschaftswissenschaftliche Fakultät Tübingen, 2002, Diskussionsbeitrag Nr. 228 (zitiert: Starbatty, Röpkes Beitrag zur Sozialen Marktwirtschaft)

▷ Zum Zusammenhang von Politik, Ethik und Ökonomik bei Aristoteles, in: **Hans Otto Lenel et al. (Hrsg.):** Ordo - Jahrbuch für die Ordnung von Wirtschaft und Gesellschaft, Band 57, Stuttgart: Lucius & Lucius, 2006, S. 19–39 (zitiert: Starbatty, Aristoteles)

**Klaus Stegemann:**
▷ Price Competition and Output Adjustment in the European Steel Market, Tübingen: Mohr, 1977, Kieler Studien 147

**Jürgen Stehn:**
▷ Stahlkrisenmanagement: Lehren der Vergangenheit für die Wirtschaftspolitik, Wirtschaftsdienst Band 73, 1993, Nr. 3, S. 147–150

**Ernst Steindorff:**
▷ Reichweite der Niederlassungsfreiheit, Europarecht Band 22, 1988, Nr. 1, S. 19

**Rüdiger Stotz:**
▷ Die EG-Stahlkrise im Lichte der Wirtschaftsverfassung des EGKS-Vertrages, Baden-Baden: Nomos, 1983 (zugl. Diss., Universität Bayreuth, 1983)

**Manfred Streit:**
▷ Europäische Industriepolitik nach Maastricht - Eine ordnungspolitische Analyse, in: **Wernhard Möschel/Manfred Streit/Ulrich Witt (Hrsg.):** Marktwirtschaft und Rechtsordnung, Baden-Baden: Nomos, 1994, S. 189–210

**Gerhard Strubl:**
▷ Die Staatsauffassung des Neoliberalismus: dargestellt am Staatsdenken von Walter Eucken, Wilhelm Röpke und Alexander Rüstow, [Maschinenschr.], 1954 (zugl. Diss., Eberhard Karls Universität Tübingen, 1954)

**Tanja Dräger de Teran:**
▷ Status quo der WTO: Umweltschädliche Landwirtschaft, 2006

**Christian Tietje:**
▷ Die Gemeinsame Handelspolitik der EU im System des Welthandelsrechts: Ein Spannungsverhältnis zwischen fortschreitender Liberalisierung und zunehmendem Protektionismus, in: **Eckhard Pache/Frank Schorkopf (Hrsg.):** Die Europäische Union nach Lissabon, Baden-Baden: Nomos, 2009, S. 33–57

**Robert Triffin:**
▷ Europe and the Money Muddle: From Bilateralism to Near-Convertibility, 1947-1956, New Haven: Yale University Press, 1957

**Egon Tuchtfeldt:**
▷ Die Europäische Zahlungsunion: Englischer und deutscher Text des Abkommens vom 19.9.1950 mit einer Einführung, Dokumente: Herausgegeben von der Forschungsstelle für Völkerrecht und ausländisches öffentliches Recht der Universität Hamburg 1953, Nr. 9, S. 1–12

**Franz Urlesberger:**
▷ Die europäische Desintegration, Wien: Wilhelm Braumüller, 1985

**Henrick Uterwedde:**
▷ Abschied vom französischen Modell? Staat und Wirtschaft im Wandel, in: **Marieluise Christadler/Henrik Uterwedde (Hrsg.)**: Länderbericht Frankreich: Geschichte, Politik, Wirtschaft, Gesellschaft, Band 360, Bonn: Bundeszentrale für politische Bildung, 1999, S. 201–227

**Jacob Viner:**
▷ The Customs Union Issue, New York: Carnegie Endowment for International Peace, 1950

**Ruprecht Vondran:**
▷ Stahl im Umbruch, in: **Peter Oberender (Hrsg.)**: Branchen im Umbruch, Berlin: Duncker & Humblot, 1995, S. 47–53

**Hans-Jürgen Wagener/Thomas Eger:**
▷ Europäische Integration: Wirtschaft und Recht, Geschichte und Politik, 2. Auflage. München: Franz Vahlen, 2009

**Urs Wartmann:**
▷ Wege und Institutionen zur Integration Europas 1945-1961, Köln-Opladen: Westdeutscher Verlag, 1961

**Bruno Waterfield:**
▷ EU Farm Subsidies Paid to Big Business, ⟨URL: http://www.telegraph.co.uk/news/worldnews/europe/eu/5852319/EU-farm-subsidies-paid-to-big-business.html⟩

**Christian Watrin:**
▷ Alfred Müller-Armack: Rede Anlässlich der Akademischen Gedenkfeier für Professor Müller-Armack am 25. Juni 1979, Krefeld: Scherpe Verlag, 1980

**Milène Wegmann:**
▷ Früher Neoliberalismus und Europäische Integration: Interdependenz der nationalen, supranationalen und internationalen Ordnung von Wirtschaft und Gesellschaft, Baden-Baden: Nomos, 2002

**Wolfgang Wessels:**
▷ Das politische System der Europäischen Union, Wiesbaden: VS Verlag für Sozialwissenschaften, 2008

**Ludger Westrick:**
▷ Montanunion - ein Schritt nach Europa, in: **Gerhard Schröder et al. (Hrsg.)**: Ludwig Erhard: Beiträge zu seiner politischen Biographie. Festschrift zum 75. Geburtstag, Frankfurt am Main u.a.: Propyläen Verlag, 1972, S. 349–356

**P. Barrett Whale:**
▷ The Working of the Prewar Gold Standard, Economica Band 4, Februar 1937, Nr. 13, S. 18–32

**Helmut Wienert:**
▷ Strukturwandel in der Stahlindustrie der Europäischen Union, Wirtschaftswissenschaftliches Studium Band 6, 1995

**Christian Wirtz:**
▷ Transatlantische Dissonanzen: Kennedy, de Gaulle und die europäische Integration, 1960-1963, 2010 (zugl. Diss., Eberhard Karls Universität Tübingen, 2010)

**Michael Wohlgemuth:**
▷ 50 Jahre Europäische Ordnungspolitik: ordnungs- und konsitutionenökonomische Anmerkungen, in: **Hans Otto Lenel et al. (Hrsg.):** Ordo - Jahrbuch für die Ordnung von Wirtschaft und Gesellschaft, Band 59, Stuttgart: Lucius & Lucius, 2008, S. 381–404

**Dieter Wolf:**
▷ Integrationstheorien im Vergleich: Funktionalistische und intergouvernementalistische Erklärung für die Europäische Wirtschafts- und Währungsunion im Vertrag von Maastricht, Baden-Baden: Nomos, 1999 (zugl. Diss., Eberhard Karls Universität Tübingen, 1997)

**Wichard Woyke:**
▷ Frankreichs Außenpolitik von de Gaulle bis Mitterand, Opladen: Leske + Budrich, 1987

**WTO:**
▷ Trade Policy Review, WTO 1997 (zitiert: WTO, WT/TPR/S/30)
▷ Trade Policy Review, WTO 2007 (zitiert: WTO, WT/TPR/S/177)
▷ Trade Profiles, ⟨URL: http://stat.wto.org/CountryProfile/WSDBCountryPFReporter.aspx?Language=E⟩ (zitiert: WTO, http://stat.wto.org/CountryProfile/WSDBCountryPFReporter.aspx?Language

**Nina Wunderlich/Christoph Blaschke:**
▷ Die Gewährleistung der Kapitalverkehrsfreiheit in Bezug auf Drittstaaten: Neuere Entwicklungen in der Rechtsprechung des EuGH, Internationales Steuerrecht Band 17, 6. November 2008, Nr. 21

**WWF:**
▷ Öffentliche Anhörung zum Gesundheitscheck der Gemeinsamen Agrarpolitik, ⟨URL: http://www.wwf.de/fileadmin/fm-wwf/pdf\_neu/GAP\_Stellungnahme\_WWF.pdf⟩

**Ali Sait Yüksel:**
▷ Welthandelsorganisation WTO (GATT): Aufgaben, Aktivitäten, EU-Beziehungen, Frankfurt am Main u.a.: Peter Lang, 2001

**John Zmirak:**
▷ Wilhelm Röpke: Swiss Localist, Global Economist, Wilmington, Delaware: ISI Books, 2001

**Michael Zöller:**
▷ Zur Erinnerung an Wilhelm Röpke, in: **Hans Otto Lenel et al. (Hrsg.):** Ordo - Jahrbuch für die Ordnung von Wirtschaft und Gesellschaft, Band 50, Stuttgart: Lucius & Lucius, 1999, S. 33–36

## Marktwirtschaftliche Reformpolitik
Schriftenreihe der Aktionsgemeinschaft Soziale Marktwirtschaft
Herausgegeben von Rolf Hasse und Joachim Starbatty

*Band 11:* Hans Willgerodt
### Werten und Wissen
Beiträge zur politischen Ökonomie
2011. XVIII/462 S., geb. 59,– €. ISBN 978-3-8282-0534-5

Wirtschaftspolitik ist Kunstlehre. Es geht um das Zusammenspiel von Politik und ordnungstheoretischem Wissen und Kunst, die daraus resultierenden Erkenntnisse in einem bestimmten gesellschaftspolitischen Umfeld fruchtbar werden zu lassen. Die ordoliberale Konzeption erweiterte diesen Ansatz um das Wissen der Interdependenz zwischen wirtschaftlicher und politischer Sphäre – als Theorie und Konzeption für die Praxis.

Die Zusammenstellung der wissenschaftlichen Beiträge von Hans Willgerodt zeigen dies eindrucksvoll. Sie sind ein Beleg schier unerschöpflicher Kreativität und engagierter Teilnahme an wirtschaftspolitischen und gesellschaftspolitischen (Fehl-)Entwicklungen sowie dafür, welche Leistungen für Theorie und Praxis möglich sind, wenn hohe wissenschaftliche Kreativität mit festen ordnungspolitischen Grundsätzen und Erkenntnissen kombiniert werden. Die Lektüre belegt: Das Stemmen gegen den Zeitgeist lohnt sich und das Kämpfen gegen den Strom sollte eine eherne Aufgabe des Wissenschaftlers sein.

---

*Band 12:* Mauricio Vargas
### Bedeutung der finanziellen Entwicklung im Aufholprozess von Entwicklungs- und Schwellenländern
Eine vergleichende Analyse der chilenischen und mexikanischen Erfahrungen
2012. XVI/369 S., geb. € 52,-. ISBN 978-3-8282-0563-5

Die jüngsten Wirtschaftskrisen haben schmerzhaft deutlich gemacht, dass die Schaffung eines funktionierenden Finanzsektors im Rahmen eines soliden makroökonomischen Umfelds die notwendige Voraussetzung für nachhaltiges Wirtschaftswachstum darstellt. Die Analyse der Krisen in Schwellenländern, die zum Teil eng mit der mangelhaften Konstruktion ihrer Finanzsysteme zusammenhingen, offenbarte, dass der Interdependenz der unterschiedlichen Aspekte des Wirtschaftsgeschehens eine außerordentliche Bedeutung zuzuschreiben ist.

Das vorliegende Werk konstruiert daher ein ganzheitliches Entwicklungsmodell der „finanziellen Entwicklung", das der engen Abhängigkeit der Funktionsfähigkeit des Finanzsektors von mikro- und makroökonomischen Rahmenbedingungen Rechnung trägt. Neben der theoriebasierten Konstruktion des Modells der „finanziellen Entwicklung" erfolgt der empirische Abgleich der identifizierten Erfolgsfaktoren anhand des Vergleichs der mexikanischen und chilenischen Erfahrungen.

 Stuttgart